The Independent Criminal Law Theory
of People's Republic of China

A Special Study on the Academic Thoughts of
Professor Gao Mingxuan, The "People's Educator"

新中国刑法学的
自主理论

"人民教育家"高铭暄教授
学术思想专题研究

赵秉志 主编　　　袁　彬 副主编

北京大学出版社
PEKING UNIVERSITY PRESS

图书在版编目(CIP)数据

新中国刑法学的自主理论:"人民教育家"高铭暄教授学术思想专题研究／赵
秉志主编. —北京:北京大学出版社,2024.5
ISBN 978-7-301-35117-8

Ⅰ. ①新… Ⅱ. ①赵… Ⅲ. ①刑法—中国—文集 Ⅳ. ①D924.04-53

中国国家版本馆 CIP 数据核字(2024)第 107530 号

书　　　名	新中国刑法学的自主理论——"人民教育家"高铭暄教授学术思想专题研究
	XINZHONGGUO XINGFAXUE DE ZIZHU LILUN——"RENMIN JIAOYUJIA" GAO MINGXUAN JIAOSHOU XUESHU SIXIANG ZHUANTI YANJIU
著作责任者	赵秉志 主　编 袁　彬 副主编
责任编辑	王建君
标准书号	ISBN 978-7-301-35117-8
出版发行	北京大学出版社
地　　　址	北京市海淀区成府路 205 号　100871
网　　　址	http://www.pup.cn　http://www.yandayuanzhao.com
电子邮箱	编辑部 yandayuanzhao@pup.cn　总编室 zpup@pup.cn
新浪微博	@北京大学出版社　@北大出版社燕大元照法律图书
电　　　话	邮购部 010-62752015　发行部 010-62750672　编辑部 010-62117788
印 刷 者	大厂回族自治县彩虹印刷有限公司
经 销 者	新华书店
	650 毫米×980 毫米　16 开本　21.75 印张　367 千字
	2024 年 5 月第 1 版　2024 年 5 月第 1 次印刷
定　　　价	88.00 元

前　言

　　2023 年喜逢我们敬爱的恩师高铭暄先生执教 70 年暨人生 95 华诞。高铭暄先生是我国当代德高望重的著名法学家和法学教育家。2019 年新中国成立 70 周年前夕，他被授予"人民教育家"国家荣誉称号，这是我国法学界、法律界的唯一殊荣。他"忠诚、执着、朴实"（《习近平在国家勋章和国家荣誉称号颁授仪式上的讲话》，2019 年 9 月 29 日），充分展现了当代中国教育家"心有大我、至诚报国的理想信念，言为士则、行为世范的道德情操，启智润心、因材施教的育人智慧，勤学笃行、求是创新的躬耕态度，乐教爱生、甘于奉献的仁爱之心，胸怀天下、以文化人的弘道追求"（《习近平致全国优秀教师代表的信》，2023 年 9 月 9 日）。

　　高铭暄教授是新中国刑法学的主要奠基者和开拓者。早在 90 多年前，梅贻琦先生就曾指出，"所谓大学者，非谓有大楼之谓也，有大师之谓也"，并提出教授要"真诚努力做学问"（《教授的责任》——梅贻琦 1932 年在清华大学开学典礼上的讲话）。在过去 70 年法学教学研究中，高铭暄教授始终都在"真诚努力做学问"，拥有许多个"第一"（撰写出版了新中国改革开放后第一部法学学术专著，是第一部全国统编刑法学教科书的主编，是新中国刑法学科第一位博士生导师……），截至目前先后出版个人著作 9 部，主编（合著）教材、著作近百部，发表论文和文章近 400 篇，其以学术立世，著作等身，并长期深度参与新中国刑事法治建设，是真正的法学泰斗和学术大师，是新中国培养的第一代法学家"立德，立功，立言"的典范。在漫长的学术研究生涯中，高铭暄教授始终坚持理论联系实际的研究风格和研究方法，始终坚持放眼全球的学术视野和走向国际舞台的学术志向，最为重要的是他始终坚持立足本国国情开展自主性研究，创建和发展了中国自主的刑法学体系和刑法学理论。高铭暄教授的刑法学术思想不仅反映了新中国刑法学自主知识体系的建构过程和发展脉络，而且在一定意义上可以说代表了新中国刑法学的自主知识体系和自主理论,值得我们深入学习研究和传承弘扬。

全国人大常委会 2019 年 9 月 17 日发布的《关于授予国家勋章和国家荣誉称号的决定》,号召全国人民要"以国家勋章和国家荣誉称号获得者为楷模,大力宣传他们的卓越功绩,积极学习他们的先进事迹"。为学习和弘扬高铭暄教授的刑法学术思想,我们组织编写了本书。本书作者均长期在高铭暄教授身边学习和工作,或为高铭暄教授的亲传弟子,或长期与高铭暄教授共事。其中,赵秉志教授自本科阶段便直接受教于高铭暄教授,系高铭暄教授指导培养的首届刑法学硕士,更是高铭暄教授成为我国刑法学界首位博士生导师后指导培养的我国首届刑法学博士,之后自 1988 年起始终在高铭暄教授身边与其一同从事刑法学教学研究工作,迄今已跟随高铭暄教授学习和工作长达 44 年;彭凤莲教授、陈冉副教授都是高铭暄教授指导的刑法学博士(分别于 2006 年 6 月毕业于中国人民大学和 2013 年 6 月毕业于北京师范大学);袁彬教授长期受教于高铭暄教授,迄今已在高铭暄教授身边工作了 17 年。我们敬仰高铭暄教授的学术品格,了解和熟悉高铭暄教授的学术成果及学术思想,并对传承弘扬高铭暄教授的学术精神与学术思想高度认同和怀有使命感。这既是本书撰写的初衷,也是本书研究写作的基础。

本书采用专题研究的方式,分十三个专题,对高铭暄教授的刑法学术思想进行了较为系统的梳理和研究。在写作过程中,我们注重四个方面的结合:一是宏观与微观的结合。高铭暄教授是我国法学泰斗、杏坛大师,其学术思想既有见微知著的微观学术分析,更有高屋建瓴的宏观学术研究。为充分展现高铭暄教授学术思想的全貌,我们在研究高铭暄教授具体学术思想的基础上,专门设置了两个专题,对其人生历程及其学术贡献、刑法学术立场和学术方法等有关其学术思想的宏观方面进行介绍和研究,做到宏观与微观的结合。二是国内与国际的结合。高铭暄教授的刑法学术思想注重新中国刑法学自主知识体系和自主理论的建构,但他也是中国国际刑法研究的开创者和提倡者,对外向型刑法(含中国区际刑法、比较刑法和国际刑法)有着广泛而深入的研究。为此,我们专门设置了一个专题,对高铭暄教授关于外向型刑法的学术思想进行了考察和研究。三是理论与实践的结合。高铭暄教授历来重视刑法实践问题,认为刑法学是一门理论与实践相结合的学科。他不仅长期关注刑法实践问题,注重用理论指导实践并在实践中发展理论,而且积极参与刑法立法和司法工作,是唯一全程参与新中国刑法立法制定、修改的学者。为充分展现高铭暄教授学术思想的这一特色,我们设置了一个专题,对高铭暄教授的刑法立法活动暨立法思想进行了专门考察。四是介述与研究的结合。对学者学术思想的研究离不开对其学术思想原汁原味的介述,但又不应仅限于介述。为了合理平衡介述与研究的关系,我们在系统介述高铭暄教授学术思想的基础上,一方面加强了对高铭暄教授学术思想的总结和评论,其中专题一至专题三主要侧重于对高铭暄教授学术思想的整体概括和总结,其他专题也在介述的同时注意进行了评论,以便读者更好地了解高铭暄教授的学术贡献;另一方面增加了对高铭暄教授学术思想的启示和展望内容,其中每个专题的结语部分都包含了高铭暄教授学术思想的启示,同时在部分专题对高铭暄教授学术思想的未来发展与贯彻进行了专门研究,以提升本书关于高铭暄教授学术思想研究的旨趣与价值。

本书由赵秉志教授任主编,袁彬教授任副主编,撰写人员除主编和副主编外,还包括彭凤莲教授(安庆师范大学校长,教授、博士生导师,高铭暄教授指导的中国人民大学 2006 届刑法学博士)、陈冉(北京理工大学法学院副教授、硕士生导师,高铭暄教授指导的北京师范大学 2013 届刑法学博士)、丁培(北京师范大学法学院刑法学博士研究生)。本书由主编设计写作整体思路和总体框架,作者分别撰写,主编、副主编统稿和定稿。具体撰写按照专题顺序分工如下:

专题一:赵秉志、陈冉;

专题二:赵秉志;

专题三:赵秉志、彭凤莲;

专题四:赵秉志、陈冉;

专题五:赵秉志、陈冉;

专题六:陈冉;

专题七:赵秉志、袁彬;

专题八:丁培;

专题九:袁彬;

专题十:袁彬、丁培;

专题十一:袁彬;

专题十二:丁培;

专题十三:陈冉。

　　王国维先生在《人间词话》中称:"古今之成大事业、大学问者,必经过三种之境界。'昨夜西风凋碧树,独上高楼,望尽天涯路。'此第一境也。'衣带渐宽终不悔,为伊消得人憔悴。'此第二境也。'众里寻他千百度,回头蓦见,那人正在灯火阑珊处。'此第三境也。"这是做学问的"立""守""得"三重境界,也反映出高铭暄教授成就大学问的"立""守""得"。高铭暄教授出生在旧中国、成长在红旗下,见证了盛世中国的波澜壮阔,其学术思想深邃而丰富。本书力图全面反映高铭暄教授的学术历程、学术立场、学术精神和思想全貌,而非仅仅看到处于"灯火阑珊处"的高铭暄教授。我想这既是对我们的激励,也希望对学界同仁、读者朋友了解高铭暄教授的学术思想并从中受益有所帮助。当然,受水平、篇幅、精力和时间所限,本书也存在不足之处,恳请读者朋友批评指正。

　　最后,衷心感谢挚友北京大学出版社蒋浩副总编辑。蒋浩先生是一位专家型且有使命感和事业心的法学出版家,多年前正是由于他的热诚邀约,才促成了高铭暄先生毕生最有代表性的有关刑法立法的鸿篇巨制的问世并产生了巨大社会影响①,他也是本人暨我们刑法学术团队之学术事业一贯的坚定支持者,没有他对本书选题的肯定和鼎力支持,便没有本书的编著和顺利出版;同时也非常感谢北京大学出版社责任编辑王建君对本书编辑出版的辛苦付出。

赵秉志　谨识
2023 年 10 月

---

　　①　参见高铭暄:《中华人民共和国刑法的孕育诞生和发展完善》,北京大学出版社 2012 年版。该书 2013 年荣获第三届"中国出版政府奖"图书奖提名奖,2014 年荣获中国法学会第三届"中国法学优秀成果奖"专著类一等奖,2016 年至 2021 年由我国学者译成德文和俄文先后在德国和俄罗斯正式出版,为传播中国法律文化作出了积极的贡献。

目　录

专题一

高铭暄教授的人生历程及其学术贡献

目 次

一、前 言

2019 年 9 月,新中国成立 70 周年前夕,91 岁高龄、德高望重的法学家和法学教育家高铭暄教授荣获"人民教育家"国家荣誉称号,这是我国法学界、法律界的唯一殊荣。时至今日,95 岁高寿的高铭暄教授已在法学教学研究岗位上为祖国和人民勤奋工作了 70 年,这位当之无愧的学术大师,谱写了人生和事业的双重长青乐章。学术大师的学术精神和学术思想是祖国和人民应当珍视、传承与弘扬的精神宝库。2019 年 9 月全国人大常委会发布的《关于授予国家勋章和国家荣誉称号的决定》号召,要"以国家勋章和国家荣誉称号获得者为楷模,大力宣传他们的卓越功绩,积极学习他们的先进事迹"。学术大师高铭暄先生的辉煌人生和道德文章,都值得我国法学界尤其是刑法学界予以了解、研究、传承和颂扬。

二、高铭暄教授的人生历程

高铭暄教授系中国当代著名法学家和法学教育家,新中国刑法学的主要奠基者和开拓者,新中国培养的第一代法学家,唯一全程参与新中国1979年刑法起草和1997年刑法修订工作的学者,"人民教育家"国家荣誉称号获得者,为新中国刑法学事业和刑事法治建设作出了不可磨灭的卓越贡献。

高铭暄教授1951年毕业于北京大学法律系,1953年毕业于中国人民大学法律系刑法研究生班,日本早稻田大学名誉法学博士学位(2016年授予)。1953年起任教于中国人民大学法律系(现为法学院),历任讲师(1956年)、副教授(1980年)、教授(1983年)。1983—1986年担任中国人民大学法律系主任。1984年经国务院学位委员会批准,成为新中国刑法学专业第一位博士研究生导师。1984—2001年担任中国法学会刑法学研究会总干事(会长),1985—2003年担任国务院学位委员会第二、三、四届学科评议组成员暨法学评议组召集人,1986—2003年担任中国法学会副会长,1996—2011年担任国际刑法学协会中国分会主席,1999—2009年担任国际刑法学协会副主席,2003—2013年担任中国法学会学术委员会副主任。2005年被聘为北京师范大学刑事法律科学研究院名誉院长、特聘教授、博士生导师,2006年被聘为北京师范大学法学院特聘教授。2009年被评为中国人民大学荣誉一级教授。2015年被聘为北京师范大学"京师首席专家"。2012年被中国法学会授予"全国杰出资深法学家"称号。2014年被中国刑法学研究会评定为"资深刑法学家"并列于首位。2014年被聘为国家教育考试指导委员会委员。2021年被聘为全国师德师风建设专家委员会总顾问。1991年起享受国务院政府特殊津贴。曾获得国家级"有突出贡献的中青年专家"(1984年)、"全国优秀教师"(1995年)、"全国师德先进个人"(2001年)、"切萨雷·贝卡里亚奖"(国际社会防卫学会2015年授予)、全国"最美奋斗者"(2019年)等荣誉称号。其家乡浙江省玉环市2023年建立"高铭暄学术馆"。

现任中国人民大学荣誉一级教授,北京师范大学"京师首席专家"暨刑事法律科学研究院名誉院长、特聘教授、博士生导师。兼任中国刑法学研究会名誉会长,国际刑法学协会名誉副主席暨中国分会名誉主席。

主要教学研究领域为刑法学、刑事政策学、国际刑法学等。曾指导培养了一大批高层次刑法理论与实务人才。研究成果丰硕并有广泛的学术与实务影响,出版个人著作9部,主编(合著)专业书籍近百部,发表文章近400篇。部分著作曾获得国家图书奖、教育部人文社会科学研究优秀成果奖一等奖、全国普通高等学校优秀教材特等奖或一等奖、司法部优秀教材一等奖等奖励。

兹将高铭暄教授的人生历程勾勒如下:

(一)受父亲影响投身法学

高铭暄教授 1928 年 5 月 24 日出生于浙江省玉环县(现玉环市)鲜迭村。1934 年起先后就读于玉环县鲜迭小学和温州市瓯海中学、温州中学。高铭暄教授的父亲高鸣鹤毕业于浙江法政专门学校,当时在上海特区法院担任书记官。1937 年抗日战争爆发,父亲不愿为日本侵略者卖命,愤然弃官回乡,赋闲在家。抗战胜利后,父亲先后到浙江省高等法院和杭州地方法院任刑事法官。

高铭暄教授走上法学之路受到了父亲的直接影响。父亲一直希望子承父业,从事法律职业,因此自小就谆谆教诲,引导他在少年时代阅读法律书籍。受父亲的职业影响,他自小就在脑海中打下了法律烙印,认为自己是"法"门子弟,与"法"有缘。在温州读高中时,高铭暄教授经常从法院和律师事务所门口经过,再加上经常从报纸上看到有关案件和不公平事件的报道,正义感油然而生,用法律维护正义的想法也随之产生,从事法律职业的种子慢慢在他心中萌发,他时常想,将来自己也要像父亲那样当一名刑事法官。1947 年高中毕业后,他报考了法学专业,并以优异成绩被浙江大学、复旦大学和武汉大学三所大学法学院同时录取,最终他选择了浙江大学法学院。

(二)受教于名师学业优异

1947 年秋,高铭暄教授进入浙江大学法学院读书,从此走上了法学之路。在那里他受教于诸多名师,受到了严格的法学训练。他大学一年级的刑法总则课即由时任浙江大学法学院院长的李浩培教授讲授。高铭暄教授回忆说,李浩培先生讲的刑法课条理清晰、逻辑严密、内容生动、贴近实际,听起来毫无枯燥之感,从而引起他极大的兴趣,也为他日后从事刑法学研究打下了基础。40 多年后,当李浩培先生看到昔日学生高铭暄所取得的学术成就时,曾多次自豪地对人说:"高铭暄的刑法课是我教的!"①

新中国成立前夕,因浙江大学法学院停办,经李浩培院长向时任北京大学法律系主任费青教授推荐,1949 年 9 月,将要读大三的高铭暄教授告别父

---

① 赵秉志、王俊平:《高铭暄 新中国刑法学的开拓者》,载《中国审判》2007 年第 9 期。

母,怀揣着浙江大学开具的通行证,北上转学到北京大学法律系。① 在那里,他怀着新时代"法治"社会的崇高理想,自由遨游在法学知识的海洋里。

1951 年 7 月,高铭暄教授从北京大学法律系毕业,在被征求分配志愿时,年方 23 岁的高铭暄竟然颇有见地地选择了继续深造,从而被保送到中国人民大学法律系成为一名刑法专业研究生,师从当时在中国人民大学法律系任教的苏联著名刑法学家贝斯特洛娃教授、达玛亨教授、尼古拉耶夫教授和柯尔金教授等,得以成为较早系统学习和研究苏联刑法理论的中国青年刑法学者。②

1953 年 8 月,经过将近 20 载的寒窗苦读,高铭暄教授的学生时代画上句号,他选择了留校任教作为其人生的新起点。他知道,选择学术道路也就意味着选择了艰难、清贫和寂寞,但他对这一选择从未后悔过。从此,高铭暄教授走上了一条跋涉之路,他将数十年的心血和宝贵年华都交给了沿途的风风雨雨,身后则留下了学术道路上一串串深深的脚印和一个个鲜明的标识。

(三) 参与新中国刑法典创制矢志不渝

新中国成立之初,当时的中央人民政府法制委员会就开始了起草刑法典的准备工作。从 1950 年到 1954 年 9 月,先后草拟出两部刑法草案:一部是《中华人民共和国刑法大纲草案》,另一部是《中华人民共和国刑法指导原则草案(初稿)》。遗憾的是这两部立法草案都未能提上立法程序,也没有公开向社会征求过意见。1954 年 9 月,《中华人民共和国宪法》和《中华人民共和国全国人民代表大会组织法》等五个组织法通过,新中国刑法的制定也开始被立法机关提上日程。刑法起草班子由全国人大常委会办公厅法律室负责组建。③ 经中国人民大学及法律系领导推荐,当时 26 岁、风华正茂的青年刑法教师高铭暄有幸到立法机关参加刑法典起草工作。④ 从 1954 年到 1979 年,从第 1 稿到第 38 稿,其中较为正常进行刑法典起草工作的约有 10 年光阴,在这 10 年的立法生涯中,高铭暄教授倾注了自己的全部学识、热情、心血

---

① 参见赵秉志、王俊平:《高铭暄 新中国刑法学的开拓者》,载《中国审判》2007 年第 9 期。
② 参见高铭暄口述、傅跃建整理:《我与刑法七十年》,北京大学出版社 2018 年版,第 273—277 页。
③ 参见高铭暄、赵秉志:《中国刑法立法之演进》,法律出版社 2007 年版,第 39—40 页。
④ 参见张雪、张伟:《新中国刑法铭刻他的心迹 访刑法学家高铭暄》,载《检察风云》2009 年第 13 期。

和汗水,成为自始至终参与新中国第一部刑法典创制的唯一学者。这 10 年间,他曾负责汇编各类立法资料,包括解放区和民国时期的法律以及东欧和苏联、法国、德国等国的刑法立法,还包括收集最高人民法院从新中国司法机关当时一万多起刑事案件中总结出来的司法经验材料,以有助于规定罪名、刑种和量刑幅度;他也曾提出大量刑法立法意见和建议。虽然历经"文化大革命",期间中国人民大学被撤销,高铭暄教授当初交给法律系内部资料室保存的刑法典多个草案稿及相关法律意见汇集等珍贵资料被军宣队和工宣队因无知而付之一炬,他本人也先后被下放到京郊炼油厂和江西余江"五七"干校劳动锻炼,但高铭暄教授始终心系新中国刑法典的起草工作。后来,在 1978 年十一届三中全会作出全面建设社会主义法制的决策和部署之后,新中国刑法典的起草工作终于又被提上国家立法工作日程,并于 1979 年 7 月 1 日由第五届全国人民代表大会第二次会议表决通过《中华人民共和国刑法》,从而结束了新中国没有刑法典的历史。当时,高铭暄教授作为参与刑法典修订工作的专家学者在人民大会堂守候待命,当年的芳华青年如今已成半百中年,他感慨万千又满心喜悦,这部刑法典多么来之不易,刑法典的颁行让他感到自己立志法学的人生价值得到了体现,从此祖国的刑事法制将步入正途,也让他看到了自己从事的我国刑法学事业的希望和未来。①

(四)攀登法学高峰,致力于刑法学教育

党的十一届三中全会吹响了改革开放和社会主义现代化建设的号角。1979 年刑法出台后,由于当时刑法学界尚未从"文化大革命"冲击形成的学术荒芜状态中走出来,为了促使刑法的精神和条文内容更好地被人们所理解,高铭暄教授作为唯一全程参与 1979 年刑法创制的学者,及时编著了《中华人民共和国刑法的孕育和诞生》一书,在该书中详细记述了刑法立法过程中的各种不同意见,客观忠实地阐释了 1979 年刑法各条文的立法原意,为理论界和实务界准确理解与正确适用刑法提供了重要帮助。该书被高铭暄教授的恩师、著名法学家李浩培先生评价为"我国刑法学界的一部重要著作,任何人如果欲谙熟我国刑法,是必须阅读的"②。

面对百废待兴的法制建设,全国各地相继恢复的政法院系和政法机

---

① 参见高铭暄口述、傅跃建整理:《我与刑法七十年》,北京大学出版社 2018 年版,第 36—38 页。

② 赵秉志、王俊平:《高铭暄 新中国刑法学的开拓者》,载《中国审判》2007 年第 9 期。

关,亟须一套系统而权威的法学教材,来满足法学教育和司法实务的需要。1981 年,一批在全国刑法学界享有声望的刑法学者云集北京,他们受司法部委托,要共同编写新中国第一部高等学校法学统编教材《刑法学》,高铭暄教授被推举为该书主编。经过他和其他作者的共同努力,"文化大革命"后第一部权威的刑法教科书——《刑法学》,于 1982 年由法律出版社正式出版,并于 1984 年作局部修订后再版,前后发行达百余万册。该书在新中国刑法学发展史上起到了奠基和承前启后的重要作用,并因其突出的学术贡献而荣获 1988 年国家级优秀教材一等奖和司法部优秀教材一等奖的双重殊荣。

1983 年 5 月,经国务院有关部门批准,高铭暄先生晋升为教授。1984 年 1 月,经国务院学位委员会批准,高铭暄教授成为新中国刑法学专业第一位博士生导师,从而结束了新中国不能培养刑法学博士的历史。同年,他获得国家级"有突出贡献的中青年专家"荣誉称号,并当选为中国法学会刑法学研究会总干事。1986 年,他当选为中国法学会副会长。1986 年 11 月,他带领几位优秀弟子通力编著的《新中国刑法学研究综述(一九四九——九八五)》面世,这是新中国法学领域第一部全面系统的学科文献性著作,该书的问世系统总结了我国刑法学的理论研究状况,并对我国刑法学的开拓和深化起到了强有力的引导作用,也为我国法学各学科研究综述的写作和出版树立了典范。

为适应日益发展的刑法学教学和科研的需要,在当时的国家教委的组织下,高铭暄教授又于 1987 年受命主持编写了一部供高等院校法学专业使用的新教材,这部名为《中国刑法学》的教科书于 1989 年面世,1992 年 11 月荣获第二届全国高等学校优秀教材特等奖。1993 年至 1994 年,高铭暄教授主编的作为国家哲学社会科学"七五"规划重点项目最终研究成果的大型专著《刑法学原理》三卷本先后出版,这部巨著作为中国刑法基础理论领域的重要成果,以其高品位的学术水平和突出的实用价值在 1995 年荣获"全国高等学校首届人文社会科学研究优秀成果奖"一等奖,1996 年荣获国家图书最高奖项——第二届"国家图书奖"。从 1981 年至 1996 年,高铭暄教授共主编过本科、自学考试、业大、电大等不同层次的全国性刑法学教材 6 种,是我国这一时期主编刑法学教材层次最高、数量最多的学者。在 1997 年刑法修订通过后,短短的 3 年时间里,他又主编修订出版了全国高等教育自学考试法律专业指定教材《刑法学(新编本)》、普通高等教育"九五"国家级重点教材

《新编中国刑法学》、高等学校法学教材《刑法学》、全国高等学校法学专业核心课程教材《刑法学》4 种重量级教材,为新刑法典背景下刑法学理论的繁荣与发展作出了突出的贡献。他还受教育部研究生工作办公室的委托主编了全国第一部刑法专业研究生教学用书《刑法专论》,促进了我国刑法学专业高层次人才的培养。

除编写教材外,高铭暄教授还十分注重实务中具体问题的研究。2000年,面对当时经济犯罪的严重态势,高铭暄教授主编的国家社科"九五"规划重点项目成果《新型经济犯罪研究》出版,这部专著全面、系统、深入、细致地对某些特定经济犯罪的司法适用和立法完善问题进行了研究,成为经济犯罪研究方面的精品力作。

更令人钦佩的是,即便年逾古稀,他仍经过数年的积累和不懈努力,在2012 年 84 岁高龄时出版了 85 万字的鸿篇巨制《中华人民共和国刑法的孕育诞生和发展完善》,该书对中国刑法典每个条文的来龙去脉进行了具体的阐述,并进行了客观而理性的评论,被我国政法机关负责人和学界认为是"解读刑法精神的教科书""刑法立法的理由书",是阐释新中国刑法立法的"扛鼎之作"。① 该书问世当年,即荣获 2012 年中国十大影响力法学理论研究成果,并荣获国家图书奖提名奖,又于 2014 年 12 月荣获第三届中国法学优秀成果奖专著类一等奖。该书还于 2016—2021 年间,被译成德文和俄文,先后在德国和俄罗斯正式出版发行,为传播中国法治与法学作出了积极的贡献。

(五) 推进中国刑法学走向世界,蜚声海内外

身处改革开放的年代,高铭暄教授十分注重引领中国刑法学界走向国际舞台。他曾出访美国、英国、德国、意大利、法国、奥地利、日本、俄罗斯、瑞士、澳大利亚、新西兰、荷兰、比利时、西班牙、韩国、土耳其、埃及等国,从事讲学、考察及学术交流活动,积极宣传中国特色社会主义法治,借鉴吸纳发达国家的先进经验。②

---

① 参见蒋安杰:《高铭暄:30 年磨一剑——85 万字刑法学巨著出版引反响》,载《法制日报》2012 年 10 月 10 日,第 9 版;赵秉志、阴建峰:《新中国注释刑法学的扛鼎之作——试评高铭暄教授著〈中华人民共和国刑法的孕育诞生和发展完善〉》,载赵秉志主编:《刑法论丛》(总第 34 卷),法律出版社 2013 年版,第 508—520 页。

② 参见赵秉志主编:《中国资深刑法学家》,法律出版社 2015 年版,第 4 页。

　　1987年,受中国法学会的指派,高铭暄教授参加了当年5月在意大利举行的国际死刑问题学术研讨会,在会议期间除发表中国刑法学界看待死刑的主流观点外,还专门向时任国际刑法学协会秘书长的巴西奥尼教授表达了中国刑法学界拟申请加入国际刑法学协会的意愿,得到了该协会领导的首肯,之后由中国法学会报请国务院领导批准,中国刑法学界于1988年正式加入国际刑法学协会并成立中国分会,这一举措对于中国刑事法学界走向现代化和国际化,作出了非常重要的贡献。他于1999—2009年连续两届担任国际刑法学协会副主席(并于1988—2011年间,先后担任中国分会副主席、主席),且在任期内受到国际刑法学协会的信任,在中国法学会的领导和支持下,领导国际刑法学协会中国分会于2004年在北京举办了第十七届国际刑法大会,受到国内外的高度评价,对于中国刑事法学界走向国际舞台产生了广泛而深刻的影响。

　　按照国际刑法学协会的规定,自2009年伊斯坦布尔第十八届国际刑法大会举办时,高铭暄教授因已连续两届担任该协会副主席而需卸任,但因中国分会的地位及高铭暄教授的威望,他在卸任副主席后随即被该协会聘请为名誉副主席。在高铭暄教授的鼎力支持下,他的几位学生在国际刑法学协会第十八届大会上担任了重要职务:中国刑法学研究会会长暨中国分会常务副主席赵秉志教授当选为新一届国际刑法学协会副主席,中国分会副主席张智辉教授当选为该协会理事,中国分会秘书长卢建平教授连任该协会执委会委员和副秘书长。该届大会选举,中国分会在保留原有的副主席暨执行委员兼副秘书长这两个职位的基础上,又增加了名誉副主席和理事这两个职位,从而进一步巩固和加强了中国刑事法学界在国际刑法学协会的地位与影响。

　　伟大出于平凡,成就来自坚持。高铭暄教授曾在年近八旬时撰文回顾自己的刑法学之路:"回顾我走过的路程,可以用三句话来概括:一是父亲的叮咛激励我完成大学学业,我没有辜负他的遗愿;二是李浩培教授的讲课使我对刑法学产生浓厚的兴趣,决定我的人生走向;三是三所大学(浙大、北大、人大)的教育奠定了我的专业基础,使我对母校哺育之恩永志不忘。就我自己来说,我只是有股傻劲而已,认准了刑法学,就执著地追求,专业思想自始至终没有动摇,既不想当官,也不想经商,就想做一名合格的教授。"①

---

　　①　高铭暄:《我是怎样喜欢上刑法学的》,载宫本欣主编:《法学家茶座》(第1辑),山东人民出版社2002年版,第143页。

三、高铭暄教授的学术研究和重要贡献

高铭暄教授的学术研究主要围绕国家法治完善与公民权利保障,研究方向涉及中国刑法学、国际刑法学、刑事政策学等学科,颇多建树和贡献。他还系统梳理了新中国刑法学研究发展繁荣的脉络和足迹,填补了新中国刑法学研究史的空白。①

(一) 主要研究领域和学术贡献

通览高铭暄教授多年来的研究领域和研究方向,刑法基本理论和刑法立法一直是他最为关注的重要领域,在这两个领域,他提出了诸多影响深远的重要理论主张。

1. 关于刑法基本理论问题研究

重视刑法基本理论的研究是高铭暄教授学术生涯的一个特色,他曾将自己的刑法理论主要观点概括为"八个坚持",基本都属于刑法基本理论方面的内容。② 在我国刑法学界,他最早提出应将犯罪、刑事责任和刑罚视为三个彼此独立的概念,并以此为起点展开刑法学的体系性研究。③ 这是我国刑法学理论的一个创举。

其一,关于刑法新观念。高铭暄教授早在 20 世纪 90 年代即根据时代特点和中国刑法学的研究状况,归纳并提出了应当树立的与时俱进的十大刑法新观念,即经济刑法观、法制刑法观、民主刑法观、平等刑法观、人权刑法观、适度刑法观、轻缓刑法观、效益刑法观、开放刑法观、超前刑法观。④

其二,关于犯罪概念。高铭暄教授详细地揭示了中国刑法中犯罪概念的基本属性,即"三特征说":行为的社会危害性、刑事违法性、应受刑罚惩罚

---

① 高铭暄教授的多部著作都体现了对新中国刑法学研究的开拓:如高铭暄主编:《新中国刑法科学简史》,中国人民公安大学出版社 1993 年版;高铭暄、赵秉志编著:《新中国刑法学研究历程》,中国方正出版社 1999 年版;高铭暄、赵秉志编著:《新中国刑法学研究 60 年》,中国人民大学出版社 2009 年版;高铭暄、赵秉志、袁彬编著:《新中国刑法学研究 70 年》,中国人民大学出版社 2019 年版。
② 参见高铭暄口述、傅跃建整理:《我与刑法七十年》,北京大学出版社 2018 年版,第 119 页。
③ 参见高铭暄:《论刑事责任》,载《中国人民大学学报》1988 年第 2 期。
④ 参见高铭暄、赵秉志、鲍遂献:《刑法学研究的回顾与展望》,载《法学家》1994 年第 1 期。

性,并且进一步明确了这三个特征之间的内在关系,认为犯罪的三个特征是紧密结合的:一定的社会危害性是犯罪最基本的属性,是刑事违法性和应受刑罚惩罚性的基础;社会危害性如果没有达到违反刑法、应受刑罚处罚的程度,也就不构成犯罪。因而这三个特征都是必要的,是任何犯罪都必然具有的。① 这一看法和见解已经成为我国刑法学基础理论的基本支柱。

其三,关于社会危害性理论。作为我国刑法学理论的基本范畴,社会危害性理论从一开始就备受争议。面对诸多质疑,高铭暄教授主张刑法理论界应摒弃偏见,溯及问题的本源,对社会危害性概念这个问题作出中肯、客观的阐释。他认为,对社会危害性概念进行阐释要树立两个基本立场:一是必须面对犯罪事实;二是必须尽量朝着合目的的方向进行解释。他主张对社会危害性功能的解释要站在有利于被告人的立场厘清社会危害性与犯罪构成的关系,既要与我国通行刑法理论保持一致,又要充分发挥社会危害性理论阻却犯罪、保障人权的功能。②

其四,关于犯罪构成理论。近年来,中国刑法学界出现了关于犯罪构成理论模式的重大争论,即犯罪构成理论模式是应坚持既有的四要件理论模式,还是要照搬德、日的三阶层理论模式? 在这一重大争论背景下,高铭暄教授对犯罪构成理论予以重点研究,秉着坚持犯罪构成四要件理论的基本立场,认为主张取消犯罪构成四要件理论、推翻现行中国刑法学体系的观点是不可取的,指出犯罪构成四要件理论是一种历史性的选择,具有历史合理性;符合中国国情,具有现实合理性;逻辑严密、契合认识规律、符合犯罪本质特征,具有内在合理性;与德、日三阶层犯罪论体系相比,相对稳定、适合中国诉讼模式,具有显著的优势。他还进一步分析指出,中国刑法学犯罪构成理论同样能够反映定罪过程,兼容出罪功能。③ 他的深入研究和鲜明立场,对巩固我国现行犯罪构成理论的地位及促进其发展完善,起到了至关重要的作用。

其五,关于正当行为理论。对于正当化事由的范围,高铭暄教授认

① 参见高铭暄:《刑法总则要义》,天津人民出版社1986年版,第81—86页。

② 参见高铭暄、陈璐:《论社会危害性概念的解释》,载赵秉志主编:《刑法论丛》(总第31卷),法律出版社2012年版,第1—17页。

③ 参见高铭暄:《论四要件犯罪构成理论的合理性暨对中国刑法学体系的坚持》,载《中国法学》2009年第2期;高铭暄:《对主张以三阶层犯罪成立体系取代我国通行犯罪构成理论者的回应》,载赵秉志主编:《刑法论丛》(总第19卷),法律出版社2009年版,第1—12页;高铭暄:《关于中国刑法学犯罪构成理论的思考》,载《法学》2010年第2期。

为,我国现行刑法中只对正当防卫和紧急避险加以规定,而其他正当行为(如执行命令、执行职务、执行业务、经权利人同意及自救行为等作为超法规的正当行为)同样应当被立法所肯定。对于正当化事由的刑法学体系定位,他指出,我国通行的刑法理论认为其既不符合犯罪概念,也不具有犯罪构成,正当行为是否纳入犯罪构成理论体系,是无关紧要的。刑法学总论体系上,在犯罪概念和犯罪构成之后,独立设置专章对正当行为加以论述,这是最佳的选择。①

其六,关于刑事责任理论。高铭暄教授是我国刑法学界最早关注刑事责任理论的学者之一。他认为,刑事责任是介于犯罪与刑罚之间的桥梁和纽带,其功能就在于对犯罪和刑罚的关系起调节作用。从这个意义上说,犯罪是"因",刑事责任是"果"。也就是说,刑事责任既是犯罪的后果,又是刑罚的先导。"罪—责—刑"的逻辑结构,乃是整个刑法内容的缩影。刑事责任的根据必须体现在具体的犯罪构成上,才能成为确定刑事责任的基础。他主张中国刑法学应坚持"罪—责—刑"的体系,同时指出应改变静态的研究方法,加强刑事责任理论的探索,注重具体问题的解决。② 这些观点对我国刑事责任理论的宏观框架、基本立场、主要内容的确立乃至刑法学体系的完善都产生了广泛且深刻的影响。

其七,关于共同犯罪人的分类。关于共同犯罪人的分类,从各国刑法立法例和刑法理论的主张看,基本上有"分工分类法"和"作用分类法"两种主张。在新中国第一部刑法典的起草过程中,对于共同犯罪人如何分类颇有争议,除有"分工分类法"和"作用分类法"之争外,还有"以分工分类为主""基本上按作用分类"和"分为集团性共犯与一般共犯"等不同的主张。经过反复比较研究,1963 年 10 月的《刑法草案》第 33 稿最后采取了"基本上按作用分类"的方案,即以共同犯罪人在共同犯罪中的作用为主,并适当考虑共同犯罪人的分工情况,来建立共同犯罪人的分类体系。据此将共同犯罪人分为主犯、从犯、胁从犯和教唆犯四种。③ 这一方案后来被 1979 年刑法所采纳,也被 1997 年修订

---

① 参见高铭暄:《对主张以三阶层犯罪成立体系取代我国通行犯罪构成理论者的回应》,载赵秉志主编:《刑法论丛》(总第 19 卷),法律出版社 2009 年版,第 2—12 页;高铭暄:《关于中国刑法学犯罪构成理论的思考》,载《法学》2010 年第 2 期。

② 参见高铭暄:《论刑事责任》,载《中国人民大学学报》1988 年第 2 期;高铭暄主编:《刑法专论》(第 2 版),高等教育出版社 2006 年版,第 442—476 页。

③ 参见高铭暄:《中华人民共和国刑法的孕育诞生和发展完善》,北京大学出版社 2012 年版,第 28—32 页。

的刑法所维持。高铭暄教授在 1979 年刑法颁行后不久即撰文解析和论述了这一问题,指出我国刑法在对共同犯罪人分类方法上以共同犯罪人的作用为主并兼顾分工的方法,具有一定的独创性,体现了区别对待的刑事政策,便于解决共同犯罪人的刑事责任。同时,由于教唆犯的情况比较复杂,不宜简单地列入主犯或从犯的范围,故按照其在共同犯罪中的地位和作用处罚。① 我国两部刑法均采纳的关于共同犯罪人的这种分类法,经受了长期的司法实践检验,对司法机关妥当处理共同犯罪案件起到了良好的指导作用。

2. 刑法立法问题研究

从血气方刚、风华正茂的青年,到两鬓染霜、年逾古稀的资深刑法学家,高铭暄教授一生积极热情投身于国家刑法立法的创制和完善活动中,为中国刑法立法工作可谓呕心沥血,正如他所热衷的京剧《洪羊洞》中的一句唱词所描绘的那样,"为国家哪何曾半日闲空"。而在参与刑法立法的过程中,基于对民主与法治的热爱和信仰,他发表了诸多真知灼见,对国家的刑法立法工作产生了深远的影响。

其一,关于刑法立法的根据。高铭暄教授认为,制定和修改刑法,至少应该具有四个方面的根据:一是宪法根据,即刑法的规定不能与宪法相抵触,而必须贯彻宪法的基本原则和基本精神;二是实践根据,即刑法立法必须从实际出发,立足于本国的国情、民情和罪情,注意总结和反映我国同犯罪作斗争的成功经验,防止可能出现的漏洞和失误;三是政策根据,即刑法立法要体现我国基本刑事政策,并用这一政策去指导和协调立法内容;四是理论根据,即刑法立法要讲究科学,以政治理论、经济理论、法学理论作指导。②

其二,关于刑法立法的原则。高铭暄教授认为,在刑法立法工作中,必须坚持几项重要的原则:一是立法权限的集中性原则,即刑事法律的立法权,必须由全国人大及其常务委员会行使。二是立法思想的一致性原则,即无论是制定刑法典,还是修改补充刑法典,都必须使立法思想保持内在的统一性。三是立法内容的必要性原则,即刑法立法的内容必须是成熟的、必不可少的,对不该规定的,要坚决舍弃;对应该规定的,即使具有一定的超前性,也不

---

① 参见高铭暄:《论共同犯罪人的分类及其刑事责任》,载北京市法学会首届年会论文集编辑组编:《法学论集》,法学杂志社 1981 年,转引自高铭暄:《刑法问题研究》,法律出版社 1994年版,第 195—204 页。

② 参见高铭暄:《刑事立法工作的宝贵经验——学习〈彭真文选〉摘记》,载《法学杂志》1993 年第 4 期。

能遗漏。四是立法方式的多样性原则,即刑事立法可以包括刑法典、单行刑法和附属刑法条款等多种形式。①

其三,关于刑法立法的技术。高铭暄教授认为,刑法立法是一门高深的学问,光有政策的指导和理论的贯通是不够的。在制定和修改刑法中,立法技术也相当重要。根据参与刑法立法的多年经验,他提出,在刑法立法技术方面,要注意四个问题:一是表述要明确;二是术语要统一;三是界限要分清;四是内容要可行。② 在全面修改刑法的过程中,他还进一步指出,1979 年刑法受当时历史条件和立法经验的限制,在立法技术上采取了"宜粗不宜细""宁疏勿密"的做法。在全面修改刑法时,应当从中吸取经验教训,在立法技术上要有一个较大的改进。具体而言,刑法无论在体系结构还是条文用语表述上都应讲究科学性,该繁则繁,该简则简,繁简得当,尽可能做到明确、具体、严谨,便于实际运用。③

其四,关于刑法立法的经验。高铭暄教授在诸多著述中谈到中国刑法立法取得的显著成绩,并细心将刑法立法经验予以梳理,归纳为以下九点:一是刑法立法要从中国实际出发,立足于本国国情;二是刑法立法要有理论依据、宪法依据和政策依据;三是刑法立法只宜规定成熟的东西,不成熟的不要定,能写多少写多少,逐步完备;四是刑法立法要能适应形势发展的需要,便于执行;五是要做好立法前的充分准备工作;六是实行民主的立法程序;七是要吸收各方面的专家参加立法工作;八是要密切注意法律执行中的问题,适时进行修改、补充;九是为搞好刑法立法,必须学习相关法律,学习相关的政治和法学理论。④

其五,关于刑法立法修改完善的理念。高铭暄教授认为,刑法的修订是一项严肃的工作,不能草率从事,必须做大量的调查研究,尤其是在修改刑法的指导思想上,必须强调四个方面:一是要适应建立社会主义市场经济新秩序的需要,保护各种所有制经济的正当发展,惩治破坏各种经济成分的犯罪活动;二是要跟上社会主义民主政治的建设步伐,运用刑法手段铲除中国政

---

① 参见高铭暄:《刑法问题研究》,法律出版社 1994 年版,第 77—83 页。应当指出,关于刑事立法形式的多样性观点,是高铭暄教授在很不完备的 1979 年刑法背景下的认识;后来随着比较完备的 1997 年刑法的出台和立法机关确立以刑法修正案的形式局部修改刑法,高铭暄教授也适时地更改为主张刑法统一性和以修正案直接修改刑法为宜的观点。

② 参见高铭暄、姜伟:《刑法特别法规的立法原则初探》,载《法学评论》1986 年第 6 期。

③ 参见高铭暄:《我国十五年来刑事立法的回顾与前瞻》,载《法学》1995 年第 1 期。

④ 参见高铭暄主编:《刑法专论》(第 2 版),高等教育出版社 2006 年版,第 36—40 页。

治生活中的各种弊端及腐败现象,使中国的政治制度和政治生活更趋民主化和科学化;三是要总结刑法施行以来的丰富经验,将其吸收到刑法中;四是要注意世界各国刑法改革的总趋势,借鉴和吸收国外刑事立法的成功范例和刑事司法的有益经验。①

其六,关于刑法立法完善的方向。高铭暄教授认为,应当注意把握四个方面:一是在刑法的打击锋芒上,应着重惩治严重经济犯罪和严重危害社会治安的犯罪;二是在定罪量刑的基础上,应当由行为社会危害性中心论转向以行为社会危害性为主、兼顾罪犯的人身危险性;三是在刑罚制度上,应由较严厉的和较封闭的刑罚,适当地向缓和开放的刑罚转变;四是在犯罪的适用范围上,应当由只注重国内犯罪向同时也注重国际犯罪和跨国、跨地区犯罪转变。②

其七,关于局部修改刑法的方式。对于局部修改补充刑法,高铭暄教授在 1997 年刑法颁行之前就主张最好采取修正案的形式。③ 1997 年刑法颁行后,他更加鲜明地主张局部修改刑法应采取刑法修正案的方式,认为刑法修正案可以不打乱刑法条文次序而直接修改补充刑法条文,这样既可保持刑法的长期稳定性,又能不失时机地适应社会发展需要而对刑法进行局部的修改补充,使我国统一的刑法典得以不断完善。④ 针对近年来我国刑法学界有人主张在修正案形式之外还可以采取单行刑法和附属刑法修法方式的观点,高铭暄教授支持国家立法机关局部修改刑法采用刑法修正案的形式,他分析了采用单行刑法和附属刑法修法方式的弊端,指出刑法修正案方式有利于维护法治统一,有助于限制权力而杜绝"法出多门",有利于公民认知与司法适用并兼顾了刑法的灵活性与稳定性,认为这种修法方式应予以坚持和完善。⑤ 高铭暄教授还进一步对刑法修正案方式的完善提出一些建议:一是可改由全国人大通过刑法修正案;二是立法机关要优化刑法修正案的立法技术;三是要

---

① 参见高铭暄:《略谈刑法修改的指导思想》,载《法学》1989 年第 3 期。
② 参见高铭暄、赵秉志、王勇:《中国刑事立法十年的回顾与展望》,载《中国法学》1989 年第 2 期。
③ 参见高铭暄、赵秉志、王勇:《中国刑事立法十年的回顾与展望》,载《中国法学》1989 年第 2 期。
④ 参见高铭暄:《20 年来我国刑事立法的回顾与展望》,载《中国法学》1998 年第 6 期。
⑤ 参见高铭暄、吕华红:《论刑法修正案对刑法典的修订》,载《河南省政法管理干部学院学报》2009 年第 1 期;高铭暄、郭玮:《我国刑法修正模式辨正》,载《法学杂志》2018 年第 12 期;高铭暄:《新中国刑法立法的变迁与完善》,载《人民检察》2019 年第 C1 期。

建立完整的刑法修正案的立法评估体系;四是要做好实验性立法。①

其八,关于单位犯罪的立法完善。高铭暄教授指出,1997 年刑法中规定的单位犯罪的罪种不少,而司法实践中判定单位犯罪的案例却较为少见。这至少说明我国刑法立法上对单位犯罪的规定还不够完善。他认为,要想将单位犯罪纳入法制化的轨道,运用刑罚的手段加以惩治,至少要解决以下五个方面的问题:一是要对单位犯罪加以明确界定;二是要对单位犯罪的罪种范围加以限制;三是要对单位犯罪一律采取"双罚制";四是对单位犯罪应采用总则与分则相结合的立法模式;五是对单位犯罪如何追究刑事责任,应当在刑事诉讼法上作出相应的规定。② 同时他还指出,我国刑法规定的单位犯罪,是把国家机关与企业、事业单位、团体放在一起,列为单位犯罪的主体之一,这是不科学的,也是行不通的,因为追究国家机关的刑事责任在司法操作上具有极大的困难,也会招致严重的恶果,立法上应当将国家机关排除在犯罪主体之外。③

(二) 法律教育与人才培养

1. 关于如何学好刑法学

高铭暄教授结合其丰富的教学经验,科学总结了学习刑法学的方法,为有志于学好刑法学的青年指明了方向,也为促进刑法学教育作出了贡献。他认为,总的来看,学习和研究刑法学同学习研究其他社会科学一样,要坚持用辩证唯物主义和历史唯物主义的方法去研究相关问题,综合运用阶级分析的方法、历史的方法、理论联系实际的方法、分析和比较的方法等多种方法。结合刑法学的自身规律和具体特点,高铭暄教授认为,初学刑法学者,一要注意认真研究中国刑法立法;二要深入钻研刑法理论;三要注意实际运用。④

① 参见高铭暄、吕华红:《论刑法修正案对刑法典的修订》,载《河南省政法管理干部学院学报》2009 年第 1 期;高铭暄、孙道萃:《97 刑法典颁行 20 年的基本回顾与完善展望》,载《华南师范大学学报(社会科学版)》2018 年第 1 期;高铭暄、孙道萃:《我国刑法立法的回顾与展望——纪念中国共产党十一届三中全会召开四十周年》,载《河北法学》2019 年第 5 期;高铭暄:《习近平法治思想指导下中国特色刑法学高质量发展论纲》,载《中国应用法学》2023 年第 2 期。
② 参见高铭暄:《试论我国刑法改革的几个问题》,载《中国法学》1996 年第 5 期。
③ 参见高铭暄、彭凤莲:《论中国刑法中单位犯罪的几个问题》,载顾肖荣主编:《经济刑法》(第 2 辑),上海人民出版社 2004 年版,第 9—10 页。
④ 参见高铭暄主编:《刑法学》(修订本),法律出版社 1984 年版,第 11—15 页;高铭暄、马克昌主编:《刑法学》(第 10 版),北京大学出版社、高等教育出版社 2022 年版,第 4—6 页。

2. 关于如何培养博士研究生

高铭暄教授是新中国刑法学专业第一位博士研究生导师,也是我国刑法学界第一位博士后合作导师,自1984年迄今,他精心指导和培养的刑法学博士和博士后共有80余人,可谓人才辈出,其中有些已成为学界名流,有些是实务界领导和精英。高铭暄教授始终把培养合格的人才视为自己的神圣职责,对所指导的博士研究生既不是"放鸭式"的撒手不管,也不是"填鸭式"的机械培养。经过多年的摸索,他创造性地总结了"三严"(对博士生要严格要求、严格管理、严格训练)、"四能"(要培养博士生的读书能力、翻译能力、研究能力、写作能力)、"五结合"(使博士生做到学习与科研相结合、理论与实践相结合、全面掌握与重点深入相结合、研究中国与借鉴外国相结合、个人钻研与集体讨论相结合)的培养人才之道,并在培养博士研究生的过程中强调抓住"三个重点"(抓政治方向、抓专题讨论和科学研究、抓学风建设),注重打基础、长能力、正学风,全面培养博士研究生的综合素质。①

他对教学工作认真负责,教学研究方法恰当实用,使学生学有所获,受益匪浅,英才辈出。例如,他指导的新中国首届两位刑法学博士赵秉志和陈兴良,都被评为全国十大杰出青年法学家并双双入选教育部长江学者特聘教授,曾分别担任中国法学会刑法学研究会会长和副会长,成为刑法学界的领军人物。尔后早期的几届刑法学博士也都成长为著名的专家学者:姜伟博士,曾任中央政法委副秘书长、最高人民法院副院长,兼任中国人民大学法学院教授、博士生导师,并担任中国法学会副会长;王勇博士,曾任广东省高级人民法院副院长、广州市中级人民法院院长;赵国强博士,曾任澳门大学法学院教授、博士生导师,澳门刑事法研究会会长;张智辉博士,曾任最高人民检察院检察理论研究所所长、司改办主任,湖南大学法学院教授、博士生导师,其博士论文《刑法理性论》获全国优秀博士学位论文殊荣;黄京平博士,中国人民大学法学院教授、博士生导师,曾担任中国刑法学研究会副会长;邱兴隆博士,入选全国第四届十大杰出青年法学家,曾任湘潭大学法学院院长、教授、博士生导师;王秀梅博士,G20反腐败追逃追赃研究中心主任,北京师范大学刑事法律科学研究院教授、博士生导

① 参见高铭暄:《"严"字当头 抓住重点 培养博士生》,载国务院学位委员会办公室、国家教委研究生工作办公室编:《博士生培养纵横谈》,河南大学出版社1998年版,第74—77页;高铭暄:《谈谈如何指导博士研究生的点滴体会》,载《法学杂志》2005年第2期。

师,并担任国际刑法学协会副主席暨中国分会秘书长;齐文远博士,曾任中南财经政法大学党委副书记、教授、博士生导师,并曾担任中国刑法学研究会副会长。

高铭暄教授认为,法治的发展完善离不开法学的引导和推进,国家有必要进一步重视法学,尤其是法学的外向型研究亟待加强。早在 20 世纪 80 年代,在我国法学界对国际刑法的认识和研究还相当匮乏之时,高铭暄教授就开始力倡中国的国际刑法学研究。他较早为刑法硕士生开设了国际刑法专题,激发了部分研究生从事国际刑法研究的热情,并培养了新中国早期的国际刑法学方向博士研究生。

(三) 投身法治建设业绩显著

高铭暄教授数十年来为国家的刑事法治建设献计献策,对中国法律家在刑法的创制和发展中的作用、国家政治决策与刑法的变革、社会管理创新中的刑事法治问题、刑法学术在社会建构中的作用等问题,作了开拓性、有深度的探讨,不少创见被立法工作机关和有关司法部门所采纳,对中国法治建设的发展做出了显著的贡献。

1. 心系立法建言献策

刑法立法是法治建设的基础工程之一,刑法的制定与完善更是一国刑事法治建设基础之基础。高铭暄教授从 1954 年起参与了新中国第一部刑法典(1979 年刑法)的起草工作。1981—1995 年间,不同程度地参与了全国人大常委会先后通过的 25 部单行刑法的创制活动。1988—1997 年间,作为参与刑法修改研拟工作的主要专家学者之一,除撰文深入探讨刑法修改完善问题以外,还多次应邀参加国家立法机关的刑法修改研讨会、座谈会及立法起草、咨询等事宜,提出了一系列涉及刑法修改完善的宏观与微观的问题及建议,受到国家立法机关的高度重视。

其一,关于罪刑法定原则的法典化。由于时代和认识的限制,1979 年刑法没有规定罪刑法定原则,并在其第 79 条规定有与罪刑法定原则相悖的有罪类推制度。在 1997 年刑法修订研拟过程中,对于应否在修订的刑法中确立罪刑法定原则,当时刑法学界存在不同的意见。高铭暄教授旗帜鲜明地主张应当在刑法中明确规定罪刑法定原则、废止类推制度,并指出在法典中明文规定罪刑法定原则的三项重大意义:一是严正地表明中国是社会主义法治国家;二是有助于更全面地保护公民的合法权利;三是适应国际上的进步潮流,以更好地与国际接轨。①

其二,关于刑法分则罪名体系的完善。高铭暄教授十分重视分则罪名体系的严密化和规范化,对于社会形势变化所引发的新型犯罪行为,他都及时关注、深入研究,从1979年刑法规定的129个罪名,到1997年刑法规定的412个罪名,再到经12次局部修订刑法迄今总计483个罪名②,他基本上都有所点评。他所撰写的有关刑法分则罪名及其完善的论文有近50篇,其中一些完善立法的观点对立法产生了重要影响。如他是我国法学界较早关注军人违反职责罪的专家,并在1997年刑法修改时积极建议应将军人违反职责罪纳入刑法,以保持刑法体系的完整性。③ 该建议后被国家立法机关所采纳,军人违反职责罪得以作为第十章纳入1997年刑法分则。

其三,积极推动死刑罪名的部分废除。死刑罪名过多一直以来使得中国在国际社会饱受非议,面对各国日益高涨的废除死刑的呼声,高铭暄教授认为,我们既不能盲从,也不能漠视,而必须从中国的实际出发,并关注世界死刑发展的趋势。他认为,根据中国现实的国情、民情和罪情,决不能立即废除死刑。但是,必须坚决贯彻"坚持少杀,防止错杀,严禁乱杀"的死刑政策,尽可能减少死刑,并慎重地适用死刑。④ 高铭暄教授对中国死刑制度改革问题非常关注、研究成果颇丰,在死刑制度改革问题上从宏观到微观、从理论到现实、从本土到国际多视角、多层次展开研究,为中国死刑刑事立法和司法的改革完善提供了重要且丰富的理论支撑。

在高铭暄教授等我国刑法学界有识之士的积极推动下,2011年我国《刑法修正案(八)》第一次实现了对部分死刑罪名的废除,所废除的13个非暴力、经济性死刑罪名均属于高铭暄教授一直以来所倡导的应当废除死刑的范畴。他主张在死刑罪名废除的选择上,应当以非暴力、经济性犯罪为切入口,对单纯的经济犯罪(贪污罪、受贿罪不在其列)原则上不应设置死刑;但对于同样是非暴力犯罪的贪污受贿犯罪而言,考虑到国情民意及惩治、防范犯罪的现实需要,应将其置于非暴力犯罪死刑废除的最后阶段

① 参见高铭暄:《试论我国刑法改革的几个问题》,载《中国法学》1996年第5期。
② 1997年刑法颁行以来,我国立法机关先后通过1个单行刑法和11个刑法修正案,对刑法进行了12次的局部修正。这些局部修正多涉及对分则具体犯罪的修改补充,包括罪名的增设。迄至2023年4月,我国现行刑法中的罪名为483个。参见赵秉志主编:《刑法新教程》(第5版),中国人民大学出版社2023年版,第14—17页。
③ 参见高铭暄:《我国十五年来刑事立法的回顾与前瞻》,载《法学》1995年第1期。
④ 参见高铭暄:《我国的死刑立法及其发展趋势》,载《法学杂志》2004年第1期。

予以考虑。①

2. 关注实践推动司法改革

其一，参与司法实践答疑解难。在重视刑法基础理论研究的同时，高铭暄教授也非常重视研究刑法分则中的具体问题与司法实务中的疑难问题，形成了具有务实性、前瞻性的研究风格。鉴于他精湛的专业造诣，他常常受邀参与最高人民法院、最高人民检察院疑难刑事案件的探讨和司法解释的草拟，每年探讨论证案件达数十件，所参与研究的司法解释包括盗窃罪、贪污罪、抢劫罪、寻衅滋事罪等罪名的认定及减刑、假释的规范等。

其二，推动中国特色判例制度的建立。对于如何协调刑事立法与刑事司法之间的关系，高铭暄教授认为，应该对刑事立法与刑事司法的权限重新界定，可以考虑借鉴英美国家判例法的经验，建立具有中国特色的判例制度，作为成文法的适度补充。这样，可以赋予司法机关更强的应变能力，以弥补刑事立法滞后之不足。② 2010 年 11 月，最高人民法院发布了《关于案例指导工作的规定》，旨在探索建立具有中国特色的案例指导制度。

其三，力倡量刑规范化。高铭暄教授认为，定罪是否准确固然重要，量刑是否适当也具有同等重要的意义，两者不可偏废。随着民主与法制的发展，司法经验的积累，量刑的精确化问题应该提上议事日程，予以充分重视。③ 2007 年，最高人民法院正式启动量刑规范化改革，这也印证了高铭暄教授早在 1993 年就提出相关建议的前瞻性。

其四，研究并呼吁国家实行特赦。早在 2009 年国庆 60 周年之际，高铭暄教授就与赵秉志教授和阴建峰教授一起向国家政法领导机关和立法机关递交了有关主张我国实行"特赦"的研究成果，对激活我国特赦制度进行了具有开拓性的探索。他们指出，特赦是我国宪法规定的制度，不能长期悬而不用。1959 年中华人民共和国成立 10 周年时就实行过特赦，取得了积极效果，此后至 1975 年我国又实行过六次特赦，但都是针对战犯的。他们建议在中华人民共和国成立 60 周年大庆之际再实行一次特赦，适用于犯罪性质不

---

① 参见高铭暄：《试论我国刑法改革的几个问题》，载《中国法学》1996 年第 5 期；高铭暄：《略论我国死刑制度改革中的两个问题》，载《法学家》2006 年第 1 期。

② 参见高铭暄、陈兴良：《挑战与机遇：面对市场经济的刑法学研究》，载《中国法学》1993 年第 6 期。

③ 参见高铭暄、陈兴良：《挑战与机遇：面对市场经济的刑法学研究》，载《中国法学》1993 年第 6 期。

严重、犯罪情节相对较轻的未成年犯、过失犯、初犯、偶犯等情形;就原判刑罚和残余刑期而言,宜限定为宣告刑不超过 5 年有期徒刑且已经执行原判刑期 1/3 以上者;从排除适用范围上讲,对累犯以及杀人、爆炸、抢劫、强奸、绑架等严重危及人身安全的暴力性犯罪不宜特赦;从犯罪主体角度看,年满 70 周岁或者因身患严重疾病而丧失危害社会能力的犯罪人,则可以作为前述情形之例外而适用特赦。① 他们当时提出的有关实行特赦的研究和建议在社会上引起巨大反响,起到了启蒙的作用,也得到了国家政法机关和立法领导机关的重视,为我国未来实行特赦奠定了法理基础。最终,高铭暄教授等关于我国应实行特赦的研究与建议得到了党和国家的重视和采纳。国家于 2015 年纪念中国人民抗日战争暨世界反法西斯战争胜利 70 周年前夕,2019 年庆祝中华人民共和国成立 70 周年前夕,两次实行特赦,取得了良好的法律效果和社会效果。在 2015 年这次特赦筹备过程中,高铭暄教授等参与了有关部门的针对性研讨;在 2019 年这次特赦之前,高铭暄教授等再次向国家有关领导机关递交建议实行“特赦”的研究报告,对实行特赦的必要性、可行性和实施方案进行了研究;在这两次特赦的决定出台之后,高铭暄教授等又及时发表文章,对特赦的时代价值、法律规范及重要意义进行解读与宣传。② 2020 年 11 月,在中国共产党即将迎来建党百年前夕,高铭暄教授等再度向国家有关领导机关提交了“关于在建党百年之际再次实行特赦的研究报告”③,并于此后发表研讨专论④。高铭暄教授主持进行的这几次关于建议国家积极实行特赦的研究建言,推动了国家特赦制度的激活和运行,也促进了法学界立足人权保障对赦免制度的重视,并得到了有关方面的高度评价和两项嘉奖。⑤

---

① 这一关于特赦的研究成果后来载于法学刊物。参见高铭暄、赵秉志、阴建峰:《新中国成立 60 周年之际实行特赦的时代价值与构想》,载《法学》2009 年第 5 期。

② 参见高铭暄、赵秉志:《我国新时期特赦的政治与法治意义》,载《法制日报》2015 年 8 月 31 日,第 4 版;高铭暄、阴建峰:《新中国成立 70 周年之际实施特赦具有重大时代意义》,载《光明日报》2019 年 6 月 30 日,第 3 版;高铭暄、赵秉志、阴建峰:《新中国成立 70 周年特赦之时代价值与规范研读》,载《江西社会科学》2019 年第 7 期。

③ 这份研究报告被中国法学会《要报》2021 年第 6 期所采纳,并获得时任中共中央政治局委员、全国人大常委会副委员长、中国法学会会长王晨同志的肯定性重要批示。

④ 参见高铭暄、赵秉志、阴建峰:《关于在建党百年之际再次实行特赦之研讨》,载《法学评论》2021 年第 1 期。

⑤ 高铭暄教授所主持的关于特赦的系列性研究报告,2021 年 9 月荣获南京师范大学、中国法治现代化研究院第三届方德法治研究奖特等奖,2023 年 7 月荣获第九届钱端升法学研究成果奖一等奖。

四、高铭暄教授主要论著概览

高铭暄教授从事教学研究 70 年,著述颇丰。自 1957 年首次在《光明日报》发表论文①以来,60 多年来坚持从事学术研究,尤其是自改革开放以来 40 多年间笔耕不辍,截至 2023 年 7 月,他出版个人著作 9 部,主编(合著)教材等著作近百部,发表论文和文章近 400 篇。由于论文和文章众多,本专题只好从略。其中较有代表性的著作(含个人著作和主编著作)有 30 余种,笔者试归纳为以下五类予以简介,希望有助于读者了解:

第一类为刑法学教科书类,基本上是教育部、司法部等有关部门组织或委托高铭暄教授主编的高等学校统编、全国性刑法学教材,是我国改革开放以来 40 多年间法学高等教育中被选用的主流刑法学教材,在高等法学人才培养中贡献巨大,并在法律实务界有较为广泛的影响。这类刑法学教材是高铭暄教授突出的学术贡献之一,主要有以下 8 种:(1)《刑法学》(高等学校法学试用教材、高等学校法学教材),高铭暄主编,法律出版社 1982 年第 1 版、1984 年修订本,是我国第一部全国统编的刑法学教材,初步构建和奠定了我国刑法学的理论体系,数十年间 20 余次印行,总印数近 200 万册,荣获 1988年国家级优秀教材一等奖和司法部优秀教材一等奖。(2)《中国刑法学》(高等学校文科教材),高铭暄主编,中国人民大学出版社 1989 年版,1992 年荣获第二届全国高等学校优秀教材特等奖。(3)《刑法学》(全国高等教育自学考试教材·法律专业),高铭暄主编,北京大学出版社 1989 年版。(4)《刑法》(大陆六法精要·3),高铭暄、赵秉志、鲍遂献著,月旦出版社 1994 年版,该书系统而简明地向我国台湾地区读者介述了大陆主流的刑法学理论。(5)《刑法学》(新编本,全国高等教育自学考试指定教材·法律专业),高铭暄主编,北京大学出版社 1998 年版。(6)《新编中国刑法学》(上、下册,普通高等教育"九五"国家级重点教材),高铭暄主编,中国人民大学出版社 1998年版。(7)《刑法学》(上、下编,高等学校法学教材),高铭暄、马克昌主编,中国法制出版社 1999 年版。(8)《刑法学》(全国高等学校法学专业核心课程

---

① 参见高铭暄:《〈刑法典〉在建国后三五年内能颁布吗?》,载《光明日报》1957 年 10 月22 日。

教材、普通高等教育"十一五"国家级规划教材），高铭暄、马克昌主编，北京大学出版社、高等教育出版社 2000 年第 1 版，至 2022 年推出第 10 版，20 余年间总印数逾 150 万册。

第二类是关于刑法立法方面的著作，这类著作是高铭暄教授身为刑法立法领域代表性学者的突出学术贡献，主要有以下 5 种：(1)《中华人民共和国刑法的孕育和诞生》，高铭暄编著，法律出版社 1981 年 7 月版，系改革开放以后我国第一部法学专著，2008 年荣获中国法学会首届"中国法学优秀成果奖"专著类二等奖。(2)《中国刑法立法之演进》，高铭暄、赵秉志合著，法律出版社 2007 年 6 月版，该书为中英文对照本，旨在对外学术交流中发挥作用。(3)《中华人民共和国刑法的孕育诞生和发展完善》，高铭暄著，北京大学出版社 2012 年版，是系统论述新中国刑法立法的代表性著作，被译成德文、俄文先后在德国和俄罗斯出版发行，荣获国家图书奖提名奖、2012 年中国十大影响力法学理论研究成果、第三届"中国法学优秀成果奖"专著类一等奖(2014 年 12 月)。(4)《中华人民共和国刑法的孕育诞生和发展完善(精编本)》，高铭暄著，北京大学出版社 2020 年版，入选教育部中小学生阅读指导目录(2020 年版)。(5)《新中国刑法立法沿革全书》，国家出版基金项目成果，高铭暄、赵秉志、商浩文编著，中国人民公安大学出版社 2021 年版，该书是新中国成立 70 年来刑法立法文献资料的集大成者，并含有编者对我国刑法立法发展过程的简要评述。

第三类是关于我国刑法学沿革与发展方面的著作，这是高铭暄教授总结我国刑法学既往研究状况和引领刑法学未来发展的杰出贡献之体现。这方面的著作主要有 5 种：(1)《新中国刑法学研究综述(一九四九——一九八五)》，高铭暄主编，河南人民出版社 1986 年版，系我国法学界第一部综述性著作。(2)《新中国刑法科学简史》，高铭暄主编，中国人民公安大学出版社 1993 年版。(3)《新中国刑法学研究历程》，高铭暄、赵秉志编著，中国方正出版社 1999 年版。(4)《新中国刑法学研究 60 年》，高铭暄、赵秉志编著，中国人民大学出版社 2009 年版。(5)《新中国刑法学研究 70 年》(上、下册，"十三五"国家重点出版物出版规划项目)，高铭暄、赵秉志、袁彬编著，中国人民大学出版社 2019 年版。

第四类是学术专著，大多为高铭暄教授主持的科研课题的研究成果，一般具有相当的理论深度，往往代表了当时我国刑法学理论研究的水平，具有较为广泛和久远的学术影响。这类著作主要有 6 种：(1)《新中国刑法的理论与实践》,高铭暄、王作富主编,河北人民出版社 1988 年版。(2)《刑法学原理》(三卷本),高铭暄主编,中国人民大学出版社 1993—1994 年版,国家哲学社会科学"七五"规划重点项目"中国刑法理论与实践"最终研究成果,代表了当时我国刑法学总论的最高研究水平,荣获"全国高等学校首届人文社会科学研究优秀成果奖"一等奖(1995 年)、第二届国家图书奖(1996 年),2005 年被国家新闻出版署纳入"中国文库·哲学社会科学类"。(3)《新型经济犯罪研究》,高铭暄主编,中国方正出版社 2000 年版,国家社会科学"九五"规划重点项目成果。(4)《刑法专论》,高铭暄主编,高等教育出版社 2002 年第 1 版、2006 年第 2 版,是受主管部门委托主编的我国第一部刑法专业研究生教学用书,也是刑法学理论的一部专题性研究著作,荣获司法部第三届全国法学教材与科研成果奖一等奖(2009 年)。(5)《〈中华人民共和国刑法修正案(八)〉解读与思考》,高铭暄、陈璐著,中国人民大学出版社 2011 年版。(6)《当代刑法前沿问题研究》,高铭暄主编,人民法院出版社 2019 年版,该书是以《刑法修正案(九)》的修法规定为主要思考线索而研究刑法理论前沿动态的学术著作。

第五类是高铭暄教授论述刑法学理论的个人著作,其中主要是其个人已发表论文的选集,反映了高铭暄教授对诸多刑法问题的思考,表明了高铭暄教授对若干前沿、热点、争议性理论与实务问题的见解,也代表了高铭暄教授关注刑法学领域的点与面。这类著作主要有以下 7 种:(1)《刑法总则要义》,天津人民出版社 1986 年版。(2)《刑法问题研究》,法律出版社 1994 年版,系高铭暄教授 1979—1993 年间发表的论文选集。(3)《刑法肆言》,法律出版社 2004 年版,系高铭暄教授 1994—2003 年间发表的论文选集。(4)《高铭暄自选集》(中国人民大学名家文丛),中国人民大学出版社 2007 年版,系高铭暄教授 2007 年之前发表的独著代表性论文的汇集。(5)《刑法续言——高铭暄刑法学文集》,北京大学出版社 2013 年版,系高铭暄教授 2004—2012 年间发表的论文选集。(6)《高铭暄王作富刑法学文选——九十华诞自选集》,高铭暄、王作富著,法律出版社 2017 年版,该书上编为高铭暄教授以往发表的代表性论文的选集。(7)《我与刑法七十年》,高铭暄口述、傅跃建整理,北京大学出版社 2018 年版,该书是高铭暄教授口述的传记性书籍,其中反映了高铭暄教授的成长经历、学术生涯和若干相关学术内容。

五、结　语

2015 年 4 月 15 日,在卡塔尔首都多哈召开的第十三届联合国预防犯罪和刑事司法大会期间,在国际刑法学协会前后三任主席、国际犯罪学会主席、国际社会防卫学会主席及中国参会代表团等的共同见证下,作为全球性四大刑事科学团体之一的国际社会防卫学会隆重授予高铭暄教授"切萨雷·贝卡里亚奖"。这是国际社会防卫学会在刑事法领域设立的一项极有分量的国际性大奖,旨在表彰全世界在刑事法律领域为推动实现法治精神与人道关怀作出巨大贡献的贤达之士,素有刑事法领域的"诺贝尔奖"之称。高铭暄教授是首位获此殊荣的亚洲人士。国际社会防卫学会主席发表了热情洋溢的颁奖词,阐述了颁奖给高铭暄教授的主要理由:一是他在中国建设现代法治过程中丰硕的法学研究成果及其重要影响;二是他在培养高层次法学人才、培育学术团队方面所作出的突出成绩;三是他在推动中国刑法学和中国刑事法治国际化发展方面所作出的杰出贡献。颁奖词高度评价道:"高铭暄教授的一生是奉献于刑法学教学与研究的一生。""高铭暄教授的肩上汇聚了前人的最高品质,他极富成果地将其一生贡献给了刑法科学和刑事法制的发展进步以及人道主义刑事政策的传播普及。"①国际刑事法学界上述关于高铭暄教授的评价全面、客观、公允,令人赞叹。行文至此,笔者也不由想到几年前我们学术团队在庆贺高铭暄教授执教 65 周年和人生 90 华诞时的贺词:传道授业解惑之楷模,立德立功立言的典范。这一贺词与上述颁奖词不谋而合,皆为高铭暄教授平凡而伟大一生的真实写照。"高山仰止,景行行止。虽不能至,然心向往之。"②这正是我们弟子学生仰望恩师时的心情。

---

① 参见《国际社会防卫学会颁奖辞》(国际社会防卫学会主席路易斯·阿罗约·萨巴特罗教授),载 https://news.ifeng.com/a/20150422/43604387_0.shtml,访问日期:2024 年 4 月 10 日。

② 《史记·孔子世家》。

专题二

高铭暄教授的刑法学术立场和学术方法^①

一、前 言

我是高铭暄先生指导培养的首届硕士生(1984 届)和首届博士生(1987届),非常荣幸能够代表高铭暄教授的弟子学生在这次学术盛会上发言。2023 年是我国实行改革开放政策的 45 周年,2023 年也喜逢我们敬爱的恩师、"人民教育家"高铭暄先生执教 70 年暨 95 华诞。高铭暄教授是新中国培养的第一代法学家的杰出代表,他于新中国成立不久走上法学教学研究道路,70 年来,始终与我们共和国的曲折前行同呼吸、共命运,在参与立法、教学研究、人才培养、引领学科建设、组织领导全国刑法学术活动暨促进区际、国际学术交流诸方面都贡献卓越、成就斐然,于 2019 年中华人民共和国成立70 周年前夕荣获"人民教育家"国家荣誉称号,这是国家和人民的至高褒奖,也是我国法学界、法律界的唯一殊荣。我们感到无上荣光! 在这里,请允许我代表高铭暄教授指导培养的诸位弟子学生,乃至曾直接或间接受教于高

---

① 本专题内容系赵秉志教授在"面向未来的刑法学:理论发展与方法创新"国际学术研讨会(2023 年·北京)上的发言。该研讨会旨在庆贺高铭暄教授执教 70 年和 95 华诞。

铭暄教授的我国法学界、法律界的众多晚辈同仁,热烈祝贺高铭暄教授执教70 年暨 95 华诞,衷心祝愿恩师寿比南山,学术之树长青!

2023 年是高铭暄教授的又一个高光之年。2023 年 4 月 7 日,在恩师的家乡美丽的海滨之城浙江省玉环市,我们参与和见证了"高铭暄学术馆"圆满的开馆仪式及相关学术活动。"高铭暄学术馆"是我国法学界第一个以法学家名字命名的学术馆,这个学术馆的开馆对高铭暄教授和我国刑法学界乃至法学界而言,都是一件可庆可贺的大事、盛事和喜事!其意义正如中国人民大学党委书记张东刚先生所言,"学术馆是研究和传承高铭暄先生的法学思想的重要载体,是展现我国刑法学孕育诞生与发展完善的直接窗口,是弘扬我国法学研究及法学教育事业丰硕成果的重要渠道";亦如中国刑法学研究会会长暨上海市高级人民法院院长贾宇教授所言:"学术馆的收藏展示了高铭暄先生的学术生涯、学术贡献和重大学术成果,是对高铭暄先生学术思想很好的总结和发扬光大,必将成为中国刑法学研究的新坐标、中国法治建设成果的新名片。"①

2022 年 10 月党的二十大报告中提出了"加快构建中国特色哲学社会科学学科体系、学术体系、话语体系"的任务。法学是重要的社会科学门类,作为法学重要部门的我国刑法学经过改革开放以来 45 年的创建与发展,已经基本形成了具有中国特色的刑法学知识体系。但近年来随着社会变迁、犯罪治理形势发展变化及外来刑法学理论等的影响,也给坚持、发展与完善具有中国特色的刑法学学术体系和话语体系带来了新的挑战、任务和机遇。在这样的背景下,认真学习、研究、传承和弘扬以高铭暄教授为主要代表的老一辈刑法学家创建与发展中国特色刑法学体系的学术立场和学术方法,继往开来,就显得特别重要和有意义。以庆贺高铭暄教授执教 70 年和 95 华诞为契机,中国人民大学刑事法律科学研究中心联合中国刑法学研究会和国际刑法学协会中国分会主办,并得到中共玉环市委、玉环市人民政府和中国人民大学出版社等单位支持协办,举办题为"面向未来的刑法学:理论发展与方法创新"国际学术研讨会,就近现代刑法学发展的历史逻辑和方法论,以及信息网络时代、数字经济时代和新型科技背景下的犯罪治理与刑法变革等重要议题和新型问题展开探讨,可谓既贴近现实又立意高远。

---

① 《"人民教育家"高铭暄学术馆开馆》,载 https://app.xinhuanet.com/news/article.html? articleId=31b3f3cb95d077e9e2045a7ec030a77f,访问日期:2023 年 4 月 10 日。

对于高铭暄教授一贯坚持的创建与发展中国特色刑法学体系的学术立场和学术方法,我的体会主要有三个方面:一是立足本国国情开展自主性研究的基本学术立场;二是理论联系实际的一贯研究风格和方法;三是放眼全球的学术视野和走向国际舞台的学术志向。

二、立足本国国情开展自主性研究的基本学术立场

高铭暄教授的学术立场和学术方法之一是,立足本国国情开展自主性研究的基本学术立场。

高铭暄教授曾结合自己数十年参与刑法立法工作的体会,把"刑法立法要从中国实际出发、立足于本国国情"视为我国刑法立法工作应当予以肯定和坚持的首要一条经验①,并将其作为基本的学术立场贯穿于刑法理论研究中。高铭暄教授认为,这里的"中国实际"和"本国国情",既包括我国的社会主义国家性质,也包括我国历史悠久、幅员辽阔、人口众多、民族众多和不同地区政治、经济、文化的发展很不平衡的现实国情及改革开放给刑事法治和刑法学研究带来的犯罪治理和社会发展的新需要,还包括我国法治建设要有一个从不完备到逐渐完备的过程。② 高铭暄教授认为,从刑法立法工作上讲,坚持一切从实际出发的实事求是原则,这是我国刑事立法工作的根本指导原则。但这并不是排斥吸取历史上和国外的成功立法经验,它们的某些立法技术和同犯罪作斗争的某些方法是可以借鉴的,但根本的还是要坚持从我国现实国情出发的实事求是原则,这样才能保证我国刑法的中国特色。③ 而从我国刑法学理论上讲,中国刑法学不同于外国刑法学或者比较刑法学,中国刑法学属于国别刑法学,所以它只能以研究中国的刑法及其所规定的犯罪、刑事责任和刑罚为主,而不能喧宾夺主,大讲外国刑法和刑法学的内容。当然,为了了解刑法和刑法理论的沿革,以及在某些理论问题和制度问题上

---

① 参见高铭暄主编:《刑法专论》(第2版),高等教育出版社2006年版,第36页。
② 参见高铭暄:《刑法肆言》,法律出版社2004年版,第85页;高铭暄:《关于中国刑法理论若干问题的思考》,载高铭暄、赵秉志主编:《刑法论丛》(第1卷),法律出版社1998年版,第5页。
③ 参见高铭暄:《毛泽东同志关于刑法问题若干论述的指导意义》,载《政法丛刊》1987年第1—2期。

有所比较和借鉴,适当介绍一些外国刑法的理论、立法和司法情况是需要的,但是只能占中国刑法学教材较小的一部分,而且对这类内容要有必要的分析甚至批判。总之,我国刑法学必须以本国现行刑法为主来确定研究对象范围,要紧密围绕研究对象开展理论研究,阐述概念,讲清原理,分析和解决实际问题,以形成具有中国特色的社会主义刑法学,贡献于我国社会主义法制建设事业。①

本着立足于中国国情开展自主性研究的基本学术立场,高铭暄教授多年间卓有成效地开展了我国刑法学的学术研究,主持创建了具有中国特色的我国刑法学的学科体系和话语体系。例如,高铭暄教授在应邀阐述如何编好《中国刑法学》②这部高等学校文科教材的体会时写道:《中国刑法学》所建立的以我国现行刑法的规定为基础并兼顾刑法学学理性的这一科学体系不同于任何其他国家的刑法学体系,其立足于我国立法和司法实际,具有中国自己的特色,因而这一体系成为当前我国法律院系刑法学中最具有代表性的学科体系。③ 高铭暄教授和马克昌教授主编的普通高等教育"十一五"国家级规划教材《刑法学》④等全国性刑法学教材进一步坚持和完善了具有中国特色的我国刑法学体系。

在涉及我国刑事法治和刑法学理论的一些重大问题的研究和抉择上,高铭暄教授也特别注意坚持立足于中国国情开展自主性研究的基本学术立场。

关于倡导罪刑法定原则的确立。我国 1979 年刑法并没有明文规定罪刑法定原则,同时还规定了有悖于罪刑法定原则的有罪类推制度。在这样的立法背景下,高铭暄教授在其主编的我国第一部刑法学统编教材中,没有形式主义地看问题,而是认为我国刑法对于犯罪和刑罚从总则到分则有一系列规定,有罪类推制度的适用条件极为严格而只能适用于极个别案

---

① 参见高铭暄:《略论刑法学研究的对象和方法》,载《中央政法管理干部学院学报》1992年创刊号。

② 高铭暄教授主编的高等学校文科教材《中国刑法学》于 1989 年由中国人民大学出版社出版,该书于 1992 年 11 月获第二届全国高等学校优秀教材特等奖。

③ 参见高铭暄:《谈谈如何编好刑法学教材的几点体会》,载罗国杰主编:《学者谈艺录》,中国人民大学出版社 1992 年版,第 83—84 页。

④ 由高铭暄教授和马克昌教授共同主编的《刑法学》由北京大学出版社、高等教育出版社于 2000 年出版第 1 版,该书荣获 2002 年全国普通高等学校优秀教材一等奖,至 2022 年已推出第 10 版。

件,因此可以说我国刑法基本上是实行罪刑法定原则的,类推制度只是罪刑法定原则的补充或例外。① 这就从我国初创刑事法制的实际出发,在刑法理论上肯定和确立了罪刑法定作为刑法基本原则的地位,并为罪刑法定原则的理念弘扬乃至未来的立法化打下了基础。在我国立法机关对 1979 年刑法进行修订的过程中,应否在立法上明定罪刑法定原则成为存在争议的重大问题之一,高铭暄教授旗帜鲜明地主张 1997 年刑法要明确规定罪刑法定原则并废止类推制度,认为这是我国建设社会主义法治国家和全面保护人权的需要,也是适应国际进步潮流之举。② 在各方面的共同努力下,1997 年刑法终于明确规定了罪刑法定原则并废除了类推制度,从而在刑事法治领域迈出了依法治国的重要步伐。正如高铭暄教授所言,我国 1997 年刑法中以罪刑法定原则为代表的刑法基本原则的法定化,是我国刑法理论研究直接推动的结果。③

关于坚持和完善四要件犯罪构成理论的主张。犯罪构成理论或犯罪论体系是近现代刑法基本理论的基石,晚近十多年来,刑法学界出现了以德、日阶层式犯罪论体系取代我国长期通行的四要件犯罪构成理论的主张("推倒重来论")。在赞同学术争鸣的基础上,对事关我国刑法理论的基础及其未来发展方向这一重大理论问题,高铭暄教授结合我国四要件犯罪构成理论产生与发展的历史和现实进行了针对性的研究,指出我国四要件犯罪构成理论的形成是一种历史性的选择,具有历史必然性;该理论也经受住了历史的考验,具有历史合理性。再从现实的维度、理论内在逻辑和犯罪论不同体系的比较来看,四要件犯罪构成理论也具有其合理性。而否定四要件犯罪构成理论的"推倒重来论"漠视和曲解了四要件犯罪构成理论的现实合理性,其主张的三阶层犯罪成立体系也存在着诸多矛盾、冲突之处而不宜采纳,奉行"推倒重来论"必然会把我国刑法学引向歧途,会造成我国刑法理论和司法实务的混乱。总之,四要件犯罪构成理论立足于中国国情,凝聚了我国老一辈刑法学家的集体智慧,虽其也存在若干需要发展完善之处,但其基本合理,绝非完全经不起任何推敲的政治性产物,因而推倒重来是完全错误的、不明智的

---

① 参见高铭暄主编:《刑法学》(修订本),法律出版社 1984 年版,第 38 页。
② 参见高铭暄:《略论我国刑法对罪刑法定原则的确立》,载《中国法学》1995 年第 5 期;高铭暄:《试论我国刑法改革的几个问题》,载《中国法学》1996 年第 5 期。
③ 参见高铭暄口述、傅跃建整理:《我与刑法七十年》,北京大学出版社 2018 年版,第 71 页。

折腾之举,必须予以否定。①

　　关于完善刑法应当采取的立法模式或途径问题。针对修改完善刑法应采取刑法修正案模式还是多元化模式(包括刑法修正案、单行刑法与附属刑法条款)的不同观点,高铭暄教授坚定地支持采用刑法修正案模式的主张和立法实践,指出采取修正案模式修改刑法是我国立法机关经过长期立法实践所选择确定的正确途径,这种模式有利于保持刑法的统一性和完整性,也有利于司法实务和公民守法,而不应再走已被我国法治实践检验过有诸多弊端的多元化立法的回头路。②

　　关于我国死刑制度改革的主张。死刑制度改革是当代中国刑事法治领域的重大现实问题之一,关乎我国法治和人权事业的重大进步,因而也为我国刑法学界所重点关注。高铭暄教授在 1997 年刑法通过之前即已开始关注我国死刑制度的改进问题,指出基于我国特定的国情民意,目前在我国彻底废止死刑尚不现实,但立法者必须认识到死刑的弊端及其作用的有限性,应当随着社会的发展和治安的好转,尽量减少死刑的适用,而对于非暴力的财产犯罪和经济犯罪,原则上不应配置死刑。③ 在国家立法机关研拟修订刑法的过程中,在 1996 年 11 月于北京召开的大型刑法修改座谈会上,高铭暄教授针对刑法修订草案中死刑立法改革力度不大的状况,从历史经验、死刑价值、"少杀"刑事政策及国际交往需要等多个维度,旗帜鲜明地提出了刑法修订应再努力削减死刑的建议,给人鼓舞和启迪。④ 晚近十多年来,在我国死刑制度迈开司法改革与立法改革步伐的法治背景和我们学术团队聚焦于死刑制度改革研究的氛围下,高铭暄教授也加强了对我国死刑制度改革问题的关注,其研究涉及历史与现实、国际与国内、刑事实体法与程序法、人道与预防等多维度,凝聚了"坚持从中国国情出发,严格控制和慎重适

　　① 参见高铭暄:《对主张以三阶层犯罪成立体系取代我国通行犯罪构成理论者的回应》,载赵秉志主编:《刑法论丛》(总第 19 卷),法律出版社 2009 年版,第 2—12 页;高铭暄:《论四要件犯罪构成理论的合理性暨对中国刑法学体系的坚持》,载《中国法学》2009 年第 2 期;高铭暄:《关于中国刑法学犯罪构成理论的思考》,载《法学》2010 年第 2 期。
　　② 参见高铭暄:《20 年来我国刑事立法的回顾与展望》,载《中国法学》1998 年第 6 期;高铭暄:《新中国刑法立法的变迁与完善》,载《人民检察》2019 年第 C1 期。
　　③ 参见高铭暄:《毛泽东同志关于刑法问题若干论述的指导意义》,载《政法丛刊》1987 年第 1—2 期;高铭暄:《试论我国刑法改革的几个问题》,载《中国法学》1996 年第 5 期。
　　④ 参见赵秉志、彭凤莲:《高铭暄教授刑法立法思想要览》,载赵秉志、郎胜主编:《和谐社会与中国现代刑法建设——新刑法典颁行十周年纪念文集》,北京大学出版社 2007 年版,第 5 页。

用死刑,逐步减少死刑,直至最后废除死刑"的基本主张和相关的学术见解,起到了丰富、深化、启迪我国死刑制度改革理论研究和支持、推动相关法治改革的作用。①

可见,高铭暄教授在上述这些重大刑法理论问题的研讨与抉择上,都鲜明地体现了其立足于中国国情开展自主性研究的基本学术立场。

三、理论联系实际的研究风格和方法

高铭暄教授的学术立场和学术方法之二是,理论联系实际的一贯研究风格和方法。

理论联系实际是中国共产党始终坚持的正确思想路线,是老一辈马克思主义法律学者治学立身的根本,也是高铭暄教授 70 年来一以贯之的治学执教理念与学风,是其作为人民教育家的鲜明本色。②

早在 20 世纪 80 年代初高铭暄教授主编的我国第一部全国统编教材《刑法学》中,在刑法学的研究方法一节,就提出要坚持"理论联系实际"的研究方针,使我国刑法学始终不脱离实际,始终为实践服务。③ 在 1989 年高铭暄教授主编的高等学校文科教材《中国刑法学》中,高铭暄教授执笔撰写的"刑法学的研究方法"部分,把理论联系实际作为刑法学的重要研究方法之一予以论

---

① 参见高铭暄、李文峰:《从〈公民权利和政治权利国际公约〉论我国死刑立法的完善》,载高铭暄、赵秉志主编:《21 世纪刑法学新问题研讨》,中国人民公安大学出版社 2001 年版,第 311—326 页;高铭暄:《从国际人权公约看中国部分非暴力犯罪的死刑废止问题》,载《法制日报》2003 年 6 月 26 日;高铭暄:《我国的死刑立法及其发展趋势》,载《法学杂志》2004 年第 1 期;高铭暄、朱本欣:《论二审死刑案件的公开审理》,载《现代法学》2004 年第 4 期;高铭暄:《略论我国死刑制度改革中的两个问题》,载《法学家》2006 年第 1 期;高铭暄:《略论中国刑法中的死刑替代措施》,载《河北法学》2008 年第 2 期;高铭暄:《新中国死刑立法的变迁与展望》,载《文史参考》2010 年第 20 期;高铭暄等:《从此踏上废止死刑的征途——〈刑法修正案(八)草案〉死刑问题三人谈》,载《法学》2010 年第 9 期;高铭暄、黄晓亮:《削减死刑罪名的价值考量》,载《法学杂志》2010 年第 12 期;高铭暄、赵秉志等:《关于取消组织卖淫罪、集资诈骗罪死刑的立法建议》,载赵秉志主编:《刑事法治发展研究报告(2009—2010 年卷)》,中国人民公安大学出版社 2011 年版,第 1—12 页;高若辰、高铭暄:《清代秋审与当代中国死刑复核程序的比较研究》,载《法治研究》2016 年第 4 期;高铭暄口述、傅跃建整理:《我与刑法七十年》,北京大学出版社 2018 年版,第 119 页。

② 参见徐宏:《"人民教育家"高铭暄先生法学教育思想研究》,载《法学》2020 年第 3 期。

③ 参见高铭暄主编:《刑法学》(修订本),法律出版社 1984 年版,第 13—14 页。

述,指出刑法学是一门实践性很强的应用学科,需要理论联系实际地学习研究,要认真研究我国刑事立法,深入钻研刑法理论,并注意实际运用。①

在 20 世纪 90 年代初的一篇论文中,高铭暄教授对理论联系实际的刑法学研究方法作了专门阐述。他说,理论联系实际是科学研究的普遍方法,也是刑法学研究的基本方法。刑法学是一门理论性、实践性都很强的法律学科。丰富的刑事立法和司法实践是刑法理论的源泉,正确的刑法理论又能直接为刑事立法和司法实践服务。刑法学研究中一定要吃透刑事立法精神,并予以充分的阐发;同时要善于发现问题,提出进一步完善刑事立法的建议。刑法学者把法律的精神加以弘扬,并正确地传达给司法工作者,使他们正确地掌握和运用法律武器,这就是对司法实践最大的帮助。同时,刑法理论应当非常注意反映司法实践经验,特别是执行刑法的经验;要不断发现新情况,总结新经验,解决新问题。刑法学者在广泛深入倾听实践呼声的同时,应当独立思考,勇于探索,敢于创新,要具有高度的科学信念。②

高铭暄教授不但将理论联系实际融于自己的刑法学理论研究中,而且特别注意将理论联系实际的研究作风和方法贯彻于他对博士生的培养指导中。他在总结培养博士生的经验时曾谈到这一点:"刑法学是一门理论性和实践性都很强的法律学科,不在理论和实践两方面同时下功夫,不可能有深邃的造诣。我经常提醒博士生,既要掌握坚实宽广的马克思主义法学基础理论和系统深入的刑法学知识,注意理论研究,加强理论思维,又要时刻关心我国刑事立法和司法实践的进展,善于发现新情况、新经验、新问题,不断积累材料,注意面向实际,作出理论说明。不联系实际,单纯搞抽象的所谓理论研究,对刑事立法和司法实践是不会有帮助的;但是缺乏理论分析,仅仅就事论事,那也是没有说服力的,对刑事立法和司法实践同样是没有帮助的。正确的做法是理论紧密联系实际,从我国的刑事立法和司法实际出发,遵循实践——认识——再实践——再认识的规律,提出问题,分析问题,解决问题。也就是说,一切结论都力求来自于实践,并反过来服务于实践。关于理论联系实际问题,我是不厌其烦地反复强调。所有刑法学博士生都知道导师对这一条是严格要求、毫不放松的。"③他指出:博士生培养无论是学习还是科

①　参见高铭暄主编:《中国刑法学》,中国人民大学出版社 1989 年版,第 5—7 页。
②　参见高铭暄:《略论刑法学研究的对象和方法》,载《中央政法管理干部学院学报》1992年创刊号。
③　《高铭暄教授谈:培养博士生的一些体会》,载《学位与研究生教育》1995 年第 3 期。

研,我们都强调理论联系实际。研究刑法理论,主要是为了解决刑事立法和司法实践中的问题,给实践以指导和理论支持。无的放矢,为理论而理论,追求玄而又玄的所谓"学问",这是我们刑法学导师所不赞成、不提倡的。这一点我经常告诫我的学生,如此一代传一代,所以在我们刑法学科队伍里,理论联系实际蔚然成风。在这样的理论联系实际的学风里培养出来的人才,综合素质过硬,自然比较受有关部门的欢迎。①

简言之,高铭暄教授所倡导和强调的理论联系实际的刑法学研究方法,同时提升了刑法学的学术性与实践性,也提高了刑法学高层次人才的培养水平。

四、放眼全球的学术视野和走向国际舞台的学术志向

高铭暄教授的学术立场和学术方法之三是,放眼全球的学术视野和走向国际舞台的学术志向。

身处改革开放和全球化的时代,作为我国刑法学界的领军者,高铭暄教授充分认识到我国刑法学和刑法学界需要有放眼全球的学术视野和走向国际舞台的学术志向,认为我国刑法学界加入国际刑法学协会有益于中国刑法学融入国际刑法潮流,也有益于国际社会了解中国刑法学的发展,因而这是中国刑法学学术事业发展中的大事。② 本着全球化的视野和胸怀,高铭暄教授尽其所能地在人才培养、学术研究、域外学术交流合作、加入国际学术组织诸方面促进我国刑法学研究放眼全球,引领我国刑法学界走向国际舞台。

高铭暄教授是我国最早的国际刑法学研究的提倡者和研究者,是中国刑法学界与国际刑法学界开展学术交流与合作的开拓者。20 世纪 80 年代他率先给研究生开设了国际刑法专题课程;他最早招收培养新中国刑法学科国际刑法方向博士研究生;他于 1993 年创建了我国第一个国际刑法研究机构——中国人民大学国际刑法研究所,并组织领导研究所进行了卓有成效的外向型刑法学术研究和学术交流活动;他组织、领导刑法学术团队与美国、英

---

① 参见高铭暄:《谈谈如何指导博士研究生的点滴体会》,载《法学杂志》2005 年第 2 期。
② 参见高铭暄口述、傅跃建整理:《我与刑法七十年》,北京大学出版社 2018 年版,第 144 页。

国、德国、日本、法国、意大利、俄罗斯、韩国等法治发达国家及我国港澳台地区刑法学界和法律实务界进行了广泛的学术交流合作;他支持北京师范大学刑事法律科学研究院加入联合国预防犯罪和刑事司法机构网络,成为其第15个国家成员单位。国际刑法学协会是全球刑事科学领域历史悠久且最有影响的非政府性学术组织,在联合国经济及社会理事会享有咨商地位。[1] 加入国际刑法学协会无疑是推动中国刑法学界走上国际舞台的重要举措。高铭暄教授在中国法学会的支持下,几经努力,终于在1988年带领中国刑法学界加入了国际刑法学协会并组建和领导了中国分会;高铭暄教授曾作为国际刑法学协会副主席和中国分会主席在多年间参加了国际刑法学协会的多个国际性学术活动,尤其是促成国际刑法学协会和中国法学会共同主办、国际刑法学协会中国分会承办的第十七届国际刑法大会于2004年9月在北京成功举办,并且参与了这次大会的组织和领导工作。这次大会有来自世界各国和地区的近千名代表出席,盛况空前,是国际刑法学协会成立近百年来首次在亚洲国家举办的国际刑法大会,也是我国法学界承办的最大规模的国际性会议。会议取得圆满成功,被国际刑法学协会领导人称为“国际刑法学协会历史上最为重要的一次会议”,被大会组委会主席、中国法学会会长称为“刑事司法领域国际交流与合作的新的里程碑”,如此等等,高铭暄教授的学术贡献卓著。

对于引领中国刑法学和刑法学界走上国际舞台的学术志向,高铭暄教授曾坦言,我不甘心落后,想把中国刑法学搞上去,要跻身于世界民族之林,让世界承认中国刑法学是有它的特色和独到之处的。我们要有道路自信、理论自信、制度自信、文化自信,立足本国的国情、社情,在继承本民族优秀的文化传统、注重刑法本土化建设、兼收并蓄外国刑法先进合理的文明成果的基础上,审慎剖析,形成具有中国特色的社会主义刑法理念,使我国刑法朝着更为科学、文明和人道的方向发展,推进中国的法治经验走向世界,增强中国法学和中国法治的国际影响力,这对于推动我国刑事法治建设的发展是极具现实意义的。我认为只要我们国家富强,有影响力、有吸引力,刑法学就会做大做强,不会矮人一截,不会跟在西方的屁股后面亦步亦趋,这点志气我是有的。[2]

---

① 参见杨春洗等主编:《刑事法学大辞书》,南京大学出版社1990年版,第207页。

② 参见高铭暄口述、傅跃建整理:《我与刑法七十年》,北京大学出版社2018年版,第221—222页。

　　由于在引领中国刑法学界走向国际舞台诸方面所作出的杰出贡献,高铭暄教授在国际上享有极高声望,并实至名归地获得了两项重要褒奖:

　　一是 2015 年荣获国际社会防卫学会所授予的"切萨雷·贝卡里亚奖"。国际社会防卫学会是全球性四大刑事科学团体之一,在联合国经济及社会理事会享有咨商地位。[①]"切萨雷·贝卡里亚奖"是国际社会防卫学会在刑事法领域设立的一项极具分量的国际性大奖,旨在表彰全世界在刑事法律领域为推动实现法治精神与人道关怀作出巨大贡献的贤达之士,素有刑事法方面的"诺贝尔奖"之称。高铭暄教授是首位获此殊荣的亚洲人士。2015年 4 月 15 日,在卡塔尔首都多哈的国际会议中心,在联合国第十三届预防犯罪与刑事司法大会上,在国际刑法学协会前后三任主席、国际犯罪学会主席、国际社会防卫学会秘书长及中国参会代表团等的见证下,国际社会防卫学会授予高铭暄教授"切萨雷·贝卡里亚奖",其颁奖理由是高铭暄教授"在中国基于人权保障与人道主义刑事政策发展现代刑法学所取得的巨大成就"。高铭暄教授认为,这项大奖既是对其本人的肯定和鼓励,也是对中国刑法学者多年来在刑法国际化方面不懈努力的充分肯定,反映了国际社会对中国刑事法治走向科学化、民主化、现代化和国际化进程的高度关注与普遍认同。[②]

　　二是 2016 年荣获日本早稻田大学名誉博士学位。早稻田大学是蜚声国内外的当今日本乃至全球的名校,也是长期致力于中日友好文化交往的名校。早稻田大学的名誉博士学位入选标准非常严格,主要授予在国际上负有盛名、有杰出成就的政治家、社会活动家和学术大师。[③] 2016 年 11 月 22日,日本早稻田大学举行隆重的仪式,授予高铭暄教授名誉博士学位,以表彰高铭暄教授多年来对中日刑法学术交流作出的杰出贡献,88 岁高龄的高铭暄教授遂成为最年长的"法学博士"。

　　40 余年来,伴随着改革开放的步伐,我国刑法和刑法学领域的科学化、现代化和国际化也相互影响与促进,取得了长足的发展。其中国际化的发展颇为显著,这既包括我国刑法立法的国际化发展,也包括我国刑法学体系对国际化因素的吸纳和我国刑法学界对外向型刑法理论(涉及国际

---

　　① 　参见杨春洗等主编:《刑事法学大辞书》,南京大学出版社 1990 年版,第 205 页。
　　② 　参见高铭暄口述、傅跃建整理:《我与刑法七十年》,北京大学出版社 2018 年版,第 211—213 页。
　　③ 　参见高铭暄口述、傅跃建整理:《我与刑法七十年》,北京大学出版社 2018 年版,第 216 页。

刑法学、外国刑法学、比较刑法学和中国区际刑法学）的研究，还包括我国在刑事法治国际化方面的发展和进步，如缔结和加入联合国暨区域性刑事公约，缔结双边性引渡和刑事司法协助条约，开展双边性引渡和刑事司法协助活动，进行域外追逃追赃刑事法治活动，等等。高铭暄教授所倡导的全球化的刑法学研究视野及其引领我国刑法学界积极走向世界舞台的步伐，紧密配合和有力地支持了我国刑事法治和刑法学领域的国际化发展。

五、结 语

以上是我对于高铭暄教授坚持的创建与发展中国特色刑法学体系的学术立场和学术方法三个方面的粗浅勾勒与体会。我认为，重视考察、研究、传承和弘扬"人民教育家"高铭暄教授的学术立场和学术方法，必将有助于发展与完善具有中国特色的刑法学体系。在此基础上，我们还应当结合对高铭暄教授的学术立场和学术方法的考察与把握，进一步梳理和研究高铭暄教授博大精深的刑法学思想，尤其是其最重视、最专长的刑法立法领域和刑法基础理论领域丰富而重要的学术思想。这是新中国刑法学事业的瑰宝，我们理当予以珍视和弘扬。

专题三

高铭暄教授的刑法立法活动
暨立法思想之考察

一、前 言

为庆祝中华人民共和国成立 70 周年,全国人大常委会于 2019 年 9 月 17 日作出《关于授予国家勋章和国家荣誉称号的决定》。根据这一决定,国家主席习近平于 2019 年 9 月 29 日向高铭暄教授颁授了"人民教育家"国家荣誉称号,这是我国法律界和法学界所获得的唯一国家荣誉殊荣。高铭暄教授作为新中国培养的第一代法学家的杰出代表,是我国刑法学的主要奠基者和开拓者,他自新中国成立之初迄今的 70 载学术生涯中,对我国的刑事法治建设、刑法学教学研究、法学人才培育和刑法学国际交流事业都作出了杰出的贡献,在我国法律界和法学界乃至国际法律界和法学界都享有崇高的声誉,他荣获"人民教育家"国家荣誉称号可谓实至名归。

刑事法治是现代法治基本而重要的组成部分,而刑法立法又是刑事法治的基础,因而刑法立法工作历来为我国法律界和法学界所重视和青睐。在高铭暄教授丰富、充实、辉煌的人生历程中,参与新中国刑法立法的创建和发展完善工作是其中格外耀眼的一个组成部分。他从当年血气方刚、风华正茂的青年刑法学者,到如今满头银发、鲐背之年的刑法学大师,始终心系国家刑法立法。他是历史跌宕中全程参与并见证新中国第一部刑法典诞生的唯一刑法学者,参与国家刑法立法创制活动长达近 70 个春秋。在其学术研究生涯中,关注刑法立法和刑事法治改革前沿问题是高铭暄教授一贯坚持的主要学术风格之一。① 将亲历的刑法立法实践和刑法立法问题研究相结合,高铭暄教授逐渐形成了其有关刑法立法创制与修正的刑法立法理论见解,并致力于新中国刑法学科的建构与拓展。新中国先后颁行的两部刑法典暨晚近以来我国刑法立法的完善都包含着他的智慧与贡献,有关刑法立法的理论论述和论著也成为高铭暄教授学术成就的一个重要方面。

全国人大常委会《关于授予国家勋章和国家荣誉称号的决定》号召,要"以国家勋章和国家荣誉称号获得者为楷模,大力宣传他们的卓越功绩,积极学习他们的先进事迹"。诚如著名教育家陶行知先生所言,"学高为师,德高为范"。高铭暄教授的辉煌人生和道德文章都值得我们弟子学生学习、研究和颂扬。本专题选择恩师高铭暄教授的刑法立法活动与立法学术思想这个熠熠生辉的方面,试图予以较为全面系统的梳理和研讨。

二、高铭暄教授参与刑法立法主要活动述略

新中国成立以来 70 余年的刑法立法,经历了 1979 年第一部刑法的创制、修订通过 1997 年刑法及 1997 年刑法颁行之后迄今我国刑法立法的持续完善三个阶段。高铭暄教授全程参与了我国刑法立法从创立到修订再到完善的这三个阶段,他是唯一全程参与第一部刑法典创制的刑法学者,是参与新刑法典研拟的主要学者之一,也是长期多次参与修正完善新刑法典的学者之一,他为新中国刑法立法的创制、发展和完善作出了无与伦比的杰出贡献。

新中国成立之初,就开始了建设社会主义法制的探索。早在 1950 年,当时的中央人民政府法制委员会就曾邀约一批法律专家如陈瑾昆、蔡枢衡、李祖荫、李浩培、李光灿等参与起草刑法,他们先后参与起草出两个刑法文本,一是 1950 年的《中华人民共和国刑法大纲草案》,二是 1954 年的《中华人

---

① 参见高铭暄:《刑法续言——高铭暄刑法学文集》,北京大学出版社 2013 年版,前言,第 1—2 页。

民共和国刑法指导原则草案(初稿)》。这两个刑法文本从今天看也有其闪光点,但它们都没有向社会征求过意见,也没能进入立法程序,因而没有成为立法文件,只能算作刑法立法资料。①

1954 年 10 月,伴随着新中国第一部宪法的颁行,全国人大常委会办公厅法律室受命组建班子,负责起草《中华人民共和国刑法》。当时,研究生毕业留校任教刚 1 年、年仅 26 岁的高铭暄教授被中国人民大学法律系派到全国人大常委会办公厅参与刑法起草班子的工作,他从此与我国刑法立法工作结下不解之缘。1954 年到 1963 年,从刑法草案第 1 稿到第 33 稿,历经 9 年风雨;1978 年到 1979 年,再从刑法草案第 34 稿到第 38 稿,又是 1 年光阴。撇开中间由于连绵不断的政治运动和"文化大革命"而停顿的 10 多年时间不计,在参与新中国刑法立法创建的 10 年中,高铭暄教授倾注了自己的全部学识、热情、心血和汗水,成为自始至终参与我国第一部刑法典创制过程的唯一学者。在这 10 年中,他已记不清提出过多少立法意见和建议,搜集和整理过多少供国家立法机关参考的资料,对每一个刑法条文作过多少次的草拟、修订和完善。

高铭暄教授不仅把参与刑法立法作为一定时期组织上分配给自己的一项工作,而且把参与和研究刑法立法视为自己毕生从事的事业的一个重要部分来对待,并且由衷地重视和热爱。作为有着良好学术素养与习惯的学者,他在参与和研究刑法立法过程中积累了丰富的第一手刑法立法资料,也经历了数不清的立法问题争议和法条表述的字斟句酌,这成为他日后学术发展的重要基础,也使他得以为我国刑事法治和刑法学研究事业作出独特的贡献。在 1963 年 10 月《刑法草案》第 33 稿完成而刑法立法工作暂告一个段落之后,高铭暄教授回到中国人民大学法律系继续任教,当时他根据教研室的要求,利用自己参与刑法立法和注意积累有关资料的条件,结合自己参与刑法立法的相关体会,把刑法立法中的难点和重点予以梳理,于 1964 年 5 月完成了近 8 万字的主要解析《刑法草案》第 33 稿的《中华人民共和国刑法(草案)学习纪要》,为相关教职人员提供了难得的教学资料。我国第一部刑法典于 1979 年 7 月 1 日通过并于 1980 年 1 月 1 日正式施行后,在当时学习、研究刑法缺乏有关资料的情况下,高铭暄教授当年撰著的这本学习纪要引起了

---

① 参见高铭暄:《中华人民共和国刑法的孕育诞生和发展完善》,北京大学出版社 2012 年版,前言,第 1 页;高铭暄、赵秉志:《中国刑法立法之演进》,法律出版社 2007 年版,第 39—40 页。

司法机关的注意,最高人民检察院研究室 1981 年 7 月编印的《检察业务学习资料》第 13 辑将其全文刊载,推荐给全国检察系统人员学习。同时,鉴于他全程参与第一部刑法典起草工作的独特经历,法律出版社特约高铭暄教授撰写一部论述中国刑法诞生方面的著作,这一约请对他而言正中下怀,于是高铭暄教授在教学之余加班加点进行梳理、研究和写作,不到半年时间,完成了近 20 万字的《中华人民共和国刑法的孕育和诞生》,由法律出版社于 1981 年 7 月正式出版发行。① 该书既是高铭暄教授的第一部个人学术著作,也是十一届三中全会作出建设社会主义法制决策之后我国法学界出版的第一部学术著作。该书全面、系统地阐述了我国第一部刑法典的诞生过程及各个条文的演进轨迹,并对刑法立法过程中的各种分歧意见进行了客观介绍和评析,是学习、研究和适用 1979 年刑法的重要参考,因而面世后 1.2 万册很快就售罄,一时间可谓“洛阳纸贵”,当时由于社会上复印机还很罕见,甚至出现了“手抄本”。

　　高铭暄教授这部著作的背后也有他深深的遗憾。因为有注意收集资料的学术素养,他借参加刑法典起草工作之便,细心收集了从第 1 稿到第 33 稿历次刑法草案的所有资料,刑法草案研拟过程中的一些争议和意见也都批注在资料上,他将这些资料装订成册,堆起来有半人多高。在“文化大革命”期间被下放到江西劳动之前,为稳妥起见,高铭暄教授将这些资料交到中国人民大学法律系保密资料室保存,以备将来自己和同事参考,没料到后来竟被管理学校的军宣队和工宣队当作废品烧掉了。1978 年高铭暄教授重返校园后得知此事时痛惜不已,多年后他还念念不忘,引为毕生最大的憾事。他说,这样宝贵的立法资料全国只有我这一套,如果能留存下来,写作我国刑法的孕育诞生的脉络就会更清晰,内容会更丰富!② 当然,那样我们也会对我国刑法的创制有更加深入而切实的了解。

　　1979 年刑法颁行之后,随着我国改革开放的阔步进展和政治、经济、治安形势的急剧变化,刑法的修改和补充工作也接踵而至。从 1981 年至 1995 年间,全国人大常委会先后颁行了 25 部单行刑法,对 1979 年刑法的诸多内容作了一系列修改和补充。在此期间,高铭暄教授参与了大部分刑事法律的草创工作,他积极提供咨询意见,发表立法建言,建议纠正不当条文,其立法

① 参见高铭暄:《我的刑法学研究历程》,载《河南警察学院学报》2020 年第 1 期。
② 参见高铭暄口述、黄薇整理:《25 年曲折立法路 见证新中国第一部刑法诞生的艰辛》,载《文史参考》2011 年第 7 期。

贡献受到我国立法机关的高度评价。

对 1979 年刑法的修订工作自 1982 年起开始酝酿准备,自 1988 年起提上国家立法机关工作日程,至 1997 年通过,前后历时 15 年。① 高铭暄教授以促进我国刑法立法改革与完善为己任,极力倡导开展刑法修改研究工作。由他担任总干事(会长)的中国法学会刑法学研究会,在他的组织与主持下,自 1986 年开始,在历年举行的全国刑法学术年会上,都关注了刑法的修改与完善问题,并通过每年结集出版的年会学术文集,为立法机关的刑法修改工作提供了重要的理论参考资料。② 尤其是在 1997 年刑法出台前夕,于 1996 年 11 月在四川省乐山市举行的 1996 年全国刑法学术年会(即中国刑法改革研讨会)上,与会的全国近 200 名刑法理论界和法律实务部门的专家学者对全国人大常委会法工委 1996 年 10 月拟定的《刑法修订草案(征求意见稿)》进行了热烈的研讨,提出了不少富有建设性的意见。高铭暄教授在会上作了《为我国刑法的改革和完善而努力》的报告,总结了近 10 年来刑法修改研究的情况,为我国 1997 年刑法的顺利通过作了较为充分的理论论证与铺垫。

在 1997 年刑法修改研拟过程中,作为全国人大常委会法工委经常邀请参与刑法修改工作的主要专家学者之一,高铭暄教授除了撰文探讨刑法修改完善问题,还多次应邀参加刑法修改研讨会、座谈会,参与立法起草、咨询,提出了一系列有关刑法修改、涉及宏观微观多方面问题的宝贵建议,其修法见解受到国家立法机关的高度重视。③ 1993 年 12 月,在全国人大常委会法工委刑法修改小组开始着手研究刑法分则修改问题后不久,法工委委托中国人民大学法学院刑法专业修改刑法总则,由高铭暄教授和王作富教授主持,赵秉志教授协助组织实施。接受委托后,中国人民大学法学院刑法专业成立了刑法总则修改小组。④ 该小组从 1993 年 12 月到 1994 年 9 月间进行了较为集中的研讨和研拟工作,先后向国家立法机关提交了 1 份《刑法总则大纲》(1994 年 1 月 13 日)和 4 份《刑法总则修改稿》(1994 年 1 月、5 月、6 月和 9

---

① 参见王汉斌:《关于〈中华人民共和国刑法(修订草案)〉的说明——1997 年 3 月 6 日在第八届全国人民代表大会第五次会议上》,载高铭暄、赵秉志主编:《新中国刑法立法文献资料总览》(第 2 版),中国人民公安大学出版社 2015 年版,第 773 页。

② 参见"中国刑法学研究会历届全国刑法学术年会一览",载赵秉志主编:《中国刑法学研究会学术研究 30 年》,法律出版社 2014 年版,第 860—861 页。

③ 参见高铭暄:《我的刑法学研究历程》,载《河南警察学院学报》2020 年第 1 期。

④ 参见赵秉志主编:《新刑法全书》,中国人民公安大学出版社 1997 年版,第 1851—1870 页。

月）。尤其是 1994 年 6 月和 9 月向法工委提交的 2 份《刑法总则修改稿》，为国家立法机关修订刑法总则提供了有益的建议和参考，后来全国人大常委会法工委在此基础上于 1995 年 8 月 8 日起草出《刑法总则修改稿》。①

1996 年 3 月我国刑事诉讼法修订通过后，国家立法机关迅速将主要精力转入刑法的系统修改工作。1996 年 8 月 12 日至 16 日，全国人大常委会法工委在北京专门邀请高铭暄等 6 位资深刑法学专家就刑法修改问题进行充分的座谈研讨。② 全国人大常委会法工委印发《刑法修订草案（征求意见稿）》（1996 年 10 月 10 日）后，于同年 11 月 11 日至 22 日在北京召开了大型刑法修改座谈会征求对该草案的意见。11 月 22 日大会发言时，高铭暄教授以一个学者对国家刑事法治建设和人权保护事业高度负责的精神，针对刑法修订草案中死刑立法改革幅度不大的状况进行了慷慨激昂的评析发言，他从历史经验、死刑价值、国家"少杀"的刑事政策以及国际交往需要等多维角度，旗帜鲜明地提出了刑法修订应努力削减死刑的建议，可谓振聋发聩、给人启迪。

1997 年刑法通过后，高铭暄教授作为新中国成立以来基本上始终参与我国刑法立法工作的最有代表性的刑法学家，受到中央电视台等多家主流新闻媒体的邀约采访，中央电视台"东方之子"节目等对他进行了专访，应教学科研机构、司法部门之邀请讲授、宣传新刑法典，应接不暇。

1997 年刑法是一部统一的、比较完备的、具有一系列重大改革和多方面进展的刑法典，是新中国刑法立法发展历程中的一个里程碑。但是，1997 年刑法并没有终止我国刑法立法继续发展进步的需要和步伐。1997 年刑法颁行后 20 多年来，根据需要，在刑法立法领域，我国立法机关又陆续制定和通过了 1 部单行刑法、12 个刑法修正案和 13 件刑法立法解释文件，进一步完善了刑法立法，并确立了通过刑法修正案局部完善刑法的基本修法模式。在这 20 多年中，高铭暄教授虽已年逾古稀，仍以"老骥伏枥，志在千里"的精神，超乎常人所能地参与了多个刑法修正文件的研拟和研究工作，为我国刑法立法

---

① 其他 5 位专家为王作富、马克昌、曹子丹、单长宗、储槐植教授。此次刑法修改座谈会情况参见高铭暄、赵秉志编:《新中国刑法立法文献资料总览》（第 2 版），中国人民公安大学出版社 2015 年版，第 1340—1373 页；赵秉志主编:《新刑法全书》，中国人民公安大学出版社 1997 年版，第 1851—1870 页。

② 参见高铭暄、赵秉志编:《新中国刑法立法文献资料总览》（第 2 版），中国人民公安大学出版社 2015 年版，第 1065—1073 页。

的完善殚精竭虑①;并坚定不移地支持国家立法机关采取刑法修正案的模式局部修改完善刑法,以维护刑法典的统一性和权威性。

鉴于 1979 年刑法之后我国又于 1997 年修订通过了新刑法,以及之后 20 多年来我国刑法立法又有了一系列发展完善之举,而高铭暄教授基本上参与了新中国所有刑法规范的制定和修改活动,多年间他一直打算修订《中华人民共和国刑法的孕育和诞生》这本书,希望为我国刑事法治建设和刑法学研究奉献一部与时俱进的阐述我国刑法立法发展过程与演进轨迹的立法著作,并把他的刑法立法思想和感想写进这本书中。② 经过多年的准备和不懈努力,在高铭暄教授 84 岁高龄的 2012 年,他撰著的长达 85 万余字的《中华人民共和国刑法的孕育诞生和发展完善》一书由北京大学出版社出版发行。这部鸿篇巨制的上卷基本上是 1981 年出版的《中华人民共和国刑法的孕育和诞生》一书的内容,反映的是 1979 年刑法的孕育诞生过程和条文内容的演进轨迹;下卷反映的是 1979 年刑法颁行后尤其是 1997 年刑法及其之后我国刑法立法的发展和完善历程。这部著作可以说是高铭暄教授一生参与刑法立法活动的心血和智慧之作。由于其视角独特、内容丰富,这部著作一经面世,立即受到学界的广泛好评,引起强烈反响。③

三、高铭暄教授关于刑法立法的主要思想

亲历多年的刑法立法实践并长期注重对刑法立法领域问题的研究,高铭暄教授逐渐形成了一整套关于刑法立法的思想和见解。高铭暄教授的刑法立法思想,在宏观上有立法观念、立法原则、立法指导思想、刑法典体系安排等的举纲张目,在微观上也涉及具体条文、具体罪名、术语表达上的精雕细

---

① 例如,即使在 2020 年 10 月高铭暄教授已逾 92 岁高龄且因病住院期间,在收到由赵秉志教授转交的全国人大常委会法工委就《刑法修正案(十一)(草案二次审议稿)》的征求意见专函后,他仍认真予以研读,口述其修法意见并委托赵秉志教授代为整理成书面文稿向法工委转交,表现出刑法学泰斗对国家刑法立法完善工作的极大热忱和高度负责精神。参见赵秉志主编:《〈刑法修正案(十一)〉理解与适用》,中国人民大学出版社 2021 年版,第 17 页。

② 参见陈磊:《我觉得法律职业是一个正义的职业——对话刑法学界泰斗高铭暄先生》,载《河南教育(高校版)》2006 年第 5 期。

③ 参见蒋安杰:《高铭暄:30 年磨一剑——85 万字刑法学巨著出版引反响》,载《法制日报》2012 年 10 月 10 日。

琢。与我国刑事立法过程相适应,以高铭暄教授刑法立法思想的发展脉络和相关内容为对象,我们把高铭暄教授的刑法立法思想大致分为 1979 年刑法背景下和 1997 年刑法颁行以来两大部分予以考察。

(一) 1979 年刑法背景下高铭暄教授的刑法立法思想

1. 关于刑法立法宏观问题的见解

(1)关于刑法立法根据的认识

高铭暄教授认为,制定和修改刑事法律,至少应该具有四个根据:一是宪法根据,即刑事法律的规定不能与宪法相抵触,而必须贯彻宪法的基本原则和基本精神。这是由宪法的根本法地位所决定的。二是实践根据,即刑事立法必须从实际出发,立足于本国的国情、民情和罪情,注意总结和反映我国同犯罪作斗争的成功经验,防止可能出现的漏洞和失误。刑法立法要参考外国的刑法条文,但真正的依据还是要从中国的实际出发。三是政策根据,即刑事立法要体现我国的基本刑事政策,并运用这一政策去指导和协调立法内容。刑法立法是随着国家形势的变化而变化的,也要随着国家刑事政策的调整而调整。四是理论根据,即刑事立法要讲究科学,以政治理论、经济理论、法学理论作指导。一部无视理论指导的立法,是注定要失败的。①

(2)关于刑法立法原则的见解

20 世纪 80 年代中期,高铭暄教授结合当时我国刑法立法的实际状况,明确提出我国刑事立法必须坚持四项原则:一是立法权限的集中性原则,即刑事法律的立法权,必须集中于国家的中央权力机关,即由全国人民代表大会及其常务委员会行使。各级地方人大及其常委会、各级行政机关及司法机关,均无权制定和颁布刑事法律。对民族自治地方依照宪法及刑法的规定,根据当地民族的实际情况,对犯罪和刑罚问题所作的变通或补充规定,应当允许,但必须报请全国人大常委会批准后,方能生效施行。二是立法思想的一致性原则,即无论是制定刑法典,还是颁布单行刑法,都必须使立法思想保持内在的统一性。既要注意立法宗旨的一致,又要注意基本原理的一致,还要注意不同法规之间的一致。强调立法思想的一致性,是为了减少立

---

① 参见高铭暄:《刑事立法工作的宝贵经验——学习〈彭真文选〉摘记》,载《法学杂志》1993 年第 4 期;吕佳臻、王秀梅:《对话高铭暄:立法的真正依据要从中国实际出发》,载《法律与生活》2019 年第 15 期。

法矛盾,保证刑事立法的整体效能。三是立法内容的必要性原则,即刑事立法的内容必须是成熟的、必不可少的,对不该规定的,要坚决舍弃;对应该规定的,即使具有一定的超前性,也不能遗漏。四是立法方式的多样性原则,即刑事立法在形式上可以多种多样,既包括刑法典,也包括单行刑事法律,还包括非刑事法律中的附属刑法规范。①

(3)关于刑法立法观念的转变

刑法立法观念的先进与否决定着刑法典的先进与否。一部好的刑法典必须有先进的立法观念为指导。20世纪80年代后期,高铭暄教授提出了如下与政治、经济发展相适应的刑法立法观念。

其一,应转变有关经济犯罪的观念。随着社会主义商品经济的发展,在刑法观念上最迫切需要加以转变的是有关经济犯罪的一些观念:首先,要确立作为社会主义公有制经济之重要补充的私营经济也是我国刑法所保护的客体的观念。把社会主义制度下的私有制也放到一个比较重要的地位,加以必要的刑法保护。其次,为适应商品流通、搞活市场的需要,应当改变过去那种不分情况,把所有经济交易中的居间行为都视为投机倒把的观念。再次,在商品经济条件下,市场的含义在扩大,商品的外延也在扩大,因此刑法观念必须与这种现象相适应。最后,要摒弃"为富不仁"的观念,保障劳动者正当的合法利益。

其二,要破除旧有的刑法观,树立社会主义民主的刑法观念。应当转变那种只把刑法看成"专政工具"和"打击手段"的观念,切实地把刑法在保障社会主义民主中的作用提高到一个应有的地位。在刑法中牢固树立社会主义人道主义的观念,也是发展社会主义民主的必然要求。

其三,要打破刑法作为国内法即不应当规定有关国际犯罪的任何条款的观念。随着社会主义商品经济的不断发展和国际交流与合作的日益扩大,1979年刑法已经不能适应日益扩大的国际刑事交流与合作以及国际刑事斗争的需要,应当加以改进。有鉴于此,应当注意确立我国刑法的普遍管辖原则,在我国刑法中规定引渡和司法协助等条款,并在我国刑法中设立相应的国际犯罪。②

---

① 参见高铭暄:《刑法问题研究》,法律出版社1994年版,第77—83页。应当注意,高铭暄教授当时所说的刑法立法方式的多样性原则,是针对1997年刑法颁行前刑法立法的实际情况而言的。

② 参见高铭暄、王勇:《社会主义商品经济与刑法观念的转变》,载《政法论坛》1988年第5期。

（4）关于刑法立法主要特点的归纳

1979 年刑法施行 10 年之际，高铭暄教授概览 10 年来我国刑事立法的基本情况，进行深刻反思，回顾总结既往，探讨展望未来，将我国以往刑事立法的主要特点归纳如下：

其一，坚持马列主义、毛泽东思想的理论指导。首先，在刑事立法中坚持马列主义、毛泽东思想的指导，首要的就是将其基本观点和方法加以贯彻。其次，马克思主义关于人类社会发展运动规律的一些学说，也对我国刑事立法起到了重要的指导作用。最后，马列主义、毛泽东思想关于刑法的一些理论学说，更直接影响了我国的刑事立法。

其二，立足于中国的国情。这既是辩证唯物主义对立法工作的一个原则要求，也是我国刑事立法的一个突出特点。主要反映有三：一是刑法立足于我国的社会主义国家性质，体现社会主义的一些基本原则。二是刑法立足于我国幅员辽阔、民族众多、社会情况复杂的社会条件，不能搞一刀切。为此，刑法规定民族自治地方可以根据当地民族的政治、经济、文化的特点和刑法的基本原则，制定对刑法的变通或者补充的规定；而我国刑法的某些规定比较原则和灵活，也是符合我国社会情况比较复杂这一实际的。三是刑法立足于我国现代化建设的需要。改革开放背景下，严惩严重经济犯罪和其他重大刑事犯罪分子，保障社会主义现代化事业的顺利发展，也就成为现实刑事立法的一个重要方面。

其三，总结了我国同犯罪作斗争行之有效的经验。我国在同犯罪作斗争中积累的行之有效的经验，如严肃与谨慎相结合，惩办与宽大相结合，缩小打击面、扩大教育面等，都在我国刑事立法中得到了很好的贯彻；我国所创制的死缓、管制等制度，在刑法中也得到了体现。

其四，吸收了刑法学理论中正确的见解。我国刑法的起草工作，自始至终都是在刑法学专家和学者的参加下进行的，而且立法机关也比较注意研究刑法理论，因而刑法的一些规定就必然体现了中华人民共和国成立以来我国刑法学研究的成果。如中华人民共和国成立初期，刑法学界就曾对刑法要不要把无期徒刑、管制、拘役作为一个刑种规定下来有所争论，1979 年刑法采纳了多数人的肯定性意见。再如 1979 年刑法颁布后，挪用公款的情况大量出现，刑法学界认为，对危害严重的挪用公款行为追究刑事责任是必要的，但司法解释以贪污罪论处不妥当，应独立定罪。后来国家立法机关在制定《关于惩治贪污罪贿赂罪的补充规定》中，便采纳了该主张，把挪用公款规定为一个独立的罪名。

其五,借鉴了国外刑事立法中的有益成分。首先,1979 年刑法从体系上借鉴了苏联刑法典的体系安排;其次,在一些具体条文的规定上,参照了外国刑法的有关规定;再次,我国刑法在某些问题的规定上如刑事责任年龄,采取了大多数国家刑法所采用的通例;最后,对于大多数国家没有规定的某些情况如通奸,我国刑法也未予规定为犯罪。

其六,原则性与灵活性相结合。这是我国刑事立法的一大特点,如在罪与非罪的界限标准上即是如此。

其七,及时与谨慎立法相结合。1979 年刑法施行后的一些单行刑法即是应需要而及时制定的。同时,立法机关对刑事立法也十分谨慎,对一时拿不准、缺乏立法经验的情况,就没有在刑法中勉强作出规定。如污染环境、侵犯著作权和发明权等犯罪当时就未在 1979 年刑法中规定,而是留给非刑事法律先行规定,待经验成熟时再补充进刑法。

其八,刑法立法方式、立法程序和立法技术有所发展。立法方式上,在刑法之外,还有单行刑法和非刑事法律中的刑法规范等。有些单行刑法实际上相当于刑法修正案,以这种方式对刑法进行修正,具有及时性和针对性,比较可取,而且对刑事立法的修法方式将产生重要影响。立法程序上,刑事立法工作日趋民主化。立法技术上,立法机关对刑事法律采取了逐步完善的方法。如在刑法之外,对一些问题,一旦时机成熟,立法机关就颁布补充规定等。①

(5)关于刑法特别法的立法规范问题

在 20 世纪 80 年代我国存在相当数量的特别刑法规范的背景下,高铭暄教授撰文予以研究,认为刑法特别法规作为一种立法形式,不外乎两大基本类型:一是单行法规,二是非刑事法律中的附属刑法规范。我国已颁行的一系列刑法特别法规在立法技术上经历了一个不断提高的过程:如附属刑法条款由当初"追究刑事责任"的笼统规定,发展到具体指明依照刑法的哪一条款定罪量刑,直至比较完整地在非刑事法律中集中设置刑法规范,并在特别法规之后附载刑法的有关条文。但是,总结已有的经验,有必要强调注意几个问题:一是表述要明确。刑法特别法规是对刑法典的补充和修改,是

① 参见高铭暄、赵秉志、王勇:《中国刑事立法十年的回顾与展望》,载《中国法学》1989 年第 2 期。

追究行为人刑事责任的法律根据,其内容一定要具体、明确。二是内容要可行。立法的目的是执行,要重视法律施行的效果。三是界限要分清。非刑事法律的附属刑法规范应当独立设置条款,以便明确一般违法行为与犯罪的界限。四是术语要统一。立法的语言应该概念清晰,含义确切,统一规范,简明易懂。要尽量使用统一的刑法语言,避免使用民俗用语。除增设新罪名和必要的用语外,应一律使用刑法已有规定的罪名和用语。有些特别法规先后使用过"依法惩处""给予刑事处分""追究刑事责任"等用语,不尽一致,建议立法机关统一使用"追究刑事责任"。①

2. 高铭暄教授关于修改 1979 年刑法的观点

(1)关于 1979 年刑法的基本评价

高铭暄教授认为,1979 年刑法的颁行具有重大意义:其一,它使新中国刑法规范第一次得以体系化,奠定了我国刑法体系的基础。其二,它使我国刑事司法办案工作有法可依,结束了以往刑事司法工作主要依靠政策的局面,基本上能做到罪刑法定。其三,它为我国刑法学教学研究提供了丰富的思想源泉和现实的规范依据,带动刑法学教学研究从停滞状态走向复苏乃至逐步繁荣。因此,从总体上讲,1979 年刑法是一部保护我国社会主义现代化建设的良法。但由于受当时历史条件和立法经验的限制,1979 年刑法在体系结构、规范内容和立法技术上难免存在一些缺陷。② 作为自始至终参与这部刑法典创制工作的刑法学者,高铭暄教授对 1979 年刑法的基本评价是客观的、历史的、一分为二并区分主次的。

(2)关于全面修改 1979 年刑法的必要性和可行性

高铭暄教授指出,1979 年刑法由于受到当时"宁粗勿细"立法思想的影响而导致内容过于简单和原则,致使在刑法之外,还有许多单行刑法和非刑事法律中的附属刑法规范,缺乏体系上的归纳,显得零乱,不便于掌握;而且有的单行刑法出台以后,刑法原有条文规定究竟是否废除了也不明确,以致司法文书中对有的罪名适用刑法时,既引用刑法条文,又引用单行刑法相应条文,很不规范。再者,由于单行刑法是一个一个地创制,彼此缺乏照应,在法定刑上有所失衡。特别是党的十四大以来,为了建立社会主义市场经济体制,实现体制转轨,各方面都发生了深刻变化,在犯罪现象上也出现了许多新

① 参见高铭暄、姜伟:《刑法特别法规的立法原则初探》,载《法学评论》1986 年第 6 期。
② 参见高铭暄:《新中国刑法立法的变迁与完善》,载《人民检察》2019 年第 C1 期。

情况、新问题,为了建立起良好的社会主义市场经济秩序,需要加强宏观调控和加快经济立法,同时也需要完善刑法。对市场经济中出现的不轨行为,哪些应规定为犯罪、罪与非罪的界限应如何划分、如何对这些犯罪进行科学的分类,这些都要做通盘的考虑,而不是通过对几个单行刑法修修补补能够解决的。因此,无论是司法实践部门,还是刑法学界,一致要求全面修改刑法,从而制定出一部新的《中华人民共和国刑法》。①

在1979年刑法颁布10周年之际,高铭暄教授在有关论文中专门论述了修改和完善刑法的必要性与可行性问题。

关于修改1979年刑法的必要性。首先,现行刑法同日益发展的社会主义商品经济已经不能相适应。从社会主义所有制关系看,我国现行刑法并没有把保护公有制以外的经济形式作为一项重要任务加以规定,也没有设立相关的规范性条款。从社会主义商品流通领域看,把一些对促进商品流通有益的行为也规定为投机倒把罪或受贿罪,而且在商品经济的其他许多领域和方面,也存在着现行刑法不能与之相适应的情况。这就要求从整体上对刑法作适当的修改。其次,现行刑法与近年来已逐步开展的政治体制改革,以及同社会主义民主的日益发展,也是不相适应的。由于刑法的不完善,对许多滥用职权、亵渎职务而给国家造成严重损失的危害行为,还无力追究其刑事责任。再次,我国现行刑法中还存在与宪法不协调之处,如1979年刑法中只有保护公有制的破坏集体生产罪,却没有保护私营经济的破坏个体生产罪的规定,宪法要求保护私营经济的合法权益的规定未能在刑法中得以体现。最后,1979年刑法同其他特别刑法规范以及刑事司法实践显得有些不协调。从立法上说,陆续颁布的特别刑法规范经实践检验较为成熟的内容应当被刑法所吸收,存在明显缺陷的内容则需要废除或修改。从司法上说,实践中出现了许多现行刑法不能解决的问题,影响了司法工作的效率与效能。因此,1979年刑法和其他现行刑法规范亟须修改完善。②

关于修改1979年刑法的可行性。第一,作为现行刑法规范核心内容的1979年刑法已施行了近10年,通过这些年司法实践的反复检验,属于立法缺陷与不足的问题及其症结所在已经有了较为充分的显露,司法对立法完善的

---

① 参见高铭暄:《我国十五年来刑事立法的回顾与展望》,载《法学》1995年第1期;吕佳臻、王秀梅:《对话高铭暄:立法的真正依据要从中国实际出发》,载《法律与生活》2019年第15期。

② 参见高铭暄、赵秉志、王勇:《中国刑事立法十年的回顾与展望》,载《中国法学》1989年第2期。

要求也日臻明确和具体。这为立法完善提供了实践根据。第二,近年来,我国刑法理论开始注意从理论与实践的结合上,逐步开展对刑法修改与完善的研究,在宏观和微观上都提出了一些完善刑法的见解,这方面的研究正在更加富于创造性地深入展开。这些研究无疑为刑事立法的完善提供了理论方面的根据和参考意见。第三,我国立法机关逐步摸索和积累了较为丰富的刑事立法经验,而且也注意调查研究,收集与整理了理论界与实践部门关于修改、完善刑事立法的不少意见材料。这为刑法的完善提供了主体条件和资料准备。第四,党的十三大明确了我国目前处于社会主义初级阶段,强调要坚定不移地继续实行改革开放的基本国策,提出了继续大力加强社会主义法制建设的要求,立法科学化的任务已逐步提出并将分批上马。这些情况,也为开始着手完善我国刑法立法提供了形势和氛围方面的条件。①

　　时至 20 世纪 90 年代中期,全面修改刑法已成为广大司法实务工作者和学者的普遍共识之时,针对个别学者认为全面修改刑法时机仍不成熟的担心和观点,高铭暄教授指出这种担心是不必要的,并进一步论述了全面修改刑法已经具备的诸多有利条件:第一,邓小平同志关于建设有中国特色社会主义理论、党的基本路线、党的十四届三中全会通过的《关于建立社会主义市场经济体制若干问题的决定》,为全面修改刑法指明了方向。第二,全国人大常委会把刑法的修改列入工作计划。全国人大常委会法工委已经做了修改刑法的很多准备工作,1988 年至 1989 年已经有了一个初步的修改方案,并结合修法工作,收集、整理了许多有关外国资料。全国人大常委会法工委又组织小班子,把刑法分则条文包括原有条文、补充的条文加以汇集整理,对刑法总则条文也在进行修改研究。这就为全面修改刑法打下了良好的基础。第三,刑法及其修改补充的单行刑事法律、附属刑法规范已经过不同时间、不同程度的司法实践的反复检验,属于立法缺陷与不足的问题以及症结所在,已经有了较为充分的显露,加之最高人民法院、最高人民检察院为全面修改刑法作了大量的调查研究,还针对实践中的问题,作了许多司法解释,这些都为刑法的修改提供了丰富的经验。第四,法律院校、法学研究单位的刑法专家、学者,对刑法的修改进行了多年认真的研究,发表和出版了不少研究成果,在宏观和微观上都提出了许多宝贵的意见和合理的建议。②

---

　　① 参见高铭暄、赵秉志、王勇:《中国刑事立法十年的回顾与展望》,载《中国法学》1989 年第 2 期。

　　② 参见高铭暄:《我国十五年来刑事立法的回顾与展望》,载《法学》1995 年第 1 期。

（3）关于修订 1979 年刑法的指导思想问题

思想指导行动，高铭暄教授非常重视我国刑法的指导思想问题。他在《中华人民共和国刑法的孕育和诞生》一书中指出："刑法是我国的基本法之一，它从立法原则到具体规定，从制定到实施，都必须以马克思列宁主义、毛泽东思想为指针。"①强调修改刑法要有正确的指导思想。高铭暄教授认为，随着我国政治、经济形势的飞速发展，全面修改刑法的条件已经成熟，但是刑事法律的修订是一项极其严肃的工作，必须要有明确的指导思想。他早在 1989 年就撰文《略谈刑法修改的指导思想》，指出修改刑法必须强调四个方面：一是要适应建立社会主义商品经济新秩序的需要，保护我国宪法所规定的各种所有制经济的正当发展，惩治破坏各种经济成分的犯罪活动；二是要跟上社会主义民主政治的建设步伐，运用刑法手段铲除我国政治生活中的各种弊端和腐败现象，使我国政治制度和政治生活更趋于民主化和科学化；三是要总结刑法实施以来的丰富经验，将其吸收到刑法之中；四是要注重借鉴与吸收国外刑事立法的成功范例和刑事司法的有益经验。②

高铭暄教授在《中国刑事立法十年的回顾与展望》一文中再次指出，要使对刑法的修改、补充真正成为对刑法规范的完善和科学化，应当明确其指导思想。总的来说，刑法的修改和补充，要以适应我国现阶段社会主义商品经济与社会主义民主政治的发展需要为宗旨，要达到增强刑法对社会的调整与促进力量的效果。具体来讲，这种指导思想应当包含和突出地表现为以下几个要点：第一，在刑法锋芒所向上，应从反革命罪转向严重经济犯罪和严重危害社会治安的犯罪。重点应放在打击直接破坏社会主义经济建设的严重经济犯罪和妨害经济建设环境的严重危害社会治安的犯罪上。第二，在定罪量刑的基础上，应由社会危害性中心论，转向以社会危害性为主、兼顾罪犯的人身危险性。社会危害性思想是以朴素的"恶有恶报"观念为基础的，没有充分考虑到预防犯罪的需要。如果在坚持以社会危害性为定罪量刑主要基础的同时，也注重考虑罪犯的人身危险性（即再犯可能性），就有可能对症下药，真正达到预防犯罪的目的。因而在修改刑法时，要充分考虑这一点。第三，在刑罚制度上，应由较严厉和较封闭的刑罚适当地向缓和与开放的刑罚转变。从预防犯罪的角度看，严厉和封闭的刑罚既不利于罪犯的教育和改

---

① 高铭暄：《中华人民共和国刑法的孕育和诞生》，法律出版社 1981 年版，第 11 页。
② 参见高铭暄：《略谈刑法修改的指导思想》，载《法学》1989 年第 3 期。

造,也不利于他们的再社会化。因此,应当在修改刑法时对这种情况加以必要的改变。第四,在犯罪的范围上,应由只注重国内犯罪,向同时也注重国际犯罪和跨国、跨地区犯罪转变。随着我国对外开放政策的推行和国际交往的不断加强,国际犯罪和跨国、跨地区犯罪问题已日益成为我国社会所面临的一个重要问题。所以,我们有必要在修改刑法时对之给予足够的重视,以充分发挥刑法对我国开放秩序的有效保护,并适应日益扩大的国际社会刑事合作的需要。①

(4)关于1979年刑法体系结构的完善

关于刑法总则体系的完善。修改刑法中的一个重要问题是要注意体系结构的合理安排。高铭暄教授认为,就刑法总则而言,1979年刑法总则总体上是比较好的,实践中并没有遇到很大的问题,所以稍加修改补充即可。1979年刑法总则原分为五章的体系结构可作适当调整,内容上要有所补充。可调整和补充为七章:第一章"刑法的根据和原则",主要阐明刑法的制定根据,同时确立刑法的基本原则,特别是罪刑法定原则;第二章"刑法的适用",包括刑事管辖权、刑法的溯及力即从旧兼从轻原则,以及刑法与其他有刑罚规定的法律的关系;第三章"犯罪与刑事责任",包括犯罪行为、刑事责任年龄、刑事责任能力、故意犯罪与过失犯罪、犯罪停止形态、共同犯罪、单位犯罪;第四章"正当行为",主要指正当防卫、紧急避险;第五章"刑罚",其中"剥夺政治权利"一节可改为"剥夺权利";第六章"刑罚的具体运用",包括量刑的原则,自首、坦白与立功,累犯与再犯,数罪并罚,缓刑,减刑,假释,时效;第七章"刑法用语"。②

关于刑法分则体系的完善。高铭暄教授认为,随着社会经济、政治形势的发展,1979年刑法原有分则体系也日益暴露出已不能完全适应实际需要,不能不作较大的调整:一是反革命罪一章宜改名为"危害国家安全罪";二是应考虑分别增设侵犯公民民主权利罪、妨害司法罪、有关违反劳动保护和危害公共卫生犯罪的专章;三是应把破坏社会主义经济秩序罪作为修订重点,可以考虑划小同类客体,增分为走私罪,生产、销售伪劣商品罪,侵犯知识产权罪,危害金融罪,妨害公司、企业管理罪,妨害公平竞争罪,扰乱市场秩序

① 参见高铭暄、赵秉志、王勇:《中国刑事立法十年的回顾与展望》,载《中国法学》1989年第2期;高铭暄、赵秉志、王勇:《略论我国刑事立法的完善》,载郭道晖主编:《十年法制论丛》,法律出版社1991年版,第198—199页。

② 参见高铭暄:《论刑法典体系结构的完善》,载《人民检察》1995年第3期。

罪,妨害税收罪,危害环境和自然资源罪等数章;四是为了加强反腐败,有必要把贪污贿赂犯罪单列一章;五是可将毒品犯罪列为专章①;六是军人违反职责罪宜作为专章纳入刑法分则体系。②

(5)关于修订 1979 年刑法的立法方式和立法技术问题

关于立法方式。在 1979 年刑法背景下,我国刑法当时修改补充的立法方式主要采取制定独立于刑法的单行刑法和在非刑事法律中设置附属性刑法条款的方式。高铭暄教授当时认为,从我国当时的刑法立法实际出发,在立法方式上应当继续坚持多样化原则,除在必要时全面修改刑法以外,在平时要注意针对需要而分别采取制定单行刑法、非刑事法律中的刑事条款以及发布刑法修正案等多种立法形式对刑法进行修改和补充。尤其强调应当加强采用刑法修正案的方式对刑法进行修改和补充,认为刑法修正案的立法方式既灵活又简便,有利于立法机关及时地对刑法中已经不符合当前形势的有关条文作出修正(补充、修改或废除),或对当前迫切需要在刑法立法上加以解决的问题作出补充规定。③

关于立法技术。高铭暄教授认为,刑事立法是一门高深的学问,光有政策的指导和理论的贯通是不够的。在制定和修改刑事法律中,立法技术相当重要。立法技术的完善,直接关系到立法内容的科学性和可行性,并进而关系到实践中对法律的准确理解和正确运用,因而不可忽视。尤其是作为刑事立法体系主体和核心部分的刑法典,其立法技术的完善与否,不仅关系自身,而且还影响到其他刑法规范的创制和完善,因而更应引起注意。我国 1979 年刑法由于受当时历史条件和立法经验的限制,在立法技术上采取了"宜粗不宜细""宁疏勿密"的做法。这表现在某些分则条文不是一条一罪,而是一条数罪;某些条文罪状的规定过于简单,犯罪构成要件缺乏必要的描述;不少法定刑幅度过大,加之情节档次抽象,遂使轻重宽严难以掌握。这些都不利于罪刑法定、罪刑相适应原则的真正贯彻。为此,在全面修改刑法时,应当在立法技术上有一个较大的改进。具体而言,刑法无论在条文结构还是条文用语表述上都应讲究科学性,该繁则

———————

①　参见高铭暄:《论刑法典体系结构的完善》,载《人民检察》1995 年第 3 期;高铭暄:《我国十五年来刑事立法的回顾与前瞻》,载《法学》1995 年第 1 期。

②　参见高铭暄:《我国十五年来刑事立法的回顾与前瞻》,载《法学》1995 年第 1 期。

③　参见高铭暄、赵秉志、王勇:《中国刑事立法十年的回顾与展望》,载《中国法学》1989 年第 2 期。

繁,该简则简,繁简得当,尽可能做到明确、具体、严谨,便于实际应用。第一,每个条文前应设立标题,概括地明示该条内容,使人一目了然。第二,分则条文原则上应采取一条一罪的规定方法,便于分清一罪与数罪的界限,有助于正确定罪量刑。对某些常见多发而且情况复杂的犯罪,还应注意运用设立普通构成与加重构成或减轻构成的立法技术,区分犯罪的不同情况和危害程度,规定轻重不同而互相衔接的几个法定刑档次,便于"对号入座"地定罪量刑,有效贯彻罪刑相适应原则。第三,在罪状表述上,应尽量少采用简单罪状的方式,多采用叙明罪状的方式,对犯罪特征的描述力戒笼统、含糊,力求明确、具体。对某些经济犯罪条文,也可适当采用空白罪状的方式,利用经济法律、法规对现实生活反应敏捷、应变性强的优点,使刑法条文既保持相对稳定性,又能适应现实发展变化的要求。第四,要注意各种犯罪法定刑之间的协调平衡。重罪、轻罪在法定刑上应有显著差别,危害性相近的犯罪在法定刑上也应大体接近。对于具有法条竞合关系的犯罪条文,特殊法条的刑罚应重于普通法条,至少不能轻于普通法条。第五,要总结刑法中法条用语和表述笼统、含糊、不严谨的事例,从中吸取经验教训,切实予以纠正,使修改后的刑法,不仅内容科学新颖,体系结构合理,而且文字表述明确、具体、严谨,从而给我国人民和司法机关提供一部具有高度科学性和便于操作遵行的法律武器与行为规范。①

(6)关于刑法通则若干重要问题的立法完善

其一,关于罪刑法定原则的确立问题。新中国第一部刑法典对罪刑法定原则未作明文规定。但是在高铭暄教授等我国老一辈刑法学者的倡导下,在1979年刑法颁行之后不久,由高铭暄教授主编的我国第一部全国统编教材《刑法学》中即主张我国刑法是以罪刑法定原则为基础的,也即罪刑法定原则是我国刑法的一项基本原则。② 这一主张遂成为我国刑法学界的主流观点,并为日后刑法修订中罪刑法定原则的立法化打下了基础。在国家立法机关把修改1979年刑法提上立法日程后,高铭暄教授在有关研究中认为,由于类推制度的存在,不能说我国1979年刑法完全实行了罪刑法定原则,只能说基本上实行了罪刑法定原则。为了使我国刑法从基本上实行罪刑法定原则走向完全实行罪刑法定原则,在未来的刑法典中应当明确规定罪刑法定原

---

① 参见高铭暄:《我国十五年来刑事立法的回顾与前瞻》,载《法学》1995年第1期。
② 参见高铭暄主编:《刑法学》(修订本),法律出版社1984年版,第38—39页。

则,并取消类推制度。规定罪刑法定原则的条文可以考虑作如下表述:对于行为时法律没有明文规定为犯罪的行为,不得定罪处罚。① 明文规定罪刑法定原则具有重大意义:一是严正地表明我国是社会主义法治国家;二是更全面地保护公民的合法权利;三是适应国际进步潮流,更好地与国际接轨。在刑法中确立罪刑法定原则,除了废除类推制度,还应讲求立法技术的完善,特别是内容的表述要明确。表述罪状时,应尽量少用简单罪状的方式,多采用叙明罪状的方式,最好在每个条文前设立标题,概括地明示该条条文的内容,让人一目了然。特别是分则条文,其标题也就是罪名。对法定刑的结构和幅度也要做必要的调整。②

其二,关于刑法的适用范围。高铭暄教授建议补充我国刑法对有关的国际犯罪应行使普遍刑事管辖权的条款,并增加我国已缔结的有关刑事司法协助条约中有关引渡的内容。③

其三,关于"一国两制"方面的刑法立法。在香港地区回归前,高铭暄教授即撰文指出,在将来的"一国两制"时期,不可避免地会发生港澳地区的刑法与全国性刑法的冲突问题。凡事预则立,不预则废。对"一国两制"时期港澳地区的刑法与全国性刑法的关系,立法机关要开始着手研究,以便将来及时制定这方面的法律。④

(7)关于单位犯罪的立法完善

从1987年到1996年,我国单行刑法和相关法律中规定的单位犯罪的罪种已有50多个,而司法实践中判定单位犯罪的案例却极为鲜见。高铭暄教授认为,这一巨大反差值得深入调查研究。要将单位犯罪纳入法制化轨道,至少要解决以下几个问题:第一,要对单位犯罪加以明确界定。单位犯罪比法人犯罪的外延要宽,如果在未来的刑法典中仍沿用单位犯罪的称谓,就应对"单位"一词作出较为明确的解释。第二,要对单位犯罪中的罪种范围加以限制。传统上的"自然犯"如杀人、放火等不可能有单位犯罪,过失犯罪也不应当有单位犯罪。单位犯罪只宜限定为经济犯罪和妨害社会管理秩序

---

① 参见高铭暄:《试论我国刑法改革的几个问题》,载《中国法学》1996年第5期。

② 参见高铭暄:《略论我国刑法对罪刑法定原则的确立》,载《中国法学》1995年第5期。

③ 参见高铭暄、赵秉志、王勇:《中国刑事立法十年的回顾与展望》,载《中国法学》1989年第2期。

④ 参见高铭暄、赵秉志、王勇:《中国刑事立法十年的回顾与展望》,载《中国法学》1989年第2期。

罪中的某些犯罪以及贪利型的渎职罪。第三,对单位犯罪应一律采取双罚制:既对单位判处罚金,同时追究直接责任人员的刑事责任。对单位犯罪的数额起点可高于自然人犯罪的数额起点,但单位犯罪中直接责任人员刑事责任的标准应与自然人犯该种罪的刑事责任的标准持平。第四,对单位犯罪应采用总则与分则相结合的立法模式:在分则有关罪种中具体规定单位犯罪应处的刑罚(双罚制),并在总则中对单位犯罪及其处罚作出一般指导性的规定。第五,对单位犯罪如何追究刑事责任,应当在刑事诉讼法中作出相应的规定。①

(8)关于刑罚体系和刑罚制度的完善

高铭暄教授认为,关于1979年刑法修订中如何完善我国的刑罚体系和刑罚制度,主要应当考虑几个方面的问题:一是扩大罚金刑的适用范围。凡是含有拘役的法定刑中,一般都可以考虑增设单处罚金作为供选择的刑种。关于罚金的数额问题,应采取总则和分则相结合的方式:总则规定下限,分则规定上限;罚金的数额反映在罪种上,对经济犯罪和非经济犯罪应有较大区别;反映在刑事责任主体上,对单位犯罪和自然人犯罪也应有所不同。二是增设资格刑。三是逐步缩小死刑的适用范围。四是将坦白罪行规定为法定可以从轻的情节。②

(9)关于死刑的缩减和限制

1979年刑法在死刑立法上较好地体现了"少杀"的精神,其后国家立法机关先后通过一系列单行刑事法律,使可适用死刑的罪种成倍增加。高铭暄教授主张对我国刑法中的死刑应该一分为二看待:既要看到它作为刑罚工具的凌厉作用,不能轻言废除;又要看到它的作用是有限的、相对的,设置和适用要慎之又慎,只对极少数罪大恶极、非动用这种极刑不可的才予以动用。总之,还是要贯彻坚持少杀、严禁滥杀、防止错杀的死刑政策,把死刑的设置和适用最大限度地加以缩减和限制。在未来的刑法中,对死刑的设置和限制应该有大的动作:一方面,重申1979年刑法总则中的有关正确规定:死刑只适用于罪大恶极的犯罪分子;明确死刑不适用于犯罪时不满18岁的人和审判时怀孕的妇女,删去对已满16岁不满18岁的人可以适用"死缓"的规定;强调死刑除依法由最高人民法院判决的以外,都应当报请最高人民法院核

① 参见高铭暄:《试论我国刑法改革的几个问题》,载《中国法学》1996年第5期。
② 参见高铭暄、赵秉志、王勇:《中国刑事立法十年的回顾与展望》,载《中国法学》1989年第2期。

准,建议将1980年以来先后下放的部分死刑核准权,一律予以收回,让最高审判机关来把死刑关,统一平衡适用死刑的标准,避免高级人民法院将死刑案件的上诉审和复核审合二为一的流弊,从而有效地贯彻"少杀"政策;继续保留并完善死刑缓期执行制度。另一方面,在分则条文中要对包含死刑的罪种予以审慎地筛选,主要适用于危害国家安全、危害国防、危害公共安全、使用暴力严重侵犯人身权利和财产权利的某些故意犯罪以及重大的毒品犯罪和贪利型渎职犯罪,对于非暴力性的财产犯罪和经济犯罪原则上不配置死刑。①

(10)关于刑法修订中罪名和罪状的完善问题

高铭暄教授还就1979年刑法修订中罪名和罪状的立法完善提出了一些建言,主要涉及:其一,在罪名的存废上,建议将破坏集体生产罪改为破坏生产罪;取消"打砸抢"罪、盗窃珍贵文物出口罪等。其二,在罪名的增设上,建议增加劫持交通工具罪、侵占罪、抢劫枪支弹药罪、破坏矿产资源罪等。其三,在完善侵犯著作权犯罪的立法上,建议取消"以营利为目的"的主观方面之限制,并增设非法复制发行罪、假冒他人作品罪和剽窃作品罪。其四,在三大"口袋罪"的分解上,建议取消投机倒把罪这一不合时宜的罪名,对该罪名所包含的、有必要保留的内容经过梳理,归入业已分化出的罪名或拟增设的非法经营罪、扰乱市场秩序罪等罪名之中;取消流氓罪名,分解为聚众斗殴罪、寻衅滋事罪、强制猥亵罪、聚众淫乱罪等;调整玩忽职守罪的构成,增设滥用职权罪、逾越职权罪、故意放弃职责罪等罪名,使玩忽职守罪不致臃肿膨胀。② 其五,在职务犯罪的完善上,建议修改巨额财产来源不明罪;增设滥用职权罪以加强打击职务犯罪;梳理职务犯罪与普通犯罪的罪刑关系;严格限制职务犯罪的主体;增加适用职务犯罪的附加刑;等等。③

1997年修订通过的新刑法广泛参考和采纳了我国刑法学界的修法理论主张与建议,其中当然包括参考和吸纳了高铭暄教授的诸多真知灼见。可以说,在为1979年刑法的孕育和诞生作出独特的杰出贡献的基础上,高铭暄教授又为1997年刑法的修订研拟和巨大成功作出了一位刑法学者的重要贡献。

① 参见高铭暄:《试论我国刑法改革的几个问题》,载《中国法学》1996年第5期。
② 参见高铭暄:《试论我国刑法改革的几个问题》,载《中国法学》1996年第5期。
③ 参见高铭暄、姜伟:《职务犯罪的刑法对策》,载《中国人民大学学报》1991年第5期。

(二)1997 年刑法颁行以来高铭暄教授的刑法立法思想

1. 关于 1997 年刑法的基本认识

(1)关于 1997 年刑法的立法特色

在高铭暄教授看来,1997 年刑法是一部崭新的、统一的、比较完备的、具有时代气息和多方面显著进步及里程碑意义的刑法,其显著特点有四个方面:其一,它科学地概括了刑法的基本精神,明文规定了罪刑法定、适用刑法人人平等、罪刑相适应三大刑法原则,使我国刑法迈入了现代法治的轨道,筑起了人权保障的法治根基。其二,它是我国以往刑法规范的集大成者,基本上实现了新中国刑法的统一性和完备性,具有承前启后、与时俱进的显著特色。其三,它开启了我国刑法理论研究的新局面。其四,它奠定了我国刑法学走向世界的基础,它是我们开展比较刑法学研究的基础性样本,也是推动我国刑法文化对外交往的"名片"。① 在其他相关研究中,高铭暄教授认为,立足于本国国情与适当借鉴国外先进经验相结合,也是 1997 年刑法的一个特色。主要表现为扩大了中国刑法对中国公民的域外管辖权,设立了普遍管辖权原则,扩大了开放型刑罚——管制和罚金的适用范围,更改了反革命罪名等。②

高铭暄教授还认为,1997 年颁布的刑法在立法内容和精神上体现了"三严",即严密法网、严格制度、严惩有方。所谓严密法网,是指 1997 年刑法规定了相当完备的罪种,总数已达 400 种以上,比较全面地反映了我国社会政治、经济、军事、教育、科技、文化、卫生、婚姻家庭各个生活领域所发生的形形色色犯罪的实际情况。所谓严格制度,是指 1997 年刑法在总结 1979 年刑法实施 17 年经验的基础上,对一系列制度特别是属人管辖制度、正当防卫制度、量刑制度(如酌情减轻、累犯、缓刑)和行刑制度(如管制、剥夺政治权利的执行以及减刑、假释、时效),作了更加严格的规定。所谓严惩有方,是指 1997 年刑法坚决将那些严重危害国家安全、严重危害社会治安和严重破坏经济的犯罪列为严惩的对象。③

① 参见高铭暄:《新中国刑法立法的变迁与完善》,载《人民检察》2019 年第 C1 期;高铭暄:《新中国刑法立法的伟大成就》,载《法治现代化研究》2020 年第 1 期。

② 参见高铭暄:《刑法肆言》,法律出版社 2004 年版,第 105 页。

③ 参见高铭暄:《略论修订后刑法的"三严"》,载《政法论坛》1997 年第 2 期。

（2）关于 1997 年刑法是否存在法典化的需要

《民法典》由第十三届全国人大三次会议于 2020 年 5 月 28 日通过，自 2021 年 1 月 1 日起施行。随着《民法典》的颁行，我国刑法学理论上出现了刑法应当法典化的讨论，一些人提出了我国需要创立一部刑法典的观点，言下之意即我国 1997 年颁行的刑法尚够不上一部刑法典。针对这一问题，高铭暄教授旗帜鲜明地指出，我国 1997 年刑法，无论从立法体例还是从具体内容看，实质上都是典型意义上的"法典"。因而我国并不存在"刑法的法典化"之立法问题。不能因为刑法文本没有"典"的文字表述，就认为我国还没有"刑法典"。① 实际上，高铭暄教授早就持这种见解，并认为 1979 年通过的刑法和 1997 年修订颁行的刑法都不失为一部刑法典，可以简称为 1979 年刑法典和 1997 年刑法典。②

高铭暄教授的上述见解是正确的，也是我国立法机关和刑法学界的主流观点。实际上，国家立法机关 1997 年修订刑法时的目的和目标，就是"要制定一部统一的、比较完备的刑法典"③。刑法学界普遍认为，1979 年通过的刑法虽然粗略，但从其体系结构和基本内容看不失为一部刑法典；1997 年修订通过的刑法整合了当时既有的刑法规范并作了多方面的修改充实，使我国刑法立法得到了空前的发展进步，是一部真正意义上的统一的刑法典，其颁行标志着新中国刑法法典化的重大进步。④ 当然，1997 年刑法的问世乃至立法机关迄今对刑法的修正，并没有终结刑法典的完善之路，刑法法典化所要求的形式合理、内容科学而完备的统一刑法典之目标，仍需要随着社会的发展而对刑法不断进行修正。⑤ 甚至将来再修订刑法时也不妨将我国刑法明确冠以"中华人民共和国刑法典"的名称，但这只是在我国已经有刑法典前提下和基础上的进一步明确化。

---

① 参见高铭暄：《习近平法治思想指导下中国特色刑法学高质量发展论纲》，载《中国应用法学》2023 年第 2 期。

② 参见高铭暄：《中华人民共和国刑法的孕育诞生和发展完善》，北京大学出版社 2012 年版，"自序"和"前言"。

③ 王汉斌：《关于〈中华人民共和国刑法（修订草案）〉的说明》，载《人大工作通讯》1997 年第 C1 期。

④ 参见赵秉志：《一部统一的、比较完备的新刑法典》，载《法学家》1997 年第 3 期；《刑法学》编写组编：《刑法学（上册·总论）》，高等教育出版社 2019 年版，第 45—49 页；高铭暄、马克昌主编：《刑法学》（第 10 版），北京大学出版社、高等教育出版社 2022 年版，第 9—12 页。

⑤ 参见赵秉志：《当代中国刑法法典化研究》，载《法学研究》2014 年第 6 期。

2. 关于我国刑法立法规律性、统领性问题的认识

(1)刑法立法的概念和研究意义

高铭暄教授认为,刑法立法既指刑法立法活动,也指刑法立法活动的成果,即通过立法活动制定出来的全部刑法规范。二者存在密切联系。刑法立法既有与其他立法的共性,又有不同于其他立法的特性。刑法立法的特性有两个:一是就内容而言,它是制定、修改或废止有关犯罪、刑事责任和刑罚的法律规范即刑法规范的活动;二是就立法主体而言,它是由国家权力机关来行使的。研究刑法立法具有丰富发展刑法理论、促进司法实务工作和有助于法学人才培养等多方面的意义,但最重要、最直接的意义,在于总结刑法立法经验、探索刑法立法规律,以更好地指导刑法立法实践。①

(2)关于我国刑法立法工作的经验

高铭暄教授结合自己数十年参与刑法立法工作的体会和我国立法工作领导人的有关指示、著述,总结归纳了我国刑法立法工作的九条经验:一是刑法立法要从中国实际出发,立足于本国国情;二是刑法立法要有理论依据、宪法依据和政策依据;三是刑法立法只宜规定成熟的东西,要逐步完备;四是刑法立法要顺应形势发展的需要,便于适用;五是刑法立法要做好立法前的充分准备工作;六是刑法立法要实行民主的立法程序;七是刑法立法要注意吸收各方面的专家参加立法工作;八是刑法立法要密切注意法律适用中的问题,适时进行修改补充;九是为搞好刑法立法工作,必须学习相关法律和相关的政治与法学理论。②

其中首要的经验,即制定和完善刑法一定要立足于本国的实际,在1997年刑法颁行前后,高铭暄教授都一贯予以强调。他认为,我国刑法立法工作要立足的这个"实际",主要是指:第一,我国的社会主义革命取得基本胜利以后,剥削阶级作为阶级已经消灭,但是阶级斗争还在一定范围内长期存在,犯罪现象也将长期存在,而且可能是时起时伏的,有时猖獗一些,有时隐蔽一些。第二,我们过去在长期革命斗争中,主要靠政策办事,这在当时是完全正确的。中华人民共和国成立后,需要将党和国家的政策逐步制定为法律。特别是进入社会主义建设新时期,我们不仅要依靠政策,更主要的是要依靠宪法和法律来治理国家,因此,我们要强调社会主

---

① 参见高铭暄主编:《刑法专论》(第2版),高等教育出版社2006年版,第35—36页。

② 参见高铭暄主编:《刑法专论》(第2版),高等教育出版社2006年版,第36—40页。

义法制建设。但社会主义法制建设需要有一个过程,有一个从法制不完备到逐渐完备的过程。第三,我国幅员辽阔,人口众多,民族众多,各地政治、经济、文化的发展很不平衡,风俗习惯也有很大差异。第四,我国人民在长期同犯罪作斗争中积累了丰富的经验,但是,由于形势发展很快,对一些新情况、新问题还缺乏经验,经验不成熟的问题,不能忙于规定或者只作原则性的规定。总之,只有坚持从实际出发的实事求是原则,才能使制定的刑法具有鲜明的中国特色。①

后来,在为纪念十一届三中全会召开40周年所发表的一篇论文中,高铭暄教授又结合对我国刑法立法演进历程的考察和研究,把我国刑法立法发展的基本经验进一步提炼和概括为以下四项:第一,始终坚持党对立法工作的领导;第二,善于运用刑事政策指导刑法立法修正;第三,与时俱进引领刑法立法进步;第四,努力创造和形成刑法立法与刑法理论、司法实践协同发展的格局。② 其中,关于党对刑法立法工作的领导,高铭暄教授对此早有认识和研究,并在2011年为纪念中国共产党成立90周年所发表的论文中就结合我国刑法立法的历史发展轨迹作了阐述。他认为,我国刑法立法的健康发展离不开党的正确领导,这种领导主要体现在三个方面:一是政策思想的指导,主要包括从实际出发的政策思想,从惩办与宽大相结合到宽严相济的基本刑事政策,关于死刑的政策思想;二是组织领导;三是工作方法上的指导,即刑法立法活动较为充分地贯彻了党一贯倡导的民主立法原则。③

(3)关于国家政治决策与刑法变革之关系的见解

在2009年中华人民共和国成立60周年之际,高铭暄教授发表了一篇论文,结合我国政治决策与刑法变革关系的历程探讨如何实现二者良性互动这一重要课题。他认为,二者关系既是政治问题也是刑法问题,二者关系在新中国成立60年间经历了曲折的过程,终于在改革开放以来的30年间逐步回归良性关系。当前二者关系上存在三个问题:一是国家政治决策的科学化、民主化需要进一步加强;二是刑事法治尚需进一步完善和改进;三是国家政

① 参见高铭暄:《关于中国刑法理论若干问题的思考》,载高铭暄、赵秉志主编:《刑法论丛》(第1卷),法律出版社1998年版,第10页。
② 参见高铭暄、孙道萃:《我国刑法立法的回顾与展望——纪念中国共产党十一届三中全会召开四十周年》,载《河北法学》2019年第5期。
③ 参见高铭暄:《中国共产党与中国刑法立法的发展——纪念中国共产党成立90周年》,载《法学家》2011年第5期。

治决策推动刑法变革的主动性需要进一步增强。实现未来国家政治决策与刑法变革的良性互动需要从三个方面努力：一是促进国家政治决策的科学化、民主化，从而为刑法变革提供良好的前提条件；二是刑法变革应追求科学的、和谐的、人本的刑法；三是经过变革的刑法应当是既符合中国国情又能够走向世界的刑法，从而使正确的国家政治决策得到有力的贯彻实施。①

（4）关于刑法立法工作的感悟

在我国改革开放 30 周年之际，高铭暄教授应邀在《中国法学》发表笔谈文章，他结合亲身参加我国刑法立法工作数十年的经历，归纳了他对刑法立法工作的三点认识和体会：第一，刑法立法的科学性和完善需要一个过程，这是符合哲学认识论的规律的。第二，刑法理论研究对我国刑法立法的发展完善具有促进作用，这体现在两个方面：一是法学家通过直接或间接地参与立法工作，促进刑法立法的发展完善；二是刑法理论的研究为刑法立法的发展完善做了许多铺垫和准备。第三，刑法立法工作者要冷静地对待、科学地分析领导人的讲话和指示，全面而准确地理解其精神实质，绝对不能以领导人的只言片语或者在个别特定场合的话语当作具有普遍意义的原理运用于刑法立法活动中。高铭暄教授关于刑法立法工作的这些真知灼见，是我国刑法立法理论的宝贵财富。②

（5）关于新中国刑法立法发展进步的规律性认识

在 2012 年出版的《中华人民共和国刑法的孕育诞生和发展完善》这部关于新中国刑法立法演进的著作中，在前言部分的结语中，高铭暄教授总结性地概括了关于新中国刑法立法发展进步的四点规律性认识：第一，新中国刑法是随着我国经济、政治、社会的发展而发展的。第二，我国对刑法的修正方式的认识和采用有一个发展变化的过程，从 1979 年刑法背景下主要采取单行刑法和附属刑法的方式，发展到 1997 年刑法颁行以来确立刑法修正案作为刑法修正方式的基本地位，标志着我国刑法立法技术的日益成熟。第三，在采取刑法修正案方式的背景下，在《刑法修正案（七）》之前都是仅对刑法分则的修正，自《刑法修正案（八）》开始同时涉及修正刑法总则规范，尤其是采取措施削减死刑，其意义巨大，影响深远。第四，我国刑法的改革和完善进展显著、成绩斐然，但还有若干问题（尤其是死刑问题）需要改进，刑法立

---

① 参见高铭暄、孙晓：《论国家政治决策与刑法的变革》，载《法学杂志》2009 年第 1 期。

② 参见高铭暄：《改革开放三十年刑法立法感言》，载《中国法学》2008 年第 6 期。

法改革之路还任重道远,不可懈怠。① 高铭暄教授关于我国刑法立法发展的这些规律性认识,对我国刑法立法未来的继续健康发展进步具有重要意义。

3. 关于进一步完善我国刑法立法原则性问题的主张

近年来,高铭暄教授在多篇论文中,围绕如何进一步完善我国刑法立法,在宏观思路和举措上进行了研讨,并提出了一系列具有建设性的意见和建议。

(1)当前应否启动全面修订刑法的工作

针对应将全面修订刑法适时提上立法工作日程的观点,高铭暄教授在2018年的有关研究中认为,当前启动全面修订1997年刑法的时机尚未成熟。因为,其一,我国经济社会及我国刑法基本理念与制度在短期内不会发生重大变化,缺乏全面修订刑法的迫切性;其二,1997年刑法仍在实践中发挥着举足轻重的作用,因而不存在全面修订刑法的必要性;其三,目前全面修订刑法的准备工作尚无从谈起,并未纳入国家立法机关的考虑。因此,目前刑法完善的任务还是局部修正刑法,并以制定刑法修正案的方式为宜。②

在2023年的最新研究中,高铭暄教授认为,在我国现阶段犯罪态势发生重大变化后,1997年刑法应否进入全面修订阶段是一个需要讨论的问题,此问题的抉择会对我国刑法立法产生整体的重大影响。如需要进行全面修订,应当做好顶层规划,分阶段、分批次有序完成;如不需要全面修订,则需要考虑如何应对不断出现的立法需求并且维持好刑法的稳定性与统一性的问题。③

(2)关于未来我国刑法立法改革的宏观问题

在1997年刑法通过后不久的21世纪之初,高铭暄教授曾提出中国刑法改革要转变刑法立法观念的主张。他指出,我国传统的刑法观念认为刑法是执行阶级专政职能、镇压阶级敌人反抗、惩罚严重刑事犯罪分子的工具,由此决定,中国刑法的确立和变更,曾主要取决于政治斗争的需要。"工具刑法观"使刑法立法缺乏长远预见。因此,转变刑法观念,确立与时代发展和社会

① 参见高铭暄:《中华人民共和国刑法的孕育诞生和发展完善》,北京大学出版社2012年版,前言,第13—14页。

② 参见高铭暄、孙道萃:《97刑法典颁行20年的基本回顾与完善展望》,载《华南师范大学学报(社会科学版)》2018年第1期。

③ 参见高铭暄:《习近平法治思想指导下中国特色刑法学高质量发展论纲》,载《中国应用法学》2023年第2期。

变迁相适应的现代刑法观念,就成为 21 世纪中国刑法变革和中国刑法学发展的必要前提。在立法方面,立法机关必须树立以人为本的人本主义观念,科学地协调打击犯罪与保障人权之间的矛盾,从制度层面为社会保护与人权保障、国家刑罚权与公民个人权利划定一个合理的分界线。①

　　在 2011 年探讨我国刑法立法发展完善的一篇论文中,高铭暄教授提出,未来我国刑法立法改革至少应注意四个方面的问题:一是坚持刑法立法的必要性原则;二是进一步关注刑法总则的立法改革,促进总则与分则的协调完善;三是全面贯彻宽严相济的基本刑事政策,重视促进死刑立法改革;四是积极关注并立法回应高科技技术革命条件下的新型犯罪。②

　　在晚近几年的一些论文中,高铭暄教授进一步提出了未来我国刑法立法改革还应注意的其他宏观、共性方面的问题:包括坚持党领导立法的基本道路;加强刑法立法体制、机制和内容的科学性;坚持以刑法修正案修正刑法的修法模式;加强刑法理论对刑法立法的指导;切实抓好立法质量;追求刑法立法技术的科学化和精细化;加强重点领域(如正当防卫制度和其他正当化事由、共同犯罪制度、刑事责任问题等)和新兴领域(如网络犯罪、人工智能犯罪和数字犯罪等)的刑法立法完善;等等。③

　　(3)关于局部修改刑法的形式问题

　　对于局部修改补充刑法,高铭暄教授在 1997 年刑法颁行之前就主张最好采取修正案的形式。1997 年刑法颁行后,他更加鲜明地主张局部修改刑法应采取刑法修正案的方式,认为刑法修正案可以不打乱刑法条文次序而直接修改补充刑法条文,这样既可保持刑法的长期稳定性,又能不失时机地适应社会发展需要而对刑法进行局部的修改补充,如此修法,能使我国这部统一的刑法典不断完善,松柏常青。④

---

① 参见高铭暄、赵秉志:《新中国刑法学研究 50 年之回顾与前瞻》,载高铭暄、赵秉志主编:《刑法论丛》(第 4 卷),法律出版社 2000 年版,第 2 页。
② 参见高铭暄:《中国共产党与中国刑法立法的发展——纪念中国共产党成立 90 周年》,载《法学家》2011 年第 5 期。
③ 参见高铭暄:《新中国刑法立法的变迁与完善》,载《人民检察》2019 年第 C1 期;高铭暄:《习近平法治思想指导下中国特色刑法学高质量发展纲要》,载《中国应用法学》2023 年第 2 期;高铭暄、孙道萃:《97 刑法典颁行 20 年的基本回顾与完善展望》,载《华南师范大学学报(社会科学版)》2018 年第 1 期;高铭暄、孙道萃:《我国刑法立法的回顾与展望——纪念中国共产党十一届三中全会召开四十周年》,载《河北法学》2019 年第 5 期;高铭暄、孙道萃:《〈刑法修正案(十一)(草案)〉的解读》,载《法治研究》2020 年第 5 期。
④ 参见高铭暄:《20 年来我国刑事立法的回顾与展望》,载《中国法学》1998 年第 6 期。

　　1997 年刑法颁行后多年来,国家立法机关对刑法的局部修改已基本采取和确立了制定刑法修正案的方式,在这种情况下,虽然局部修改刑法应采取修正案方式的主张已成为我国刑法学界的主流观点,但刑法学界还是存在对刑法的局部修改宜采取多元化的观点,即主张在修正案形式之外,还可以采取制定单行刑法和附属刑法条款的形式。针对此种观点,高铭暄教授坚定地支持国家立法机关采用修正案形式修改刑法,系统阐述了局部修正刑法应采用刑法修正案形式而不宜采用单行刑法和附属刑法条款形式的主张。他分析了采用单行刑法和附属刑法的弊端,指出刑法修正案方式有利于维护法治统一、有助于限制权力而杜绝“法出多门”、有利于公民认知与司法适用法律,并兼顾了刑法的灵活性与稳定性。虽然既往的修正案方式修法也存在由全国人大常委会制定不妥、立法与立法解释混淆、犯罪化标准不够明确、刑法文本不重新公布等不足之处,但瑕不掩瑜,制定刑法修正案这种修法方式应予以坚持和完善。①

　　高铭暄教授还进一步对刑法修正案方式的改进与完善提出了一些建议:一是改由全国人大通过刑法修正案,而全国人大常委会主要负责对刑法规范进行立法解释。二是立法机关要优化刑法修正案的立法技术,提高修正案的可操作性,克服刑法修正案与刑法在体例编排等立法技术层面上的脱节现象,在每次通过刑法修正案的同时重新公布刑法,由立法机关及时公布新增罪名或者调整后的罪名,重新调整刑法条文序列,以维护刑法文本的严肃性和统一性,便于公民了解和司法适用;并在刑法修正案中增设“立法(修法)说明”且及时公布,以明确立法原意,促进法条的正确适用。三是建立完整的刑法修正案的立法评估体系,包括事前的立项调研、立法过程中的质量把关和立法后的评估与修正等环节。四是做好实验性立法,以促进刑法与刑事诉讼法的立法同频性,如在认罪认罚从宽制度和企业刑事合规制度改革试点问题上就应当进行实验性立法,以与刑事诉讼法相配合。②

----

①　参见高铭暄、吕华红:《论刑法修正案对刑法典的修订》,载《河南省政法管理干部学院学报》2009 年第 1 期;高铭暄、郭玮:《我国刑法修正模式辨正》,载《法学杂志》2018 年第 12 期;高铭暄:《新中国刑法立法的变迁与完善》,载《人民检察》2019 年第 C1 期。

②　参见高铭暄、吕华红:《论刑法修正案对刑法典的修订》,载《河南省政法管理干部学院学报》2009 年第 1 期;高铭暄、孙道萃:《97 刑法典颁行 20 年的基本回顾与完善展望》,载《华南师范大学学报(社会科学版)》2018 年第 1 期;高铭暄、孙道萃:《我国刑法立法的回顾与展望——纪念中国共产党十一届三中全会召开四十周年》,载《河北法学》2019 年第 5 期;高铭暄:《习近平法治思想指导下中国特色刑法学高质量发展论纲》,载《中国应用法学》2023 年第 2 期。

在最新的研究中,高铭暄教授持续关注这个问题,指出当前完善刑法的相关议题仍集中于刑法立法的完善方式上,对于坚持刑法的单一体例还是允许特别刑法、单行刑法等模式仍有不同主张,认为"法典化"模式能有效应对治理犯罪的立法需要,而采取特别刑法等方式则要付出加大刑法规范不统一性的代价。他提示,对刑法修正案作为唯一修法方式若仅从刑法规范的统一性、体系性上进行宏观论证会显得乏力,意在引导刑法学界对此问题加深研究和论证。[①]

4. 关于完善 1997 年刑法若干具体问题的建议

(1)关于未成年人犯罪之刑事责任的立法完善问题

未成年人犯罪的刑事责任是我国刑法总则中的一项重要制度,历来受到重视。1997 年刑法完善了 1979 年刑法中未成年人犯罪的刑事责任规定,主要改进有两点:一是将已满 14 岁不满 16 岁未成年人应负刑事责任的罪名予以明确规定;二是取消了对已满 16 岁不满 18 岁的未成年人所犯罪行特别严重可以判处死缓的规定,明确对未成年人一律不适用死刑。1997 年刑法关于未成年人犯罪刑事责任的改进受到高度认可。在 1997 年刑法颁行和经过几年实践后,高铭暄教授经研究认为,1997 年刑法在未成年人刑事责任的立法上仍然存在不足之处而应予以立法完善。其一,《刑法》第 17 条第 2 款对相对责任年龄段的未成年人应负刑事责任范围的某些规定不尽合理,以至于与本条列举之罪的危害程度大体相当甚或危害更大的犯罪(如绑架罪)未能纳入。为解决此问题,可结合这一年龄段的未成年人实施某种危害行为的可能性,在《刑法》第 17 条第 2 款中增补与已列举之罪危害相当的犯罪,同时在列举的罪名之后标明对应条款。其二,对未成年犯从宽处罚的原则应作进一步的明确,并在相应的制度中作落实性规定:一是限制或者禁止某些刑种的选择适用,包括原则上应禁止对未成年犯适用财产刑,严格限制剥夺政治权利刑种的适用,尤其应禁止对未成年犯单独适用剥夺政治权利;二是刑罚裁量制度的增减方面,应排除未成年犯构成累犯的可能性,补充规定具有适用针对性的未成年犯缓刑制度;三是刑罚执行制度的完善,应排除对于累犯及因暴力性犯罪而被判处 10 年以上有期徒刑、无期徒刑的罪犯,不得假释条款适用于未成年犯的可能性;四是刑法应将刑事责任年龄的起算点明确为

---

①   参见高铭暄:《习近平法治思想指导下中国特色刑法学高质量发展论纲》,载《中国应用法学》2023 年第 2 期。

"行为时"。①

后来,高铭暄教授又从我国刑法与国际人权法的相关规定协调的角度,对我国刑法中未成年人犯罪处罚措施的完善进行了探讨,提出了若干立法建言:其一,对未成年人犯罪一般情况下不应适用无期徒刑,我国刑法立法有必要对此予以明示。其二,我国刑法立法也有必要明示,对未成年人犯罪要慎重地适用监禁刑。其三,我国对未成年人犯罪的非刑罚处罚方法缺乏系统、专门的规定,而且种类偏少、体系性不强,建议将训诫、责令具结悔过、赔礼道歉三种措施合并称为一种措施并"司法警告"或"法庭悔过",剔除建议予以行政处罚或行政处分的非刑罚处罚方法,将收容教养加以司法化改造;并适当增加一些新的适用于未成年人犯罪的非刑罚处罚种类,如担保释放、监管令、社区服务令、送入工读学校、社会帮教等。其四,可以考虑在刑法中设立专条甚至专节,对未成年人犯罪的处罚措施,特别是对其中的非刑罚处罚方法作出专门性规定。②

(2)关于单位犯罪的立法完善问题

单位犯罪是高铭暄教授在 1997 年刑法颁行后仍然关注较多的问题之一,其涉及的立法问题主要包括:

关于单位犯罪刑事责任的承担模式。高铭暄教授认为,第一,在未来中国的刑法中,对单位犯罪应一律采取双罚制。对刑法中原有的单罚制的单位犯罪可直截了当地规定为自然人犯罪。第二,对单位犯罪应根据违法所得或其他社会危害性的表征规定罚金刑的额度或幅度,改变目前的无限额罚金制。第三,对单位犯罪的数额起点可高于自然人犯罪的数额起点,但单位犯罪中直接责任人员刑事责任的标准应与自然人犯该种罪的刑事责任的标准持平或略低。第四,在罚金之外,还可针对单位不同于自然人的特殊情形为其配置专门的刑罚种类。

关于国家机关应否成为单位犯罪的主体。我国刑法中规定的单位犯罪,是把国家机关与企业、事业单位、团体一起列为单位犯罪的主体。高铭暄教授认为,把国家机关列为单位犯罪的主体是不科学的,也是行不通的。主要理由是:第一,单位犯罪与国家机关的性质不符。国家机关是代表国家行

---

① 参见高铭暄、王俊平:《中国未成年犯刑事责任立法研究》,载张智辉主编:《国际刑法问题研究》,中国方正出版社 2002 年版,第 207—225 页。

② 参见高铭暄、张杰:《中国刑法中未成年人犯罪处罚措施的完善——基于国际人权法视角的考察》,载《法学论坛》2008 年第 1 期。

使职能的机关,它在活动中体现的是国家意志,这种意志与犯罪意志不能共存。第二,司法操作上困难极大。在中国,行政权、立法权实质上大于司法权,同级别的行政机关、权力机关的地位不低于审判机关、检察机关,在这种情况下不宜由检察机关起诉行政机关、权力机关。况且,国家机关经费来自国家拨款,对其判处罚金也要上交国库,相当于这个口袋进那个口袋出,徒增财政机关的负担。第三,追究国家机关的刑事责任,会招致严重的恶果。如果一个国家机关被定罪,它还有继续存在的法理依据吗? 还有威信和信心履行职能吗? 其在犯罪期间制定的法规、规章还能有效吗? 这些问题都无法予以圆满回答。第四,从国外情况看,凡是承认法人犯罪的国家刑法中,都排除了国家机关作为犯罪主体的可能性。因此,应从立法上删除国家机关作为单位犯罪的主体。①

(3)关于刑事合规的刑法立法问题

近年来,域外刑事合规这一新鲜事物风靡我国,为我国刑事法理论所关注,也为我国司法实务界所积极探索。针对这一崭新的课题,鲐背之年的高铭暄教授没有落伍,他结合域外的法治经验和中国的刑事法立法与理论,专题研究了在引进刑事合规制度下中国刑法和刑事诉讼法如何完善与协调的问题。他的这一研究在刑法立法方面的见解要点如下:其一,以美国为代表的西方国家,针对刑法领域的合规立法,涉及定罪(免责)方面,并以量刑减免为主要内容。其在刑法方面的激励性立法,涉及成熟的刑事合规立法例、行之有效的具体规定、专门立法、法典修正、罪名增设、刑罚措施变更等,多有启示。其二,关于我国单位犯罪与刑事合规的理论契合问题。"伴随着企业刑事合规改革试点工作全面推进,包括单位犯罪刑事责任在内的刑事立法完善也应积极跟进。"②我国单位犯罪的理论与刑事合规存在多方面的冲突,应当对我国单位犯罪的理论进行必要的改造以使其与刑事合规协调,包括重塑单位犯罪的归责原理、重构单位犯罪的概念与出罪机制和调整单位犯罪的法定成立条件。其三,修改刑法立法以确立刑事合规的激励机制的建议:一是在刑法上确立双重激励机制,以《刑法》第13条但书为依据,犯罪情节不严重的不起诉,即便需要定罪的也予以宽大量刑,并在条件成熟时可在刑法总则

---

① 参见高铭暄、彭凤莲:《论中国刑法中单位犯罪的几个问题》,载顾肖荣主编:《经济刑法》(第2辑),上海人民出版社2004年版,第10—11页。

② 高铭暄:《习近平法治思想指导下中国特色刑法学高质量发展论纲》,载《中国应用法学》2023年第2期。

第四章第一节中将有效的合规计划作为法定从宽量刑情节,而疏于刑事合规的也须从重处罚。二是刑罚裁量与执行方面的立法完善,包括为将有效合规计划作为法定量刑情节,可以在《刑法》第 30 条单位犯罪的规定中增加第 2 款:"单位制定并实施有效的合规计划的,可以从轻、减轻或者免除处罚;情节显著轻微、危害不大的,可以不认为是犯罪。"补充刑罚种类,对单位犯罪,在罚金刑之外再增设资格刑,包括限制与剥夺企业的生产经营资格、竞争权限、营利能力等内容,真正实现以合规为激励要素强化对企业进行刑罚处罚的有效性;完善对单位的罚金刑,建议在《刑法》第 52 条中增设第 2 款:"对单位判处罚金的,应当根据其建立与执行刑事合规的有效性等情况,决定罚金数额。"增设企业缓刑,建议在《刑法》第 72 条中增设一款:"企业积极建立并有效实施合规计划的,可以判处缓刑。"三是将合规义务予以法定化,强化并规定单位负有监管其内部员工和单位代理人行为并避免他们实施犯罪行为的注意义务,并确立单位高管负有刚性的合规构建与实施的法定义务,可以考虑在《刑法》第 31 条增设第 2 款:"单位负责的主管人员违反构建和实施合规计划义务的,依照前款的规定处理。"①

(4)关于死刑的立法改革问题

死刑立法改革问题是当代中国刑事法治改革和社会主义人权事业中一个极其重大的现实问题,晚近十多年来我国死刑制度改革从立法到司法都取得了巨大进步,但未来的死刑制度改革仍然任重而道远。死刑制度改革问题也是高铭暄教授多年来持续关注的一个重点,在 1997 年刑法颁行之后,随着我国死刑立法改革的进展,高铭暄教授更加重视对死刑制度改革的关注、研究和呼吁。

21 世纪初期,高铭暄教授曾结合联合国《公民权利和政治权利国际公约》的要求,以国际的视野,对我国死刑制度改革问题进行研究并提出以下几方面的立法完善建言:第一,在死刑的适用范围上,应随着社会、经济的不断发展,尽可能予以缩小,作出更严格的限制。第二,在死刑适用的对象上,凡在羁押、取保候审、监视居住以及剥夺自由刑罚执行期间怀孕的妇女,均不得判处死刑和执行死刑;在死刑缓期执行期间一旦被发现是怀孕的妇女,应立即予以改判,改为无期徒刑或者长期徒刑;刑法还应对精神病人不能适用死

---

①　参见高铭暄、孙道萃:《刑事合规的立法考察与中国应对》,载《湖湘法学评论》2021 年第 1 期。

刑,至少不能被执行死刑作出明确规定。第三,关于死刑罪犯的要求赦免或减刑权,我国若能赋予被判处死刑的罪犯以要求赦免或减刑权,则对于进一步限制死刑的适用将会起到积极有效的作用。第四,为了使我国的死刑立法与国际人权法的要求接轨,应该将我国的死刑罪名严格控制在严重的暴力犯罪以及行为所侵犯的客体价值与人的生命权利相当的极其严重的非暴力犯罪的范围内。①

在此后的一篇研究死刑立法发展趋势的文章中,高铭暄教授着重论述了经济犯罪死刑的废止主张。他指出,我国刑法上包含死刑的罪种过多,应当设法逐步予以削减。首要目标应当是针对非暴力犯罪,特别是对单纯的经济犯罪(贪污罪、受贿罪不在其列)原则上不应配置死刑。主要理由是:首先,经济犯罪的成因是多方面的,靠死刑是无法有效遏制的。其次,单纯经济犯罪的社会危害性,一般都要低于侵犯他人生命权利、国家安全和公共安全的犯罪,对之适用死刑有过重之嫌。再次,从国家和社会的利益考虑,对经济犯罪适用死刑也是极不经济的。最后,对于经济犯罪不设置死刑是世界各国的通例。期望立者能削减乃至废除对经济犯罪所设的死刑,作为刑法立法完善的一个近期目标。②

在北京师范大学刑事法律科学研究院于 2005 年 12 月 25 日举办的"关注死刑改革"系列论坛的首期论坛上,高铭暄教授应邀作了题为"当前中国死刑制度改革若干重大问题的建言"的主旨演讲,并将演讲稿整理成文发表了专论,提出了关于我国死刑制度改革的四项建议:其一,我国刑法中的死刑罪名应当逐步减少。其步骤建议先有效地废止经济犯罪的死刑,再以此为契机废止所有非暴力犯罪的死刑。其二,适用死刑的标准应当严格统一,其根本出发点在于要严格限制死刑的适用。其三,二审死刑案件应一律开庭审理。其四,死刑复核程序应当合理设计。③

在最高人民法院自 2007 年 1 月 1 日起全面收回死刑案件核准权之后,随着死刑司法改革的深入和死刑立法改革在刑法修正案研拟过程中的呼之欲

---

① 参见高铭暄、李文峰:《从〈公民权利和政治权利国际公约〉论我国死刑立法的完善》,载高铭暄、赵秉志主编:《21 世纪刑法学新问题研讨》,中国人民公安大学出版社 2001 年版;高铭暄:《从国际人权公约看中国部分非暴力犯罪的死刑废止问题》,载《法制日报》2003 年 6 月 26 日。

② 参见高铭暄:《我国的死刑立法及其发展趋势》,载《法学杂志》2004 年第 1 期。

③ 参见高铭暄:《当前中国死刑制度改革若干重大问题的建言》,载赵秉志主编:《刑法评论》(总第 10 卷),法律出版社 2006 年版,第 2—13 页。

出,高铭暄教授也加深了关于死刑制度改革的研究,他在几篇论文中都研究了死刑的替代措施问题。他在一篇论文中,在考察法治发达国家关于限制死刑和死刑替代措施之法治经验教训的基础上,指出虽然废除死刑从法理上讲并非必须寻找替代措施,但这是获得民众支持废除死刑的一条途径;终身监禁可能是最好的死刑替代措施,但应当是允许假释的终身监禁,并应设定一个较长的最低服刑期限。① 在另一篇论文中,他较为全面地研究了我国死刑制度改革中的死刑替代措施问题,其主要见解如下:其一,死刑替代措施,是指基于限制死刑适用的目的,对于立法上特定性质的犯罪,司法中特殊情况下的罪犯,不适用死刑立即执行,而代之以其他刑罚处罚方法。其二,死刑替代措施有四点重要意义:符合我国"少杀慎杀"的死刑政策;与刑罚报应罪犯、预防犯罪的刑罚目的兼容协调;契合我国的国情民意;与国际人权公约的要求高度一致。其三,死刑替代措施的种类可有三种:一是作严厉化调整后的死缓制度,但不宜将之调整为不可假释的终身监禁;二是有必要改革无期徒刑,区分严格的无期徒刑与一般的无期徒刑,并将严格的无期徒刑作为某些犯罪之死刑立即执行的替代措施;三是附赔偿的长期自由刑。其四,关于死刑替代措施的立法方式,建议以刑法修正案的方式,对当前死刑制度的改革和刑罚体系调整作一次全面、系统的修改完善。② 在后来的另一篇论文中,高铭暄教授进一步发展了他关于死刑替代措施的见解,这篇论文的理论前提是死刑替代措施要替代的是严谨意义上的"死刑",它既包括"死刑立即执行"也包括"死缓"。其主要见解如下:其一,死刑替代措施,就是在不适用死刑的情况下采用的代替死刑的刑罚方法。从实质上看,死刑替代措施是对那些值得配置死刑的罪名,在不配置、不适用死刑的情况下,采用的可以起到替代死刑功能的措施。其二,无期徒刑是我国刑法中替代死刑的唯一刑种,因为死缓不是刑罚种类意义上的死刑替代措施;不得假释的终身监禁不符合改造罪犯的基本理念和"废除或限制死刑"的目的;而无期徒刑是我国刑罚体系中处罚严厉性仅次于死刑的刑种。其三,我国刑法中现有的无期徒刑缺乏应有的严厉性和平等性,要作为死刑的替代措施必须改良。其四,无期徒刑要作为替代死刑的方法,建议设置先予关押一定期限再考虑减刑、假释的方法,即先予关押 10 年,在此期限内一律不得减刑、假释;10 年关押期满后,再根据罪犯的悔罪、立功情况和人身危险性强弱,综合考虑是否给予减刑、

---

① 参见高铭暄、王秀梅:《死刑替代利弊分析》,载《江苏行政学院学报》2008 年第 1 期。

② 参见高铭暄:《略论中国刑法中的死刑替代措施》,载《河北法学》2008 年第 2 期。

假释。如此改良无期徒刑,能够保持其严厉性,发挥其威慑力,维护其执行上的平等性,并有利于与有期徒刑的衔接,因而具有科学性与合理性。其五,为适应无期徒刑的改良,还要完善相关的配套制度,包括调整无期徒刑的减刑、假释制度,完善死缓制度。①

2010 年 8 月,全国人大常委会初次审议并向社会公布了《刑法修正案(八)(草案)》,表明拟废止 13 种近年来较少适用或者基本未用的经济性、非暴力犯罪的死刑。高铭暄教授随即及时发表文章,支持我国立法机关即将迈出的死刑立法改革的重大步伐,论述了从刑法立法上削减死刑罪名的重大价值和意义:一是回归对死刑的理性认识,有助于推进死刑制度改革;二是贯彻了宽严相济的刑事政策,有助于促进刑事法治发展;三是彰显生命价值的至上性,有助于切实保障公民人权;四是有助于促进社会治理机制健全,实现社会文明进步。②

在我国死刑的立法改革即将迈开步伐的背景下,为促进我国死刑立法的全面改革进步,高铭暄教授还撰文对死缓制度进行了深入研究,提出了若干有新意的见解和立法完善建言:其一,新中国死缓制度经历了从政治策略形态向法律制度形态嬗变的进程,先前的死缓政策的政治色彩和品格极其显著,而之后死缓制度法典化后的限制死刑意义突出。其二,死缓制度的逻辑理性即其逻辑构造的严谨性和论理关系的科学性。传统的主流观点认为死缓是死刑的执行方式而应归属于死刑,但死缓属于缓刑的特殊方式的主张更有说服力,因为死缓实质上是对死刑附条件的免除执行而非延缓执行。其三,死缓制度的实践理性就是死缓制度对社会法治实践的合目的性意义,其基本点有二,即刑罚个别化价值和死刑谦抑价值。其四,我国现行刑法关于死缓适用的技术规则存在两个基本缺陷:一是死缓的适用对象(罪行极其严重但又不是必须立即执行的犯罪分子)缺乏刚性要求,不太符合罪刑法定原则;二是死缓适用的结果取向配置(没有故意犯罪)缺乏柔性,不完全符合刑法谦抑精神。③ 对死缓制度这两方面的立法缺陷应在适当时予以立法完善。④

---

① 参见高铭暄、楼伯坤:《死刑替代位阶上无期徒刑的改良》,载《现代法学》2010 年第 6 期。

② 参见高铭暄、黄晓亮:《削减死刑罪名的价值考量》,载《法学杂志》2010 年第 12 期。

③ 2015 年 8 月 29 日通过的《刑法修正案(九)》将《刑法》第 50 条第 1 款规定的死缓执行死刑的实质条件"如果故意犯罪,查证属实的……"修改补充为"如果故意犯罪,情节恶劣的……",即增加了"情节恶劣"的要求。

④ 参见高铭暄、徐宏:《中国死缓制度的三维考察》,载《政治与法律》2010 年第 2 期。

（5）关于罚金刑的改革问题

结合当代刑罚的轻刑化发展趋势，高铭暄教授对中国刑法中罚金刑的改革问题给予了长期持续性的关注。2009 年，他曾结合宽严相济的刑事政策的贯彻发表了罚金刑改革的论文。他认为：其一，罚金刑是针对性很强的科学而有效的刑罚种类，且能够体现刑罚的宽缓和文明进步，与宽严相济的刑事政策的本质是契合的，贯彻宽严相济的刑事政策就要重视罚金刑的运用。其二，我国目前的罚金刑设置存在一系列有悖于宽严相济刑事政策的弊端，为实现刑罚宽缓需要从多方面改革罚金刑，包括将罚金刑上升为主刑并同时保留其可以作为附加刑适用，扩大罚金刑的适用范围，完善罚金刑的适用方式，减少乃至取消无限额罚金的规定，增设罚金刑的行刑时效制度。其三，为体现刑罚严厉性也需要对罚金刑进行一些改革，包括完善罚金刑与资格刑、自由刑、管制刑的配置立法以更好地发挥刑罚惩治与预防犯罪的功能，以及对主观恶性较大、有明显犯罪倾向者不宜规定单科罚金等。①

之后，高铭暄教授仍在关注罚金刑改革问题，并着重强调罚金刑要有数额规定的修法主张。2019 年，他分析说，在我国现行刑法规定有罚金刑的200 余个罪名中，没有明文规定罚金具体数额的约有 2/3，这种状况在单位犯罪条文中更为突出，这是不符合罪刑法定原则的，也不利于司法掌握，与世界其他法治国家刑法中罚金刑的通例也不合，因而必须改进。他建议，我国刑法中罚金刑数额的改进可以考虑由刑法总则规定罚金刑的下限，由刑法分则条文根据不同罪的状况分别规定罚金刑的上限。②

（6）关于风险社会刑法立法的正当性问题

风险社会刑法的积极应对及其合理边界是当今各国刑法立法及刑法理论共同面临的一个重要的新课题，也是我国刑法立法与刑法学研究面对的一个重要的新问题。高铭暄教授在其耄耋之年仍与时俱进地关注刑事法治新课题，撰文研究风险社会中刑法立法的正当性问题，其见解要点如下：其一，在当今风险社会中，刑事立法正当性问题的实质，在于刑法提前规制一种危险行为的合理依据，即在何种情形下必须动用最严厉的刑法来保障社会安全；刑事立法在不得已突破刑法基本原则提早动用刑罚时，必须受到哪些因

① 参见高铭暄、孙晓：《宽严相济刑事政策与罚金刑改革》，载《法学论坛》2009 年第 2 期。
② 参见高铭暄：《新中国刑法立法的变迁与完善》，载《人民检察》2019 年第 C1 期。

素的制约。其二,风险社会中的刑事立法面临诸多技术上的难题,主要是在刑法上如何定义和判断需要刑法规制的危险行为。其三,风险社会中,我国刑事立法面临社会利益的分裂对立及刑法法理与社会治理政策的对立等处境,不得不紧跟社会形势频繁扩张刑法以应对风险社会隐藏的巨大危险,包括创设新罪种,前移犯罪标准而将危险犯改为行为犯、将实害犯改为危险犯,扩张或缩减构成要件要素等。其四,风险社会中,刑事立法实现其正当性必须处理好两个关系:一是在立法实践中正确把握犯罪化与非犯罪化的界限,以解决在何种情形下必须动用最严厉的刑法来保障社会安全问题;二是在立法中正确把握危险犯与实害犯的界限,以解决刑事立法在不得已突破刑法基本原则提早动用刑罚时,必须受到哪些因素制约的问题。就后者而言,动用刑法处罚危险犯必须具有立法上的急切必要性,并且必须是行为人主观上具有不可容忍的过错。①

在我国现行刑法总则和分则其他一些具体内容上,高铭暄教授也有所研究并提出了相关的立法完善主张,限于篇幅,此处不再涉及。

四、高铭暄教授关于刑法立法的主要著作

以上所述高铭暄教授的刑法立法思想,主要见之于其相关学术论文。除论文外,高铭暄教授所撰著、编辑的刑法立法方面的一些著作和书籍,也是他对我国刑事法治建设和刑法学教学研究的重要贡献。我们在此也予以简要介述。

(一)刑法立法方面的著作

高铭暄教授关于刑法立法方面的著作,主要有以下 5 种:

一是《中华人民共和国刑法的孕育和诞生》。该书由高铭暄教授于 1980 年 11 月完成撰写,由法律出版社于 1981 年 7 月正式出版发行②,全书 19 万余字。高铭暄教授是自 1954 年至 1979 年自始至终全程参加起草我国第一部刑法典(1979 年刑法)的唯一学者,且在刑法起草过程中积累了丰富的

---

① 参见高铭暄:《风险社会中刑事立法正当性理论研究》,载《法学论坛》2011 年第 4 期。

② 由于当时的历史条件影响,该书标明是"内部发行",即在政法机关和法律院校发行。

资料。该书对我国第一部刑法全部条文的演进过程、争议问题和立法抉择作了全景式的解读与阐释，展示了我国第一部刑法数十年创建的艰难历程，对于客观、全面、系统、准确地理解法律和把握立法原意，有着突出的、极为重要的作用。该书是高铭暄教授第一部学术著作，也是我国改革开放以后刑法学界乃至法学界出版的第一部学术专著。① 该书面世后受到法学界和法律实务界的广泛关注与好评，1.2 万册很快售罄，产生了深远的学术影响。曾任外交部法律顾问、联合国前南国际刑事法庭法官的我国老一辈著名法学家李浩培先生曾评价说，这本书"是我国刑法学界的一部重要著作，任何人如果欲谙熟我国刑法，是必须阅读的"②。该书于 2008 年荣获中国法学会首届"中国法学优秀成果奖"专著类二等奖。

　　二是《中华人民共和国刑法的孕育诞生和发展完善》。该书由高铭暄教授于 2012 年 3 月完成撰著，由北京大学出版社于 2012 年 5 月正式出版并公开发行，全书 85 万余字，作者时年 84 岁高龄。该书系作者在其 1981 年出版的《中华人民共和国刑法的孕育和诞生》一书的基础上加以修改和较大幅度的补充而成，由前言、上卷、下卷三个部分组成。前言部分简要勾勒了我国刑法的孕育诞生和发展完善过程，旨在给读者一个全面、历史、宏观的把握；上卷仍定名为"中华人民共和国刑法的孕育和诞生"，除了作一些文字上的技术处理，基本上是 1981 年版原书的再现，是 1979 年第一部刑法创制过程及各个条文内容演进的写照；下卷定名为"中华人民共和国刑法的发展和完善"，按照 1997 年刑法的章节和条文次序进行论述，上追溯到 1979 年刑法及其之后的单行刑法和附属刑法的规定，下延伸至 1997 年刑法颁行后的 1 个单行刑法、8 个刑法修正案和 9 个刑法立法解释文件的内容，力图讲清每个规定的来龙去脉，使之浑然一体。总而言之，该书以我国两部刑法的体例为基准，对每一个条文的立法演进、争议观点、立法理由、立法本意等问题进行了较为深入、细致的阐述和梳理，从而对于理解刑法立法原意、妥当把握刑法条文用语、考察刑法立法体制和立法精神沿革，都具有重要的指导和参考价值。该书问世后，受到刑法学界的广泛关注和高度认可，当年即被评为"2012年中国十大影响力法学理论研究成果"，尤其是该书 2013 年还荣获了含金量很高的第三届"中国出版政府奖"图书奖提名奖，并被我国政法领导机关负

---

① 　参见高铭暄：《中华人民共和国刑法的孕育诞生和发展完善》，北京大学出版社 2012 年版，自序，第 1 页。

② 　参见赵秉志、王俊平：《高铭暄 新中国刑法学的开拓者》，载《中国审判》2007 年第 9 期。

责人和著名学者评价为"解读刑法精神的教科书"和"刑法立法的理由书"①,有学者撰写书评称其为"新中国注释刑法学的扛鼎之作"②,还有学者撰写书评认为该书是"融文献立法学术价值于一体的刑法学巨著"③。由于近年来中国刑法学界逐步走向世界,该书作为全面了解中国刑法的代表性著作也引起了外国刑法学界的关注,自 2016 年至 2021 年间,该书由我国学者译成德文和俄文(俄文版翻译还得到国家社科基金中华外译项目的立项资助),先后在德国和俄罗斯正式出版,为传播中国法律文化作出了积极的贡献。该书于 2014 年 12 月荣获中国法学会第三届"中国法学优秀成果奖"专著类一等奖,耄耋之年的高铭暄教授于 2015 年 4 月 25 日在颁奖仪式上作为专著类获奖者的代表,作了题为"老骥伏枥,志在千里:为法学研究奋斗终身"的发言,其精神令人感佩。

三是《中华人民共和国刑法的孕育诞生和发展完善(精编本)》。高铭暄教授于 2019 年获得"人民教育家"国家荣誉称号后,其代表性著作《中华人民共和国刑法的孕育诞生和发展完善》得以入选教育部中小学生阅读指导目录(2020 年版)。为便于青少年读者阅读和了解我国刑法的产生与发展历程,年逾九旬的高铭暄教授又特意将原书予以精编修订,并新增补了 2015 年通过的《刑法修正案(九)》的相关内容,仍交由北京大学出版社,于 2020 年 10 月出版了这部 42 万余字的精编本。该书的出版,体现了高铭暄教授热心培育我国青少年法治信仰与理念的殷殷之情。

四是《中国刑法立法之演进》(中英文本)。该书由高铭暄教授与赵秉志教授合著,与中文对照的英文部分邀请王俊平、李山河两位青年学者担任译者,于 2006 年 7 月完成书稿,由法律出版社于 2007 年 6 月正式出版发行,全书 40 余万字。该书是论述中国自古至今刑法立法演进的学术著作,全书包含六章:前两章概要介绍古代和近代中国刑法立法的演变;第三章至第五章全面系统地论述新中国刑法立法从孕育到诞生再到发展完善的历史进程;第六章展望中国刑法立法今后中长期的发展前景,并对若干重大问题的完善进

---

①　参见蒋安杰:《高铭暄:30 年磨一剑——85 万字刑法学巨著出版引反响》,载《法制日报》2012 年 10 月 10 日。

②　参见赵秉志、阴建峰:《新中国注释刑法学的扛鼎之作——试评高铭暄教授著〈中华人民共和国刑法的孕育诞生和发展完善〉》,载赵秉志主编:《刑法论丛》(总第 34 卷),法律出版社 2013 年版,第 509 页。

③　参见黎宏:《融文献立法学术价值于一体的刑法学巨著:读高铭暄教授著作〈中华人民共和国刑法的孕育诞生和发展完善〉》,载《人民检察》2012 年第 21 期。

行探索,提出建言。该书的宗旨是为刑法初学者全面把握中国刑法立法的历史演变规律提供引导性帮助,为刑法学研究者和法律实务工作者提供参考,更期待能够成为西方法律学者全面正确了解中国刑法立法及其发展趋向的窗口。该书寄托了作者积极进行中外刑法文化交流的愿望。

五是《我与刑法七十年》。该书由高铭暄教授口述、傅跃建教授整理,由北京大学出版社于 2018 年 6 月出版发行,全书 15.8 万字。该书采用采访文体的形式,由傅跃建教授提问、高铭暄教授作答,是高铭暄教授从事刑法学职业 70 载的回忆性、记述性著作,其中第一部分用占该书较大的篇幅,记述了高铭暄教授参与和见证新中国刑法立法进程的点点滴滴,具有可读性和感染性,是了解高铭暄教授参与新中国刑法立法活动的一个重要的参考资料。

(二)刑法立法方面的文献资料书籍

高铭暄教授编辑的刑法立法方面的文献资料书籍,有以下两类、六个版本。

第一类,刑法立法文献资料总整理性书籍,先后有三个版本:

一是《新中国刑法立法文献资料总览》,由高铭暄教授和赵秉志教授合编,由中国人民公安大学出版社于 1998 年 2 月出版,上、中、下三册,全书 241 万余字。该书以作者多年积累和搜集的有关刑法立法文献资料为基础,并经过长期努力而编成,在内容上除将 1997 年刑法载于书首外,还包括三编:上编为 1979 年刑法颁布前的刑法立法文件与文献性资料,下编为 1979 年刑法颁布以来的刑法立法文件与文献性资料,附编为国家立法、司法领导机关有关刑法立法方面的资料和法学界有关刑法立法的代表性方案与建议。可以说,该书是新中国近半个世纪间刑法立法历程的客观写照,是一部前所未有的系统、全面、客观地反映新中国刑法立法文献资料的总整理、集大成性质的专业工具书、参考书,是一部对刑法学研究和整个刑事法治建设都具有重要参考价值的书籍。该书出版后受到我国法学界、法律实务界特别是刑法学界的广泛好评,尤其成为刑法学理论工作者和刑法学专业博士生、硕士生从事学术研究的基本参考书。

二是《新中国刑法立法文献资料总览》(第 2 版),高铭暄教授和赵秉志教授合编,由中国人民公安大学出版社于 2015 年 6 月出版,全书 413 万余字。该书在结构上将第 1 版的"上编、下编、附编"调整为"上编、中编、下编、附编"。在内容上充实了第 1 版之后迄今 17 余年来的刑法立法文件暨相关文献、资料计 250 余件、170 万余字。通过增补、充实与调整,使得该书在体系结构上更为清晰、合理,在内容上更具全面、系统、丰富和最新适用的价值。

三是《新中国刑法立法沿革全书》,由高铭暄教授、赵秉志教授和商浩文副教授合作编著,作为国家出版基金项目由中国人民公安大学出版社于 2021 年 12 月出版,全书 481 万余字。该书是在《新中国刑法立法文献资料总览》(第 2 版)的基础上修订充实而成,并更名为《新中国刑法立法沿革全书》。鉴于该书对学术研究的重要价值,经中国人民公安大学出版社鼎力推荐,该书得以成功入选 2020 年国家出版基金资助项目。该书在维持原书第 1 版、第 2 版精选我国刑法立法文件暨相关资料的宗旨和原有基本体系框架的基础上,进行了较大幅度的修改、充实和删减,主要有三个方面:一是增写了相关阶段的刑法立法述评部分,分别置于上、中、下三编之初,并在书末对我国刑法立法的发展趋势进行了展望性论述,旨在为读者更好地掌握各个阶段刑法立法的演进提供指引;二是在下编增加了第 2 版之后 6 年来有关刑法立法的文献与资料;三是在附编中删除了原书中刑法学界相关完善刑法的意见材料,旨在将该书内容集中于真正的立法文献和具有规范参考性的资料,以提高该书的权威性,也最大限度地节省这部大型工具书的篇幅。总而言之,该书虽然是一部工具书、文献资料书,但又是刑法学科极为重要的基础性参考书,其对刑法学理论研究和刑事法治建设无疑具有重要的价值。

第二类,刑法立法规范与资料精选性书籍,先后也有三个版本,均由高铭暄教授和赵秉志教授合编。一是《中国刑法立法文献资料精选》,由法律出版社于 2007 年 8 月出版,全书 70 万余字。二是《中国刑法规范与立法资料精选》(第 2 版),由法律出版社于 2013 年 11 月出版,全书 105 万字。三是《中国刑法规范与立法资料精选》(第 3 版),由法律出版社于 2021 年 3 月出版,全书 108 万余字。该书在内容上分为上下两编:上编为"现行刑法规范",收录现行刑法及国家立法机关通过的现行有效的其他刑法规范和相关文件(包括单行刑法、刑法修正案和刑法立法解释,以及研拟和通过这些刑法立法规范时的相关文件);下编为"历史文献资料",收录新中国成立以来我国重要的刑法立法文献和有代表性的刑法草案。相比于大型的总整理性质的刑法立法文献资料书籍,该书是我国刑法立法规范与文献资料方面的中型工具书、资料书,编著目的是适应刑法学一般读者尤其是青年刑法理论和刑事法实务工作者的专业需要。该书三个版本陆续问世后,均受到欢迎与好评。

五、结　语

高铭暄教授参与刑法立法活动贯穿于他 70 载的学术人生,他的刑法立法思想是其刑法思想的重要方面,他有关刑法立法的著述是其学术成就的重要组成部分。考察、梳理高铭暄教授的刑法立法活动、立法思想和相关著述,也是我们概览我国刑法立法发展历程和研习刑法立法一系列重要问题的一个过程,并主要从以下两个方面给予我们若干启示:

在新中国刑法立法方面的启示,主要包括:其一,刑事法治对现代法治国家至关重要,而刑法立法是刑事法治的基础和前提,所以刑法立法工作必须得到重视。其二,刑法立法工作的进展与国家的政治、经济、社会形势和政治决策密切相关并受其支配和影响,现代文明社会才能造就现代化的刑法立法,而现代化的刑法立法又能促进现代文明社会的建设。其三,刑法立法是一门科学和技术,是有规律可循、有科学性可言、有技术规范要遵守的,但刑法立法的科学性和完善化是一个不断前进的过程,只能循序渐进,不可能一蹴而就。其四,新中国刑法立法最宝贵、最重要的经验,就是刑法立法要从中国实际出发,立足于本国国情;但中国刑法立法也要放眼世界,根据我国社会发展进步的需要兼收并蓄,尽可能地借鉴和吸收人类社会文明的优秀成果。其五,刑法立法的完善离不开与刑法理论和司法实践的协同发展,离不开民主立法,离不开法学家的参与。

在刑法学者参与刑法立法的意义方面也有诸多启示:其一,刑法学者参与刑法立法,对刑法立法工作而言非常重要,不仅有助于科学立法,也是民主立法的体现。其二,直接、间接参与或者关注刑法立法,对刑法学者也至关重要,有助于学者打牢专业基础、开阔学术视野、深化理论研究。其三,刑法学者个人学术事业的命运与国家法治建设事业的大局密切关联:只有国家法治昌盛的时代,才能给法律学者提供用武之地和成才的舞台;只有将个人的学术事业纳入国家法治事业的大局,法律学者才能真正有所作为。其四,法学家的成就离不开坚韧不拔的勤奋、长期不懈的积累和独立而通达的思考,机会来临时只会偏爱那些有准备的头脑,高铭暄教授参与刑法立法活动和成为著名法学家的经历再次诠释了这些人生哲理。

总而言之,我们认为,高铭暄教授的刑法立法活动和立法思想是其学术人生重要而耀眼的方面,也是新中国刑法立法曲折发展历程的一个写照,对之进行考察研究很有意义,也会颇有收获。

专题四

高铭暄教授的刑法宏观问题思想之考察

一、前 言

2019 年新中国成立 70 周年前夕,高铭暄教授荣获"人民教育家"国家荣誉称号。高铭暄教授是新中国刑法学的主要奠基者和开拓者。刑法学研究是高铭暄教授毕生挚爱和矢志不渝从事的学术事业。高铭暄教授长期引领我国刑法学的发展,他的刑法学术思想是我国刑法学理论宝库的瑰宝,值得我们深入挖掘和弘扬。

高铭暄教授一向认为,刑法学是一门既古老又充满生机的现代法律科学。① 他主张"刑法学者应当独立思考,坚持学理探讨,具有高度的科学信念。学术上没有'禁区',应当勇于探索,敢于创新,坚持真理,修正错误"②。本着求

---

① 参见高铭暄:《刑法问题研究》,法律出版社 1994 年版,第 1 页。
② 参见高铭暄:《十年来的刑法学研究》,载《法律学习与研究》1989 年第 3 期。

真务实的学术精神,在迄今长达 70 年的刑法学教学科研和参与国家刑事法治建设的生涯中,高铭暄教授的学术研究视野涉及中外刑法、中国区际刑法和国际刑法等领域,其中关于中国刑法的理论与实践当然是其主要研究的领域,而刑法总论又是其中国刑法学研究领域的重点所在。这既是由于高铭暄教授对刑法总论领域的理论问题的热爱,更是基于他对刑法基本理论重要价值的充分认识。高铭暄教授曾言,他一贯坚持的研究风格,首要的就是注重刑法基本理论问题。他深刻地认识到,"刑法基本理论问题是刑法学体系的基石,关注刑法基本理论问题不仅是刑法学体系自身的需要,而且是司法实践的需要"①。

　　高铭暄教授曾将其关于刑法理论研究的主要学术观点以简洁的语言概括为八个"坚持":第一,坚持并倡导罪刑法定、罪刑相适应、适用刑法人人平等、刑罚人道主义等原则;第二,坚持刑法的保护社会和保障人权并重;第三,坚持实质和形式相统一的犯罪概念;第四,坚持主客观要件有机统一的犯罪构成理论;第五,坚持定罪归责及量刑必须做到事实清楚、证据确实充分、程序合法、裁量适当;第六,坚持治理犯罪必须运用综合手段,刑法是必要的,但又是有限的、谦抑的,刑法的干预要适度;第七,坚持刑罚的目的是通过惩罚和矫正,实现特殊预防和一般预防;第八,坚持从中国国情出发,严格控制和慎重适用死刑,逐步减少死刑,直至最终废除死刑。高铭暄教授说:"以上八个'坚持',可以说代表我的主要学术观点,也是我著书立说着重阐发宣扬的。我自己会为实现这些主张而努力奋斗,终身不懈。"②这八个"坚持"均属于刑法学总论的研究领域,由此可见高铭暄教授刑法学研究的重点和特色。

　　我们知道,我国刑法学总论的体系又可进一步划分为刑法学绪论(通论)、犯罪总论、刑罚总论三大部分。本专题所考察的是高铭暄教授关于刑法和刑法学宏观问题方面的思想,基本上属于刑法学绪论(通论)领域的问题,主要涉及高铭暄教授关于我国刑法的指导思想、完善我国刑法学研究的基本见解、现代刑法观念、现代刑法机制、刑法的基本原则、刑事政策、犯罪治理与刑事控制模式等问题的论述与见解。至于高铭暄教授在犯罪总论和刑罚总论领域的学术思想,我们将另用专题予以考察和研讨。

---

　　①　参见高铭暄:《刑法续言——高铭暄刑法学文集》,北京大学出版社 2013 年版,前言,第1—2 页。

　　②　高铭暄口述、傅跃建整理:《我与刑法七十年》,北京大学出版社 2018 年版,第 119 页。

二、关于我国刑法的指导思想

我国刑法的阶级性质与法律性质是统一的。就阶级性质而言,我国刑法是社会主义国家的刑法,是建立在我国社会主义经济基础之上的上层建筑中国家法律体系的重要组成部分。作为自始至终参与新中国第一部刑法起草工作的刑法学者,高铭暄教授对我国刑法的阶级性质有清醒的认识,并较早对我国刑法基于其阶级性质从立法到司法都体现了以马克思列宁主义、毛泽东思想为指导思想这一特点进行了论述和强调。高铭暄教授这方面的主要论述,包括他于新中国第一部刑法即将问世之际发表的专论《一部闪耀着毛泽东思想光辉的刑法》①,1987 年发表的进一步阐述这一问题的《毛泽东同志关于刑法问题若干论述的指导意义》②,以及在他主编的新中国第一部全国统编的刑法学教材中由他执笔撰写的"刑法的指导思想"③专节等。

在上述论著中,高铭暄教授认为,马克思列宁主义、毛泽东思想是我们党和国家的指导思想与理论基础。毛泽东思想是马列主义在中国的运用和发展,是关于中国革命的正确的理论原则和实践总结。刑法作为我国的基本法律之一,从立法原则到具体规定,从制定到实施,都以马克思列宁主义、毛泽东思想为指导思想。马克思列宁主义、毛泽东思想对于我国刑法的指导意义主要在于:其一,基于从实际出发的实事求是的思想,强调要立足于本国实际制定切实可行的刑法,使刑法立法和刑法理论切合实际。其二,基于人民民主专政思想,正确地确定刑法的打击锋芒,以有效地惩罚犯罪、保护人民。其三,基于经济基础和上层建筑之间辩证关系的原理,科学地确定刑法的功能和任务,以更好地发挥刑法保障和促进我国社会主义现代化建设的作用。其四,基于惩办与宽大相结合的政策思想,区别对待,合理治理犯罪。高铭暄教授的这些论述,形成了刑法学界关于我国刑法指导思想的主流见解,引导和

---

① 参见高铭暄:《一部闪耀着毛泽东思想光辉的刑法》,载《法学研究》1979 年第 3 期。此文发表后被收入法学文集和刑法参考书,并被日本学者铃木敬夫译成日文纳入其编译而由日本成文堂 1989 年出版的《现代中国的法思想》一书。

② 参见高铭暄:《毛泽东同志关于刑法问题若干论述的指导意义》,载《政法丛刊》1987 年第 1—2 期。此文发表后被收入刑法参考书,并被日本学者铃木敬夫译成日文在日本法学期刊上发表。

③ 参见高铭暄主编:《刑法学》,法律出版社 1982 年版,第 28—36 页。

促进了我国刑法学的相关研究。

三、关于完善我国刑法学研究的基本见解

作为全国刑法学界的领军人,多年以来,在我国刑法学研究发展的不同时期,高铭暄教授都认真地检讨和思考我国刑法学的研究状况和问题,并就如何更加科学和有力地开展与完善我国刑法学研究及时发表建设性的意见和建议,从而积极引导了我国刑法学研究事业的健康发展。

关于刑法学体系及理论研究与刑法立法和司法实践的关系。高铭暄教授认为,我国刑法学研究需要围绕两个方面开展:第一,要处理好刑法学体系与刑法典体系的关系。刑法学不能脱离刑法立法而存在,但又不是单纯地对刑法条文进行注释。刑法学应当具有自身的科学体系。我国刑法学体系由绪论、犯罪总论、刑罚总论和罪刑各论四部分构成,基本上涵盖了刑法学的基本理论和基本问题,从而为大多数学者所接受。第二,要处理好刑法理论与司法实践的关系。刑法学研究要充分阐述刑事立法精神,注意反映司法实践经验,坚持学理探讨,用正确的刑法理论指导司法实践。①

关于我国刑法学研究问题的检讨。在 20 世纪 90 年代中期,高铭暄教授敏锐地洞察了我国当下刑法学研究的不足:第一,基础理论研究相对薄弱。整个刑法学体系还有待于较大的变革、调整和开拓;一些涉及刑法深层理论的课题也都有待于进一步开拓和深入研究。第二,对司法实务问题的关注不够。刑事司法状况尚难令人满意,执法不严、有法不依、裁判不公的现象还相当严重。导致这种状况的原因很多,但刑法理论对司法实务问题研究得不够,缺乏对司法实践应有的指导力,亦是其中一个重要的因素。第三,对新的刑法课题的研究尚待深入。当前国外刑法学开辟了诸多新的研究领域,刑事政策学、国际刑法学、环境犯罪、计算机犯罪、有组织犯罪、与生物遗传工程有关的犯罪、恐怖主义犯罪等均是研讨的重点或热点,而我国刑法学研究对这些新领域、新课题的关注还很不够。第四,研究方法比较单一。社会科学的研究方法多种多样,最为基本的有思辨方法、实证方法、注释方法、比较方法、历史方法和社会学方法等。所有这些方法的合理运用,都是对一个成熟学科的研究不可或缺

---

① 参见高铭暄:《刑法问题研究》,法律出版社 1994 年版,第 55—67 页。

的。综观中国刑法学的研究现状,虽然上述方法都有所运用,但一个非常明显的现象,是偏重使用注释方法来研究刑法问题,以至于刑法学的研究唯刑法立法、刑事司法之马首是瞻,缺乏独立、高层次的理论品格。①

关于刑法学研究方向的调整。高铭暄教授认为,在上述状况下,合理调整刑法学的研究方向,坚持注释刑法学研究与理论刑法学研究的协调发展,实现刑法学研究应用性与科学性的有机统一,遂成为我国刑法学研究在新世纪亟待解决的重大方向性和格局性问题。我国以往的刑法学研究,基本上唯刑法立法和刑法司法马首是瞻,过分偏重注释刑法和刑法立法、司法解释,而没有形成独立的学术品格。诚然,应用性是刑法学的生命,是刑法学得以发展和繁荣的源泉,离开应用性(实践性),刑法学就成了无源之水、无本之木。正是刑法学的应用性决定了刑法学需要注释性研究,不仅要分析现行刑法本身的规范内容和逻辑结构,而且还要描述刑法在社会生活中的实施和运行效果,阐释立法精神,为刑事司法服务。但是,刑法的运用与发展有其自身的客观规律。对刑法运行规律的科学揭示,仅仅依靠注释刑法学研究是远远不够的。刑法学的生命力不仅在于其应用性,关键还在于其科学性。要维护刑法学的科学性,就必须进行刑法基础理论研究,综合运用刑法学的理论和相关学科的知识来揭示刑事法治的内在客观规律,有意识地引导现行刑法的科学运作。综观近现代世界各国刑事法治发展、变革的历史,刑法基础理论均扮演着十分重要的角色。我国以往的刑法学虽对刑法基础理论有所关注,但突破性进展不多,这也是我国刑法学研究不能高瞻远瞩、形成高屋建瓴之势的一个相当重要的原因。在21世纪,刑法基础理论应当成为我国刑法学研究的重点之一,以有效地提升我国刑法学的科学性,加速中国刑事法治现代化的进程。②

高铭暄教授还指出,强调刑法基础理论研究的迫切性和重要性,并不是要抛弃和否定注释刑法学。新世纪中国刑法学研究的方向,应当是注释研究与理论研究并重,这是由刑法和刑法学的自身特点所决定的。只是因为传统的中国刑法学过分偏重注释性研究,忽视或基本忽视了理论性研究,所以才需要特别呼吁对理论刑法学予以充分关注。在今后相当长一段时间内,中国刑法学应当在适当偏重理论性研究的同时,兼顾注释性的研究,以使二者渐

---

① 参见高铭暄、赵秉志等:《刑法学的研究现状与发展趋势》,载《法学家》1995年第6期。
② 参见高铭暄主编:《刑法专论》(第2版),高等教育出版社2006年版,第31—32页。

趋平衡,实现中国刑法学科学性与应用性的有机统一。①

关于刑法学的具体研究方法。高铭暄教授认为,对初学刑法学者应当强调三点:一是要认真研究我国刑法立法,知其然也知其所以然;二是要深入钻研刑法理论;三是要注意实际运用,即学习运用刑法理论、刑法条文去分析和解决实际问题。② 刑法学的研究方法主要有哪些? 高铭暄教授提出应当注意采用四种研究方法:一是分析的方法,即对刑法规范进行阐述和解释,注意定性分析和定量分析的综合运用。二是比较的方法,即从宏观上对不同法系、不同国家的刑法体系、制度和思想以及学说或者微观具体问题、具体规定和观点等进行横向比较。比较研究必须以获得大量资料为前提,不能以偏概全,仅基于只言片语便妄下结论。三是历史的方法,即对刑法问题进行历史考察,在总结前人经验的基础上辩证取舍,借古鉴今。四是理论联系实际的方法,即刑法理论应当注意反映司法实践的经验、规律,发现新问题、解决新问题,指导司法实践。③

关于刑法学研究方法的改进。高铭暄教授认为,针对以往我国刑法学仅注重定性研究而忽视定量研究、研究方法比较贫乏等问题,新世纪的中国刑法学应在继续坚持以辩证唯物主义和历史唯物主义的世界观和方法论为指导的基础上,着力改进研究方法。注意定性研究与定量研究的有机结合;针对不同的课题和问题,注意思辨研究与实证研究的正确选择与合理结合;繁荣、优化比较研究,不仅要注意对国外刑法、刑法学的介述和规范层面的研究,也要注意对之进行经济、文化、政治等深层次的研究;从刑事法治的整体运行状况出发,根据某些问题的关联性质,注意结合有关学科进行研究;提倡学科的交叉整合,根据课题研究的需要,注意借鉴、引进其他社会科学和现代自然科学的某些研究方法;等等。④

关于我国刑法学发展的基本经验。在中华人民共和国成立 60 周年之际,回顾既往尤其是改革开放以来我国刑法学的发展历程,高铭暄教授总结提炼了我国刑法学发展的五条基本经验,颇具启发意义:其一,坚持马克思主义和新时期社会主义建设理论在刑法学研究中的指导地位。马克思、恩格斯

---

① 参见高铭暄主编:《刑法专论》(第 2 版),高等教育出版社 2006 年版,第 31—32 页。

② 参见高铭暄主编:《中国刑法学》,中国人民大学出版社 1989 年版,第 6—7 页。

③ 参见高铭暄:《略论刑法学研究的对象和方法》,载《中央政法管理干部学院学报》1992 年创刊号。

④ 参见高铭暄主编:《刑法专论》(第 2 版),高等教育出版社 2006 年版,第 32 页。

所创立的辩证唯物主义和历史唯物主义是研究刑法学的根本方法。60 年来我国刑法学研究之所以取得丰硕成果，是坚持辩证唯物主义和历史唯物主义基本理论指导地位的结果。其二，坚持"百花齐放、百家争鸣"的学术方针。学术自由是刑法学永不衰竭的生命源泉。新中国刑法学研究的历史表明，什么时候坚持了刑法学术自由，什么时候的刑法学术研究就能够不断向前推进和发展。在刑法学研究中贯彻"百花齐放、百家争鸣"的学术方针，就是要允许不同的学术观点、不同的流派和谐共存，鼓励和激发不同的学术观点相互启发、相互借鉴、相互促进、共同进步；就是要严防和禁止将学术问题政治化，将学术问题上纲上线，大帽子压人；就是要鼓励和培育不同的刑法学术观点发展为流派、学派，从而真正为刑法学术的繁荣奠定坚实的根基。其三，坚持完善中国刑法学的学科体系，中国刑法学的体系不是凝固不变的，而是随着时代的前进而不断完善的，虽然时至今日，以"罪—责—刑"为基本模式的中国刑法学体系已获得了刑法理论界和实务界的广泛认同，但这个体系也不是尽善尽美的。中国刑法学体系目前存在的问题主要是静态性有余、动态性不足。认定犯罪、确定责任、决定刑罚，这是刑事诉讼的完整过程，也是刑法学需要解决的三个动态性任务。但是，在我国现行刑法学体系中，对这三大动态过程阐述不够，缺乏动态性地研究认定犯罪、确定责任、决定刑罚的相关理论内容。另外，在中国刑法学体系的三大理论板块即犯罪论、刑事责任论、刑罚论中，犯罪论、刑罚论相对比较充实，而刑事责任论相对苍白，对于一个行为成立犯罪以后，如何判断其刑事责任大小缺乏应有的标准和依据。其四，坚持理论联系实际的研究方法。我国刑法学研究始终将刑事司法实践中准确适用刑法、解决刑法适用中的疑难问题作为刑法学研究的基点，着力解决了刑事司法实践中的诸多理论与观念问题。从我国的实际情况看，刑法学研究紧密联系刑事司法实践的方式和途径可以多种多样：一是对刑法规范的含义进行阐释，针对司法实践中需要正确解决的常见多发的疑难问题展开研讨，并就刑法规范存在的缺陷提出修正和完善的建议。二是理论联系刑事司法解释，有些学者得以亲自参与刑事司法解释的起草研拟，而多数学者虽然不能亲自参与刑事司法解释的起草研拟，但却可以通过报刊等针对刑事司法解释发表评论或提出建议，这些作为理论联系实际的表现形式，对于促进刑事司法的统一，推动司法实践的健康发展，具有重要的积极意义。三是理论联系重大刑事法治现实问题，如对于死刑、劳动教养、未成年人犯罪以及新型疑难犯罪等刑事法治重大现实问题，我国刑法学界进行了多方面的探索并取得了较为丰硕的成果。其五，坚持刑法学科的国际化，全面地开拓和加强对外国刑法和比较刑法的研究，重视和拓展关于中国区际刑法以及我国港澳台地区刑法的研究，善于借鉴、吸取域外的有益经验，完善我国刑法理论的发展乃至刑法立法、司法实务。①

四、关于现代刑法观念

刑法观念是人们对刑法的性质、功能、犯罪、刑罚、罪刑关系、刑法的制定与实施等一系列刑法及其实践问题的认识、看法、心态和价值取向的总称。作为社会意识形态的重要组成部分，刑法观念的形成、变更和发展，必然要受制于一定的社会经济基础，具有鲜明的时代感。树立现代刑法观念，对于现代刑事法治建设具有基础性的促进功能。高铭暄教授作为我国当代刑法学科的主要开拓者和引领者，非常注意跟随我国社会主义现代化建设和法治化进程的步伐，不断思考和探索我国刑法和刑法学观念的变革与进步问题，并且适时发表与时俱进的关于现代刑法观念的见解。

20世纪80年代，随着改革开放政策的推进，我国社会迎来了发展商品经济的大潮。商品经济的发展也给刑事法治建设首先是刑法观念的转变带来了新的挑战。在此背景下，经过考察和研究，高铭暄教授针对我国商品经济条件下的刑法观念应如何转变提出了如下见解：第一，转变有关经济犯罪的观念。随着产品经济和自然经济的被摒弃和商品经济的确立，在经济犯罪的观念上要确立一种能够反映当前商品经济特点的思想观念，主要包括四个方面：一是要确立私营经济也是我国刑法所保护的客体的观念，赋予社会主义制度下的私有制经济重要地位，加以必要的刑法保护；二是为适应商品流通、搞活市场的需要，应当改变过去那种把所有经济交易中的居间行为都视为投机倒把的观念，树立必要的商品中介活动是对发展商品经济有益的观念；三是在商品经济条件下，市场的含义在扩大，商品的外延也在扩大，不仅消费品而且生产资料都被承认是商品，不仅承认作为商品的物品市场，而且承认资金、技术、房地产甚至信息等也可以形成市场，刑法观念必须与这种现象相适应；四是摒弃"为富不仁"的观念，保障劳动者正当的合法利益。第二，树

---

① 参见高铭暄：《刑法学发展的基本经验》，载《法学家》2009年第5期。

立社会主义民主的刑法观。打击犯罪和保障人民的民主权利应当是相互统一的,而不应当以牺牲一个方面去换取另一个方面,应当转变那种只把刑法看成"专政工具"和"打击手段"的观念,切实地把刑法在保障社会主义民主中的作用提高到一个应有的地位。其主要内涵有:一是确立社会主义民主的刑法观,应当利用刑法来同种种凌驾于法律之上的特权行为作斗争,严格监督约束国家工作人员,惩治国家机关内部的有害行为,消除"以官当刑""以罚代刑"的观念;二是在刑法中牢固树立社会主义人道主义的观念,加强对罪犯人格尊严的保护,杜绝个别监管人员打骂、虐待服刑人员的情形,禁止在枪决犯人时搞游街示众、暴尸等行为;三是在贯彻刑法的过程中,解释刑法、适用刑法应当根据立法精神,坚持实事求是,不能只是从不利于被告人的方面来解释和适用法律,否则可能使公民的人身权利得不到应有的保障。第三,坚持罪刑的等价性和刑罚的有效性的统一。罪刑的等价性反映了商品经济领域等价交换的客观规则。这种罪刑关系的等价性一般表现在两个方面:一是作为犯罪加以处罚的行为必须是达到一定社会危害程度的行为;二是在对犯罪裁量刑罚时应根据其社会危害程度,坚持罪刑相适应原则。在坚持罪刑的等价性的同时,也不能忽视刑罚的有效性。刑罚的有效性也是商品经济的必然要求。在对罪犯定罪量刑的时候,也不应忽视罪犯的人身危险性,只有把犯罪行为的社会危害性和犯罪人的人身危险性二者很好地统一起来,才能使商品经济的观念在定罪量刑活动中得到全面的反映。第四,注意国内刑法与国际刑法的衔接,打破刑法是单纯的国内法而不应当规定有关国际犯罪条款的观念。为适应日益扩大的国际刑事合作与交流以及国际刑事斗争的需要,我国刑法应当在以下三个方面予以完善:一是应当确立我国刑法的普遍管辖原则;二是应当在我国刑法中规定引渡和司法协助等条款;三是应当在我国刑法中设立相应的国际犯罪。① 高铭暄教授当年的这些见解后来大多已为我国刑法学界所普遍接受并体现在刑事法治建设中,1997 年修订的刑法增设了普遍管辖原则并开始设立国际性犯罪,证明了高铭暄教授相关主张的前瞻性。

在我国计划经济向市场经济转变的过程中,高铭暄教授发表了关于计划经济的刑法观念向市场经济的刑法观念转变的见解。他认为,计划经济的刑

---

① 参见高铭暄、王勇:《社会主义商品经济与刑法观念的转变》,载《政法论坛》1988 年第5 期。

法观念是以计划为价值取向,以保护计划为中心的刑法观念。市场经济的刑法观念则是建立在市场取向基础之上的,它体现并反映了市场经济的文化价值观念。随着经济体制改革的深入发展,市场经济体制的逐步确立,文化价值观念必将发生重大变革。市场经济的文化价值观念的重要内容表现为:变革的观念、开放的观念、平等的观念、民主的观念。市场经济的刑法观念,作为市场经济的文化价值观念的重要内容之一,必然贯穿着市场经济的文化价值观念的基本精神,并以刑法的独特方式体现与实现着市场经济的文化价值观念,主要体现在以下三个方面:一是市场经济的犯罪观的根本内容就是要科学地确立犯罪的认定标准。根据刑法学原理,一定的社会危害性是犯罪的本质特征,因而也是犯罪的认定标准。在市场经济条件下,认定行为的社会危害性,主要应当以三个"有利于"为标准,其实质是生产力标准。即把考察某一行为是否有社会危害性放到一定的社会历史条件下,看这一行为是否对社会发展起积极作用,在此基础上予以肯定或者否定的刑法评价。二是市场经济的刑罚观的根本内容就是追求刑罚的社会效果。公正性与功利性,应该是市场经济体制下刑罚的价值取向,也只有坚持公正性与功利性的统一,才能使刑罚实现最佳的社会效果。三是市场经济的总体刑法观的根本内容就是注重刑法的社会保护机能与人权保障机能的统一。刑法机能应当从社会保护机能向人权保障机能倾斜,加重法的人权蕴含。刑法中的人权有其特定的蕴含,主要是指被告人的人权,即通过刑事法律活动,确保无罪的人不受刑事追究。因此,刑法中就要严格实行罪刑法定原则,限制司法擅断可能对公民造成的侵害。当前,应当调整刑法的社会保护机能与人权保障机能之间的关系与比重,对人权保障机能予以适当的强调。①

　　20 世纪 90 年代,高铭暄教授指出,实现中国刑事法治的科学化、现代化和国际化需要转换理论观念,要重视刑法的人权保障机能,以实现社会保护与人权保障的有机结合。他指出,中国刑法的确立和变更,曾主要取决于政治斗争的需要;刑法的适用随政治形势而变迁;刑法学的研究,以符合立法和政治需要为原则。这种工具刑法观,不仅阻碍了刑法理论的更新和发展,而且也使刑法立法缺乏长远预见。因此,必须转变刑法观念,确立与时代发展和社会变迁相适应的现代刑法观念。随着社会主义市场经济的深入发展,刑

---

　　① 参见高铭暄、陈兴良:《挑战与机遇:面对市场经济的刑法学研究》,载《中国法学》1993年第 6 期。

法的价值观念应当从过去对社会利益、公共秩序的单纯强调,转变为对社会保护与对公民个人权利的保障并重。新世纪的中国刑法应当以人为本,注重刑法的人权保障机能,目的是实现社会保护与人权保障之间的动态平衡,最大限度地发挥刑法的功能,但这绝对不是对人权保障的片面强调和对刑法的社会保护机能的完全否定。西方国家的经验已经表明,无视刑法对公共安宁和社会秩序的保护,过分强调个人权利的保障,不仅有损于良好的社会秩序,无助于刑法对个人权利的有效保护,而且会从根本上动摇刑法的社会正义基础,最终扼杀刑法的生机和活力。①

20世纪90年代,高铭暄教授还根据时代特点,结合我国刑法学研究状况及其发展需要,提出我国刑法学研究应当树立十大现代刑法观:第一,经济刑法观。包括强化刑法的经济保障功能,淡化其政治功能,把保护和促进经济发展作为刑法的首要任务;全面保护各种所有制经济成分的共存和发展,保护以按劳分配为主的多种分配形式,保护各种经济主体的合法权益;树立大市场的观念,运用刑法建立和保护生产资料市场、金融市场、劳务市场、房地产市场、证券市场、科学技术市场、知识产权市场、信息市场等经济市场的法律机制;树立以保障社会生产力发展为标准的犯罪观;树立科学的"生产力标准观";树立为市场经济保驾护航的刑事执法观。第二,法制刑法观。包括废除类推制度,确立罪刑法定原则;规范定罪量刑的法定标准,减少和杜绝司法审判的随意性;注意罪刑关系、刑刑关系的整体综合平衡,减少刑事立法的随意性;真正实现审判独立,反对各种形式的非法干预;实行刑事损害赔偿法,加强司法机关及其工作人员的责任。第三,民主刑法观。包括强化刑事立法的民主性,涵盖刑法创制过程的民主性与刑事立法内容的民主性;强化刑事司法的民主性,切实贯彻"法律面前人人平等"原则,依法惩处侵犯公民自由和民主权利的犯罪行为。第四,平等刑法观。包括平等保护各种所有制形式的经济主体的利益;平等保护所有公民的合法权益;建立和完善同法人犯罪作斗争的刑法机制;切实贯彻罪刑法定原则和罪刑相适应原则;严格区分平等观与平均主义的界限,反对平均主义的公平观,保护合法的、正当的市场竞争。第五,人权刑法观。包括科学地界定刑法人权保障的范围;明确刑法上人权保护的对象,刑法不仅要保护守法公民的权益,而且也要保障刑事被害人、被告人、犯罪人的各项合法权益;建立和完善人权保护的刑法机

---

① 参见高铭暄主编:《刑法专论》(第2版),高等教育出版社2006年版,第31页。

制,尤应取消类推制度,限制刑法溯及既往的效力,禁止司法机关越权解释刑法,适时做好轻微危害行为非犯罪化工作,加强行刑环节的人权保障,为刑满释放人员提供必要的生存保障。第六,适度刑法观。包括刑法对社会经济生活的干预和调整必须适度;刑法对犯罪之法定刑的设置和对具体犯罪的处刑也必须适度。第七,轻缓刑法观。包括摒弃重刑主义思想,树立轻重兼顾、以轻为主的观念;严格限制、逐步减少死刑的适用,重视死缓制度的作用;减少剥夺自由刑尤其是短期剥夺自由刑的适用,扩大管制的适用范围,提高财产刑、资格刑的地位;打破行刑的封闭状态,实行对罪犯的开放性、社会化教育改造;正确认识犯罪的增减与刑罚轻重的关系,纠正适用轻刑就会造成打击不力的错误观念。第八,效益刑法观。即以最少、最轻的刑罚和最合理的人力、物力、财力的配置,取得控制和预防犯罪的最佳政治效益、经济效益和社会效益。为此必须优化刑事立法机制,合理地确定刑法的调整范围,按照罪刑相适应原则,重新整合罪刑关系、刑刑关系;调整刑事司法工作的重点,致力于对危害国家安全和公众安全的犯罪、暴力犯罪、职务犯罪、有组织犯罪的惩治和预防;改变传统的犯罪控制模式,实现国家和社会对刑事司法权的合理分担,运用国家和社会的双重力量来控制和预防犯罪;树立全局性的效益观,冲破地方保护主义的束缚,用全局、整体的观念来衡量惩治和预防犯罪的效益;轻重刑罚的适用都必须遵循效益原则。第九,开放刑法观。包括在刑事立法上,注意借鉴各国刑法的先进立法经验,并在国内刑法中确认和规定各国应共同遵守的国际刑法规范,包括明确规定对国际犯罪的普遍管辖原则,增设引渡条款,明确规定战争犯罪,增设侵犯应受国际保护人员罪、劫持交通工具罪、劫持人质罪、海盗罪等国际犯罪;在刑事司法上,要借鉴国外先进的司法制度,加强刑事国际合作,共同对付国际罪行;在刑法理论上,要敢于吸收人类一切优秀的法律文化,借鉴一切有益的刑法理论和刑法思想。加强同各国刑法学界的学术交流与合作。第十,超前刑法观。包括对于政策、法律界限不清、判断标准不明的行为,务必慎重,不要急于处理,或用非刑法手段加以处理;对于现行法律认为是犯罪或属于重罪的行为,如果不符合市场经济的要求,应当按照"三个有利于"的总标准,结合刑法的基本原则,作出恰当处理;对于现行法律尚未规定为犯罪而确实具有严重社会危害性的行为,应当坚持罪刑法定原则,不能以犯罪论处。①

---

① 参见高铭暄、赵秉志、鲍遂献:《刑法学研究的回顾与展望》,载《法学家》1994 年第 1 期。

　　高铭暄教授认为,要树立刑法学研究的科学理念必须把握三点:一是刑法学研究要促进刑法的科学性,要使刑法立法既具有现实性,又具有前瞻性;既具有概括性,又具有精密性;既具有传统性,又具有时代性;既具有民族性,又具有世界性;使我们的刑法立法成为世界各国刑法立法中的一道亮丽的风景线,一个可资借鉴的楷模。二是刑法学研究要顺应现代刑事司法文明的发展趋势,促进构筑既能够充分保障人权又能够保护社会的现代刑事司法制度。三是刑法学必须坚持以人为本,关注民生,关注百姓疾苦,将刑法保护人权这一现代刑法的永恒机能始终放在重要的位置,构筑有助于切实保障人权的现代刑法学理论。[①]

　　伴随刑法学科的发展,高铭暄教授于2015年对我国刑法学研究中的刑法理念进行了历史回顾,提出当代中国刑法理念的研究存在研究者的主体性意识不强,研究的自主性、自觉性不够,研究成果转化为具体实践不足等亟待解决的问题。在全面推进依法治国的进程中,解决当代中国刑法理念研究所存在的上述问题应当坚持从中国实际出发,汲取中华法律文化精华,借鉴国外法治有益经验,但绝不照搬外国法治理念和模式。具体来说,若欲真正发挥刑法理念对刑事法治的引领和促进作用,深化刑法理念的研究,至少需要把握以下三个方面:第一,着力发掘刑法理念传统资源。中华法制文明源远流长,绵延数千年,中华法律文化博大精深、内涵丰富,充满了中华民族的智慧和创造性,形成了一个汇集无数先贤哲人思想的巨大思想宝藏,其中不乏诸如"明德慎罚""矜老恤幼""宽刑重教""宽猛相济"等值得后世传承的刑法理念。要善于从历史和传统文化中汲取营养,着力发掘刑法理念传统资源。第二,彻底清算传统落后的刑法观念。传统落后的刑法观念,主要是指形成于漫长的封建社会的刑法万能主义、刑法工具主义及重刑主义。要明确犯罪现象既是法律现象,也是正常的社会现象,预防和控制犯罪行为的视野不能仅仅停留在刑法领域,更不能迷恋重刑的作用,而应当秉承"最好的社会政策就是最好的刑事政策"的理念,综合运用各种正式和非正式的社会治理手段。第三,审慎对待域外新兴刑法理念。在当代中国刑法理念的研究过程中,长期存在着一种将域外刑法理念直接转化为中国刑法理念的倾向。它基本上忽视了中外社会的发展状况及法律文化传统所存在的巨大差异,试图通

────────

[①]　参见高铭暄:《新中国刑法学六十年发展的简要历程和基本经验》,载《法学杂志》2009年第11期。

过对刑法理念的普适性进行深入阐述,来论证其在中国刑法制度的设计及刑法技术的操作中全面贯彻的合理性。刑法理念作为扎根于本国刑事法治实践的价值观念,在具有普适性的同时,也具有极强的地域性特征,不能因为过分推崇其普适性而湮没其地域性。必须清晰地认识到,本本主义不足取,教条主义应摒弃。域外新兴刑法理念萌生于域外当代刑事法治实践,是与其经济社会背景发展相适应的,其是否适合于当代中国的国情、社情,能否真正引领中国刑事法治实践,还需要审慎剖析,必须警惕并抵制那种不加辨别而全盘吸收域外刑法理念的"拿来主义",这在法律全球化以及刑法国际化不断深入的时代背景下,对于塑造当代中国的刑法理念极富现实意义。①

2021 年,在中共中央提出总体国家安全观的背景下,高铭暄教授指出,当代刑法肩负保障国家安全的重大使命,应当积极保障国家和社会各方面的"十一种安全"。总体国家安全观对我国当代刑事法治体系提出了更高、更新的要求,也为刑事治理能力与体系的现代化建设注入了新能量与新指标。当代刑法肩负积极有效贯彻安全政策、保证国家总体安全的特殊使命。在总体国家安全观下,应设定科学的安全刑法观,推动安全刑法的有序演进与发展。安全刑法仍应当以保障自由为前提。自由的行使不应当与国家安全、公共安全之间出现明显的冲突或决裂,甚至破坏与威胁总体国家安全。总体国家安全观下的安全刑法与自由刑法之间的关系应当为:第一,法治国家下的目的与手段的合一。在法治国家,安全刑法显示对安全价值的适度侧重。强化安全的保障不是为了削弱自由和人权,而是为了更好地保障人权和自由。二者之间存在目的与手段的关系,也是刑法工具主义属性的具体体现。第二,法治国家下的形式与实质的合一。总体国家安全观旨在更积极主动地应对风险社会及非传统安全。安全刑法是总体国家安全观植入当代刑法后的内容及其征表,以呼应有效保障安全的迫切性与重大性。一方面,总体国家安全观导入当代刑法后,并不会改变现代刑法的基本属性、功能定位、价值多元化的立场。更加严峻的安全形势反而会迫使刑法对法律价值排序及其内部结构作出新的调试与部署,以更好地全面权衡安全、自由、秩序、公正等多元价值的全新博弈问题。但另一方面,为了消除自由刑法与安全刑法之间的"摩擦"乃至"敌意",应当对安全刑法进行必要的"克制"。在

---

① 参见高铭暄、曹波:《当代中国刑法理念研究的变迁与深化》,载《法学评论》2015 年第3 期。

"克制"安全刑法的功能异化上,应当着重把握以下几点:一是坚守罪刑法定原则和保障人权的底线,不能无限扩大刑法立法权与司法权;二是出于防控社会风险的考虑,国家可以制定具有前期化或早期化的法律,严密法律规制体系,强化国民的遵法认同感与规范"合规"的意识;三是自由刑法与安全刑法各自的实践体系之间应当秉持比例原则,维系自由与安全之间的权衡。在冲突无法消解的情况下,应当由宪法进行审查与最终决定取舍。[①]

五、关于现代刑法机制

刑法机制是指刑法运行的结构与机理,即将刑法机制视为刑事法律活动的各个阶段及其功能的互相配合协调的有机统一。刑法机制是现代刑法和刑法学的基本范畴之一。刑法机制的改革涉及刑事资源的合理配置问题。高铭暄教授认为,刑法机制的改革,不仅涉及国家刑事司法范围内的力量分配,而且更重要的是涉及刑事立法与刑事司法之间的力量分配。刑事司法范围内的力量分配,当然应当考虑对重点对象(指严重犯罪)投入更多的刑事司法力量,但还涉及定罪、量刑与行刑等刑事司法阶段互相之间的衔接与协调问题。因此,刑法机制的科学改革主要应当协调以下三对关系:

首先,应当协调刑事立法与刑事司法之间的关系。我国属于成文法国家,刑事立法与刑事司法之间有着较为鲜明的分野。刑事立法是刑事司法的前提,对于刑事司法具有重大的制约作用。但是,随着社会生活的向前发展,刑事立法不能及时跟进,出现许多法律盲区,司法机关无法可依但又不能不予以干涉,因而在无可奈何的情况下司法侵越立法权现象屡有发生。而且,由于立法技术上的问题,出台了一些缺乏可操作性的法律,使司法机关有时有法难依。高铭暄教授认为,应该对刑事立法与刑事司法的权限重新界定,可以考虑借鉴英美国家判例法的经验,建立具有中国特色的判例制度,作为成文法的适度补充。这样,可以赋予司法机关更强的应变能力,以弥补刑事立法滞后之不足。他指出,自1985年开始,最高人民法院在公报上先后刊载了大量的案例,包括刑事案例。最高人民法院在公布这些案例时往往提到

---

① 参见高铭暄、孙道萃:《总体国家安全观下的中国刑法之路》,载《东南大学学报(哲学社会科学版)》2021年第2期。

可供各级人民法院借鉴。我国法学界一般认为,这种案例解释只能是参考性的,而不是强制性的;案例的效力是借鉴,而不是遵行。如果引入判例法经验建立判例制度,则应当赋予判例一定的法律拘束力,并且可以成为下级法院承办类似案件时一体遵行的判案根据。当然,如果判例的内容属于对刑法的修改与重大补充,则应由立法机关授权才能颁布,并且应当遵循判例的法律效力不溯及既往的原则。在立法条件成熟以后,应当及时将判例所确立的内容吸收到刑事法律中,由此形成判例与法条之间的良性循环。在建立判例制度以后,最高司法机关就可以根据社会发展与犯罪变化的实际情况,敏捷地予以反映,并且通过判例的形式逐步为创制刑法规范积累经验,从而解决刑事立法与刑事司法脱节的问题。在司法实践需求和相关理论研究的促进下,最高人民法院于 2010 年 11 月发布了《关于案例指导工作的规定》,在探索建立具有中国特色的案例指导制度上迈出了重要的步伐。

其次,应当协调定罪与量刑之间的关系。定罪与量刑是刑事审判的两个基本环节。定罪是解决犯罪认定问题,涉及罪与非罪的界限,故一直受到司法机关的高度重视。尤其是在过去立法滞后的情况下,犯罪认定标准往往缺乏明确性与操作性。为此,司法机关十分注重对定罪工作的指导。量刑主要是指刑罚裁量,相对来说不像定罪那样受到高度重视。高铭暄教授认为,定罪是否准确固然重要,量刑是否适当也同等重要,两者不可偏废。在刑法颁行不久之时,由于司法经验不足,强调与重视定罪问题,是可以理解的。但随着民主与法制的发展、司法经验的积累,量刑的精确化问题也应该提上议事日程,予以充分重视。尤其是在社会主义市场经济条件下,公正观念日益深入人心。反映在刑法上,公正性就表现为罪刑之间保持一种均衡关系,防止量刑的畸轻畸重,包括罪与罪之间、地区与地区之间以及不同时期之间刑罚的严重失衡。为此,应当改进当前量刑的经验型做法,最高司法机关要加强对量刑的科学指导与合理协调,并在条件成熟的情况下,引入数学量刑法、电脑量刑法,使量刑的综合平衡建立在科学的基础之上。在实践与理论的推动下,最高人民法院于 2008 年确定了 4 个中级人民法院和 8 个基层人民法院进行量刑规范化改革试点,并自 2010 年 10 月 1 日起在全国法院试行。

最后,应当协调判刑与行刑之间的关系。判刑必然导致一定刑罚付诸执行,因而引申出行刑问题。行刑的意义不仅仅在于执行刑罚实现刑法的惩治功能,而且在于实现刑法的矫正功能与威慑功能,即通过对犯罪分子执行各种刑罚,消除其人身危险性,实现刑罚的个别预防与一般预防的目的。在这个意义上说,刑罚的效果,乃至于整个刑法的功能,都主要是通过行刑环节得以实现的。但在我国行刑还未受到足够的重视,行刑的效果还远不尽如人意。甚至可以说,行刑是刑法运行机制中最为薄弱的环节。加强行刑工作,首先涉及行刑司法体制的改革。我国行刑权由各机关分散行使,不利于行刑的规范化。高铭暄教授认为,应当将行刑权统一交由司法行政机关行使。因为行刑权是相对于审判权与检察权而言的,它从本质上来说属于行政权的范畴,交由司法行政机关行使,可以有效实现公、检、法、司之间互相制约、互相协调的完整的刑事司法体制。更为重要的是,行刑效果还在很大程度上有赖于社会的支持。因此,行刑应当社会化,破除过去封闭式行刑方式,而向开放式或半开放式的行刑方式过渡,并且吸引社会力量参与对罪犯的教育改造,以期达到最佳的行刑效果。①

六、关于刑法的基本原则

刑法的基本原则是刑事法治中一个带有全局性、根本性的重大问题。近代西方国家刑法在反封建的斗争过程中,制定了刑法的三大原则,即罪刑法定主义、罪刑等价主义和刑罚人道主义。由于历史条件的局限性,1979 年通过的新中国第一部刑法典对罪刑法定等刑法基本原则并未作明文规定,相反还规定有违反罪刑法定原则的有罪类推制度。在此背景下,在高铭暄教授等我国老一辈刑法学者的倡导下,20 世纪 80 年代初由高铭暄教授主编的我国第一部全国统编的教材《刑法学》中,即在绪论部分设立了"刑法的基本原则"专节。在该节创造性地提出刑法的基本原则应有两条衡量标准:一是刑法的基本原则必须是刑法所独有的,而不是各个部门法所共有的法的一般原则;二是刑法的基本原则必须是贯穿全部刑法的,而不是局部性的具体原则。据此两条标准来衡量,该教材主张我国刑法的基本原则有四项:罪刑法定原则,罪刑相适应原则,罪责自负、反对株连原则,惩罚与教育相结合原则。尤其主张我国刑法是以罪刑法定原则为基础的,也即罪刑法定原则是我国刑法的一项基本原则。② 其意义重大而深远。这一主张吸纳了近代西方资产阶

---

① 参见高铭暄、陈兴良:《挑战与机遇:面对市场经济的刑法学研究》,载《中国法学》1993年第 6 期。

② 参见高铭暄主编:《刑法学》,法律出版社 1982 年版,第 36—42 页。

级刑法反封建的进步成果,并结合我国刑事法治的实践及其进步需要进行了修正和完善,在法无明文规定的情况下力主刑法应坚持其基本原则,乃是极富理论创造和法治、政治智慧之举。这一主张遂成为我国刑法学界的主流观点,并为日后刑法修订中刑法基本原则的立法化打下了基础。

在国家立法机关把修改 1979 年刑法提上立法日程后,高铭暄教授积极主张刑法中应明文规定刑法的基本原则,尤其是应当明文规定罪刑法定原则并取消有罪类推制度。他在有关研究中认为,由于类推制度的存在,只能说我国 1979 年刑法基本上实行了罪刑法定原则。为了使我国刑法从基本上实行罪刑法定原则走向完全实行罪刑法定原则,在新刑法典中应当明确规定罪刑法定原则,并取消类推制度。规定罪刑法定原则的条文可以作如下表述:对于行为时法律没有明文规定为犯罪的行为,不得定罪处罚。① 明文规定罪刑法定原则具有重大意义:一是严正地表明我国是社会主义法治国家;二是更全面地保护公民的合法权利;三是适应国际进步潮流,更好地与国际接轨。除在刑法中确立罪刑法定原则,除废除类推制度外,还应讲求立法技术的完善,特别是内容的表述要明确。②

1997 年刑法明文规定了罪刑法定、适用刑法人人平等、罪刑相适应三大刑法基本原则,高铭暄教授对之予以充分肯定,认为这是 1997 年刑法首要的进步之处,它科学地概括了刑法的基本精神,使我国刑法迈上了现代化法治的轨道,筑起了人权保障的法治根基,也奠定了我国刑法和刑法学走向世界的基础。③

根据 1997 年刑法关于刑法三大基本原则的明文规定和相关刑法理论研究的深化,高铭暄教授在其主编的刑法教材中也适当调整了关于刑法基本原则的概念和衡量标准,即所谓刑法基本原则,是指贯穿全部刑法规范、具有指导和制约全部刑事立法和刑事司法的意义,并体现我国刑事法制(治)的基本精神的准则。④

根据关于刑法基本原则这一新的概念和衡量标准,高铭暄教授认为,罪

---

① 参见高铭暄:《试论我国刑法改革的几个问题》,载《中国法学》1996 年第 5 期。

② 参见高铭暄:《略论我国刑法对罪刑法定原则的确立》,载《中国法学》1995 年第 5 期。

③ 参见高铭暄:《新中国刑法立法的变迁与完善》,载《人民检察》2019 年第 C1 期;高铭暄:《新中国刑法立法的伟大成就》,载《法治现代化研究》2020 年第 1 期。

④ 参见高铭暄、马克昌主编:《刑法学》,中国法制出版社 1999 年版,第 19 页;高铭暄、马克昌主编:《刑法学》(第 10 版),北京大学出版社、高等教育出版社 2022 年版,第 22 页。

刑法定原则、适用刑法人人平等原则、罪刑相适应原则毋庸置疑地应当属于我国刑法的基本原则,并已为 1997 年刑法所确认。但是,还有一些原则,如罪责自负原则、主客观相统一原则、惩罚与教育相结合原则,尽管 1997 年刑法没有明文规定,由于它们也符合刑法基本原则的界定标准,所以也应属于我国刑法的基本原则。有鉴于此,高铭暄教授在其主编的刑法学教材中,在论述刑法明文规定的三大基本原则之后,也简要论述了这几项刑法基本原则。①

七、关于刑事政策

刑事政策是现代刑事法治中的一个重大问题。刑事政策的概念有狭义和广义之分。狭义说的视角是立足于刑事法之内,研究如何运用刑罚、改良刑罚来对付犯罪,认为刑事政策是国家或社会以防治犯罪为目的的方法、手段、策略。广义说超越刑法去寻求防治犯罪的对策,认为刑事政策是一个国家和社会抗制犯罪的整体反应体系,一切能够对付犯罪的方法、措施和手段,都是刑事政策研究的对象。以往我国刑事法专家学者多采狭义说,近年来则改为多采广义说。有论者指出,广义说既符合刑事政策的原意和发展规律,也符合我国刑事政策的实际。② 采广义说的典型表述,如刑事政策是国家和社会依据犯罪态势对犯罪行为和犯罪人运用刑罚和诸多处遇手段以期有效地实现惩罚和预防犯罪目的的方略③;刑事政策是指国家基于预防犯罪、控制犯罪目的而制定、实施的准则、策略、方针、计划以及具体措施的总称④。刑事政策有基本刑事政策与具体刑事政策之分。我国的基本刑事政策先后有惩办与宽大相结合的刑事政策和宽严相济的刑事政策;我国具体的刑事政策,如"依法从重从快"惩治严重危害社会治安的犯罪分子的方针,对轻微犯罪及未成年违法犯罪者所适用的"教育、感化、挽救"的方针,现阶段

---

①　参见高铭暄主编:《新编中国刑法学》,中国人民大学出版社 1998 年版,第 19、29—38 页;高铭暄、马克昌主编:《刑法学》,中国法制出版社 1999 年版,第 19—20、26—31 页;

②　参见严励:《中国刑事政策的建构理性》,中国政法大学出版社 2010 年版,"问题意识与立场方法(代自序)",第 13—18 页。

③　参见储槐植:《刑事一体化》,法律出版社 2004 年版,第 258 页。

④　参见曲新久:《刑事政策的权力分析》,中国政法大学出版社 2002 年版,第 68 页。

"保留死刑，严格控制和慎重适用死刑"的死刑政策等。

　　高铭暄教授一直以来重视对刑事政策问题的研究，先后就惩办与宽大相结合的刑事政策、"依法从重从快"方针、宽严相济的刑事政策等发表了其研究见解。

（一）关于惩办与宽大相结合的刑事政策

　　在新民主主义革命时期，我们党根据阶级斗争的需要，提出了对敌对阶级分子贯彻"镇压与宽大相结合"的基本政策。这一政策一直延续到中华人民共和国成立初期，1956年9月中共八大一次会议提出了"惩办与宽大相结合"的政策，1979年制定的新中国第一部刑法和刑事诉讼法均明确规定了惩办与宽大相结合的政策，该项政策遂成为此后20多年间我国公认的基本刑事政策。[①]

　　高铭暄教授在其主编的新中国第一部全国统编教材《刑法学》中，即在"刑法的指导思想"专节下，论述了惩办与宽大相结合的政策思想对我国刑法的指导意义[②]；后来又在相关论文中，进一步阐发了惩办与宽大相结合的刑事政策的意义和内涵。[③] 高铭暄教授认为，惩办与宽大相结合的刑事政策，是我们党和国家制定的对反革命分子和其他犯罪分子的一项基本政策。这项政策是从阶级斗争和同犯罪作斗争的实际情况出发制定的，它反映了我们党改造社会、改造人类的伟大气魄，体现了无产阶级斗争原则的坚定性和斗争策略的灵活性。实践证明，这是一项正确的、成功的、有效的政策。这项政策一方面要求对一切反革命和其他犯罪分子原则上都必须加以惩办，罪恶重大的还要依法从严惩处，惩办是基础，是前提，不能脱离这个基础和前提片面地强调宽大；另一方面要求根据犯罪分子的不同情况，实行区别对待。要把这两个方面有机地结合起来，做到有严有宽、宽严相济，原则性与灵活性相结合，从而达到预防犯罪、减少犯罪和逐步消灭犯罪的目的。分清不同情况，实行区别对待，这是惩办与宽大相结合政策的基本精神，也是刑法的灵魂。没有区别对待就是没有政策，没有区别对待也就没有刑法。惩办与宽大相结合的政策,是通过强制劳动和思想教育、文化技术教育的方法,把一切可以改造的犯罪分子都改造成为对社会有用的人,化消极因素为积极因素,逐步从根本上肃清反革命和预防、消灭犯罪。刑法也正是为了实现这样的目的,一方面对犯罪的首要分子和其他罪恶重大的分子及怙恶不悛、拒不悔改的分子给予坚决的打击,另一方面在坚决打击这些罪犯的同时,又坚决贯彻"少杀"政策,而对于一切不杀的犯罪分子,则一律加以改造,给予生活出路。

(二)关于"依法从重从快"惩处严重犯罪的方针

党的十一届三中全会以后,为了整顿社会治安问题,党中央提出了一系列的方针、政策。其中,依法从重从快严厉打击严重刑事犯罪活动,是当时惩治犯罪、维护社会治安的一个重要方针。

高铭暄教授结合当时的社会治安环境和司法实践,探讨了这项方针的意义和内涵:其一,依法从重从快方针,是为了进一步明确刑法打击的重点。这项方针与依法办事的法治原则在精神上是一致的。依法从重从快,前提是"依法",即要依照刑法有关量刑幅度的规定从重惩处,依照刑事诉讼法有关诉讼期限的规定抓紧办案,并不是撇开刑法和刑事诉讼法另搞一套。之所以强调依法从重就是进一步明确刑法打击的重点,这是改善社会治安面貌的重要一环。如果不这样做,就会对国家和人民造成极大的危害,就会脱离广大群众。其二,提出依法从重从快的方针,是为了更好地运用刑法所规定的量刑原则。制定党的方针、政策和国家法律要从实际出发,执行党的方针、政策和国家法律同样要从实际出发。对于量刑工作来说,所谓从实际出发,既包括从认定的犯罪事实出发,也包括从分析当时当地治安的形势出发,而且这二者是紧密结合、融为一体的。犯罪事实总是处在具体形势下的犯罪事实。犯罪的社会危害性不仅决定于犯罪构成的诸要件,而且也受形势的制约和影响。形势影响社会危害性从而也影响量刑。量刑以犯罪事实为根据,实际上就内含形势的因素。中央指示对重大现行刑事罪犯要依法从重从快惩处,正是把量刑原则中这个隐含的因素明确化。依法从重不是一切都从重,从重是有重点有规范的。依法从快也不是无条件地越快越好,更不是指可以草率从事,降低办案质量,而是在法定的诉讼时限内,在保证被告人的诉讼权利和案件质量的前提下,抓紧办案,尽快处理。依法从重从快的方针是根据当前社会治安形势所制定的同重大现行刑事犯罪作斗争的一项具体的方针,它没有也不可能代替惩办与宽大相结合的基本刑事政策。其三,提出依法从重从快的方针,是为了有效地实现刑罚的目的。人民法院对犯罪分子适用刑罚,是为了通过惩罚与教育相结合的方法,达到预防犯罪的目的。预防犯罪,无论是预防特定的犯罪分子重新犯罪,还是预防企图进行犯罪或有可能进行犯罪的那些人实施犯罪,都是以正确适用刑罚为前提的。对于被判刑的犯罪分子来说,只要不是判处死刑立即执行,刑罚对他们就不是单纯的惩罚,而是在惩罚的前提下,通过生产劳动和思想政治教育等多种手段,对他们进行艰苦的、耐心细致的改造工作。如此一来,既对重大现行犯罪分子贯彻依法从重从快惩处的方针,又用心做好对罪犯的改造工作,就能达到刑罚预防犯罪的目的,促进社会秩序的安定。①

此后伴随我国社会经济和治安状况的好转,20 世纪 90 年代初,高铭暄教授也对依法从重从快方针的作用、效果等问题及时予以反思,明确提出应适当调整该项方针的意见,体现了他与时俱进的学术精神。

高铭暄教授认为,刑事政策是刑法的灵魂与核心,刑法是刑事政策的条文化与定型化。刑事政策总是基于一定的犯罪态势提出来的,并且应当根据社会发展与犯罪变化的实际情况,及时地进行调整,而不存在一成不变的刑事政策。20 世纪 80 年代初提出的从重从快刑事政策,有其特定的历史背景及其在当时历史条件下的合理性。该方针的提出和实施,使刑事发案率有所降低,对于维护当时社会治安起到了一定的积极作用。但对于社会治安来说,刑事镇压毕竟只是治标的办法,而不能治本。该方针提出要争取社会治安的根本好转这一目标,也值得反思。事实上,社会治安应当争取的是一种动态的平衡。只要犯罪活动不造成社会动乱,社会变革与发展的活力仍然保持,社会治安就应当视为基本上正常。社会治安根本好转缺乏量化的具体指标,也不切实际,只是人们的一种主观愿望而已。②

高铭暄教授进而提出了有关刑事法治和刑事政策的两个重要理念:一是应当科学地认识我国当前的社会现状,正确分析犯罪态势。二是应当正确地认识刑罚的威慑效果。实行从重从快,主要还是依赖于刑罚的威慑力以镇压犯罪。但这种威慑力本身又是有限的,不能过分地迷信与依赖。从犯罪演变规律来看,从重从快严打的作用是有限的,只能作为一个时期内处理犯罪的具体方针,不能奉为解决社会治安和犯罪问题的永久性的万全良策。基于以

---

① 参见高铭暄:《论依法从重从快方针的法律意义》,载《前线》1981 年第 6 期。
② 参见高铭暄、陈兴良:《挑战与机遇:面对市场经济的刑法学研究》,载《中国法学》1993 年第 6 期。

上判断,高铭暄教授主张摈弃"治乱世用重典"之类的古训,而代之以科学的刑事政策。尤其是在我国处于体制转轨、社会转型的现代化进程中,更应从犯罪演变的客观规律出发,在对犯罪实行综合治理的前提下,坚持惩办与宽大相结合的刑事政策。我国从根本上抑制犯罪率激增的根本出路就是进一步推进经济体制改革,加速社会现代化进程,增加社会整合力,度过社会失衡期,从而为减少与控制犯罪创造社会环境。①

(三) 关于宽严相济的刑事政策

根据我国提出构建和谐社会的重大决策,2004 年到 2006 年间,经我国中央政法领导机关和中央政治决策机构研究决定,将"惩办与宽大相结合的刑事政策"修正为"宽严相济的刑事政策"。这是基本刑事政策在我国发展新时期的一个重大变革。②

高铭暄教授及时对宽严相济的刑事政策进行了解读和研究。他认为,宽严相济的刑事政策的基本含义包括"宽"和"严"两个方面。所谓"宽",意味着"对犯罪情节轻微或具有从轻、减轻、免除处罚情节的,依法从宽处罚";即使是严重的刑事犯罪,如果具有自首、立功等从宽处罚情节的,也应当依法从轻或减轻处罚。同时,在"宽"的基础上,也不能忽视"严"的要求,对于某些严重的刑事犯罪、惯犯、累犯,应当依法严惩,充分发挥刑罚的打击效果和威慑效应,以维护国家安全、社会安定、人民权利。因此,"宽"与"严"两方面结合起来,宽严相济的含义就是:针对犯罪的不同情况,区别对待,该宽则宽,该严则严,有宽有严,宽严适度;"宽"不是法外施恩,"严"也不是无限加重,而是要严格依照刑法、刑事诉讼法以及相关的刑事法律,根据具体的案件情况来惩罚犯罪,做到"宽严相济,罚当其罪"。只有这样才能符合建设社会主义和谐社会,保障社会公平正义的要求。③

在新冠疫情全球肆虐的背景下,我国疫情防控形势也不容乐观,涉疫情的违法犯罪活动之治理也给我国基本刑事政策提出了新的挑战。高铭暄教

---

① 参见高铭暄、陈兴良:《挑战与机遇:面对市场经济的刑法学研究》,载《中国法学》1993 年第 6 期。

② 参见赵秉志:《和谐社会构建与宽严相济刑事政策的贯彻》,载《吉林大学社会科学学报》2008 年第 1 期。

③ 参见高铭暄:《宽严相济刑事政策与酌定量刑情节的适用》,载《法学杂志》2007 年第 1 期。

授指出,重大疫情防控关系国家总体安全状况,既需要政府积极统筹,也需要社会积极参与,更需要公民依法遵从。对于疫情防控期间的犯罪,应当秉持宽严相济的刑事政策,既要抓好"严打"不放松,也要始终坚持法治和理性,保持必要的审慎和克制。对于疫情防控期间的相关犯罪,从行为及其后果的客观危害、行为人的主观恶性和人身危险性等看,都具有从重处罚的充分现实根据。其合理性与必要性在于:在疫情防控非常时期,对涉疫情犯罪依法从严从重处罚,虽是宽严相济的刑事政策"从严"一面的体现,但最终还是为了保障人民群众的生命安全、自由与国家总体安全。在强调"从严从重""从快从简"的前提下,亦不能忽视对自由与人权的保障,包括个人信息的保障、轻微行为的非犯罪化、个体极度恐慌情绪的合理关照等。面对重大公共卫生疫情,我国刑法应当立足总体国家安全观的客观需求,满足应急状态下的从严从重、从快从简需求,以提供精准的常态保障机制。①

八、关于犯罪治理与刑事控制模式

根据犯罪形势发展的客观需要,我国分别于 1983 年、1996 年、2001 年在全国范围内统一开展了三次"严打"专项斗争,从重、从快严厉打击不同时期、不同领域的刑事犯罪。"短平快"式的"严打"政策与运动有力地遏制了犯罪高发的形势,维护了社会治安秩序的稳定,具有短时期内控制犯罪的社会效果和政策法律效果,但缺乏长期性、可持续性的犯罪治理效应,不能根本实现维护社会治安、保障社会秩序的初衷。在学术研究中,高铭暄教授关注了犯罪治理与刑事控制模式的宏观刑事法治问题,他对刑法在社会治理中的功效发挥进行了深刻的思考。

高铭暄教授认为,对于社会管理创新与刑法的关系,要建立在法治的认识前提下,社会管理创新与刑法的基本原则并不冲突,刑法的天然属性使得其与社会管理存在紧密的互动关系;同时,刑法的保障法地位,又决定了社会管理创新需要刑法做坚强的后盾,保障秩序稳定。为适应社会管理创新的要求,基于两者的契合,我国刑事法治发展需要从五个方面作出努力:一是关注

---

① 参见高铭暄、孙道萃:《总体国家安全观下的中国刑法之路》,载《东南大学学报(哲学社会科学版)》2021 年第 2 期。

社会情势,贯彻宽严相济刑事政策;二是保障公民权利,重视民生犯罪;三是刚柔并济,坚持以人为本;四是革新纠纷解决机制,灵活、多样化解矛盾;五是落实行刑社会化,契合多元治理理念。①

十八届三中全会正式提出"国家治理体系和治理能力现代化",并将"创新社会治理体制""提高社会治理水平"作为全面深化改革的核心内容之一。高铭暄教授对我国社会治理现代化的历史进行了梳理,指出我国社会治理现代化进入成熟期,表现在:一是在治理理念维度上,保障人权与保护社会兼容并蓄、和谐共生;二是在刑事政策维度上,在自由与秩序之间寻求更高层次的平衡。高铭暄教授总结了我国刑事治理现代化的经验:一是毫不动摇地坚持马克思主义指导,坚持党的领导;这既是我国全面依法治国战略深入推进的最根本保障,也是我国刑事治理能力现代化的最根本保障。二是准确把握刑事治理规律,树立现代刑事治理理念。必须以准确把握刑事治理规律为前提和基础,科学厘清刑事治理的性质、任务和目标,建构多元合理的治理主体、治理依据和治理方式,坚决清算错误理解刑法(罚)任务或功能的刑法万能主义、刑法工具主义以及重刑主义等传统落后的刑法观念,积极引入社会力量,综合运用包括刑法在内的国家正式治理手段和民间社会自发形成的各种非正式治理手段,侧重发挥刑法在社会治理及刑事治理中的后盾作用、辅助作用,防止刑法(罚)在治理体系中"一家独大"。此外,现代刑事治理理念还必须确立保障人权与保护社会并重的理念。三是摆正刑事政策(治)与刑事法律的关系,坚持依法治理。四是深入推进科学立法、民主立法,不断完善刑事法制。五是积极参与刑事治理国际经验的分享,打造中国特色刑事治理模式。②

高铭暄教授还探讨了刑事控制的模式选择问题。他认为,刑事体制和刑事设施构成一个国家的刑事控制模式。在计划经济体制下,基于生产资料私有制是犯罪总根源这样一个认识,希冀生产资料公有制的建立能够彻底铲除犯罪存在的根源,从而出现一个没有犯罪的大同世界。这表现在刑法上,就是以消灭犯罪作为刑事控制的目标模式,并且为实现这一目标而不惜成本,导致刑罚的超量投入。事实已经证明,这种理想型的刑事控制模式并不成功,主要表现为犯罪率并未如所期望的那样大幅度降低,大案要案居高不下,更遑论消灭犯罪,而过多地使用刑罚特别是重刑却使得刑罚在无形之中

---

① 参见高铭暄、陈冉:《论社会管理创新中的刑事法治问题》,载《中国法学》2012年等2期。

② 参见高铭暄、曹波:《新中国刑事治理能力现代化之路——致敬中华人民共和国七十华诞》,载《法治研究》2019年第6期。

发生了效果的贬值。基于以下两方面的考虑,高铭暄教授认为,应当由理想型的刑事控制模式向现实型的刑事控制模式转变:

　　一方面是犯罪的社会功能问题。犯罪作为一种社会现象,是社会、心理与生理诸种因素互相作用的产物,其存在具有某种社会必然性。因而在这种社会必然性消失之前,完全消灭犯罪只是一种不切实际的幻想。不仅如此,从功能分析的意义上说,犯罪的存在还有其一定的合理性,它为社会提供一定的张力,从而使社会在有序与无序、罪与非罪的交替嬗变中跃进。尤其当社会体制或者价值规范落后于社会生活的时候,作为违反这种社会体制或者价值规范的所谓犯罪往往成为要求社会变革的先兆,以其独特的形式影响社会的发展,最终引起犯罪观念的变化,并将自身从法律规范意义上的犯罪桎梏中解脱出来,完成从罪到非罪的历史性飞跃。正确地评价犯罪的社会功能,应该彻底摆脱以阶级斗争为纲的错误思想的羁绊,坚持以唯物辩证法为指导去理解和分析犯罪,树立犯罪的相对性观念。

　　另一方面是刑罚的社会成本问题。高铭暄教授认为,刑罚作为对犯罪的惩治手段,需要一定的物质支撑:刑事体制(包括立法与司法)的运行需要投入大量的人力与物力,而刑事设施的维持更离不开一定的物质条件。例如监狱,就是国家权力(这里主要是指刑罚权)的一种物质体现。因此,刑罚抑制犯罪虽然可以产生积极的社会效益(暂且不谈刑罚的负面效果);但刑罚的这种社会效益的取得不是无本万利的,需要一定社会成本的支出,存在刑罚资源有效配置的问题。这实际上是一个刑罚的社会成本问题,就是要以最小的刑罚成本支出最大限度地遏制犯罪。过去,在把刑罚单纯视为专政工具的情况下,强调其政治职能,从而很少考虑刑罚的社会成本问题,易于导致不正确适用刑罚甚至滥用重刑的做法。因此,刑法具有不完整性和最后手段性,即刑法作为一种社会控制手段,其功能是有限的,不可将维持社会秩序的任务完全指望刑法去完成。刑事控制模式应以犯罪的相对性与刑罚的经济性为基本理念,不求彻底消灭犯罪,但求以最小的社会成本开支将犯罪最大限度地控制在社会能够容忍的限度之内。因此,必须破除重刑主义与泛刑罚化的观念,建立一个实现刑罚资源的最佳配置并能取得遏制犯罪的最佳效果的现实型刑事控制模式。①

---

　　① 　参见高铭暄、陈兴良:《挑战与机遇:面对市场经济的刑法学研究》,载《中国法学》1993年第 6 期。

九、结　语

在刑法学绪论即宏观问题方面,除本专题上述已专门介绍的问题外,高铭暄教授还对其他一些问题有所研究。如刑法立法问题是其数十年间始终关注与研究的领域,也是其研究的专长所在,对此问题我们已另行作专题研究①;再如关于刑法学教育、刑法学的研究对象、刑法学体系、刑法解释、刑法的效力范围等问题,高铭暄教授也有一定的研究并有成果发表,由于篇幅所限,本专题从略。

梳理上述高铭暄教授关于刑法学绪论问题的研究视野和见解,我们感受到了一位刑法学大师对刑法学基本范畴和重大问题的关注与把握,感受到了高铭暄教授对我国刑法学全局问题和发展方向的引领,也感受到了他精湛的学术思想和强烈的社会责任感。

① 参见赵秉志、彭凤莲:《高铭暄教授的刑法立法活动暨立法思想之考察》,参见本书第37页。

专题五

高铭暄教授的犯罪总论思想之研究

一、前 言

"人民教育家"高铭暄教授一生致力于我国刑法理论与实践的教学和研究,是新中国刑法学体系的主要奠基者和开拓者。在长期的教学研究和参与我国刑事法治建设的过程中,他对刑法学的研究涉及了我国刑法学体系的方方面面,在多个领域做出了杰出的学术贡献。本专题聚焦的犯罪总论领域就是他最为重视和学术贡献最为突出的主要领域之一。

体系是指若干有关事物或某些意识按照一定的秩序和内部联系组合而

成的一个整体。① 学科体系是学科理论内容按照一定的内在逻辑排列组合而形成的整体系统。学科体系的科学化是学科成熟与发达的标志。刑法学体系是刑法学的内容按照一定的逻辑排列组合而成的理论结构形式。刑法学理论体系的完整和科学,对于刑法学研究广度与深度的拓展,以及从整体上认识和把握刑法学,均具有至关重要的意义。我国刑法学的理论体系,经历了半个多世纪的创建、发展和完善,目前已臻于成熟。②

按照高铭暄教授等我国老一辈刑法学家所主张并得到普遍认可的关于我国刑法学体系的通行观点,我国刑法学体系由刑法学总论和刑法学各论两大部分组成。前者研究刑法的一般原则、原理和共性制度问题,后者则研究刑法分则规定的各类各种具体犯罪的罪责刑问题。这两部分相辅相成,均为统一刑法学的组成部分。刑法学总论又包含刑法学绪论(以下简称"绪论")、犯罪总论和刑罚总论三个部分:绪论论述刑法和刑法学的一般原理、原则问题,犯罪总论论述有关犯罪及其认定的普遍性问题,刑罚总论论述有关刑罚及其运用的普遍性问题。③ 犯罪总论体系就是依照犯罪成立的条件及其形态按照一定的顺序所组成的关于犯罪一般理论的有机整体,其理论基础主要是关于犯罪概念的基本观点和犯罪成立条件的理论。④ 从内容上看,犯罪总论主要包括犯罪概念论、犯罪构成及其共同要件论、犯罪特殊形态论(故意犯罪的未完成形态论、共同犯罪论、罪数形态论)、正当行为论、刑事责任论等。可以说,犯罪总论是刑法学中内容最为复杂疑难、理论性最强的一个部分,是刑法学的理论基础所在。

高铭暄教授以研究刑法总论见长,其中尤以犯罪总论领域为其学术研究的重中之重。数十年来,他在犯罪总论领域倾注了大量的心血,产出了一系列成果,为拓展和深化我国刑法学的理论基础做出了突出的贡献。本专题将对高铭暄教授在犯罪总论领域的研究与学术见解进行梳理和论述,主要涉及他的关于犯罪概念、社会危害性理论、犯罪构成基本理论、单位犯罪、违法性认识、共同犯罪人的分类、罪数形态、正当防卫和刑事责任等问题的研究与学术思想。

---

① 参见中国社会科学院语言研究所词典编辑室编:《现代汉语词典(修订本)》(第3版),商务印书馆1996年版,第1241页;《刑法学》编写组编:《刑法学》(上册·总论),高等教育出版社2019年版,第6页。

② 参见赵秉志主编:《当代刑法学》,中国政法大学出版社2009年版,第2—3页。

③ 参见高铭暄主编:《中国刑法学》,中国人民大学出版社1989年版,第8—9页。

④ 参见马克昌主编:《犯罪通论》(第3版),武汉大学出版社1999年版,第45页。

二、关于犯罪概念

我国 1979 年刑法和 1997 年刑法都明文规定了犯罪的一般概念(以下简称"犯罪概念")。犯罪概念是犯罪总论中的一个基础范畴,要回答"什么是犯罪""犯罪有什么特征"的问题。犯罪概念问题是高铭暄教授重视并予以研究的一个基本理论问题。

从各国刑法立法和刑法理论的主张看,关于犯罪概念的表述大体有形式概念(仅描述其法律特征)、实质概念(试图揭示犯罪的本质)和形式与实质相结合的概念(既说明犯罪的本质特征,又指出犯罪的法律特征的概念)三种形式。高铭暄教授认为,马克思主义刑法理论阐明了犯罪的实质概念。马克思和恩格斯在揭示犯罪的本质时,说犯罪是"孤立的个人反对统治关系的斗争",既没有说犯罪是某个阶级对统治关系的斗争,也没有把犯罪人限定为属于某阶级的人。这是非常科学、严谨、具有普遍意义的论断,它深刻而准确地揭露了犯罪这种社会现象的阶级本质。[①]

高铭暄教授认为,我国刑法中的犯罪概念是形式与实质相结合的概念,它具有三个基本特征:

其一,犯罪是危害社会的行为,即具有严重的社会危害性,这是犯罪最基本、最本质的特征。犯罪的社会危害性,是指对国家和人民利益的危害性。我国刑法关于犯罪概念的规定,其中所列举的犯罪所侵害的主要客体,揭示了犯罪的社会危害性的各个方面的表现。概括起来,包括社会主义制度的政治基础和经济基础,公民的人身权利、民主权利和其他权利,社会主义的社会秩序、生产秩序、工作秩序、教学科研秩序和人民群众生活秩序。而社会危害性的大小主要是由以下几个方面决定的:一是行为侵犯的客体,即行为侵犯了什么样的社会关系;二是行为的方式、手段、后果及时间、地点等因素,治安形势作为犯罪实践因素也值得考察;三是行为人的一些主观因素,如故意还是过失、是否有预谋、动机与目的是否卑劣、偶犯或惯犯及初犯等。

其二,犯罪是触犯刑法的行为,即具有刑事违法性。犯罪是违法行为,但不是一般违法行为,而是违反刑法、触犯刑法的行为,是刑事违法行为。违法

---

① 参见高铭暄:《刑法总则要义》,天津人民出版社 1986 年版,第 76—81 页。

并不都是犯罪,只有违反刑法的才构成犯罪。行为的社会危害性是刑事违法性的基础,刑事违法性是社会危害性在刑法上的表现。

其三,犯罪是应受刑罚处罚的行为,即具有应受刑罚惩罚性。任何违法行为,都会产生相应的法律后果。对于违反刑法的犯罪行为来说,则会产生刑罚处罚的法律后果。犯罪是适用刑罚的前提,刑罚是犯罪的法律后果。如果一个行为不应当受到刑罚处罚,也就意味着它不是犯罪。但是,不应受惩罚和不需要惩罚是两个意思。不应受惩罚,是指行为人的行为根本不构成犯罪,当然也就不存在应受惩罚的问题;而不需要惩罚,是指行为人的行为已经构成犯罪,本应惩罚,但考虑到具体情况,如情节轻微等,从而免予刑事处罚。

犯罪的三个特征是紧密结合的:一定的社会危害性是犯罪最基本的属性,是刑事违法性和应受刑罚惩罚性的基础;社会危害性如果没有达到违反刑法、应受刑罚处罚的程度,也就不构成犯罪。社会危害性是犯罪的实质内容,它的表现形式是刑事违法性,犯罪的三个特征都是必要的,是任何犯罪都必然具有的。我国刑法对犯罪概念的界定,是对我国社会上形形色色犯罪所作的科学概括,是认定犯罪、划分罪与非罪界限的基本依据。①

高铭暄教授关于犯罪概念及其基本特征的上述见解,已经成为我国刑法学犯罪论的基本支柱。

三、关于社会危害性理论

社会危害性理论是从犯罪概念理论延展而来的一个基础性理论。我国刑法学中的社会危害性理论,是对苏联刑法理论批判继承的结果。苏联学者一般认为犯罪的本质在于社会危害性,对犯罪的定义也主要是揭示其社会危害性。在我国刑法学理论中,关于社会危害性的研究主要围绕对其内涵、地位、功能及与其他相关概念之间关系的解释展开。作为我国刑法学理论的基本范畴,社会危害性理论至今仍然是刑法学界争鸣的焦点所在。

(一)关于社会危害性内涵和地位的解释

高铭暄教授概括了社会危害性理论的基本属性:一是社会危害性是一个

---

① 参见高铭暄:《刑法总则要义》,天津人民出版社1986年版,第81—86页。

历史范畴,要用历史的、发展的眼光来衡量。二是社会危害性是由多种因素决定的,要用全面的观点来衡量。衡量社会危害性是大是小,要综合各种情况,不能仅看有形的、物质性的危害,还要看其对社会政治、社会心理等带来的危害。三是考察社会危害性要透过现象抓住事物的本质。

高铭暄教授认为,对社会危害性概念的内涵进行刑法学上的解释,应当正确处理历史与逻辑的关系,立足于该时代的法治现实与需求对社会危害性进行研究。由于不同历史时期的法治观念与发展水平存在差异,社会危害性概念在不同时期便具有不同的内涵,并且是该历史时期的反映与写照。在中国,随着类推制度的废除和罪刑法定原则的确立,社会危害性的内涵在罪刑法定原则的规制下得到了进一步的澄清。

高铭暄教授主张对社会危害性概念进行解释要树立两个基本的立场:第一,必须面对犯罪事实。犯罪是一种社会现象,其最真实、最本质的表现就是对社会的危害。而社会危害性正是对行为具有危害性这一事实的抽象表述和概括反映。刑法理论和司法实务不应当也不可能脱离社会危害这一事实。第二,必须尽量朝着合目的的方向进行解释。只有坚持这两个最基本的解释立场,对社会危害性概念的解释才能合理适当,既要立足于犯罪本质,避免对社会危害性的解释沦为纯概念的形式逻辑;又要观照我国的立法、司法实践,使经过解释的社会危害性理论能够真正发挥促进刑事法治的功能。他主张对社会危害性功能的解释要站在有利于被告人的立场厘清社会危害性与犯罪构成的关系,既要与我国通行的刑法理论保持一致,又要充分发挥社会危害性理论阻却犯罪、保障人权的功能。具体而言:第一,对社会危害性功能的解释不能背离我国现行刑法理论。我国刑法通说认为,社会危害性是犯罪构成的实质与基础,而犯罪构成是社会危害性的具体化、类型化,两者在定罪中各自发挥着实质判断与形式判断的作用,并且相互补益。这是对社会危害性功能进行解释必须遵循的逻辑前提。从刑法学科自身的理论发展来讲,学者们从危害社会的事实行为中提取出构成犯罪必备的共同要素,整理归纳这些要素形成类型化概念并按照一定的逻辑顺序将这些类型化概念排列组合成一个相互联系、相互制约的有机整体,作为司法实践中定罪的标准,即形式操作模型来源于行为实质。从刑事立法来讲,社会危害性是立法者在类型化犯罪要素时所参照的根本标尺,是犯罪化与非犯罪化的依据。行为的社会危害性是立法者设立刑法时内心笃定的根本标尺;从定罪的司法实践来讲,法官并不单纯凭借直观观念和道德水准所感知的社会危害性去判断行为是不是犯罪,而是严格按照规范性的犯罪构成去操作。也就是说,形式操作模型虽然来源于行为实质,然而一旦进入司法视野,形式判断就是主要的入罪标准,而社会危害性的实质判断主要体现在出罪功能上,即实质判断补益着形式判断。第二,社会危害性具有阻却犯罪的功能,这种功能并不必须在犯罪构成理论体系内实现。社会危害性理论旨在站在有利于被告人的立场宣布:一方面,它服从罪刑法定原则的制约,只有那些符合刑法分则规定的具体犯罪构成的危害社会的行为,才是可罚的;另一方面,如果行为阻却社会危害性,也就阻却犯罪构成所体现的社会危害性,即阻却行为符合犯罪构成,也就是阻却犯罪。因此,社会危害性并不会为法外施刑提供任何依据,其在定罪体系中更突出的功能是阻却犯罪。正当防卫、紧急避险等正当行为正是因为阻却了行为的社会危害性而不符合犯罪构成。成立犯罪与阻却犯罪是原则与例外的关系,无论哪一种犯罪构成理论都必须处理好这种关系。德、日三阶层理论正是由于旨在妥善安置构成要件符合性与阻却违法、阻却责任的关系而被推崇为层层出罪的犯罪论体系,然而处理好原则与例外的关系并不是必须在犯罪构成体系内。[①]

　　在我国刑法理论中,关于社会危害性与刑法学其他基本范畴之间的关系问题,大抵都可以归结为实质理性与形式理性的关系问题。例如犯罪的实质定义与形式定义的关系、社会危害性与犯罪构成的关系、社会危害性与刑事违法性的关系等。高铭暄教授指出,在刑法学中,形式理性与实质理性的关系可以表述为:在刑事立法阶段,实质理性决定、派生了形式理性;在刑事司法阶段,实质理性受制于形式理性,作为例外,实质理性发挥阻却犯罪的功能并补益着形式理性的局限。对于罪刑法定形式化的判断,在面对具体案件事实时,有时候存在例外,这种例外表现为在形式理性与实质理性发生冲突的情况下,应当坚持有利于被告人的原则作出判断,发挥社会危害性阻却犯罪的功能:如果行为人的行为具有社会危害性但是不具有刑事违法性,那么按照罪刑法定原则当然不构成犯罪;如果行为人的行为不具有社会危害性或者社会危害性显著轻微,即使形式上具有刑事违法性,那么按照《刑法》第13条但书的规定当然也不构成犯罪。[②]

　　[①]　参见高铭暄、陈璐:《论社会危害性概念的解释》,载赵秉志主编:《刑法论丛》(总第31卷),法律出版社2012年版,第3—7页。

　　[②]　参见高铭暄、陈璐:《论社会危害性概念的解释》,载赵秉志主编:《刑法论丛》(总第31卷),法律出版社2012年版,第7—11页。

　　我国刑法理论中诸多基本范畴,如犯罪概念、犯罪构成、刑事责任、刑事违
法性等,都是以社会危害性为中心而展开的,因而高铭暄教授对社会危害性问
题非常重视。面对质疑社会危害性理论的观点,他秉持学术探索精神,即便在
耄耋之年仍然笔耕不辍,努力对社会危害性理论进行全面系统的分析,以正视
听。他对社会危害性理论的研究,赢得了学术界的普遍认可。① 8 1 3 0 8 1 3 2

(二)关于社会危害性与法益关系的见解

　　由于对社会危害性概念的种种误解,有学者曾经撰文鲜明地提出要将社
会危害性概念驱逐出我国注释刑法学领域,同时为了避免注释刑法学堕入形
式法学的泥潭,提出用法益侵害概念取代社会危害性概念,主张通过对社会
危害性理论进行批判,实现我国刑法知识之去苏俄化,在彻底消除苏联刑法
学影响的基础上,为我国刑法学期许一个美好的未来。②

　　高铭暄教授认为法益侵害说并不比社会危害性理论更具优越性。第一,从
评价的标准来看,社会危害性是一个主客观相统一的范畴,法益侵害仅仅是社
会危害性的客观方面,因此,法益侵害是社会危害性的下位概念。从我国刑法
关于犯罪概念的规定也可以看出,社会危害性与法益侵害在客观方面所描述的
其实是同一现象,即行为对国家、社会、个人利益的侵害。只是社会危害性更具
抽象性,它将行为对国家、社会、个人利益的侵害概括为对社会关系的侵害,而
法益侵害则更具体性、直观性。在我国以社会危害性为基础的主客观相统
一的刑法理论中,以法益侵害说取代社会危害性理论不仅没有必要,还会引起
理论本身的混乱。第二,关于社会危害性理论饱受批评的缺乏规范性判断问
题。高铭暄教授认为,对社会危害性概念的规范性要分两个层次进行讨论:
即刑事立法层次和刑事司法层次。社会危害性的规范性质只能显示在刑事司
法定罪过程中,社会危害性接受罪刑法定原则的约束,以犯罪构成的评价为前
提,因而本身具有规范的性质;在刑事立法过程中,社会危害性是犯罪化与非犯
罪化的标尺,立法产生规范,在规范产生之前,在逻辑上社会危害性无法接受规
范的评价,而一旦产生规范,社会危害性理应接受规范的约束。因此,社会危害

---

　　① 参见齐文远、周详:《社会危害性与刑事违法性关系新论》,载《中国法学》2003 年第 1
期,该文对高铭暄教授等学者在社会危害性理论上作出的研究贡献予以高度认可。
　　② 参见陈兴良:《社会危害性理论——一个反思性检讨》,载《法学研究》2000 年第 1 期;陈
兴良:《社会危害性理论:进一步的批判性清理》,载梁根林主编:《犯罪论体系》,北京大学出版社
2007 年版,第 48 页。

性并不是一个能够被随意扩张的概念,与法益侵害概念一样,它本身受到罪刑法定原则的约束,具有规范的性质。①

四、关于犯罪构成基本理论

　　20 世纪 80 年代初,高铭暄教授等老一辈刑法学者,以源自苏联的四要件犯罪构成理论为核心,建构了新中国刑法学的犯罪构成理论体系。长期以来,以犯罪客体、犯罪客观方面、犯罪主体和犯罪主观方面为主体架构的四要件犯罪构成理论,无论是在我国刑法理论还是在司法实务中,均占据主导地位。但是毋庸讳言,近年来我国四要件犯罪构成体系受到了巨大挑战,主张以德、日三阶层犯罪成立体系取代我国四要件犯罪构成体系的观点愈演愈烈。高铭暄教授鲜明而坚决地捍卫四要件犯罪构成理论,他认为我国刑法学犯罪构成理论体系是在学习借鉴苏联刑法学犯罪构成理论成果和总结本国刑事法治科学经验的基础上形成、发展和完善起来的,我国四要件犯罪构成理论是历史的选择,也经历了历史的考验。②

　　高铭暄教授认为,犯罪构成是使行为人负刑事责任的基础,这是"事实是根据,法律是准绳"这个司法工作基本原则在定罪问题上的具体贯彻。研究犯罪构成的基本理论对于推进刑法学本身的建设也非常必要。犯罪构成理论是马克思主义刑法学极其重要的组成部分。犯罪构成理论在社会主义刑法理论中占有突出的地位,几乎刑法中所有的重要问题,都是与犯罪构成的基本理论息息相关的。③

(一)犯罪构成的概念、分类和意义

　　高铭暄教授认为,犯罪构成,简单来说,就是行为构成犯罪的一切主客观要件的总和。详言之,就是我国刑法所规定或包含的,决定某一具体行为的社会危害性及其程度而为该行为构成犯罪所必需的一切客观和主观要件的

---

　　① 参见高铭暄、陈璐:《论社会危害性概念的解释》,载赵秉志主编:《刑法论丛》(总第 31 卷),法律出版社 2012 年版,第 12—15 页。
　　② 参见高铭暄:《论四要件犯罪构成理论的合理性暨对中国刑法学体系的坚持》,载《中国法学》2009 年第 2 期;高铭暄:《我的刑法学研究历程》,载《河南警察学院学报》2020 年第 1 期。
　　③ 参见高铭暄:《犯罪构成的概念和意义》,载《法学》1982 年第 1 期。

总和。

犯罪构成的基本含义为：第一，犯罪构成是一系列主客观要件的总和。任何一个犯罪构成都是包括许多要件的，这些要件的总和就形成某种犯罪的犯罪构成。每一个具体犯罪，都有自己的犯罪构成。而每一种犯罪构成，都是一系列要件的总和。第二，任何一个犯罪，都可以用很多事实特征来表明，但并非每一个事实特征都是犯罪构成的要件。而只有对行为的社会危害性及其程度具有决定意义而且是成立犯罪所必需的那些事实特征，才是犯罪构成的要件。第三，行为成立犯罪所必须具备的诸要件，是由我国刑法加以规定或包含的。这是罪刑法定原则的直接体现。任何犯罪都是违反刑法规范的行为，也就是指行为具备了刑法所规定的犯罪构成的诸要件。因此，行为是否具备犯罪构成与行为是否违反刑法是完全一致的。行为的刑事违法性也是犯罪构成的基本属性，没有刑事违法性也就没有犯罪构成。刑法分则在规定各种具体犯罪时，通常都指出犯罪成立所必需的要件。但是，分则条文未把具体犯罪构成的所有要件都列举出来。尤其是简单的罪状，只是写罪名，而不载明构成的要件。这时，从刑法总则有关犯罪的规定出发，以犯罪构成的一般理论为指导，按照犯罪客体、犯罪客观方面、犯罪主体、犯罪主观方面的要求，将该具体犯罪构成的诸要件一一加以阐明，就成为刑法学者和司法工作者的任务。①

关于犯罪构成的分类。高铭暄教授认为，犯罪构成的分类，是指通过对刑法所规定的各种具体犯罪构成的分析、综合，按照一定的标准，从不同的角度，对各种犯罪构成加以科学地归类。研究犯罪构成的分类，可以帮助我们更好地理解、掌握和运用犯罪构成，以及理解和运用刑法。以犯罪构成的形态为标准，可分为基本的犯罪构成和修正的犯罪构成；以犯罪构成所体现的社会危害性程度为标准，可分为普通的犯罪构成和危害严重或危害较轻的犯罪构成；以犯罪构成内部的结构状况为标准，可分为简单的犯罪构成、选择的犯罪构成和复杂的犯罪构成。②

关于犯罪构成与犯罪概念的关系。高铭暄教授认为，犯罪构成与犯罪概念是两个既有密切联系又有所区别的概念。犯罪构成是犯罪概念的具体化。犯罪概念回答的问题是什么是犯罪、犯罪有哪些基本的属性和特征，而犯罪构成

---

① 参见高铭暄：《犯罪构成的概念和意义》，载《法学》1982 年第 1 期。
② 参见高铭暄：《刑法问题研究》，法律出版社 1994 年版，第 145—149 页。

则是在犯罪概念的基础上进一步回答犯罪是怎样成立的,它的成立需要具备哪些法定的要件。具体来说:第一,犯罪概念是对犯罪本质的表述,但它只能为认定犯罪提供原则标准。在定罪问题上,仅仅有犯罪概念这个原则是不够的。因为在实际生活中,具体的犯罪除具有犯罪的三个基本特征外,还有其他的特殊之处,也即各自的构成要件。而研究犯罪,不能仅局限于认识其共性,而应在认识共性的基础上,进一步研究各种具体犯罪的特殊性即具体构成要件。这样才能正确认定罪名和适用刑罚,这就要求犯罪概念必须具体化。而要将犯罪概念具体化,必须借助于犯罪构成。第二,犯罪构成解决的问题是犯罪成立,以及成立时需要具备的法定条件,通过犯罪构成要件的总和,具体说明什么样的行为是危害社会的、触犯刑律的,因而是应受刑罚处罚的。也即,犯罪概念的各个基本特征是通过犯罪构成来具体说明和体现的。某一行为具备了犯罪构成诸要件,就说明它具有一定的社会危害性、刑事违法性和应受刑罚惩罚性,也才能被认定为犯罪。反之,不具备犯罪构成的要件,就说明不具有一定的社会危害性、刑事违法性和应受刑罚惩罚性,因而也就不能认定为犯罪。所以,犯罪行为实质上也就是指具备犯罪构成要件的行为。犯罪概念是从原则上划清罪与非罪的界限,而犯罪构成是划清罪与非罪、此罪与彼罪界限的具体标准。只有犯罪概念这个原则标准,没有犯罪构成这个具体标准,还不足以解决定罪问题。第三,犯罪构成是建立在犯罪概念之上的,如果一个行为从犯罪概念的角度看,根本不具有社会危害性或者情节轻微、危害不大,则该行为也就不具备犯罪构成,如正当防卫等。因此,对犯罪构成不能作形式主义的理解,必须与犯罪的实质概念联系起来。一定的社会危害性、刑事违法性和应受刑罚惩罚性,既是犯罪的基本特征,也是犯罪构成的基本属性。脱离了这些基本属性,也就不称其为犯罪构成。①

　　研究犯罪构成理论有着重大的意义。首先,犯罪构成是使行为人负刑事责任的基础。通俗地讲,犯罪构成也就是构成犯罪的规格和标准。追究任何一个人的刑事责任,都必须根据这个规格和标准,查明该人的行为具有法律所规定的某种犯罪构成。这也就是"事实是根据,法律是准绳"这个司法工作基本原则在定罪问题上的具体贯彻。没有犯罪构成,就意味着该人未犯罪,不是有罪的人,从而也就不负刑事责任,不受刑罚处罚。反过来说,不根据犯罪构成来追究公民的刑事责任,那就是对宪法和法律所保障的公民基本

---

① 　参见高铭暄:《刑法问题研究》,法律出版社 1994 年版,第 141—142 页。

权利的严重侵犯,就是违法,就是破坏社会主义法制。所以,正确地查明行为人的行为中有没有犯罪构成,是同准确、合法、及时地与犯罪作斗争密切相关的,是同切实保障公民的人身权利和民主权利密切相关的,是同提高司法机关的工作质量密切相关的。其次,犯罪构成的基本理论明确划分了罪与非罪、此罪与彼罪的界限。掌握犯罪构成理论是正确认定犯罪的重要保证。只有定罪正确,才能量刑适当,才能做到不枉不纵、不错不漏。这对于加强社会主义法制,保障国家现代化建设,保护公民的合法权利和利益,无疑是十分必要的。最后,研究犯罪构成的基本理论对于推进刑法学本身的建设也非常必要。[①]

(二)犯罪构成与定罪的关系

高铭暄教授认为,定罪是在两个不同的意义上使用的:一是广义的定罪,包含了定罪在实体法和程序法两个方面的意义,定罪不仅仅是根据法律对行为的性质作出判断,而且还包括一系列的调查、核实、确定行为的事实情况及定罪过程中运用刑事诉讼程序的各种活动。二是狭义的定罪,只具有实体法的意义,定罪就是在犯罪事实已经查证清楚的基础上,依法对某一行为是否构成犯罪作出结论的活动。简言之,狭义的定罪抛开了事实认定问题,专指与刑法适用密切相关的行为性质的认定问题。刑法意义上的定罪是指后者,通常是指司法机关对所审查、审理的行为是否具有刑法所规定的犯罪构成进行认定的活动。定罪的内容包括对罪与非罪、此罪与彼罪、一罪与数罪、重罪与轻罪、故意犯罪停止形态、共同犯罪、单位犯罪的界定等问题。

高铭暄教授指出,完成定罪过程,必须解决三个问题:一是应当对已经查明的行为事实,通常是犯罪事实,进行分析和判断,以便把那些对定罪具有意义的事实或情节揭示出来。二是对法律规定的犯罪构成进行分析和判断。因为法律的规定比较抽象,而具体的犯罪行为是具体事实,是否符合法律规定通常不好判断,而是先要对法律规定的犯罪构成要件进行分析。定罪过程是把行为事实和犯罪构成进行对比的一个过程。三是对行为事实和犯罪构成进行相互一致的认定。这种认定过程是一个从抽象到具体和从具体到抽象的两种思维形式的相互交叉和组合的过程。前者是以法律规定的犯罪构成来认识具体的行为事实,后者是把具体的行为事实

---

① 参见高铭暄:《犯罪构成的概念和意义》,载《法学》1982 年第 1 期。

上升为法律规定的犯罪构成。

基于以上论述,高铭暄教授认为,定罪的根据为刑法规定的犯罪构成,其理由有四点:第一,这是社会主义法制的必然要求。犯罪构成是由法律规定的,坚持犯罪构成是定罪的根据,就是在定罪中坚持社会主义的法制原则。第二,这是由定罪这一认识活动的特点所决定的。定罪是司法人员的一种特殊的认识活动,是有明确、具体的标准或规格可循的。这种标准就是犯罪构成。第三,犯罪构成是解决所有定罪问题的基础,诸如罪与非罪、此罪与彼罪、犯罪形态诸问题,犯罪构成在定罪中的作用是十分明显的。第四,我国司法工作中的反面教训也说明在定罪工作中必须坚持以犯罪构成为根据。

他还指出,搞好定罪,必须深刻认识犯罪构成的基本点,也就是三个有机统一:第一,犯罪构成是客观要件和主观要件的有机统一,必须反对客观归罪、主观归罪或思想犯罪。第二,犯罪构成是行为社会危害性和人身危险性的有机统一。犯罪的社会危害性是客观危害性和主观恶性的统一,这也是主客观相统一原理在社会危害性问题上的反映。而人身危险性,是指犯罪人再次犯罪的可能性,它所表现的是犯罪人主观上的反社会性性格或危险倾向。要反对将社会危害性和人身危险性进行绝对分割的观点,犯罪人的人身危险性是犯罪的社会危害性的一个方面,当然也是定罪的一个部分。反映犯罪人人身危险性大小的因素主要有罪前因素、罪中因素和罪后因素。罪中因素有许多都是犯罪构成所必须具备的要件,而罪前因素和罪后因素主要是对量刑有影响,但在特殊情况下也对定罪有影响。第三,犯罪构成是法律规定和司法实践的有机统一。犯罪构成既是刑法规定的诸构成要件的整体,又是行为具有刑法规定的诸构成要件的事实,它是法律和事实的统一,是法律规定和司法实践的统一。法律是普遍的,而需要运用法律加以判断的案件事实却是具体的。这需要司法人员根据法律规定的犯罪构成进行解释,否则就会导致定罪中的错误。①

(三) 犯罪构成的共同要件

高铭暄教授认为,犯罪构成是犯罪的客体、客观方面、主体、主观方面要件的总和。② 在犯罪构成四大要件之下,又分别包括特定的组成要素,如犯

---

① 参见高铭暄:《刑法问题研究》,法律出版社 1994 年版,第 149—162 页。
② 参见高铭暄:《刑法总则要义》,天津人民出版社 1986 年版,第 94—137 页。

罪客观方面就包括危害行为、危害结果、因果关系等。基于各个犯罪行为的具体情况各异,犯罪构成要素又有必要性要素和选择性要素的区别。要素组成要件,要件耦合而成整体,整个四要件犯罪构成理论内部逻辑极为严密,层次界分相当清晰,恰当地实现了对一个犯罪行为从粗到精、由表及里、从整体到部分、由部分回归整体的剖析。这一观点已经成为我国刑法学界的主流观点。但是在理论研究中,也出现了犯罪构成共同要件的"两要件说""三要件说""五要件说"等不同见解。"两要件说"主张为行为要件(包括客观行为和主观罪过)和主体要件;"三要件说"主张将"四要件说"中的犯罪客体剔除出去;而"五要件说"主张在"四要件说"的基础上将犯罪行为分离出来作为一个独立的要件,犯罪客观方面仅包括结果和因果关系。高铭暄教授认为,这些说法虽然多少有些道理,但主要是在排列组合上做文章,并没有多少新意。①

在理论研究中存在着质疑犯罪构成之客体要件必要性的观点。高铭暄教授指出犯罪客体是犯罪构成的必要要件,没有一个犯罪是没有犯罪客体的。犯罪客体是指我国刑法所保护的而为犯罪行为所侵犯的社会主义社会关系。社会关系,是人们在生产和共同生活过程中所形成的人与人之间的相互关系,包括社会的经济基础和上层建筑两方面的社会关系。犯罪之所以具有社会危害性,是由其所侵害的犯罪客体决定的。一个行为不侵犯任何客体,不侵犯任何社会关系,就意味着不危害社会,也就不构成犯罪。根据犯罪所侵犯的社会关系的范围,犯罪客体分为三种,即一般客体、同类客体和直接客体。

犯罪客体与犯罪对象是两个既有联系又有区别的概念。犯罪对象,是指犯罪行为直接作用的具体物或者具体人。具体物是具体社会关系的物质表现,而人则是具体社会关系的主体或者承担者。犯罪行为作用于犯罪对象,就是通过犯罪对象来侵害社会主义的社会关系。犯罪客体和犯罪对象是不同的概念,其区别为:第一,犯罪对象本身不是社会关系,而是具体物或具体人。犯罪对象只有通过所体现的犯罪客体才能确定某种行为构成什么罪。所以,犯罪客体决定犯罪性质,而犯罪对象则未必。第二,犯罪客体是任何犯罪的必备要件,犯罪对象则仅仅是某些犯罪的必要要件。第三,任何犯罪都会使犯罪客体受到危害,而犯罪对象却不一定受到危害。第四,犯罪客体是

---

① 参见高铭暄:《刑法问题研究》,法律出版社 1994 年版,第 145 页。

犯罪分类的基础,犯罪对象则不是。①

(四)关于三阶层与四要件犯罪构成理论的争论

自 20 世纪末期开始,刑法学界逐渐出现了一种质疑中国刑法学理论的声音。其中最突出的表现,就是部分学者强烈主张以源自德国和日本的阶层式犯罪论体系取代我国传统的四要件犯罪构成理论。一些刑法学者认为,中国刑法学中的四要件犯罪构成理论需要予以"全面清理";中国刑法学体系需要按照德、日刑法学递进式三阶层犯罪论体系"推倒重建"。面对三阶层与四要件的理论争议,年逾八旬的高铭暄教授,仍以极大的学术热情和强烈的使命感,秉承"百花齐放,百家争鸣""真理越辩越明"的学术精神,积极参加了这场学术争鸣。2009 年 8 月,借当年全国刑法学术年会在昆明召开之便,北京师范大学刑事法律科学研究院与武汉大学刑事法研究中心在昆明共同举办了"新中国犯罪构成理论 60 年"学术座谈会,由高铭暄教授和马克昌教授共同担纲主讲,全国 120 余位专家学者聚在一起,对此重大争议问题进行了深入研讨。马克昌教授以翔实的考察指出三阶层理论在其诞生以来有过多次变化,并存在种种弊端。高铭暄教授则明确指出,我国现阶段通行的四要件犯罪构成理论有其内在合理性,其欠缺可以通过不断发展完善来解决,但不应完全照搬外国的犯罪构成理论;而彻底否定中国刑法学犯罪构成理论转而全面移植德、日刑法学犯罪论体系的"移植论",缺乏合理性、严谨性和务实性。与会的全国刑法学界的多位代表性学者一致肯定我国通行的四要件犯罪构成理论,认为应当予以坚持和完善,而不能推倒重来,从而进一步认可和巩固了四要件犯罪构成理论在我国刑法学中的主流地位。② 诸多学术期刊也相继刊发了一批专题争论文章,将这场争论引向了深入。这一时期高铭暄教授也密集地在几个有影响的法学期刊或集刊上发表了几篇争鸣论文③,通过摆事实、讲道理的论证,系统阐明了他对这场争论及我国犯罪构成理论的基本态度。

---

① 参见高铭暄:《刑法总则要义》,天津人民出版社 1986 年版,第 94—98 页。
② 参见高铭暄口述、傅跃建整理:《我与刑法七十年》,北京大学出版社 2018 年版,第 122—123 页。
③ 参见高铭暄:《论四要件犯罪构成理论的合理性暨对中国刑法学体系的坚持》,载《中国法学》2009 年第 2 期;高铭暄:《对主张以三阶层犯罪成立体系取代我国通行犯罪构成理论者的回应》,载赵秉志主编:《刑法论丛》(总第 19 卷),法律出版社 2009 年版,第 2—12 页;高铭暄:《关于中国刑法学犯罪构成理论的思考》,载《法学》2010 年第 2 期。

　　高铭暄教授结合其长期以来的关注和思考,系统地总结了我国刑法学犯罪构成理论体系的合理性。他认为,四要件犯罪构成理论并不存在某些学者所认为的诸多缺陷;相反,四要件犯罪构成理论具有多方面的合理性:

　　其一,历史合理性。20世纪50年代,中华人民共和国成立之初,以俄为师、取法苏联,这是当时党和国家的政治决策,也是我国社会主义法制与法学建立和发展的历史抉择。高铭暄教授当时在中国人民大学法律系读刑法研究生,跟随苏联刑法学家学习社会主义刑法学。在当时的历史条件下,民国时期已经介绍进入中国的以德、日刑法学为蓝本的递进式三阶层犯罪论体系随着旧法统被一起废止,苏联刑法专家讲授的是社会主义国家通用的四要件犯罪构成理论。一新一旧,一为社会主义刑法学的理论创造,一为资本主义刑法学的产物,对比鲜明,政治色彩也极为鲜明,新中国刑法学当时也没有别的选择余地。新中国的四要件犯罪构成理论确实来源于苏联,但这种学习具有历史必然性,是特定历史条件下必然的唯一选择。而且,我国四要件犯罪构成理论也凝结了我国刑法学者的智慧,经受住了历史的考验,并不是一个纰漏百出、完全经不起任何推敲的政治性产物。

　　其二,现实合理性。新中国走的是社会主义道路,建设的是有中国特色的社会主义国家。由此决定,我们的法学理论必然也是具有鲜明社会主义特色的法学理论。从更具体的情况看,四要件犯罪构成理论之所以具有现实合理性,一个更重要的原因在于新中国并无大陆法系或英美法系的历史传统;而以四要件犯罪构成理论为核心的中国刑法学体系已建立数十年,深入人心。

　　其三,内在合理性。四要件犯罪构成理论具有逻辑严密、契合认识规律、符合犯罪本质特征等内在合理性。可以说,四要件犯罪构成理论并不是毫无法理基础的特定政治条件下冲动的产物,而是经过了审慎思考、反复论辩形成的理论精华,其精致程度足可媲美世界上任何一种犯罪论体系。四要件犯罪构成理论符合人们的认识规律。虽然对于四个要件如何排列还存在不同的看法,但不管何种观点,都承认的一个事实是:客体、客观方面、主体、主观方面四个要件的排布不是随意的,而是遵循一定的规律,是一个有机统一的整体。一个犯罪行为发生后,人们首先意识到的是"人被杀死了""财物被盗了",这即揭示了犯罪客体的问题。随后,人们要思考的问题是,人是怎样被杀死,财物是怎样被盗的;谁杀死了这个人,谁盗走了这些财物。这就涉及犯罪客观方面和犯罪主体的问题。当然,最后犯罪分子被发现或被抓获之后,人们还要进一步审视这个人实施犯罪行为时的内心状况,这就是犯罪主观方面要解决的问题。

实际上,无论是中国刑法学的耦合式四要件犯罪构成理论还是德、日刑法学递进式三阶层犯罪论体系,所解决的问题无非都是要为认定犯罪提供一个统一的抽象模型。这一模型来自对实际生活中千姿百态、形形色色的犯罪行为的概括和总结。而模型一旦形成,以之框定任何一种犯罪行为,便都应是普遍适用的。因此,犯罪模型必须概括了各类犯罪的共性,提炼了各个具体犯罪行为共同的本质构成因素。我国的四要件犯罪构成理论完全符合这一标准。任何犯罪行为,最本质的方面无非就是客体、客观方面、主体、主观方面四大块。这四大块,足以涵括任一犯罪行为的各个具体构成要素。四要件犯罪构成理论完整、准确地反映了犯罪行为的客观本质和内在构造,是犯罪行为社会危害性、刑事违法性、应受刑罚惩罚性三大特征的具体印证,是准确认定犯罪的有效标尺。

其四,比较合理性。这是指四要件犯罪构成理论与三阶层犯罪构成理论相比,更具相对合理性。新中国刑法学犯罪构成理论体系和德、日刑法学犯罪论体系分别植根于各自的法文化土壤,各有其特色和优势,很难说哪一种理论体系就是绝对真理或者具有绝对优势。相对而言,德、日刑法学犯罪论体系的优势在于追求哲理的周密性和体系的严谨性,而中国刑法学犯罪构成理论体系的优势则在于蕴义的稳定性和操作的明快性。[①]

四要件犯罪构成理论的合理性首先表现在它是一个相对稳定的理论体系;而三阶层犯罪论体系则变动不居,常使人产生无所适从之感。德、日刑法学中有关犯罪论体系的争论长达数百年,各家学说林立,歧见纷呈。三阶层犯罪论体系建立之初,曾提出过"违法是客观的,责任是主观的"说法,试图通过违法论实现对行为客观上是否值得处罚的利益衡量,而通过责任论考察行为人具体的主观情况,确定是否应该处罚及如何处罚。但此后又有一些主张三阶层论的学者提出在违法性中也需要考虑主观因素,致使对违法性与有责性的界定模糊不清。深入到德、日刑法学理论内部便会发现,递进式的三阶层犯罪论体系并不是无懈可击的,其自身实际上也存在很多矛盾、冲突之处。没有哪一种理论是绝对合理、完美无缺的。单就稳定性及体系内部统一性而言,四要件犯罪构成理论反而更具有相对合理性。

---

① 参见高铭暄:《关于中国刑法学犯罪构成理论的思考》,载《法学》2010 年第 2 期。

其五,符合诉讼规律。我国现有的四要件犯罪构成理论是符合我国现行公、检、法三机关分工协作、互相配合、互相制约的司法体制的。公安机关侦查、检察机关公诉、人民法院审判,实际上都是围绕犯罪构成四要件,逐一核实、筛查、证明四要件中具体各要素。一旦引入三阶层理论,我国诉讼模式将如何调适难以解决。

高铭暄教授认为,一种理论体系的形成,是无数人多年探索的结果。犯罪构成理论的研究需要不断深化,某些内容需要创新和完善。但是,全盘否定现行的理论模式,则是不可取的。理由很简单,这一模式已经为刑法学界大多数人所接受,也经历了司法实践多年的运用和检验,证明它还是比较科学和实用的。当然,某些方面、某些具体问题是需要改进的。① 与德、日三阶层犯罪论体系相比,四要件犯罪构成理论相对稳定,更加适合中国诉讼模式。②

高铭暄教授还针对有关对四要件犯罪构成理论的批判进行了有力回应:

第一,苏联和新中国的刑法学犯罪构成理论体系虽然都孕育于阶级斗争年代,但并非如"移植论"者所责难的是基于政治需要的产物,而是刑法学界严谨研究的成果。中国刑法学犯罪构成理论体系虽然取法于苏联刑法学界,但并非如"移植论"者所指责的纯属对苏联刑法学犯罪构成理论的简单复制,而是在学习苏联刑法学犯罪构成理论的基础上进行中国本土化改造的成果。③

第二,四要件犯罪构成理论并非平面、平铺直叙而没有层次感。从犯罪概念和犯罪构成的关系来看,犯罪概念是犯罪构成的基础,犯罪构成是犯罪概念的具体化。犯罪三个基本特征与犯罪构成是说明与被说明的关系、体现与被体现的关系、抽象与具体的关系,四要件的犯罪构成并非平面的。

高铭暄教授认为,中国刑法学犯罪构成理论同样具有过程性特征。德、日刑法学犯罪论体系的过程性体现为在三个阶层之间逐步过滤,后一阶层的否决并不抵消前置阶层的成立;而我国刑法学犯罪构成理论的过

① 参见时延安、陈冉:《培养符合中国社会治理需要的法治人才——人民教育家高铭暄先生法学教育思想研究》,载《教学与研究》2020年第2期;叶良芳:《高铭暄教授:法苑耕耘献丹心》,载《中国地质大学学报(社会科学版)》2004年第4期;赵秉志、王秀梅、杜澎:《满目青山夕照明——高铭暄教授刑法思想述略》,载《高校理论战线》2003年第2期。

② 参见高铭暄:《论四要件犯罪构成理论的合理性暨对中国刑法学体系的坚持》,载《中国法学》2009年第2期。

③ 参见高铭暄:《关于中国刑法学犯罪构成理论的思考》,载《法学》2010年第2期。

程性则体现为在四个要件之间逐步筛选，并且任何一个要件的否决都足以抵消其他要件的成立。

　　高铭暄教授指出，四要件犯罪构成理论具备出罪功能。四大犯罪构成要件既是积极要件又是消极要件。当四个要件完全充足而确证犯罪成立时，即发挥了其入罪功能；反之，当缺失其中任何一个要件而否决犯罪成立时，即发挥了其出罪功能。这应当是不言而喻的基本常识。而且从学理意义来讲，中国刑法学犯罪构成理论在出罪功能上较之德、日刑法学犯罪论体系更加干净利落。因为只要否决其中一个要件，就可以省略对其他要件的审视。

　　他认为，"移植论"者关于中国刑法学犯罪构成体系不兼容犯罪阻却行为致其出罪功能缺失的批判，是纯粹技术思维引发的误读，并且也无视了中国刑事司法的实况。① 中国刑法学之所以将正当防卫、紧急避险等阻却犯罪行为置于犯罪构成之外加以研究，完全是因为中国刑法学中的犯罪构成是承载社会危害性的实质构成。在我国刑法中，正当行为不具有社会危害性，相反是有利于社会的行为，不存在犯罪构成问题。我国刑法学体系与德、日不同，德、日三阶层犯罪构成理论分为构成要件论、违法论、有责论三大块，正当行为放在违法论而不是放在构成要件论中。我国通行的刑法学理论体系的犯罪论中有犯罪概念一章，有犯罪构成一章，犯罪构成四要件各设一章，把正当行为硬塞到前述某章，既影响该章内容，也不能充分论证正当行为既非犯罪又缺乏犯罪构成的独立品格。把正当行为在犯罪概念、犯罪构成之后单设一章是最佳选择。正因为中国刑法学将阻却犯罪行为置于犯罪构成之外，反而促成了阻却犯罪行为构成要件的独立成型。我们在中国刑法学教科书中可以看到正当防卫、紧急避险各自具备不同的严密的主客观构成要件，这应该说是中国刑法学区别于德、日刑法学的一大特色。这样，在中国刑事司法的犯罪认定实践中，也就形成了与德、日刑事司法迥然不同的思维逻辑。对于某些具有正当防卫等犯罪阻却可能的案件：首先是根据正当防卫等构成要件对行为性质加以判断，在构成要件充足的情况下即认定正当防卫等阻却犯罪行为的成立，犯罪构成理论则无须登场；只有在正当防卫等构成要件不充足的情况下，才需要启动犯罪构成理论进行罪与非罪、此罪与彼罪的界定。阻却犯罪行为置于犯罪构成体系之内还是之外，只是刑法学体系叙述的问

_____

　　① 　参见高铭暄：《关于中国刑法学犯罪构成理论的思考》，载《法学》2010年第2期。

题,并不影响其出罪功能的发挥。①

　　高铭暄教授指出,某些观点立足于德、日刑法理论批评中国刑法学体系,但对中国刑法学却缺乏透彻的认识。过于武断地以德、日刑法学为样板衡量中国刑法学中的某些问题,却忽视了中国刑法学自身也是一个整体。某些问题虽然不是以与德、日刑法学同样的位置、同样的方式解决,但却可能在另外一个位置、以另外一种方式加以解决(如正当行为的体系地位问题)。

　　高铭暄教授还指出了犯罪构成的实践性特征。犯罪构成理论应当是指向现实的学问,应当追求现实的妥当性和实践的可操作性,具有鲜明的实践品格。理论的创新和发展应当坚持实事求是的科学精神,不顾我国犯罪构成理论体系的历史延续性、现实合理性而简单予以抛弃,移植一个自身更加矛盾的体系,必然会把中国刑法学引向歧途。高铭暄教授认为,如果要全盘推翻移植一个新的理论体系,至少需要三个方面的理由:即具备紧迫性、必要性、可行性。第一,关于紧迫性,除非我国的犯罪构成体系已经明显落伍于时代需求与世界潮流,三阶层犯罪构成体系已经成为大势所趋,不移植这一体系我们将受到世界各国刑法学者的一致责难,刑事司法工作将蒙受重大损失,但目前我国刑法理论并未面临这种局面。第二,关于必要性,即旧的体系相对于新的体系来说已经不足以解决现实中的新问题;而我国刑法实务界对四要件犯罪构成理论仍然是高度认可的,这一条件也并不成立。第三,关于可行性,即移植新体系必须在国内做好充分的知识和智识的准备和训练,而且在立法和司法实践方面已经得到检验并取得显著成效,这一点显然也是不符合实际情况的。他勉励刑法学人坚定不移走中国特色社会主义道路,保持学术自尊和自信,为中国特色社会主义刑法理论臻于完善做出贡献。2022年中共中央办公厅在《国家"十四五"时期哲学社会科学发展规划》中强调,要以加快构建中国特色哲学社会科学为主题,以提升学术原创能力为主线,以加强学科体系、学术体系、话语体系建设为支撑……为全面建设社会主义现代化国家提供有力思想和智力支持。2023 年 2 月,中共中央办公厅、国务院办公厅印发的《关于加强新时代法学教育和法学理论研究的意见》再次重申:"加强中国特色社会主义法治理论研究,提升法学研究能力和水平,加快构建中国特色法学学科体系、学术体系、话语体系,为建设中国特色社会主义法治体系、建设社会主义法治国家、推动在法治轨道上全面建设社会主义

_____

　　①　参见高铭暄:《关于中国刑法学犯罪构成理论的思考》,载《法学》2010 年第 2 期。

现代化国家提供有力人才保障和理论支撑。"在构建中国特色哲学社会科学与"三大体系"建设的时代课题下,高铭暄教授所坚持的犯罪构成理论将是构建中国自主的刑法知识体系最为亮眼的刑法理论基石。

当然,高铭暄教授也并不回避我国刑法理论体系存在的问题,他指出,"就中国刑法学体系而言,目前最重要的不是以一套其他体系加以替代,而是需要充分认识其合理性,正视不足,认真研究、完善,在改革中继续加以坚持、发展"①。

五、关于单位犯罪

单位犯罪是高铭暄教授多年间着重研究的一个重要问题。在另一个关于高铭暄教授刑法立法思想考察的专题中,有对其单位犯罪立法完善主张的介述。本专题仅对高铭暄教授关于单位犯罪问题的理论论述进行介述。

我国 1979 年刑法没有规定单位犯罪问题。在此立法主张和传统罪责刑理念的背景下,我国刑事立法和刑法学理论对单位犯罪基本持否认态度。自 20 世纪 80 年代开始,伴随经济体制改革的进展,面对"法人犯罪"猖獗的形势,我国刑法理论界开展了法人能否作为犯罪主体的大讨论。正当论战双方争鸣对立、难解难分之际,我国 1987 年通过的《海关法》率先承认单位可以成为走私罪的主体,规定了单位走私罪,攻破了否定单位犯罪的立法关隘;其后立法上即一发不可收拾,相继又有十余部单行刑法和非刑事法律中规定了多种单位犯罪;及至 1997 年修订刑法时,国家立法机关又将单位犯罪引入刑法典,以总则概括规定与分则特别规定相结合的模式在刑法中设立了单位犯罪制度。至此,单位犯罪肯定论与否定论的理论争议逐渐平息,单位作为一类犯罪主体和单位犯罪作为一类犯罪形态在立法和司法上成为定局。当然,关于单位犯罪问题的理解与适用还存在种种争论或者不同的见解。

高铭暄教授关于单位犯罪的研究和主张经历了一个演变的过程,这一过程与我国经济社会发展及法律变革情况密切相关。

在 1997 年刑法修订之前,对于单位犯罪,我国刑法理论界曾较多使用

---

① 高铭暄口述、傅跃建整理:《我与刑法七十年》,北京大学出版社 2018 年版,第 123 页。

"法人犯罪"的概念。高铭暄教授参与了 20 世纪 80 年代开展的我国刑事法学界关于法人能否成为犯罪主体的学术讨论,他当时从可能性、必要性和有效性三个方面,对法人能否作为我国刑法中的犯罪主体问题进行了阐述,表达了否定的见解。

关于可能性。首先,法人作为自然人的对称,是民法上的一项法律制度,是社会组织在法律上的人格化,指具有民事权利主体资格的社会组织。基于民法与刑法是在调整原则、调整手段、调整对象上根本不同的两个基本法律,法人制度不应延伸到刑法领域。其次,法人是根据法律的有关规定成立的,其宗旨和权限是法人进行活动的依据和准绳。据此,法人本身根本不具备主观恶性。我国法人的成立不同于西方某些国家,需要相当的条件和必经的程序。其核心就是法人的宗旨和活动要利国利民。法人宗旨是法人意志的集中体现。法人决策机构的决定如果符合法人的宗旨,可以认为是法人本身的意志;如果违背法人的宗旨,与其说是法人本身的意志,毋宁说是有悖于法人的意志,只能是参与决定的那些自然人的意志。再次,我国刑法规定的刑事责任的表现形式排除了法人成为犯罪主体的可能性。犯罪主体应当负刑事责任,而刑事责任的核心是应受刑罚处罚。我国刑法规定了五种主刑、三种附加刑。主刑是犯罪人承担刑事责任的主要形式。由于法人是社会组织,并不是生命实体,死刑、无期徒刑、有期徒刑、拘役、管制五种主刑都无法适用于法人。我国刑法中的罚金是一种较轻的刑罚方法,对于性质和情节严重的犯罪单处罚金刑显然罚不当罪,违背罪刑相适应原则。没收国有的法人组织的财产归国家,毫无实际意义,也丧失了惩罚的属性。况且,对法人犯罪只适用罚金或没收财产,难免有"以钱赎刑"之嫌,根本违背我国适用刑罚的原则。最后,我国现行刑事立法与刑事司法并未将法人视为犯罪主体。

关于必要性。是否有必要把法人作为犯罪主体,取决于各个国家统治阶级的阶级利益、统治策略和实际需要。法人作为一项法律制度具有鲜明的阶级性,反映着统治阶级的利益和意志。在资本主义国家,法人制度建立在私有制基础之上,法人与法人之间、法人与国家之间的根本利益是相互对立、无法统一的。因此,即使某些国家把法人作为犯罪主体追究刑事责任,也是可以理解的。但是,我国的法人制度建立在社会主义公有制基础之上,法人与法人之间、法人与国家之间的根本利益是一致的,虽然在局部利益上有矛盾,但可以通过种种措施予以解决。特别是国家机关、国营企事业单位是我国法人的主要组成部分,如果对这些法人单位追究刑事责任,予以罚金或没收财产,无异于国家实施自我惩罚,违背了我国法人制度的社会主义性质。高铭暄教授提出,我国刑罚的目的是预防犯罪,其手段是通过适用刑罚惩罚,教育、改造犯罪人,警戒社会上的不稳定分子。法人是社会组织,不具有生命机制和智力结构,无所谓主观恶性,无法直接进行教育、改造。处罚法人根本无从体现刑罚的目的。法人的活动是由组成该法人的自然人,主要是主管人员控制和支配的。所以,要遏止"法人犯罪",归根结底是要追究那些以法人名义进行犯罪的法人代表的刑事责任,通过刑罚的惩罚和教育,使该人再不敢以法人的名义进行犯罪,使其他法人代表也能自觉地不以法人的名义进行犯罪。单纯地处罚法人整体,容易使真正的罪犯逃避刑罚制裁,转嫁刑事责任,不能达到特殊预防和一般预防的目的。单纯追究法人的刑事责任,无助于打击"法人犯罪"。其实,如果仅仅为了处罚法人一定数额的金钱,由有关部门予以行政罚款也可以达到同样的目的,根本没有必要把法人作为犯罪主体。

关于有效性。把法人作为犯罪主体,等于把该法人宣布为犯罪组织,这既违背我国刑法的罪责自负原则,不符合共同犯罪的原理,也不利于我国的现代化建设,在诉讼实践中也会遇到一系列困难。法人之所以不能成为犯罪主体是因为:第一,法人不是有生命的实体,谈不上主观恶性,对法人无法通过适用刑罚进行教育、改造,从而实现刑罚的目的。第二,把法人作为犯罪主体惩罚,违背我国刑法罪责自负的原则,既有可能使那些利用法人名义实施犯罪活动的真正罪犯逃脱应受的惩罚,又不免使那些在法人组织中与犯罪无关的人受到牵连。第三,我国刑罚体系中的全部主刑,包括死刑、无期徒刑、有期徒刑、拘役、管制,根本无法适用于法人。附加刑中的剥夺政治权利,也无法适用于法人。而且,对法人适用罚金或者没收财产,也是不妥当的。第四,把法人作为犯罪主体,等于宣布该法人为犯罪组织,这既不符合刑法中共同犯罪的原理,也不利于法人制度的发展。①

虽然高铭暄教授当时反对将法人作为犯罪主体,但他并非无视此种犯罪现象。他曾说,从我国的具体国情出发,根据我国刑法的基本原理,我们认为不宜将法人作为犯罪主体;但这并不意味着对以法人名义实施的犯罪放任不管,而是认为现行刑事立法完全有条件打击这种犯罪。法人的活动既然是由自然人控制并支配的,那么,对以法人名义进行犯罪的,应该正确运用刑法武

---

① 参见高铭暄:《刑法总则要义》,天津人民出版社1986年版,第114—115页。

器,追究有关自然人的刑事责任。严厉打击以法人名义进行犯罪的现象,是我国司法工作的当务之急。具体来说:第一,盗用法人名义进行犯罪的,只处罚该行为人,被盗用的法人组织成员不负刑事责任。第二,冒用法人名义进行犯罪的,追究直接责任人员的刑事责任。第三,对以犯罪为目的而采用欺骗方法得以成立的法人组织,按犯罪集团处理。第四,经法人全体成员或者决策机构集体决定进行犯罪的,不论主管人员、直接责任人员是否中饱私囊,都按共同犯罪的原则追究刑事责任。不仅要处罚有罪过的直接执行人员,更要处罚组织者和策划者。当然,在处理过程中,应当根据参与人员的业务分工、实际活动和在犯罪中的地位、作用、职权的大小,以及执行情况等,将有关人员区分为主犯、从犯、胁从犯分别处罚。不能不加分析地一概将主管人员列为主犯,也不能毫无根据地一概将直接责任人员列为主犯,更不能把没有参与实施犯罪或对犯罪不知情的人员作为罪犯追究刑事责任。①

此后,伴随我国改革开放发展中经济结构的变化,个体企业、私营企业、中外合资企业、中外合作企业、外商独资企业,以及原国营企业等都成为相对独立的经济实体。单位在经济领域进行的走私、非法经营、偷逃税收、金融诈骗等各种犯罪活动,对市场经济秩序的破坏日益严重。高铭暄教授对单位犯罪的认识逐步深化,提出单位犯罪是区别于自然人犯罪的类型,并对 1997 年刑法关于单位犯罪的规定予以肯定,认为其顺应了国际社会惩治非自然人犯罪的趋势,而我国刑法对单位犯罪采取了总则和分则相结合的立法模式。他主张对单位犯罪应当一律采用双罚制,认为双罚制是一种理想的刑事责任承担模式,既能够贯彻罪责自负的原则,又能够有效惩罚和遏止单位犯罪,有利于刑罚目的的实现。

对于单位犯罪理论上存在的问题,高铭暄教授始终坚持自己的学术独立品格,对单位犯罪的核心问题仍然提出质疑:第一,单位犯罪的处罚如何实行? 他质疑单位犯罪中罚金刑的设置,认为单纯予以罚金这种"整齐划一"的处罚抹杀了单位犯罪间的差异。不同单位犯罪的社会危害性不同,对单位犯罪应当根据违法所得或其他社会危害性表征规定罚金刑的额度或幅度,应设置罚金刑的比例制。他还主张对单位犯罪的数额起点可高于自然人犯罪的数额起点,可以在罚金之外,针对单位不同于自然人的特殊情形为其配置专门的刑罚种类。第二,单位犯罪中的刑事责任如何承担? 单位犯罪中直接

---

① 参见高铭暄、姜伟:《关于"法人犯罪"的若干问题》,载《中国法学》1986 年第 6 期。

责任人员刑事责任的标准应与自然人犯该种罪的刑事责任的标准持平或者略低,因为对同一个犯罪,单位已分担了部分罪责,但两者不能过分悬殊。例如,根据《刑法》第 383 条的规定,受贿罪的法定最高刑是死刑,而单位受贿罪中责任人员的法定最高刑仅为 5 年有期徒刑,这样规定是不严密、缺乏科学性的。第三,无论是在 1997 年刑法修订前还是修订后,高铭暄教授都是反对将国家机关作为犯罪主体的。他认为,我国刑法规定的单位犯罪,把国家机关与企业、事业单位、团体放在一起列为单位犯罪的主体,这是不科学的,也是行不通的。因为国家机关是代表国家行使管理职能的机关,它在活动中体现的是国家的意志,这种意志与犯罪意志不能共存。犯罪是反抗现行统治关系和统治秩序最严重的行为,而国家机关却是维护现行统治关系和统治秩序的机器,两者是互相矛盾、互不相容的。犯罪行为不论是否打着机关的名义,都是自然人在犯罪,而非机关犯罪。将国家机关作为犯罪主体在司法操作上具有极大的困难。而且,在我国,行政权、立法权实质上大于司法权,同级别的行政机关、权力机关的地位绝不低于审判机关、检察机关,在这种情况下,检察机关能够起诉行政机关、权力机关犯罪吗? 审判机关能够审判这些机关的犯罪行为吗?①

即便是在单位犯罪被立法肯定后,高铭暄教授对单位犯罪成立范围的认识也是严谨的。他认为,在行为人滥用单位主体独立人格实施犯罪的情形中,应当否认单位主体的独立人格,直接追究单位背后的犯罪操纵者的刑事责任。这契合了单位犯罪的基本原理,维护了罪刑相适应的刑法基本原则,体现了公平、正义的法理念。他结合最高人民法院 1999 年发布的《关于审理单位犯罪案件具体应用法律有关问题的解释》(以下简称《单位犯罪解释》)重申了自己对单位犯罪的认识,认为《单位犯罪解释》所面临的现实挑战是一人公司问题。《公司法》对一人公司的承认给我国刑法中的单位犯罪理论带来了新的挑战。作为一种特殊类型的公司,一人公司具有独立的法人人格。那么,依据现行《刑法》第 30 条和《单位犯罪解释》第 1 条的规定,一人公司具有单位犯罪的主体资格,可以构成单位犯罪。但是,问题在于:对于一人公司的唯一股东滥用公司独立人格构成犯罪的应如何处理,是追究公司还是股东的刑事责任? 由于单位犯罪与自然人犯罪定罪量刑差异的存

---

① 参见高铭暄、彭凤莲:《论中国刑法中单位犯罪的几个问题》,载顾肖荣主编:《经济刑法》(第 2 辑),上海人民出版社 2004 年版,第 10 页。

在,当公司的唯一股东是自然人时,对这一问题的回答就显得尤为必要。但是,我国现行刑法无法给出令人信服的答案。基于此,他指出,现在完全可以以此为契机,尝试将公司法人人格否认制度引入刑法领域,以圆满地解决上述问题,全面打击滥用单位独立人格实施的犯罪。他指出,单位犯罪主体人格否认,是指为阻止单位犯罪主体独立人格的滥用,维护单位犯罪的基本理论与罪刑相适应的刑法基本原则,就具体刑事法律关系中的特定事实,否认单位犯罪主体的独立人格,而直接追究单位背后的犯罪操纵者(包括自然人与单位)的刑事责任,以实现刑法公平、正义之价值目标的一种法律制度。这一制度的主要特征有三:一是以单位具备独立人格为前提;二是在具体的刑事法律关系中否认单位的独立人格;三是单位犯罪主体人格否认的后果是由单位背后的犯罪操纵者承担刑事责任。因此,单位犯罪主体人格否认主要适用于如下场合:一是为实施犯罪而设立单位或单位设立后以实施犯罪为主要活动的场合;二是单位成员为谋取私利而盗用单位名义实施犯罪的场合;三是单位资本显著不足的场合;四是单位人格形骸化的场合。①

六、关于违法性认识

违法性认识是指行为人对自己的行为不被法律所容许的认识。按照我国《刑法》第 14 条的规定,犯罪故意的认识因素表现为"明知自己的行为会发生危害社会的结果",即行为的社会危害性认识是犯罪故意的认识内容。但是,众所周知,犯罪是具有社会危害性、刑事违法性和应受刑罚惩罚性的行为,即刑事违法性也是犯罪行为的特征之一,这一点为我国刑法立法和刑法理论所认可。在德、日刑法学的犯罪成立理论中,违法性也是一个重要的阶层和范畴。多年来,对于违法性认识是否为犯罪故意必备的内容、违法性认识与危害性认识的关系等问题,我国刑法学界颇有争议、见解不一,存在着肯定说与否定说的基本对立。否定说是主流观点。②

---

① 参见高铭暄、王剑波:《单位犯罪主体人格否认制度的构建——从单位犯罪相关司法解释谈起》,载《江汉论坛》2008 年第 1 期。
② 参见赵秉志主编:《刑法争议问题研究》(上卷),河南人民出版社 1996 年版,第 302—315 页;赵秉志主编:《刑法学总论研究述评(1978—2008)》,北京师范大学出版社 2009 年版,第256—257 页。

高铭暄教授基本持否定说。他认为,违法性认识问题,关系到行为人欠缺违法性认识的场合能否排除故意和行为的违法性,进而免除刑事责任,以及在何种情况下才可以免除刑事责任等。而问题的关键,在于对行为的违法性认识是否属于犯罪故意的内容,这就需要厘清社会危害性和违法性认识之间的关系,以此为突破口才能解决这个难点。

总的来说,社会危害性认识和违法性认识是一种辩证统一的关系。其中,社会危害性认识是犯罪故意认识因素中的实质内容,而违法性认识则是社会危害性认识的一种法律表现形式。所以,行为的社会危害性和违法性互为表里。因此,当行为人认识到自己行为的违法性时,必然同时知道行为的社会危害性;反之,亦如此。由于行为的社会危害性是第一性的,是违法性的实质,而违法性是第二性的,是由社会危害性所决定的,是社会危害性的法律表现形式。因此,法律谴责犯罪故意的实质性根据,并不在于行为人的违法性认识,而是在于行为人的社会危害性认识,在于其社会危害性认识中所隐藏的反社会心理。所以,当行为人明知自己的行为会发生危害社会的结果,认识到其行为的社会危害性时,即不需要把违法性认识专门列入犯罪故意的内容。否则,就会被人借口不知法律而逃避其应负的刑事责任。当然,也不是说违法性认识对于认定犯罪故意毫无意义可言。如因为工作环境和特点所限,确实不知道行为是违法的,此时也无法征表其具有相应的社会危害性认识,则不能令其承担刑事责任。

综上,行为的违法性认识是否属于犯罪故意的内容,不可一概而论,要具体分析。根据我国刑法的规定,违法性认识本身不是犯罪故意的认识要素。但是,在特殊情况下,当违法性认识的有无实际上决定和反映了社会危害性认识的有无时,它就是认定社会危害性认识的一种不可或缺的方式,是对社会危害性认识的具体说明。在通常情况下,对大多数故意犯罪而言,无须把违法性认识作为故意内容的必要因素,只要行为人明知自己的行为会发生危害社会的结果,认识到其行为的社会危害性即可。但是,对于过去不是犯罪,而现在被规定为犯罪,或者原来法律上没有明文禁止,而新近的法律规定予以禁止的行为,行为人不知法律,进而欠缺违法性认识时,如果这种违法性认识的错误是可以避免的,则仍要承担刑事责任;但如果有正当的理由表明是无法避免的,则可以不承担刑事责任。[①]

---

① 参见高铭暄、钱毅:《错误中的正当化与免责问题研究》,载《当代法学》1994 年第 1 期。

七、关于共同犯罪人的分类

相对于单个人犯罪而言,二人以上共同犯罪是一种复杂且危害更为严重的犯罪形态。共同犯罪人的分类事关对共同犯罪人罪与刑的准确界定。关于共同犯罪人的分类标准,从各国刑法立法例和刑法理论的主张看,基本上有"分工分类法"和"作用分类法"两种主张。在新中国第一部刑法典的起草过程中,主要是在 20 世纪五六十年代,对于共同犯罪人应如何分类,是颇有争议的一个重要问题,因为这个问题在立法例上主张不同,在司法实践中也较为复杂。当时刑法起草中关于这个问题的立法方案,除有"分工分类法"与"作用分类法"之争外,还有"以分工分类为主""基本上按作用分类"和"分为集团性共犯与一般共犯"等不同主张。经过反复比较研究,1963 年 10 月的《刑法草案》第 33 稿最后采取了"基本上按作用分类"的方案,即以共同犯罪人在共同犯罪中的作用为主,并适当考虑共同犯罪人的分工情况,来建立共同犯罪人的分类体系。据此将共同犯罪人分为主犯、从犯、胁从犯和教唆犯四种。[①] 我国《刑法草案》第 33 稿关于共同犯罪人的这种分类,得到了1979 年刑法的采纳。该法第 23 条至第 26 条是关于共同犯罪人的分类,分为主犯、从犯、胁从犯,同时将教唆犯作为一种特殊情况列于主犯、从犯、胁从犯之后,并规定对教唆犯要按照行为人在共同犯罪中所起的作用处罚。1997 年修订的刑法维持了 1979 年刑法关于共同犯罪人分类的规定。

在 1979 年刑法颁行后不久,高铭暄教授即撰文阐释与论述了我国刑法中具有特色的共同犯罪人分类问题。

高铭暄教授介绍说,从中外立法例和我国刑法起草过程看,主要存在"分工分类法"与"作用分类法"两种主张。这两种分类方法,各有所长,也各有其短。"分工分类法"解决定罪问题较好但解决量刑问题不足,"作用分类法"解决量刑问题较好但对定罪问题解决得不好。根据这种情况,我国第一部刑法典把两种分类方法结合起来,采取的分类原则是:基本上按作用分类,但也适当照顾到分工,这样就把共同犯罪人分为主犯、从犯、胁从犯、教唆

---

① 参见高铭暄:《中华人民共和国刑法的孕育诞生和发展完善》,北京大学出版社 2012 年版,第 28—32 页。

犯四种。

高铭暄教授充分认可我国 1979 年刑法关于共同犯罪人分类的规定模式,认为这种规定比较符合我国的司法实际,能够较好地体现党和国家的相关刑事政策精神,特别是对集团犯罪更是如此。这种分类不仅明确了从重、从轻、减轻、免除处罚等量刑问题,同时也适当解决了定罪问题。作用分类法中的组织犯是主犯;帮助犯是从犯;实行犯根据具体情况或者属于主犯,或者属于从犯;教唆犯单独定一条,实事求是地按照他在共同犯罪中所起的作用处罚。此外,被胁迫、被诱骗参加犯罪的是胁从犯。这样就把共同犯罪中的定罪量刑问题基本上都囊括进去了。所以,我国刑法对共同犯罪人的分类,是立足于本国实际,结合以往中外立法上两种分类方法的优点而作出的。从刑法理论和刑法史的角度看,这种分类方法具有一定的独创性,对于司法实践中处理共同犯罪案件将起到良好的促进作用。①

之后,在由高铭暄教授主编的全国第一部统编的刑法学教材中,在"共同犯罪人的种类及其刑事责任"专节中,依据高铭暄教授关于这个问题立法抉择的情况介绍和理论论述,阐述了我国第一部刑法典中共同犯罪人的分类方法问题②,由此对这一问题形成了我国刑法学的主流观点。

八、关于罪数形态

罪数形态是刑法总则范畴和刑法学犯罪总论部分一个比较复杂的问题。罪数问题在我国刑法中基本未予涉及,但在司法实务中大量存在,在司法解释中也时有涉及,而且在立法、司法和理论中都存在着不同的见解和主张。因而罪数问题也是我国刑法学犯罪总论中不可或缺的一个重要课题。

高铭暄教授在 20 世纪 80 年代初期开始关注刑法中的罪数问题并发表专题论文③,多年来陆续发表了多篇关于罪数问题的论文和文章。尤其是他在我国第一部刑法颁行不久之际,即在最高人民检察院创刊的《人民检察》上发

---

① 参见高铭暄:《论共同犯罪人的分类及其刑事责任》,载北京市法学会首届年会论文集编辑组编:《法学论集》,法学杂志社 1981 年,转引自高铭暄:《刑法问题研究》,法律出版社 1994 年版,第 195—203 页。
② 参见高铭暄主编:《刑法学》,法律出版社 1982 年版,第 194—195 页。
③ 参见高铭暄:《论我国刑法中的一罪和数罪》,载《北京政法学院学报》1982 年第 2 期。

表了《谈谈我国刑法中的一罪与数罪》一文,意在着力引导刑事司法人员理解和掌握这类疑难犯罪形态的理论与实践,其法治使命感令人敬佩。① 可以说,罪数问题是高铭暄教授多年来一直关注并努力予以通俗阐释论述的刑法疑难问题之一。

(一)关于罪数问题的基本观点

高铭暄教授指出,确定一个人的犯罪行为是构成一罪还是数罪,这关系到是否适用数罪并罚原则去处理案件,是司法实务中常见的问题,具有重要的实践和理论意义。

区分一罪与数罪只能以犯罪构成为标准,即行为具备一个犯罪构成的就是一罪,行为具备数个犯罪构成的就是数罪。而犯罪构成是犯罪客观要件和主观要件的统一。因此,认定一罪和数罪,不能只看客观或主观一个方面,而要把客观要件和主观要件结合起来。

包含数个犯罪行为但在立法上或者司法上不作为数罪而作为一罪来处理的犯罪情况,概括起来主要有三种类型:第一,一行为在刑法上规定为一罪或处理时作为一罪的类型,包括继续犯、想象竞合犯、加重结果犯三种情况。第二,数行为而在刑法上规定为一罪的类型,包括惯犯、结合犯两种情况。第三,数行为而在处理时作为一罪的类型,包括连续犯、牵连犯、吸收犯三种情况。②

可以说,高铭暄教授阐明的关于非数罪并罚的诸情形的这一分类方法基本上被我国刑法理论界所认可并沿用下来,成为我国刑法学罪数论的通说,是指导刑事司法实践的基本依据。

同种数罪是否要实行数罪并罚?高铭暄教授认为,应当坚持原则性与灵活性相结合,以能否切实贯彻罪刑相适应原则为依据。在多数情况下,同种数罪无须并罚,在相应条文法定刑幅度内即可贯彻罪刑相适应原则;在少数情况下,若不并罚就不能贯彻罪刑相适应原则的,可以实行数罪并罚。③

高铭暄教授在一系列关于罪数问题的论文和一些著作中,研究了罪数方

① 参见刘传稿、程岩:《与法结缘 情系检察——访著名法学家、刑法学奠基人高铭暄教授》,载《人民检察》2016年第C1期。

② 参见高铭暄:《论我国刑法中的一罪和数罪》,载《北京政法学院学报》1982年第2期;高铭暄:《刑法总则要义》,天津人民出版社1986年版,第202—205页。

③ 参见高铭暄:《论我国刑法中的一罪和数罪》,载《北京政法学院学报》1982年第2期。

面的上述各种犯罪形态。

(二) 关于结合犯

结合犯是指数个独立的犯罪行为,刑法明文规定将它们结合在一起,成为另一种独立的新罪的犯罪形态。结合犯是"法定的一罪"的一种情形。如《日本刑法典》规定的强盗强奸罪,就是强盗罪和强奸罪结合而成的另一种独立的新罪名。一般认为,我国现行刑法中尚未规定结合犯这种犯罪形态,但这并不影响刑法理论研究这种罪数形态。这既是全面掌握罪数形态理论的需要,也是开展对域外刑法及刑法理论比较研究所需。高铭暄教授在相关研究中全面论述了有关结合犯的法理问题,并主要论述了结合犯的性质及其设置目的等问题。

关于结合犯的性质。高铭暄教授认为,结合犯的性质,表现为法条形态与犯罪形态的统一、数罪与一罪的统一。具体而言:第一,结合犯是法条形态与犯罪形态的统一。在这个统一体中,法条形态表现为犯罪形态的形式前提,即无法条形态的存在便无结合犯的存在;但从本质而言,犯罪形态实际是法条形态的实质基础,是法条形态必然的合乎逻辑的结果,也即结合犯在总体上是以法条形态为表象性前提的犯罪形态。概言之,结合犯的实质是一种犯罪形态,而不是法条形态。即结合犯在一定程度上所具有的法条形态的属性,仅是其本质的表象和居于次要地位的特征;而结合犯所具有的犯罪形态的属性,才是结合犯的本质所在和居于主导地位的特征。第二,结合犯是数罪与一罪的统一。在这种统一体中,结合犯的数罪特征表现为:结合之罪源自数个被结合之罪;结合之罪统一的构成要件中,包含着与原罪相对应并且彼此相对独立的数个犯罪的构成要件;实际构成结合犯的行为,必须是数个性质有别且独立成罪的危害行为。结合犯的一罪特征表现为:结合之罪的构成要件,是将原罪的构成特征融为一体的法律结果,呈现出有机统一的整体性;结合之罪中所包含的与原罪相对应的具有复数性的罪状,已被统一于一个全新的罪刑单位之中;经由刑事法律的明文规定,结合之罪已转化为独立于包括原罪在内的任何犯罪的新罪。概言之,若以规定数个原罪的刑法规范为标准,结合犯形似数罪;若以规定新罪的刑法规范为标准,结合犯实为一罪。但是,在规定原罪的刑法规范和规定新罪的刑法规范中,新罪规范集中地体现了立法者的立法意图,即将数个具有一定客观联系的原罪明文规定为一个新罪,以使对此种犯罪形态的处罚符合罪刑相适应原则的要求。所以,以规定新罪的刑法规范及其所规定的新罪构成要件为标准,结合犯的本质当然应被理解为一罪,而不应理解为数罪。总之,结合犯的非本质的、外在的特性表现为数罪,而其内在的、终极的属性是一罪。①

关于结合犯的设置规律和目的。高铭暄教授认为,制约刑法设置结合犯条款的规律,是罪刑之间的均衡关系。从表面上看,设置结合犯条款是将本应予以并罚或适用其他处断原则(如从一重处断)的数罪,由刑法明文规定为一罪;而在实质上,设置结合犯条款的目的是达到罪刑相适应的结果。设置结合犯条款应以罪刑相适应原则为标准而选择不同的做法或途径。若在刑法已规定的法定刑和相应刑罚制度(如数罪并罚制度)下,对于具有一定客观联系的犯罪,选择适用相应的处断原则可以达到罪刑相适应的要求,刑事法律便无设置结合犯条款的必要;若在刑法已有规定的条件下,对具有一定客观联系的犯罪,选择适用相应的处断原则(如数罪并罚或从一重处断等),可能或必然导致轻纵犯罪之弊,即难以达到罪刑相适应的要求的,刑事法律便有设置结合犯条款的必要。他认为,在我国现行的刑事立法状况下,我国刑法没有设置结合犯的必要。②

结合犯与加重结果犯的区别。加重结果犯或称结果加重犯,是指法律上规定的一种犯罪行为,由于发生了严重结果而加重其法定刑的情况。加重结果犯的犯罪行为并没有增加,因此它是实质的一罪而不是数罪。结合犯是法律上将两个本来独立的犯罪行为结合在一起成为另一个独立的犯罪,而加重结果犯一般是同一个犯罪行为由于发生严重的结果而加重了其法定刑。二者是明显不同的。加重结果犯与结合犯有时也有交叉的现象。例如,以伤害事主的方法抢劫其财物,后来事主因伤重死了,这是符合抢劫罪加重构成要件的犯罪。在这里,既是结合犯,也是加重结果犯,可以说是二者的交叉情况。加重结果犯属于一罪;结合犯由于法律明文规定将两个犯罪行为结合成为另一个独立的犯罪,因此它也是一罪,而不是数罪。③

(三) 关于牵连犯

所谓牵连犯,是指以实施某一犯罪为目的,其方法行为或者结果行为又触犯其他罪名的犯罪形态。牵连犯是司法实务中"处断的一罪"类型中的

① 参见高铭暄、黄京平:《论结合犯》,载《中国法学》1993年第3期。
② 参见高铭暄、黄京平:《论结合犯》,载《中国法学》1993年第3期。
③ 参见高铭暄:《论我国刑法中的一罪和数罪》,载《北京政法学院学报》1982年第2期。

一种情形,是罪数领域一个比较重要和比较复杂的犯罪形态,也是司法实务中时常遇到的问题。如何理解和适用牵连犯的法理处理相关的犯罪情况,对我国刑法立法和司法具有重要意义。有鉴于此,高铭暄教授先后多次研讨牵连犯的若干法理问题。

关于牵连犯处断原则不一致的问题。在 1979 年刑法颁行后的司法实践中,最高司法机关曾一度以司法解释的形式,默示了对牵连犯"从一重处断"的原则。但是,立法机关颁布的刑事特别法和司法机关发布的刑事司法解释却未将牵连犯这一处罚原则贯彻到底,而是在一些规定中又设置了对牵连犯予以数罪并罚的条款。高铭暄教授指出,同是牵连犯这一犯罪形态,立法对其处理的规定却大相径庭,很不统一;司法解释的规定也是标准不一,其理由也令人费解。对牵连犯处罚标准规定得不统一,不但会使人们对立法应有的严肃性产生怀疑,而且更重要的是,会使司法人员对牵连犯的处理感到无所适从,导致实际处断结果的不统一。这种情况反过来又给理论界对牵连犯的研究带来更多的挑战。这种混乱状况之所以产生,一方面是理论不能对实践提供有力的指导所致,另一方面是实践脱离理论而崇尚功利的作风使然。他指出,理论研究的薄弱将给立法实践带来巨大的负面影响。①

由于牵连犯这一罪数形态在理论上的复杂性、模糊性和在实践中的混乱性、恣意性,中外均有学者提出废止牵连犯这一概念的主张,这也引起了高铭暄教授的关注,他积极参加了这场讨论,鲜明地论述了其保留牵连犯的学术主张。

他一开始提出了以下几点主要理由:第一,言之取消牵连犯已成为一种"立法趋势",这是夸大其词。明确在刑法上规定牵连犯的,本来也只有个别国家和地区,这些国家和地区并没有取消牵连犯的规定,虽然日本在 1974 年的《修正刑法草案》中未再设牵连犯,但该草案从提出后未进入立法程序。牵连犯的概念是对数种犯罪行为之间具有牵连关系的犯罪形态的一种科学反映,只要实际中存在这种犯罪形态,在理论上就应当加以研究。第二,说我国刑事立法和司法解释越来越倾向于对牵连犯实行数罪并罚,这是没有充分根据的,也是不符合事实的。我国刑事立法和司法解释对牵连犯并无始终一贯的态度,有时倾向于"从一重处断",有时又倾向于数罪并罚。第三,说牵连犯实际上或者是想象竞合犯,或者是吸收犯,或者就是数罪,否定了牵连

---

① 参见高铭暄、叶良芳:《再论牵连犯》,载《现代法学》2005 年第 2 期。

犯概念本身的客观性和独立性。众所周知,牵连犯既不同于想象竞合犯,也不同于吸收犯,更不同于一般的数罪,它是一种具有自己独特内容的犯罪形态。此外,关于牵连犯与一般数罪的区别,一是数犯罪行为之间有牵连关系,二是数犯罪行为彼此独立,二者犯罪形态迥然有异,不应画上等号。基于此,高铭暄教授得出如下结论:牵连犯的概念和处罚原则,有其独立存在的意义和价值,应当对牵连犯继续加深研究。那种认为牵连犯的概念可以取消的观点,是轻率的,不科学的。①

鉴于新世纪刑法理论的发展,特别是牵连犯的存废之争有了新的焦点,高铭暄教授及时予以跟进研究,他在分析废除论的各种理由后,仍然主张保留牵连犯,并补充了以下理由:第一,牵连犯理论的构造是实践的需要。牵连犯是客观存在的一种犯罪形态。理论上可以不提牵连犯的概念,可以将其并入其他概念中,甚至取消这一概念;但在实践中,牵连犯这一现象却是确确实实客观存在的,不会因理论上不提这一概念而不复存在。既然如此,理论界就应当对牵连犯这种犯罪现象展开充分的研究,得出科学的结论,以指导司法实践如何处理这种犯罪形态。第二,研究对象本身的复杂性不是将其逐出研究范围的理由。诚然,牵连犯的内容十分丰富,许多问题都有待明确,如牵连关系的判定问题,牵连犯与想象竞合犯、吸收犯等犯罪形态的区分问题等。这些问题确实非常复杂,要作出准确判定和区分并不容易。但是,搞科学研究不能因为研究对象复杂而浅尝辄止,甚至简单地将研究对象逐出研究视野。第三,刑法理论研究对象的确立不应以立法为圭臬。理论来源于实践,刑事立法和刑事司法的实践是理论研究的源泉,刑法理论应当对刑事立法规定进行深入的研究。但理论又高于实践,理论研究的目的就是要指导实践。刑法理论不能仅仅是对现行的立法规定进行阐释,否则刑法理论研究就只能永远停留在注释刑法学的水平上,"唯立法规定是瞻",因立法改变而改变,成为立法的附庸,显失理论应有的独立品格,难以提高理论深度,不能从更高的层次来规范立法、指导实践。因此,以我国刑法总则没有明确规定牵连犯的概念为由来否定这一研究对象的主张是不妥当的,将刑法分则对牵连犯处罚的混乱规定归咎于刑法理论设置了牵连犯这一概念的观点是不正确的。第四,将牵连犯并入其他犯罪形态并不能根本解决问题。简单地将牵连犯分化瓦解、分别并入想象竞合犯和吸收犯的做法非但不能最终解决问

---

① 参见高铭暄:《论牵连犯的几个问题》,载《现代法学》1993年第6期。

题,甚至有可能使问题更加复杂化。第五,他国和地区的立法变化不是我们的刑法理论应否设置牵连犯的决定因素。虽然牵连犯是一个舶来品,但一旦被改造、融入我国的刑法理论体系中,就具有不同于最初的特性。牵连犯的特征如何、地位如何,应根据我国刑法整个理论体系来构造。他国和地区有益的立法经验我们可以借鉴,他国和地区失败的立法教训我们当然不能照搬。①

关于牵连犯之牵连关系的判定问题。高铭暄教授认为,在牵连犯的理论中,最复杂的是牵连关系的判定问题,即如何判断牵连犯的手段行为与目的行为之间或者目的行为与结果行为之间具有牵连关系。这一问题能否妥当地解决,也决定着牵连犯理论是否具有实践价值。从原则上说,对牵连关系的判断,必须坚持主客观相统一的原则。从客观上看,方法行为与目的行为或者目的行为与结果行为之间,具有事实上的密切联系。从主观上看,行为人对数行为有统一的犯意,就可以认为它们之间有牵连关系。从操作的层面看,则还应坚持以下具体标准:第一,从客观方面看,数行为之间具有主从关系。如果数行为之间只是并列关系,则不具备牵连犯的客观基础。所谓数行为之间的主从关系,是指在数行为中,可以分出目的行为这一主要行为和手段行为或结果行为这一次要行为。手段行为或结果行为以目的行为为依托,附属于目的行为。但从构成要件来看,两种行为却是各自独立的,均能充足各自对应犯罪的构成要件,且不存在对同一行为事实重复评价的问题。数行为中,如果一个行为被包含于另一个行为中,不能独立分离评价,则从构成要件上看,只能是一个犯罪行为,从而行为人的行为事实不具备牵连犯的客观基础。同样,不可罚的事前行为和不可罚的事后行为,因不能独立充足某个犯罪的构成要件,只是主行为的附随情况,故也不能认为具备牵连犯的客观要素。因此,恰恰不是行为之间的包含关系成为牵连犯的客观基础,而是行为之间的不包含关系才是成为牵连犯的客观前提,行为之间的包含关系有可能是转化犯或吸收犯的客观基础。当然,除数行为各自独立成罪外,牵连犯的客观基础还需要数行为之间具备手段与目的、原因与结果的关系。第二,在主观方面,行为人追求的犯罪目的的同一性。牵连犯虽然有数个犯罪行为,每个行为均有其犯罪目的,但归根结底,行为人追求的总犯罪目的只有一个,即目的行为的目的。行为人的数个犯罪目的中,也不是彼此并列的关

① 参见高铭暄、叶良芳:《再论牵连犯》,载《现代法学》2005年第2期。

系,而是有主有次的。行为人正是为了追求一个终极的、同一的犯罪目的,才又实施了手段行为或结果行为,兼带为了其他目的。这种主观目的的同一性,行为人必须有所认识,否则,难以成立牵连犯。①

关于追诉时效对牵连犯应否实行数罪并罚的影响。高铭暄教授注意到,主张对牵连犯实行数罪并罚的一个强有力的理由,是诉讼时效问题。他认为,在构成牵连犯的数罪中,手段行为和本罪行为之间仍有相当的时间间隔;这样,对一个罪来讲,判决是有效的,但对另一个罪就不一定适用。如手段行为先实施,追诉时效为5年,且为重罪,5年后又因实施本罪行为的轻罪时两罪被同时发现。按照时效规定,可能追究轻罪,但按照牵连犯从一重处断原则,既然重罪已过追诉时效,那么轻罪也就不能再被追究了,从而使执法处于尴尬境地,有违刑罚目的。对此,他的看法为:即使对未超过追诉时效的犯罪进行追诉,对超过追诉时效的犯罪则不予追诉,在处理时不存在数个犯罪,当然也就没有对行为人按牵连犯进行处罚的余地。这与牵连犯从一重处断原则并不矛盾。因为牵连犯是处断的一罪,其适用的前提必须是有数个犯罪行为是可追诉的。如果某个行为不可诉,则当然不能再追究该行为;但是,对数行为中未超过追诉时效的行为,则仍然可以追究。这样处理,完全符合设置时效制度以规制国家刑罚权启动的这一目的。实际上,即使对牵连犯适用数罪并罚原则,如果某一犯罪行为本身已过追诉时效,也不能追究行为人的刑事责任。②

九、关于正当防卫

现代刑法学中的正当行为(亦称排除社会危害性的行为或者排除犯罪性的行为,西方刑法理论中称为阻却违法性的事由),是指客观上造成一定的损害结果,形式上符合某些犯罪的客观要件,但实质上既不具有社会危害性,也不具有刑事违法性,从而不构成犯罪的行为。我国刑法中规定的正当防卫和紧急避险就是两类典型的正当行为。此外,依照法律的行为、执行命令的行为、正当的业务行为、正当的冒险行为等也在正当行为之列。其中,正当防卫

---

① 参见高铭暄、叶良芳:《再论牵连犯》,载《现代法学》2005年第2期。
② 参见高铭暄、叶良芳:《再论牵连犯》,载《现代法学》2005年第2期。

是我国两部刑法中均明文规定的一项极其重要的同犯罪作斗争的刑法制度,也是高铭暄教授所关注的刑法学总论的一个重要问题。

在1979年刑法的立法背景下,高铭暄教授在其《刑法总则要义》等论著中,比较系统地讨论了正当防卫的概念、成立条件、防卫过当等基本问题,初步勾勒了我国正当防卫制度的理论框架。①

1997年修订通过的刑法对正当防卫制度进行了重要的修改补充,司法中也出现了一些新问题,这些立法新进展和司法新问题也促使相关理论研究有所发展和深入。结合我国立法、司法和理论的新进展、新情况,高铭暄教授在其2002年发表的论述正当防卫的长文中,更加全面、系统地阐述了正当防卫制度的基本理论、概念和成立条件、防卫过当、特殊防卫等问题。② 该文后经修改充实,作为其执笔撰写的正当防卫研究专章,纳入其主编的研究生教学用书《刑法专论》③一书。这些论述形成了高铭暄教授关于正当防卫制度的基本见解,在学界和实务界产生了广泛的学术影响。④

(一)正当防卫的根据

高铭暄教授认为,明确正当防卫的根据,应当立足于我国刑法对正当防卫的规定。其正当化的根据需要从两个方面来考察:其一,从阶级属性看。任何统治阶级为了巩固其阶级统治和社会秩序,总是把严重危害统治阶级利益和统治秩序的行为规定为犯罪。因此,行为的社会危害性是犯罪的本质所在。而正当防卫行为是以保护公共利益、本人或他人的合法利益为目的而对不法侵害实施反击的行为,这种行为不仅没有社会危害性,而且是对国家和社会有益的行为,是有利于统治阶级的统治关系和统治秩序的行为。⑤ 以统治阶级的统治和利益为基轴,能够合理说明正当防卫为什么成为法律保护和鼓励的行为之阶级本质,偏离这一基轴的任何解释都是虚伪的。其二,从法律属性看。在表现形式上,正当防卫和违法犯罪行为很相似,都具有加害性。

---

① 参见高铭暄:《刑法总则要义》,天津人民出版社1986年版,第138—148页。

② 参见高铭暄:《正当防卫问题研究》,载高铭暄、赵秉志主编:《刑法论丛》(第6卷),法律出版社2002年版,第152—170页。

③ 参见高铭暄主编:《刑法专论》(第2版),高等教育出版社2006年版,第408—437页。

④ 本专题下面关于高铭暄教授正当防卫问题的学术见解之介述,除另行注明参考文献的以外,皆为参考其上述论述正当防卫的论文和专章,不再一一注明。

⑤ 参见王剑波:《正当防卫正当化的根据及其展开》,对外经济贸易大学出版社2010年版,第91—92页。

但是,正当行为是有益于社会的行为。在主观上,防卫人是面对不法侵害,以保护合法权益为目的,而被迫采取的一种反击行为。行为人主观上不具有危害社会的犯罪故意或过失的罪过心理。在客观上,正当防卫是与违法犯罪行为作斗争,不是在危害社会,而是为了维护社会主义社会关系所采取的反击行为,因而不具有社会危害性。这正是正当防卫有别于犯罪行为的法律依据。后来高铭暄教授更加深刻地提出和论述了我国正当防卫制度的理论根据应确立为社会秩序与个人权利二元论的观点。

首先,将社会秩序保护原理作为我国正当防卫制度的基础性、根本性的理论根据,是由我国国家性质和中国特色社会主义意识形态所决定的。我国是社会主义国家,集体主义作为社会主义国家的政治底色,是我国社会主流的价值观念和思想体系。从我国现行刑法关于正当防卫制度的立法规定看,也可以得出我国正当防卫制度的基础性、根本性的理论根据应当是社会秩序保护原理。其一,现行《刑法》第 20 条第 1 款将国家、公共利益置于本人、他人利益之前予以首要保护。这就表明,在以生产资料公有制为经济基础的社会主义国家,集体利益尽管与个人利益具有一致性和统一性,但是集体利益仍高于或优先于个人利益。因此,必须将考量集体利益的社会秩序保护原理作为我国正当防卫制度的首要根据之一。其二,根据《刑法》第 20 条第 2 款的规定,防卫行为如果明显超过了必要限度,造成重大损害的,应当负刑事责任。"明显超过必要限度"并非仅就个人利益而言,明显超越了必要限度的防卫过当行为,显然破坏了防卫人与不法侵害人之间相对和平的社会秩序。不仅如此,如果不从社会的整体利益及和平的社会秩序出发来考虑正当防卫,那么该制度的适用不利于引导潜在的防卫人谨慎地采取防卫措施,进而不利于促进整个社会秩序的和平。因此,为正当防卫设置一定的限度要件,是社会秩序保护原理的应有之义。其三,根据《刑法》第 20 条第 3 款的规定,防卫人对正在进行行凶、杀人、抢劫、强奸、绑架以及其他严重危及人身安全的暴力犯罪,采取防卫行为,即便造成不法侵害人伤亡的,也不属于防卫过当。单从特殊防卫未设防卫限度这一点看,似乎与西方理论中自我防卫的自然权利相类似。但是,通过考察我国刑法增设特殊防卫权的立法背景资料,可以发现,强化公民的正当防卫权利,赋予公民特殊防卫的权利,是出于改革开放初期保护经济转轨和社会转型的平稳秩序的考量。其四,我国社会的主要矛盾决定了在正当防卫制度的理论根据上应当确立社会秩序与个人权利的二元论。长期以来,我国社会的主要矛盾一直是人民日益增长的物质文化需要同落后的社会生产之间的矛盾。实行改革开放和发展市场经济是解决这一主要矛盾的国家政策。为了保障改革开放政策顺利、深入地推行,维稳成为压倒一切的头等大事。在国家优先追求秩序价值的理念之下,将我国正当防卫制度的首要根据定位于社会秩序保护原理是自然且必然的。其次,根据我国最新的司法实践,在理论上有必要突出对个人权利的保护分量和力度,以符合实践的理性。不论是我国的国家性质,还是在中国传统文化中长期形成的集体主义价值取向,均决定了我国的正当防卫制度的理论根据必须要以社会为本位,即以社会秩序保护原理作为首要原理。同时,正当防卫制度的理论具有动态发展性。随着我国社会主要矛盾的根本性转变,在正当防卫制度的理论根据上,有必要将暗含在社会秩序保护原理中的个人保护原理显露出来,确立社会秩序与个人权利保护的二元论,以此引导刑法理论和司法实践对于保护个人权利形成应有重视并作出必要转变。[①]

(二) 正当防卫的概念和意义

高铭暄教授认为,正当防卫概念的界定应当明确其"鉴别性",高度概括其本质特征。根据我国《刑法》第 20 条第 1 款的规定,正当防卫概念应当包括防卫目的、防卫对象和防卫时间三个要素。此外,从正当防卫和防卫过当的区分必要来看,正当防卫的定义还需包括"防卫限度"。不宜将正当防卫的概念界定得过于宽泛,应当甄别防卫行为是否超过必要限度,将防卫过当这一有害于社会的行为与正当防卫这一有益于社会的行为区分开来。虽然我国在 1997 年刑法生效前的司法实践中,普遍存在从严认定正当防卫的现象(这也促成了立法对正当防卫的修改),但过度放宽正当防卫的认定同样不利于社会治安的稳定。

关于正当防卫概念中是否应当包括"反击行为给不法侵害人造成损害",有观点提出,与 1979 年刑法相比,1997 年刑法明确了"对不法侵害人造成损害"这一特征,因而"对不法侵害人造成损害"也应当是正当防卫的成立条件。[②] 高铭暄教授认为,从司法实践来看,防卫行为既可能对不法侵害人造成一定程度的损害,也可能对不法侵害人不造成任何伤害而将其制服。正当防卫的目的即鼓励公民积极同违法犯罪分子作斗争,如果认为正当防卫的

---

① 参见高铭暄、王红:《我国正当防卫制度理论根据的自主选择》,载《学习与实践》2020 年第 5 期。

② 参见王政勋:《正当行为论》,法律出版社 2000 年版,第 121 页。

成立必然要求反击行为对不法侵害人造成损害,立法设立正当防卫制度的目的就将发生偏移,这意味着刑法在鼓励人们对不法侵害人造成伤害。虽然立法规定了"对不法侵害人造成损害的,属于正当防卫,不负刑事责任",但是这并不意味着正当防卫的概念或者成立条件必须拘泥于法律规定。事实上,正当防卫的"限度条件"已经包含了"不法侵害"的属性评价,没有必要单独列出。

在以上思考的基础上,高铭暄教授提出了关于正当防卫的概念和特征的见解。他认为,正当防卫,是指为了使国家、公共利益、本人或他人的人身、财产和其他权利免受正在进行的不法侵害,而对不法侵害所实施的不明显超过必要限度的反击行为。正当防卫具有如下主客观特征:第一,从客观方面看,正当防卫是与不法侵害行为作斗争的合法行为,是抵制或阻止不法侵害的行为,不具有社会危害性。第二,从主观方面看,防卫人的行为目的是保护国家、社会和公民的利益,不具有引起危害结果发生的故意或过失的心理态度。因此,当国家利益、公共利益、本人或者他人的人身、财产和其他权利遭受到正在进行的不法侵害时,公民对不法侵害人予以适时和必要的反击,是公民的一项权利,不仅不构成犯罪,而且应该受到国家法律的保护、支持和鼓励。

高铭暄教授认为,正当防卫制度是为了实现刑法的目的,其意义包含以下几点:第一,可以及时有效地保障合法权益免受不法侵害,从而在法律上确认了合法权益的不可侵犯性。第二,有利于威慑违法犯罪分子,制止和预防犯罪,即在合法权益周围架起一道人民力量的屏障,使不法分子不敢轻举妄动。第三,鼓舞和支持人民群众同违法犯罪行为作斗争,有利于弘扬社会主义道德和社会正气。总之,正当防卫制度体现了社会主义道德和正义的要求。因此,司法机关对一切正当防卫的行为特别是那些见义勇为的行为,应当切实予以保护和支持。①

(三)关于正当防卫的成立条件

刑法学界对正当防卫的成立条件存在诸多争议。高铭暄教授认为,对正当防卫的成立条件有必要进行概括和归纳,但必须遵循一定的逻辑,应当从正当防卫实际发生过程设定其成立条件:首先是存在正在发生的不法侵

---

① 参见高铭暄主编:《刑法专论》(第 2 版),高等教育出版社 2006 年版,第 411 页。

害,然后是防卫人在防卫意图支配下针对不法侵害人实施了没有明显超过必要限度造成重大损害的防卫行为,即他主张"起因条件——时间条件——主观条件——对象条件——限度条件"这一通说的观点,认为过于烦琐的正当防卫条件没有实际意义。对于正当防卫,高铭暄教授着重研究了正当防卫的起因条件、防卫对象、防卫限度、非法防卫等问题。

1. 关于起因条件(不法侵害)和时间条件的理解

高铭暄教授认为,作为正当防卫起因条件的不法侵害不仅包括犯罪行为,也包括违法行为。对不法侵害性质的判断不是防卫人的义务,而是司法者的义务。1997年《刑法》第20条第3款规定限于几种严重犯罪,特殊防卫的起因条件与一般正当防卫的不法侵害是有显著区别的,由此也印证了不法侵害不应该限于犯罪行为。

作为正当防卫起因条件的不法侵害不应当包括过失犯罪。过失犯罪的成立以行为造成实际危害结果为标志。这一特征决定了当过失犯罪成立之时,也是不法侵害结束之时,不法侵害结束后自然不能再进行正当防卫。因此,过失犯罪不存在实行正当防卫的时间条件。

对于不作为犯罪能否实行正当防卫,应当具体分析不作为犯罪本身是否具有侵害的紧迫性。正当防卫制止不作为犯罪与制止作为犯罪不同,制止不作为犯罪,除防卫人的行为外,还需要犯罪人积极履行应当履行的义务。

涉及正当防卫的时间条件,实践中经常出现预先设置防范性措施等提前防卫的情况。预先设置防范性措施同携带防范性工具是有区别的。预先设置防范性措施任何情况下都不能成立正当防卫。虽然实践中有些人为了防范风险,预先设置合情、合理、合法的防范性措施,只要行为对不法侵害所造成的损害与其所要保护的合法权益价值大小不明显失衡,就应当允许,但这并非正当防卫。对预先设置违反法律或者公共生活准则并且具有危害公共安全性质的防范性措施的,当其行为所产生的结果明显大于其意图防范保护的合法权益价值时,应当按照故意犯罪处理。而携带防范性工具是动态的,一般不具有危害公共安全的性质,如携带管制刀具等,对于这种情况,在不法侵害发生时,行为人使用工具反击不法侵害,不能因为携带工具是违法的,就否定其行为的防卫性质。①

---

① 参见高铭暄主编:《刑法专论》(第2版),高等教育出版社2006年版,第420页。

2. 关于防卫对象的理解

在防卫对象的界定上,对无责任能力人,应当根据具体情况分析是否成立正当防卫:如果防卫人知道不法侵害者为无责任能力人的,不得实行正当防卫;但在别无他法可以避免的情况下,可以实行正当防卫,但防卫的强度应当有所节制。

对于享有外交特权和豁免权的外国人,虽然法律规定对其不能追究刑事责任,但当其实施不法侵害时,为了及时保护合法权益免受侵害,每个公民都有权实行正当防卫。

关于动物的侵袭能否成立正当防卫,高铭暄教授认为,应当结合具体情况具体分析。对动物在主人故意驱使情况下的侵害行为,可以进行正当防卫;对动物在他人驱使情况下的侵害行为,对动物的反击行为应当认定为紧急避险,因为这种情况下反击行为损害的是动物主人的合法权益,而非针对动物主人的损害;对于动物自发地侵害他人的情况,不涉及人的不法侵害,不涉及刑法问题。①

3. 关于防卫限度的理解

高铭暄教授指出,尽管刑法学界一致认为基本适应和客观需要统一说能合理解决防卫必要限度问题,但在司法实践中,由于司法机关对正当防卫必要限度的掌握过于苛刻,致使应当按照正当防卫处理的情况时常被作为防卫过当处理,挫伤了民众同违法犯罪分子作斗争的积极性。

高铭暄教授认为,需要从实际情况出发,实事求是地分析侵害和防卫双方的力量对比关系。强度是一个综合性的指标,在分析强度对比关系时,既要分析不法侵害的性质、手段、缓急、参加人数以及侵害人的体力、性格等情况,又要分析防卫的时间、地点、手段、后果、人数以及主体的体力和心理状态,还要特别考察所保护的权益的大小和性质。一般而言,为了制止强度较小的不法侵害,不允许采取强度较大的防卫行为,如果非较大的防卫强度不足以制止不法侵害,可以采取较大的防卫强度;如果非较激烈的防卫手段不足以制止不法侵害,可以采取较激烈的防卫手段;为了保护较小的合法权益,不能造成重大的人身损害。当然,对正当防卫的限度条件不能要求过严,只要防卫行为的损害程度与侵害行为可能造成的损害程度不是相差很悬

---

① 参见高铭暄主编:《刑法专论》(第2版),高等教育出版社2006年版,第426页。

殊,就不属于防卫过当。必须强调的是,分析强度对比关系要坚持实事求是原则,一定要把案件置于当时的客观环境中。①

4. 关于非法防卫

高铭暄教授认为,下面几种行为就是因为缺乏或不完全具备正当防卫成立的条件而属于非法防卫的行为。具体而言:第一,假想防卫不是正当防卫。假想防卫,是指实际上并不存在不法侵害,而行为人误以为存在,从而进行所谓的"防卫"。假想防卫是由于行为人对自己行为的实际性质产生了认识错误,所以应按照事实错误原则进行处理。如果应当预见而未预见,按照过失犯罪追究刑事责任;如果当时的情形是行为人不能预见的,则按照意外事件处理。第二,防卫不适时不是正当防卫。防卫不适时,是指不法侵害尚未开始或者已经结束而实行的所谓"防卫",可以分为事先"防卫"和事后"防卫"。前者是指不法侵害尚未开始而实施的"防卫",后者是指不法侵害结束后而实施的"防卫"。无论何种情形,都是违法犯罪行为。第三,防卫挑拨不是正当防卫。防卫挑拨,是指行为人为了达到某种目的,故意挑逗对方实施不法侵害,而后借口"防卫"而加害对方的行为。这种行为由于缺乏防卫的意图,所以是一种特殊形式下的故意违法犯罪行为。第四,互相斗殴不是正当防卫。互相斗殴,是指斗殴双方都有侵害对方的故意,双方的行为都属于不法行为,因而都无权主张正当防卫。当然,如果一方本无侵害对方的故意,完全是由于对方的不法侵害而被迫还手,这不是互相斗殴。如果一方已经退出斗殴现场,而另一方穷追不舍,并加大侵害力度,这时因情况发生了变化,退出的一方可以实施正当防卫。第五,抗拒依法逮捕、抗拒合法搜查的不是正当防卫。这种行为至少是一种妨害公务的违法犯罪行为,即使事后经司法机关查明,行为人没有实施涉嫌的犯罪,也不能排除妨害公务违法犯罪的成立。第六,"大义灭亲"不是正当防卫。大义灭亲,是指对实施违法犯罪行为的亲属,基于义愤,私自予以处死的情况,这是一种故意杀人行为。基于其社会危害性相对较小,可以按照情节较轻的故意杀人罪处理。第七,防卫过当不是正当防卫。防卫过当,是指防卫行为明显超过了必要限度造成了重大损害,从而构成了犯罪的行为,这种行为的前提是合法正当的,但从其明显超过必要限度造成重大损害的结果看,则是一种非法的、犯罪的行为。②

---

① 参见高铭暄主编:《刑法专论》(第2版),高等教育出版社2006年版,第428页。
② 参见高铭暄主编:《刑法专论》(第2版),高等教育出版社2006年版,第429—430页。

（四）关于防卫过当问题

根据刑法的规定，防卫过当是指防卫行为明显超过必要限度造成重大损害而应当负刑事责任的行为。防卫过当与正当防卫是两个既有本质区别又有密切联系的概念。防卫过当是以正当性为前提的失当行为，我国刑法规定对防卫过当行为应当减轻或者免除处罚。

高铭暄教授认为，由犯罪的直接故意和防卫过当的特点所决定，防卫过当的主观心态不可能是直接故意，否则防卫认识和防卫意图即无处置身。而防卫过当可由间接故意构成，但限于在特殊情况下。而且意外事件和防卫过当是根本不相容的，因为意外事件是无罪事件。防卫过当的罪过形式一般是过失，包括疏忽大意的过失和过于自信的过失。

防卫过当不是独立的罪名。因此，在处理防卫过当案件时，不能定"防卫过当罪"，因为我国刑法分则没有这个罪名。同时，也不宜定"防卫过当致死罪"等，或在这些罪名之后附上防卫过当。而应根据防卫过当行为人的行为和后果、主观心理态度，依照刑法分则的有关规定来确定罪名。①

（五）关于特殊防卫问题

在刑法学界，对于应当如何称谓1997年《刑法》第20条第3款的规定，存在很大的分歧。② 高铭暄教授认为，"正名"是前提性问题，绝非玩弄文字的无稽之谈，而是对理论的体系性维护，具有重要意义。对该条款采用诸如"无限防卫""无过当防卫"等称谓，在理论体系安排上均无法自圆其说；相比较而言，特殊防卫的称谓更为可取，符合刑事立法的原意。

关于特殊防卫和普通正当防卫的关系。高铭暄教授认为，特殊防卫是普通正当防卫的一种特定表现形式，它与普通正当防卫既存在联系，也存在区别。二者的联系表现为：第一，同属于符合法律规定条件的排除社会危害性的行为，均不负刑事责任。第二，二者成立都要求非法的侵害行为的实际存在。第三，二者成立都要求非法的侵害行为正在进行。第四，二者成立都要求反击者主观上具有正当的防卫意图。第五，二者成立均要求反击行为必须针对非法侵害者本人实施。可见，特殊防卫的成立需要具备普通正当防卫的某些条件，而

① 参见高铭暄主编：《刑法专论》（第2版），高等教育出版社2006年版，第433—434页。
② 参见高铭暄、马克昌主编：《刑法学》，中国法制出版社1999年版，第241页。

特殊防卫的特殊性表现为:第一,防卫起因的特殊性。这是一个重要的不同,特殊防卫必须是实际存在的严重危及人身安全的暴力犯罪。第二,保护权益的特殊性。特殊防卫保护的只能是人身权利,除此之外的其他合法权益不在其保护范围之内。第三,防卫限度的特殊性。特殊防卫不受限度条件的限制,即使造成加害人的伤亡,也不属于防卫过当,但必须符合相关规定。

关于特殊防卫的适用,有以下几点值得注意:第一,要正确理解"行凶"的规定。严格地说,行凶不是一个法律概念,其含义也不好界定。所以,必须从严把握。高铭暄教授认为,"行凶"的判断标准应放在行为的可能后果方面,关键是看该行为能否造成防卫人重伤或死亡的结果,也即只有犯罪人实施的行为可能造成防卫人重伤或者死亡的时候,不论犯罪人是否使用凶器,都应该认为是"行凶"。第二,要正确理解特殊防卫条款中的"杀人""抢劫""强奸""绑架"。这些是指具体的罪名,至于奸淫幼女、抢劫枪支等行为,可以归到《刑法》第 20 条第 3 款规定的"其他严重危及人身安全的暴力犯罪"之中。否则,会架空《刑法》第 20 条第 1 款的规定,而且有滥用特殊防卫的危险。第三,要正确理解"其他严重危及人身安全的暴力犯罪"的范围。对此,应该以刑法的规定为依据,对于刑法分则中规定的明确或者隐含的包括以暴力手段实施的犯罪都可能使用特殊防卫的规定。但是,除此之外,是否能够实际适用还要考察暴力犯罪的程度,只有暴力行为具有严重危及人身安全的性质时,才可以实际适用特殊防卫。高铭暄教授特别指出,在适用特殊防卫时要反对两个错误倾向:一是特殊防卫不受普通正当防卫成立条件限制;二是错误地认为只有在符合《刑法》第 20 条第 3 款规定的情况下造成犯罪人伤亡的才不负刑事责任。只要没有明显超过必要限度,即使造成不法侵害人重伤或者死亡的,也不能以防卫过当处理。①

(六)关于涉防卫案件的司法与理念

关于正当防卫的司法适用。高铭暄教授指出,在一段时期内,司法实践呈现出意想不到的局面。司法机关对于正当防卫制度的整体适用仍保守有余,法官不善于适用正当防卫制度。甚至在某种程度上,法官不敢适用正当防卫制度来保护公民的正当防卫权利,而是在防卫造成损害结果的情形下,选择将原本应当属于正当防卫的行为认定为防卫过当,甚至直接认定为普通的刑事犯罪。

① 参见高铭暄主编:《刑法专论》(第 2 版),高等教育出版社 2006 年版,第 437—440 页。

实践中目前主要存在两方面问题:第一,防卫限度的认定过严。当前,司法实践中存在"唯结果论"的明显倾向。对于防卫过当的判断,总体呈现为"谨慎出罪、量刑偏重"的倾向。在正当防卫案件的刑事审判中,存在轻易认定互殴而基本排除正当防卫、被害人过错成为僵尸情节等"司法异化"现象,刑事司法的公信力面临巨大挑战。第二,正当防卫制度虚化,法院最终认定成立正当防卫的案件比例较低。实践中之所以如此,既有法律价值与司法理念层面的原因,也受到法律制度设计和司法技术层面因素的影响。

面对这种困境,高铭暄教授主张理念上要确立正当防卫合法性的"底线"思维,确立合法对不法在道义上的正当性;在具体操作上,要注意以下几个方面:第一,凸显防卫权对不法侵害行为的优位性,在讨论防卫过当的界限时,应当将价值与功能的优位性纳入其中。在认定正当防卫与防卫过当问题上,要清醒地认识到防卫是经国家确认通过法律授予公民的权利,从而使其在合法权益遭受不法侵害时,可以实施防卫保全自己。这种立法价值的体认,是对刑法人本主义的积极体现。对于是否属于防卫过当,从人道主义的立场来看,必然要求赋予一定的容忍度。正当防卫并非制止正在进行的不法侵害的最后手段,也即公民行使防卫权并非一种"不得已"的应急措施。这对于防卫过当的认定而言,意味着防卫限度不是简单的"结果对比",也不是简单的"形式匹配",而必须考虑防卫人行使权利的优位性及其"自保"的特殊性。但同时也要注意不能滥用防卫权利。一方面,防卫行为明显超过必要限度,造成重大损害结果的,应当被追究刑事责任;另一方面,针对不法侵害所进行的及时反击,司法机关要大胆地认定为正当防卫,不能对防卫行为作出过于苛刻的要求。第二,确立有利于防卫人视角的判断。在司法实践中,有利于防卫人的权利优先立场,不仅要求对正当防卫的认定不能过于严苛,也要求对防卫过当的认定不能过于严格。对此,需做好以下几点:一是设身处地地优先考量防卫人的正当利益。在面对正在进行的不法侵害时,是否以及以何种方式进行防卫,涉及防卫限度的具体把握问题。应当设身处地地考虑防卫人所处的情况,然后进行判断。二是要适当作有利于防卫人的解释。"邪不压正"是最朴素的社会常理与常情,防卫人的防卫行为是否合法与妥当,也即在防卫限度的判断与认定存在模糊与争议之际,应当倾向性地作出有利于防卫人的解释,以此伸张正义。特别是针对防卫人面对突然的、急促的不法侵害,在精神上处于恐慌、紧张,在情绪上处于激愤的状态下,如何认定防卫限度的问题,更应当坚定不移地选择站在有利于防卫人的角度,包容防卫人在此情此景之下无法周全、谨慎地选择相应的防卫手段,从而作出符合法理和情理的判断。其指导思想在于,优先考虑防卫人的立场,对防卫限度予以"包容审慎性"的认定。三是不能预设"绝对理性人"的事后判断立场。①

高铭暄教授提出,对司法实践中关于防卫过当的"唯结果论"需要进行纠正。对防卫限度的解释,应当基于综合判断的立场,从防卫行为与结果层面进行实质的判断:一是判断防卫限度不能脱离防卫行为的具体情况。防卫人对不法侵害的行为性质、行为强度、可能造成的危害后果的认识,防卫人的防卫目的等都是需要考察的因素。应从防卫权的优位性出发,对防卫行为的必要性进行相对宽松的认定。二是防卫的后果是以防卫行为为前提的,防卫行为是针对不法侵害的整体性制衡。只要没有明显超出有效制止不法侵害继续进行的限度,并造成不应或没有必要出现的重大损害,就不属于"造成重大损害"的情形。三是"明显"超过必要限度应理解为不是一般的超过,而是显著地超过。即在一般人看来,往往是一目了然的,或基本没有争议。应当综合考虑不法侵害的行为性质、行为强度和可能造成的危害后果等因素,来认定防卫行为是否"造成重大损害"。②

十、关于刑事责任

刑事责任是现代刑法和刑法学的基本范畴。刑事责任这一术语在我国刑法中被广泛使用。但是,新中国刑法学对于刑事责任的开拓研究为时较晚,在很长时间内刑事责任在我国刑法理论中并无地位。自 20 世纪 80 年代中期开始,刑事责任问题在我国刑法学界逐渐引起关注,20 世纪 90 年代关于刑事责任的研究得以进一步深入,一时成为热点刑法理论问题,发表了一大批论文,出版了多部专著,一些刑法学教材也增添了论述刑事责任的专门章节,刑事责任在我国刑法学体系中逐步有了一席之地,刑事责任问题研究的繁荣和深入也增强了我国刑法学研究的理论性。高铭暄教授是最早关注刑

---

① 参见高铭暄:《正当防卫与防卫过当的界限》,载《华南师范大学学报(社会科学版)》2020 年第 1 期。

② 参见高铭暄:《正当防卫与防卫过当的界限》,载《华南师范大学学报(社会科学版)》2020 年第 1 期。

事责任问题的代表性学者之一,他于 20 世纪 80 年代末期即先后在几处发表了关于刑事责任问题的专论①,并于 20 世纪 90 年代初在其主编的《刑法学原理》②巨著中将刑事责任问题作为一个重要专题予以论述,此后在相关研究基本成熟之际,又将刑事责任问题引入了法学本科教材③和刑法专业研究生教材④,从而极大地促进了对于刑事责任问题的重视和研究,也确立了刑事责任理论在我国刑法学体系中的重要地位。其关于刑事责任问题的主要学术见解如下:

(一)刑事责任的立法考察及其意义

高铭暄教授指出,"刑事责任"是一个常见的法律术语,在我国刑法、刑事诉讼法和其他法律中有多处予以使用。他分析说,法律条文关于刑事责任的不同提法有五层不同的意思:第一层为"不负刑事责任""不追究刑事责任""不应追究刑事责任"。其意思是,由于行为不构成犯罪,犯罪已过追诉时效期限,经特赦令免除刑罚,依照刑法告诉才处理的犯罪而没有告诉或者撤回了告诉,或者被告人死亡等情况,司法机关应当不予立案,立了案的应当撤销案件;应当不起诉,起诉了的应当撤诉,不撤诉的,法院应当宣告无罪。第二层为"不需要追究刑事责任"。这是刑事诉讼法中的一个提法,针对两种情况不予立案:一是"没有犯罪事实";二是"犯罪情节显著轻微"。前者应是"不追究刑事责任"的问题,后者应是"免予追究刑事责任"的问题。第三层为"免予追究刑事责任",这也是刑事诉讼法中的一个规定。"免予追究刑事责任"的法律效果仍然是"不追究刑事责任"。第四层为"减轻、免除其刑事责任"。这个提法也见之于刑事诉讼法。所谓"减轻、免除其刑事责任",实际上也就是减轻处罚、免除处罚之意。第五层为"应当负刑事责任""追究刑事责任""应当追究刑事责任""需要追究刑事责任""依法追究刑事责任"。这些提法的意思是,由于有构成犯罪的事实,应当立案,应当起诉,应当审判,应当作出有罪判决。例外的是刑事诉讼法规定的"对于享有外交特

---

① 参见高铭暄、王作富主编:《新中国刑法的理论与实践》,河北人民出版社 1988 年版,第 153—167 页;高铭暄:《论刑事责任》,载《中国人民大学学报》1988 年第 2 期。

② 参见高铭暄主编:《刑法学原理》(第 1 卷),中国人民大学出版社 1993 年版,第 407—436 页。

③ 参见高铭暄主编:《新编中国刑法学》,中国人民大学出版社 1998 年版,第 72—84 页。

④ 参见高铭暄主编:《刑法专论》(第 2 版),高等教育出版社 2006 年版,第 442—476 页。

权和豁免权的外国人犯罪应当追究刑事责任的,通过外交途径解决"。这里
虽然也使用"应当追究刑事责任"的字样,但不能理解为对该外国人"应当起
诉,应当审判,应当作出有罪判决",因为他享有外交特权和豁免权。其实这
一款与刑法中"享有外交特权和豁免权的外国人的刑事责任,通过外交途径
解决"的规定是一个意思。由上可见,"刑事责任"的确是我国法律中广泛使
用的一个名词概念,研究刑事责任问题不是无关紧要的。①

　　高铭暄教授认为,刑事责任问题对于刑事立法、刑事司法和刑法理论都
具有重要意义:其一,刑事责任是刑事立法中的一个基本范畴,一个带有根本
性的概念。刑事责任是犯罪和刑罚之间的桥梁和纽带,是刑法中的一个核心
问题,离开刑事责任问题,刑法的生命也就停止了。其二,刑事责任是刑事司
法要解决的基本问题。整个刑事诉讼活动的出发点和归宿,都是为了明确、
及时地查明犯罪事实,正确适用法律,惩罚犯罪分子,保障无罪的人不受刑事
追究。一句话,都是为了正确、合法、及时地解决被告人的刑事责任问题。其
三,刑事责任在刑法学体系中应占有一席之地。我国刑法学历来主张以刑法
及其所规定的犯罪和刑罚为研究对象。对于刑事责任问题,从未作为专题列
入体系。这不符合刑法科学发展的需要,也不利于刑事立法和司法实践。②

(二)刑事责任的概念和特征

　　从法律责任的一般含义出发并考虑到刑事责任的特殊性,高铭暄教授指
出,刑事责任就是对违反刑事法律义务的行为(犯罪)所引起的刑事法律后
果(刑罚)的一种应有的承担。③ 后来高铭暄教授又着重强调刑事责任是国
家和犯罪人之间的双向性权利义务关系范畴,将刑事责任表述为:刑事责任
就是指对行为人违反刑事法律义务的行为所引起的刑事法律后果提供衡量
标准的、体现国家对行为人的道德政治评价的刑事实体性义务。④

　　刑事责任与其他法律责任在适用基础、适用程序、适用后果方面均不相
同。刑事责任具有以下基本特征:一是强制性,即刑事责任是犯罪行为所引
起的强制犯罪人向国家承担的法律责任;二是严厉性,即刑事责任是性质最

---

① 参见高铭暄:《论刑事责任》,载《中国人民大学学报》1988 年第 2 期。
② 参见高铭暄主编:《刑法学原理》(第 1 卷),中国人民大学出版社 1993 年版,第 410—
411 页。
③ 参见高铭暄:《论刑事责任》,载《中国人民大学学报》1988 年第 2 期。
④ 参见高铭暄主编:《刑法专论》(第 2 版),高等教育出版社 2006 年版,第 458—459 页。

严重、否定性评价最强烈、制裁后果最严厉的法律责任；三是专属性，即刑事责任只能由犯罪者(个人或单位)承担，不能转移或替代；四是准据性，即刑事责任为确定刑罚提供根据和衡量标准。①

刑事责任与刑罚是两个密切联系又有区别的概念。二者的联系表现为：一是刑事责任的存在决定刑罚的存在，刑事责任是刑罚的前提，刑罚是刑事责任的后果。二是刑事责任的轻重程度是判处刑罚轻重的标准。三是刑罚是刑事责任的主要体现形式。二者的区别表现为：一是刑事责任的本质是刑事法律关系，其实质就是犯罪人与国家(司法机关)之间的权利义务关系：国家司法机关有权对犯罪人适用刑罚，而犯罪人则有义务承受刑罚。二是刑事责任是犯罪人在国家面前承担的法律责任，刑罚则是法院以国家的名义对犯罪人适用的制裁方法。前者着重在观念形态上表现国家对犯罪分子的否定评价，因而比较抽象；后者是国家实际适用刑事制裁措施，内容明确具体。三是刑事责任通常伴以刑罚作为自己的法律后果和具体体现，但并不是绝对的。有时追究刑事责任，但结果并没有判刑。刑事责任的外延要比刑罚更为广泛。固然没有刑事责任就没有刑罚，但免除刑罚不等于否定刑事责任。②

(三)刑事责任在刑法学体系中的地位

刑事责任在我国刑法学体系中应当处于怎样的地位？我国刑法学者有不同的主张，概括起来看主要有三种不同的观点：

一是基础理论说。认为刑事责任是整个刑法学体系中最上位的概念，在价值功能上具有基础理论的意义，它所揭示的是刑法的基本原理，其具体内容包括犯罪论、刑罚论和罪刑各论。因此，应当把刑事责任论置于犯罪论和刑罚论之前的刑法学绪论中，作为刑法的基本原理来把握。即应当以"刑事责任论—犯罪论—刑罚论"的逻辑顺序来构建我国刑法学体系。③

二是以刑事责任论取代和包含了刑罚论的观点。认为犯罪产生刑事责

① 参见高铭暄：《论刑事责任》，载《中国人民大学学报》1988年第2期；高铭暄主编：《刑法专论》(第2版)，高等教育出版社2006年版，第458—459页。
② 参见高铭暄：《论刑事责任》，载《中国人民大学学报》1988年第2期。
③ 参见张智辉：《我国社会主义刑事责任理论初探》，载《法学季刊》1986年第2期；曲新久：《试论刑法学的基本范畴》，载《法学研究》1991年第1期；张智辉：《刑事责任通论》，警官教育出版社1995年版，第15页。

任,刑事责任是犯罪的法律后果,刑事责任与犯罪是平行发生直接联系的概念,而刑罚和非刑罚处理方法则是刑事责任的下位概念。因而刑法学总论的体系应当是"刑法论—犯罪论—刑事责任论"。①

三是以刑事责任连接和沟通犯罪论与刑罚论的观点。高铭暄教授是该观点的最早主张者之一,也是该观点的力倡者。他认为,犯罪、刑事责任、刑罚是各自独立又相互联系的概念,刑事责任是介于犯罪和刑罚之间并联结二者的桥梁和纽带,其功能就在于对犯罪和刑罚的关系起调节作用。三者的关系是,刑事责任既是犯罪的后果,又是刑罚的先导。犯罪产生刑事责任,刑事责任以刑罚为其实现的基本方式。因此,刑法学的理论体系应当是"犯罪论—刑事责任论—刑罚论"。罪—责—刑的逻辑结构,乃是整个刑法内容的缩影,也应当是中国刑法学的研究逻辑。认定犯罪——确定责任——决定刑罚,乃是中国刑事司法的作业逻辑,完整地反映出办理刑事案件的步骤和过程。②

在后来的有关研究中,高铭暄教授进一步指出,认定犯罪、确定责任、决定刑罚,是刑事诉讼的完整过程,也是刑法学需要解决的三个动态性中心任务。但是,在我国现行刑法学体系中,对这三大动态过程阐述不够。在我国刑法学体系之犯罪论、刑事责任论、刑罚论的三大板块中,犯罪论、刑罚论都比较充实,但刑事责任论却相对薄弱,缺少实质性的内容,这就导致在一个行为成立犯罪后,如何判断其刑事责任大小缺乏应有的标准和依据。在一定意义上可以说,我国刑法学中关于刑事责任的基本理论范畴还没有建立起来。首先,与犯罪论侧重于评价已经发生的行为不同,刑事责任论的评价对象应当是实施了犯罪行为的人。通过对犯罪人的研究,考察其主观方面的特殊情况,在罪行决定刑事责任的基础上,进一步综合犯罪人的主观特殊情况,对刑事责任大小进行调整和修正。其次,与犯罪论的中心任务是定罪相比,刑事责任论的中心任务是归责,即在罪行确定后,国家考虑如何归属犯罪人刑事责任的问题。最后,如同定罪必须以四要件犯罪构成理论为依据加以判断,量刑必须通过量刑情节的运用为参考一样,归责也应当有自己的判断依据,即归责要素和归责体系。归责要素如何寻找值得进一步思考。因此,应

---

① 参见张明楷:《刑事责任论》,中国政法大学出版社 1992 年版,第 152—153 页。
② 参见高铭暄:《论刑事责任》,载《中国人民大学学报》1988 年第 2 期;高铭暄主编:《刑法专论》(第 2 版),高等教育出版社 2006 年版,第 460 页;高铭暄:《关于中国刑法学犯罪构成理论的思考》,载《法学》2010 年第 2 期。

加强对刑事责任论的研究。①

经过一段时间的学术争鸣和探讨,上述第三种观点逐渐成为我国刑法学理论中较为通行的观点,许多刑法教材都予以采纳而在刑法学总论体系的犯罪论与刑罚论之间设置了"刑事责任"专章。② 有的教材在"刑事责任"专章中,在主张和论述上述第三种观点即"罪—责—刑"理论体系的同时,还进一步分析评判了上述前两种观点的不当与不可取之处,从而深化了关于刑事责任之刑法学体系地位问题的研究。③

(四)刑事责任的根据

在高铭暄教授看来,刑事责任是国家和犯罪人之间的一种权利义务关系,其实质是一种刑事法律关系。因此,刑事责任是一个双向性的关系范畴。这一特点决定了刑事责任根据的双向性,即刑事责任的根据可以从国家和犯罪人两个方面加以考察:从犯罪人方面说,刑事责任的根据解决的是犯罪人基于什么理由承担刑事责任的问题;从国家方面讲,解决的是国家基于什么理由追究刑事责任的问题。不仅如此,刑事责任的根据还可以从刑事责任由立法到司法的过程方面加以考察。如果说刑事责任的双向性决定了刑事责任根据的双向性,那么,刑事责任由立法到司法的阶段性则决定了刑事责任根据的层次性。将刑事责任根据的双向性和层次性结合起来考察,就可以分别从国家和犯罪人两个方面论证刑事责任的设定根据和追究根据。刑事责任的设定根据解决的是国家基于什么动机设定刑事责任,而犯罪人为什么应受责难的问题;刑事责任的追究根据解决的是需要具备什么法律事实,国家才能追究行为人的刑事责任,而行为人才能负担刑事责任的问题。显然,第一个问题涉及刑事责任设定的合理性,需要从哲学上加以论证;第二个问题涉及刑事责任的合法性,需要从法律和

① 参见高铭暄:《论四要件犯罪构成理论的合理性暨对中国刑法学体系的坚持》,载《中国法学》2009 年第 2 期。

② 例如,何秉松主编:《刑法教科书》(第二次修订版),中国法制出版社 1995 年版,第347—387 页;杨春洗、杨敦先主编:《中国刑法论》(第 2 版),北京大学出版社 1998 年版,第169—185 页;《刑法学》编写组编:《刑法学》(上册·总论),高等教育出版社 2019 年版,第 277—281 页。

③ 参见赵秉志主编:《当代刑法学》,中国政法大学出版社 2009 年版,第 307—308 页;高铭暄、马克昌主编:《刑法学》(第 10 版),北京大学出版社、高等教育出版社 2022 年版,第202—204 页。

事实方面论证。如果仅看到刑事责任追究的合法性而忽视其设定的合理性，则难免会对刑事责任根据的论证缺乏深刻性；如果仅仅看到刑事责任设定的合理性而无视刑事责任追究的合法性，则在实践中容易导致任意出入人罪。因此，这两方面缺一不可。①

关于刑事责任的哲学理论根据，高铭暄教授认为，剥削阶级的刑事责任根据理论，否认刑事责任的阶级性质，其哲学思想不科学，不能合理论证一个人犯了罪为什么负担刑事责任的问题。资产阶级各种刑事责任理论，其哲学观点或者是唯心主义的，或者是庸俗唯物主义的。唯心主义不适当夸大主观意志的作用，是反科学的。庸俗唯物主义，则完全抹杀人的意识、意志的能动性和对客观世界的反作用，使刑事责任成为与意志自由无关的单纯社会处置，极不科学。而马克思主义刑事责任观揭示了刑事责任的阶级本质。在我国，刑事责任和刑罚，也同整个刑法一样，是具有鲜明的阶级性的。阶级的动机，统治阶级利益的需要，这是追究犯罪人刑事责任的根本原因。研究刑事责任的哲学理论根据，不仅要注意刑事责任的阶级性，尤其还要注意行为人在主观上是否具有可责性。一个人只有在主观上有可以归责的地方，才能对他追究刑事责任，这样的追究活动才会具有合理性。马克思主义的决定论认为，世界上的一切事物都是受因果性支配的。作为客观世界组成部分的人类，也同样受因果性的制约，人的意识和意志作为心理现象，是由客观现实决定的，是对客观现实的反映；而人的行为，包括犯罪行为，则是由人的意识和意志支配的，是意识和意志的客观化即外部表现。马克思主义的决定论，包括相对意志自由的观点，是我国刑法规定刑事责任问题的哲学理论根据。只有很好地掌握这样的理论，才能深刻地认识刑事责任问题。②

关于刑事责任的法律事实根据，高铭暄教授指出，刑事责任的法律事实根据必须体现在具体的犯罪构成上，才能成为确定刑事责任的基础。这是社会主义法制原则要求，也被司法实践经验证明是可行的。所以，我国刑事责任的法律事实根据只能是行为具备犯罪构成或实施了犯罪行为。刑事责任的法律事实根据实际上是指决定刑事责任存在的根据，而不能包括影响刑事责任程度的一切因素。否则，刑事责任的根据就变成刑事责任本体。如果刑事责任的存在有了基础，就要进一步解决刑事责任的程度大小问题。

---

①　参见高铭暄主编：《刑法专论》（第 2 版），高等教育出版社 2006 年版，第 462 页。

②　参见高铭暄：《论刑事责任》，载《中国人民大学学报》1988 年第 2 期；高铭暄主编：《刑法专论》（第 2 版），高等教育出版社 2006 年版，第 468—472 页。

犯罪构成不仅决定刑事责任的质,而且在很大程度上也决定刑事责任的量(大小)。当然,刑事责任的程度不仅取决于犯罪构成,还要考虑其他的事实因素。犯罪构成是刑事案件中最基本、最主要的法律事实。但是,除犯罪构成以外,案件中还存在其他一些事实因素,也可能影响刑事责任的程度。比如,犯罪的动机,犯罪的手段,犯罪的时间、地点和环境,犯罪的对象,危害结果的大小,犯罪人的职务身份,犯罪人的精神障碍程度,以及犯罪前的一贯表现、犯罪后的态度等,都可能影响刑事责任的程度。因此,只有在研究刑事责任基础的同时,也研究影响刑事责任程度的各种事实因素,才能全面解决刑事责任问题。[①]

(五)刑事责任的实现

高铭暄教授界定了刑事责任的开始时间和终结时间。关于刑事责任的开始时间:行为人实施了犯罪行为,即为其应当负(应当被追究)刑事责任的开始时间;司法机关将行为人列为被告进行刑事追诉,即为行为人被追究刑事责任的开始时间;人民法院的有罪判决生效之时,为行为人实际负刑事责任的开始时间。关于刑事责任的终结时间:一般而言,刑罚执行完毕之日即为刑事责任的终结时间;被判缓刑者,缓刑考验期满即为刑事责任的终结时间;对于定罪而未判刑者而言,免予起诉决定或者免予刑事处分的有罪判决生效之时即为刑事责任的终结时间;等等。[②]

高铭暄教授归纳了刑事责任实现即刑事责任解决的四种方式:一是定罪判刑方式;二是定罪免刑方式;三是消灭处理方式;四是转移处理方式。[③]

十一、结　语

在犯罪总论领域,除前面所考察的高铭暄教授关于近十个问题的研究和思想外,还有个别问题未予涉及,如其关于故意犯罪停止形态问题的论述;而且即使已经涉及的问题有的也只是择重点而论述,如在共同犯罪领域只是论

---

①　参见高铭暄:《论刑事责任》,载《中国人民大学学报》1988 年第 2 期;高铭暄主编:《刑法专论》(第 2 版),高等教育出版社 2006 年版,第 463—468 页。

②　参见高铭暄:《论刑事责任》,载《中国人民大学学报》1988 年第 2 期。

③　参见高铭暄主编:《刑法专论》(第 2 版),高等教育出版社 2006 年版,第 475—476 页。

述了关于共同犯罪人的分类标准问题,而没有涉及他也有所论述的共同犯罪的其他理论问题。本专题作这种抉择,主要是为了切实展现高铭暄教授在犯罪总论领域的研究重点和学术贡献。

　　从本专题对高铭暄教授在犯罪总论领域近十个问题的理论研究和学术贡献的考察与介述,我们可以真切地感受到他对刑法学基础理论研究坚定不移的重视和热爱,以及他对事关我国刑事法治和刑法学发展方向的一些大是大非问题始终如一地旗帜鲜明和坚持原则。作为"人民教育家"高铭暄教授的弟子和晚辈刑法学人,我们不但要弘扬高铭暄先生精湛的刑法学术思想,更要努力学习他求真务实的学术精神和真挚浓郁的家国情怀。

专题六

高铭暄教授的刑罚论思想要览

目　次

一、前　言

　　高铭暄教授作为我国刑法理论体系的奠基者,也是唯一全程参与新中国第一部刑法典制定的学者,他将自己在刑法理论上的研究总结为"八个坚持":坚持并倡导罪刑法定、罪刑相适应、适用刑法人人平等、刑罚人道主义等基本原则;坚持刑法的职能是保护社会和保障人权并重;坚持实质和形式相统一的犯罪概念;坚持主客观要件有机统一的犯罪构成理论;坚持定罪量刑必须做到事实清楚、证据确实充分、程序合法、裁量适当;坚持治理犯罪必须运用综合手段,刑法是必要的,但又是有限的、谦抑的,刑法的干预要适度;坚持刑罚的目的是通过惩罚和矫正,实现特殊预防和一般预防;坚持从中国国情出发,严格控制和慎重适用死刑,逐步减少死刑,直至最后废除死刑。① 而这"八个坚持"无不与刑罚的立法与司法密切相关。作为一位极具社会责任感的学者,他的研究既有宏观的刑罚概念、刑罚性质、刑罚体系的研究,也有关于具体制度如死刑、罚金、无期徒刑、量刑制度的研究。尤其在刑罚轻缓化、死刑制度改革、未成年人和老年人刑罚从宽的制度设计方面,研究成果丰富。

在我国刑法理论研究的早期,犯罪论研究学者较多,但刑罚论研究学者较少,高铭暄教授对刑罚论的研究带动了刑事法学界对刑罚基本问题的热烈探讨。除系统地研究死刑问题之外,他较早系统地探讨了罚金、量刑、酌定量刑情节、自首、立功、社区矫正、禁止令等具体问题。

二、关于刑罚的概念与内涵

高铭暄教授在20世纪80年代便对刑罚论的基本问题进行了系统的研究,指出刑罚是统治阶级惩罚犯罪的一种制裁方法。他将刑罚根据阶级性质区分为社会主义刑罚和资本主义刑罚,对二者的具体区别阐述为:第一,从刑罚的阶级本质看,资本主义刑罚是保护剥削阶级少数人的利益,镇压广大劳动人民的工具,它具有少数人镇压多数人的反革命的性质。社会主义刑罚是人民民主专政的工具,是保护人民、打击敌人、惩罚犯罪和服务四化的有力武器,代表了广大人民群众的意志,具有广泛的人民性和深厚的群众基础。第二,从刑罚对社会所起的作用看,资本主义刑罚的任务,是保护剥削阶级的私有制,维护人剥削人、人压迫人的制度。所以,资本主义国家的刑罚对社会发展总的来说起反动的、阻碍的作用。而社会主义国家的刑罚通过对犯罪分子的惩罚,扫清社会主义革命和社会主义建设道路上的障碍,保卫社会主义现代化建设事业和人民的各项权益,对社会发展起促进作用。第三,从刑罚同犯罪作斗争的地位来说,资本主义国家由于剥削阶级本身就是产生犯罪的总根源,所以刑罚往往是维护阶级统治的工具,而且伴随着大量的残酷刑罚。社会主义国家的刑罚,由于社会主义制度的优越性,刑罚不是清除犯罪的主要手段,而是倡导综合治理。坚决反对报复主义和惩罚主义,刑罚所维护的

---

① 参见高铭暄:《我的刑法学研究历程》,载《河南警察学院学报》2020年第1期。

事业是正义的。刑罚不仅具有惩罚的作用,还具有改造罪犯和预防犯罪的作用。①

对刑罚与其他制裁手段的区别,高铭暄教授指出,刑罚与行政处罚、行政纪律处分和民事处分等是不同的,具体体现为:第一,严厉的程度不同。刑罚是最严厉的制裁方法,不仅可以剥夺犯罪人的财产,还可以剥夺其人身自由和政治权利甚至生命等;而其他的制裁方法显然达不到这一点。第二,适用的对象不同。刑罚只能对触犯刑律的犯罪分子适用;对不构成犯罪的一般违法行为,只能用其他制裁方法处理,而不能适用刑罚。第三,适用的机关和程序不同。刑罚只能由人民法院代表国家来适用,其他任何机关、团体和个人都无权适用。②

高铭暄教授在上述基础上进一步探讨了刑罚的内容。他指出,刑罚是对犯罪分子某种利益的剥夺,并且表现为国家对犯罪分子及其行为的否定评价。刑罚对被判刑的人必然造成痛苦,这种痛苦恰恰是刑罚本身的内容。另外,刑罚还包括谴责的因素,它是对犯罪行为和犯罪人的否定评价。也即谁犯了罪就应当受到刑罚处罚,这体现了国家对犯罪和犯罪人的一种严厉谴责。如果没有这种谴责的因素,也不称其为刑罚。判刑,就是国家对犯罪人的一种谴责,严厉的谴责是刑罚的一个因素。此外,惩罚和教育都是我国刑罚的内容,只有具备这两个因素,才是我国社会主义性质的刑罚。单纯的惩罚和单纯的教育都不是社会主义的刑罚。③

三、关于刑罚的目的与属性

高铭暄教授认为,刑罚的目的是国家对犯罪分子判处和适用某种刑罚方法,预期达到的结果。我国刑罚的根本目的是预防犯罪,预防犯罪包括特殊预防和一般预防。特殊预防是预防犯罪分子本人再犯罪,人民法院对犯罪分子适用刑罚的目的之一,除极个别罪大恶极、不堪改造、非杀不可的犯罪分子,依法判处死刑立即执行以外,对其他犯罪分子,主要是通过惩罚和教

① 参见高铭暄:《刑法总则要义》,天津人民出版社1986年版,第237—238页。
② 参见高铭暄:《刑法总则要义》,天津人民出版社1986年版,第239—240页。
③ 参见高铭暄:《刑法总则要义》,天津人民出版社1986年版,第223—226页。

育,把他们改造为新人,改造为去恶从善的、悔过自新的、遵纪守法的、自食其
力的新人。实践也证明,多数犯罪分子通过惩罚和教育,是能够认识到犯罪
的社会危害性以及自己犯罪的社会根源和思想根源的。① 他还指出,两种肯
定性的结果可以说明达到了特殊预防的目的:一是服刑人员因惧怕刑罚而不
敢再犯罪;二是服刑人员认识到自己的行为是不对的而选择重新做人。对于
死刑,他也指出了其特殊预防效果,死刑的结果不是改造而是彻底消灭,这是
一种特别的特殊预防。② 一般预防是通过对犯罪分子适用刑罚,警戒社会上
那些不稳定分子,也即可能犯罪的人。对于特殊预防和一般预防的关系,他
认为二者是紧密结合的、不可偏废的。人民法院在对犯罪分子适用刑罚
时,既要考虑特殊预防目的,也要考虑一般预防目的。也即在量刑时,既要考
虑所选择的刑罚轻重对犯罪分子是否恰当,也要考虑这样的判决对社会上那
些不稳定分子的警戒作用如何。刑罚的最佳效果就是两方面的预防目的都
能达到,忽视任何一方面都不能全面地实现刑罚的目的。③

　　对于刑罚目的的实现,他认为需要通过惩罚和教育相结合的手段达到。
刑罚的教育是以惩罚为前提的,是通过惩罚进行教育的。对某些有可能犯罪
的人,以刑罚为威吓,可以起到一定的预防作用和教育作用。但惩罚、惩治所
造成的痛苦,这些都不是刑罚的目的,适用刑罚不是为了报复,也不是为了造
成痛苦而造成痛苦,任何时候都不能仅仅为了造成痛苦而适用刑罚。因
此,惩罚所造成的痛苦是刑罚的手段而不是目的,要把刑罚的内容属性和刑
罚目的实现的手段区分开来。④

　　对于刑罚的属性,高铭暄教授十分强调刑罚的伦理属性,这也体现了他
在学术研究中对中国传统法律文化现代意义的挖掘。2010 年高铭暄先生撰
文提出,刑罚应体现社会伦理,并以此对我国刑事立法进行检视,指出由于我
国刑罚政策的伦理目标存在偏差等现实,有必要通过在总体的刑罚政策上树
立刑罚轻缓化的认识等措施,使得现行的刑罚政策朝刑罚应有的伦理方向调
适。他指出,从我国的政治实践来看,政策总是法律的先导。因此,为了保证
整个刑罚规范体系的价值取向一致性,确保整个刑罚规范体系的效用最大
化,应当从刑罚政策的调整入手,逐步实现由政策到法律、由法律到实践的过

---

① 参见高铭暄:《刑法总则要义》,天津人民出版社 1986 年版,第 243—244 页。
② 参见高铭暄:《刑法总则要义》,天津人民出版社 1986 年版,第 244—245 页。
③ 参见高铭暄:《刑法总则要义》,天津人民出版社 1986 年版,第 246—247 页。
④ 参见高铭暄:《刑法总则要义》,天津人民出版社 1986 年版,第 247 页。

程。这既是刑罚规范体系构成的必然,也是刑罚体现社会伦理的实践需要。①

　　他认为,现行的刑罚政策有必要朝刑罚应有的伦理方向进行调适:第一,在总体的刑罚政策上树立刑罚轻缓化的认识。犯罪的产生源于社会和个人两方面原因的共同作用。因此,着眼于同时增进社会利益与个体利益,符合社会伦理要求的刑罚政策应当是既有能力、有胆识分担产生犯罪的社会责任的政策,又是专注于实现罪刑均衡,坚持人道主义行刑方式的政策。这就要求国家承担起自身应负的责任,将原来完全由犯罪人承担的犯罪责任分担出来,从而实现刑罚轻缓化。第二,在死刑政策上树立限制死刑的认识。从体现社会伦理的角度来看,限制死刑有两方面的意思:一方面,在犯罪总量一定的情况下,对于适用死刑的罪名应当严格控制,至少对于那些不以害人性命为目的的犯罪不应该配置死刑刑种,对于那些不以害人性命为目的的犯罪配置死刑将导致轻罪向重罪、谋利性犯罪向杀人犯罪转化的恶果。另一方面,绝对死刑应予修改,死刑的适用标准应该全国统一。第三,在刑罚执行政策上树立行刑方式人道化的认识。从社会伦理的角度看,人道的行刑方式由于将受刑人当人看,保存了受刑人最基本的人格尊严,因此比野蛮、残酷、冷漠的行刑方式更符合伦理目标。应当承认,我国在人道行刑方面已经探索出许多值得立法肯定的做法,如在监狱建立学校、让罪犯学习回归社会所必需的知识和技能、让改造表现好的罪犯能够在春节与家人团聚、允许罪犯结婚、让已婚的罪犯能够定期享有天伦之乐、引入社区矫正制度,等等。当然,人道行刑的适用空间还有待于进一步拓展。②

　　高铭暄教授对于刑罚伦理化在立法和司法上都提出了完善建议(此处仅对司法适用进行阐述),高铭暄教授指出,体现社会伦理的刑罚要由书面上的法向实践上的法转变,关键还在于司法环节。司法是刑罚立法走向刑罚实践的桥梁。由于刑罚司法并不涉及权利义务的分配、刑罚种类的创制,因此刑罚司法体现社会伦理的关键在于如何将刑罚立法中的伦理特征表现出来,从而实现法律效果、社会效果与政治效果的统一。从理论上说,刑事责任意味着国家对犯罪行为作出了否定性评判。这种评判具有伦理和法律的双重属

---

① 参见高铭暄、曾粤兴:《刑罚体现社会伦理的基本途径》,载《华东政法大学学报》2010年第5期。

② 参见高铭暄、曾粤兴:《刑罚体现社会伦理的基本途径》,载《华东政法大学学报》2010年第5期。

性。伦理的评判,包含了道义和价值的内容。刑事责任的双重属性,决定了刑事司法不可能也不应当独立于伦理道德之外进行,也决定了刑罚适用的过程,应当注重刑罚的伦理效果(包括社会伦理效果和政治伦理效果)与法律效果的统一。当然,道德评判不应造成情绪化的判决结果。他所提出的非法证据排除以及刑事和解的建议,在我国刑事诉讼法之后的修改中都有所体现。对于刑罚伦理化的集中体现,他将情理法的统一与量刑制度、量刑情节相结合,进而提出了刑罚适用应当以中庸为常态。中庸与相对的公平正义,与辩诉协商制度、刑事和解制度具有内在联系,在被告人与被害人之间,进而在社会利益与个人利益之间找到利益的平衡点,这种平衡点也就是法律效果与社会效果、政治效果相统一的连结点。[①]

四、关于刑罚体系与刑罚结构

(一)刑罚体系

高铭暄教授指出,刑罚体系是刑法所规定的并按照一定次序排列的各种刑罚方法的总和。一个国家的刑罚体系,往往不是一开始就建立起来的,而是在与犯罪作斗争的过程中,随着刑罚种类的选择确定逐步形成的,我国亦是如此。[②] 目前,我国刑法规定了九种刑罚,分别由主刑和附加刑组成。

他指出,我国刑罚体系中刑种的排列顺序,是采取由轻到重的排列方法。从司法实践中适用刑种的情况综合来看,适用管制、拘役特别是有期徒刑比较多,而适用无期徒刑、死刑相对较少。这说明我国刑法既反对严刑峻法,也反对轻刑主义,而是主张罪刑相适应。我国刑罚体系是主从有别的,互相配合、有轻有重、互相衔接而形成一个完整的体系。其中,每个刑种都有它特定的内容和作用。刑种的多样性,是为了适应犯罪性质和情节的多样性,也便于体现惩办与宽大相结合的政策,实行区别对待的原则。因此,刑种不能是单一的,而必须是多样的。[③]

---

① 参见高铭暄、曾粤兴:《刑罚体现社会伦理的基本途径》,载《华东政法大学学报》2010年第5期。
② 参见高铭暄:《刑法总则要义》,天津人民出版社1986年版,第250页。
③ 参见高铭暄:《刑法总则要义》,天津人民出版社1986年版,第251—252页。

对于罚金刑,他认为罚金刑是法院依法对犯罪人(包括犯罪单位)所判处向国家缴纳一定数额金钱的刑罚方法。罚金刑的本质就是强制犯罪人向国家缴纳一定数额的金钱,使犯罪人的财产遭受损失,从而实现刑罚的惩罚。在现代社会,财产权是人的重要权益,在某种程度上是人的价值的体现,是人的健康、自由、尊严、财富甚至生命的重要支撑和基础。对金钱权益的剥夺,必然会使人产生痛苦,有时甚至是强烈的痛苦。因为剥夺犯罪人某种权益,是国家创制刑罚的前提和基础。由于金钱是人的一项重要权益,所以剥夺金钱自然能够成为一种刑罚方法,通过剥夺金钱而使犯罪人产生痛苦体现了罚金刑的本质。同时,罚金刑通过剥夺某人的物来惩治其人,在作用于有罪者的财产上谴责有罪者的人格,从这一意义上说,罚金刑也是人格刑的刑罚。即使不像自由刑那样明显,但在一定限度内仍能收到教育效果。他指出,罚金刑的优点也是明显的:一是罚金刑特别能够体现刑罚的宽缓和文明进步。二是罚金刑适用于初犯者、过失犯者,能起到所期待的惩治效果。三是罚金刑误判易纠,一旦发现误判,可以将判罚的金钱本息全部返还给受刑人,使误判得到比较彻底的纠正。四是罚金刑作为对轻微犯罪的刑罚,能够避免短期自由刑的弊害,避免犯罪人在狱中感染更深的恶习,避免犯罪人对社会生活的不适应,避免影响犯罪人的家庭生活。五是罚金刑符合刑罚发展的一般规律,即刑罚由重到轻、由封闭到开放、由残酷到人道的发展规律和世界刑罚发展趋势。罚金刑也是一种针对性很强的科学而有效的刑罚,可以很好地体现刑罚处罚的系统性、严密性、针对性和有效性。① 他指出,从我国的立法和司法实际情况看,在罚金刑制度的设计、规定和运用上还存在着一些不足和缺陷,这些后天的弊端使得罚金刑先天的弊端得以放大,并严重影响到宽严相济刑事政策的体现和贯彻。② 为此,高铭暄教授对罚金刑的改革提出了相应的立法建议。

对于无期徒刑,高铭暄教授明确指出,只有无期徒刑才是理想的死刑替代措施。因为死刑替代措施须以刑罚体系为基础,以废除或限制死刑实际适用为前提,以保持足够威慑力为目的而不以剥夺生命为内容。也即,在死刑实际不适用的情况下,"最严厉"的刑罚只能针对控制自由而为,只要具备严格控制自由的功能,就能够起到替代死刑的作用,而不是"准剥夺生命"的

---

① 参见高铭暄、孙晓:《宽严相济刑事政策与罚金刑改革》,载《法学论坛》2009 年第 2 期。
② 参见高铭暄、孙晓:《宽严相济刑事政策与罚金刑改革》,载《法学论坛》2009 年第 2 期。

"关到死"。我国1979年刑法到1997年刑法适用的现状表明,我国规定的无期徒刑的适用总体效果是好的,它实际承担着死刑减轻处罚所赋予的重任,具有较强的威慑力。因此,只要通过适当改良,就能够产生足够的类似于死刑的威慑力。① 高铭暄教授进而提出了对无期徒刑的改良建议,他指出,绝对性无期徒刑或终身监禁的方案取消了减刑、假释制度在无期徒刑中的适用,值得商榷:第一,绝对性无期徒刑的残酷性未必逊色于死刑。以绝对性无期徒刑取代死刑是在人的终身自由与生命之间画上价值等号,对于那些更崇尚自由的罪犯而言,无疑是加重了处罚。第二,有侵犯人权之嫌。现代文明条件下的刑罚所追求的人权保护要求国家在惩罚犯罪的时候,以一种人性的态度来对待罪犯,保障犯罪人应有的权利。国际社会人权文件几乎无一例外地规定,任何死刑犯均有权请求减刑或者赦免,这是死刑犯的基本权利。因此,无减刑、无假释的绝对性无期徒刑不利于保障罪犯的基本权利。第三,片面地强调报应和惩罚,忽视对罪犯的改造。以"人本位制"的矫正主义取代"刑本位制"的报应主义是刑罚发展的方向。传统意义上的终身监禁的终极目的仅在于单纯地惩罚罪犯,带有明显的复仇与报应论倾向,不利于刑罚预防、矫正目的的实现。② 他认为在不改变中国刑罚体系的大框架背景下,比较务实的态度是改良无期徒刑。他提出,作为替代死刑的方法,应设置无期徒刑先予关押期的方法:先予关押期的期限为10年,在这个期限内,罪犯一律不得被减刑或假释,待关押期届满后,再根据罪犯的悔罪、立功情况和人身危险性强弱综合考虑是否给予减刑、假释。③ 为此,他提出,不得假释的终身监禁不符合"人总是可以改造"的基本理念,也不符合"废除或限制死刑"的目的。

对于非刑罚的处理方法,他认为是指人民法院对犯罪分子予以刑事附带民事的强制处分或对免予刑事处分的犯罪分子采取教育的措施或由主管部门予以行政处分的总称。非刑罚的处理方法不是刑罚,不具有刑罚的性质和作用。但是,它对于伸张正义、保护被害人利益和教育犯罪分子有着重要的作用。在一定意义上讲,非刑罚的处理方法是刑罚的必要补充。我国刑法规定的非刑罚的处理方法包括三类:一是刑事损害赔偿,二是训诫、责令具结悔过、赔礼道歉、赔偿损失,三是由主管部门予以行政处分。以上三类都不是刑

① 参见高铭暄、楼伯坤:《死刑替代位阶上无期徒刑的改良》,载《现代法学》2010年第6期。
② 参见高铭暄、楼伯坤:《死刑替代位阶上无期徒刑的改良》,载《现代法学》2010年第6期。
③ 参见高铭暄、楼伯坤:《死刑替代位阶上无期徒刑的改良》,载《现代法学》2010年第6期。

罚方法,不属于刑罚种类。受过这些方法处理的,与受过刑事处分是有原则性不同的。①

对于附加刑,高铭暄教授结合环境犯罪治理,提出伴随环境犯罪治理由事后惩治向事前预防的转变,附加刑的价值日益凸显,其能够有效威慑潜在环境犯罪,限制犯罪人的再犯能力,较好地实现刑罚目的。他认为,与主刑相比,附加刑是相对轻缓的刑罚,不会剥夺或限制犯罪人的自由,可以在保证经济发展的同时,尽快修复环境。附加刑在预防环境犯罪方面往往能比主刑取得更好的效果。附加刑的轻缓性,为刑法在环境犯罪领域的提前介入提供了前提,进而可以有效预防环境犯罪,促进受损环境的恢复。与主刑相比,附加刑在节约司法资源方面也有着巨大的优势。我国环境犯罪罚金刑在适用方式、数额确定与执行路径方面尚存不足,应从扩大选科罚金适用、采取日额罚金制和罚金易科制度等方面进行完善。作为相对严厉的附加刑种,没收财产刑应扩大适用到环境公害犯罪中,以更好地惩治与预防重大环境犯罪,体现宽严相济的刑事政策。职业禁止制度可暂时适用于环境犯罪,由于当前的资格刑体系已无法满足环境犯罪的治理需要,从长远来看,应增设新的资格刑,限制或剥夺犯罪人从事某职业或行业的资格,充分发挥刑罚的预防功能。②

(二)刑罚结构

对于刑罚结构,高铭暄教授认为是各种刑罚方法在刑罚体系中的组合形式,更具体地说,即刑种配置比例,除此之外,还有不同刑种之间的相互衔接、协调。刑罚功能的充分发挥需要一个合理的刑罚结构,不仅要求不同刑种在刑罚体系中配置比例适当,而且要求不同位阶的刑种之间衔接恰当。在《刑法修正案(八)》出台之前,高铭暄教授多次指出,我国目前的刑罚结构是以死刑、自由刑为中心的,从世界范围内来看属于重刑结构。这一刑罚结构的不合理性不仅仅在于过重的刑罚设置,尤其是过多的死刑罪名,而且在于我国刑罚体系存在着结构性缺陷,这就是死刑过重,生刑过轻。③

① 参见高铭暄:《刑法总则要义》,天津人民出版社1986年版,第285—287页。
② 参见高铭暄、郭玮:《论环境犯罪附加刑的目的、价值与完善》,载《甘肃社会科学》2021年第1期。
③ 参见高铭暄、陈璐:《〈中华人民共和国刑法修正案(八)〉解读与思考》,中国人民大学出版社2011年版,第45—53页。

高铭暄教授认为我国刑罚结构存在生刑和死刑的断裂,原因有两个:第一,刑罚执行制度设计的缺陷。这是造成我国刑法中死刑与生刑衔接断裂的立法原因,也是最根本的原因。由于刑法规定的死缓和无期徒刑减为有期徒刑以后实际执行的刑期过短,使得死缓和无期徒刑实际上成为有期徒刑的变相执行方式,无法体现死刑、无期徒刑作为独立位阶刑种的刑罚功能。而且司法机关据以减刑、假释的规范根据并不集中,散见于刑法、刑事诉讼法及司法解释中,适用起来有诸多不便,不利于统一操作,影响了减刑、假释制度的执行。第二,司法实践操作失范。这是造成死刑与生刑衔接断裂的司法原因。实践中,减刑、假释的权力很大程度上受执行机关的主导,而执行机关普遍采用的是百分考核制。由于服刑人认罪服法、认真接受教育改造等思想改造状况难以量化,实际上在考核制度中参加劳动完成生产任务的分值所占的比例最大,所以这一考核制度并不能真正反映罪犯的思想改造状况,由此形成的监狱呈报减刑的标准与法院审理减刑案件的标准难以衔接。而且人民法院在审理减刑、假释案件时,多采用书面审理,实行成批裁定,难以了解罪犯的真实情况,这直接造成减刑、假释案件的审理、监督程序在一定程度上把关不严,监督不力。① 其产生的负面影响,高铭暄教授归纳为三个方面:第一,难以实现生刑惩罚、预防犯罪的功能。由于死缓、无期徒刑在司法实践中实际执行的刑期过短,使得该刑罚的严厉程度与犯罪的社会危害性程度不相适应,难以实现刑罚惩治犯罪的功能。如此的刑罚执行示范作用必定无法震慑社会上的不安定分子,从而难以实现刑罚预防犯罪的功能。第二,生刑惩罚的效果不彰直接导致公众对死刑的依赖。死缓和无期徒刑是仅次于死刑立即执行的严厉的刑罚措施,而其畸轻的执行结果使得死缓和无期徒刑在民众心中的信赖感和认同感大大降低,人们不得不把惩治严重犯罪的希望寄托在死刑上,这也是死刑观念在我国民众心中难以革除的根本原因之一。第三,难以实现刑罚执行制度的设计初衷。刑法设置减刑和假释的刑罚执行制度,目的是加速罪犯改造,鼓励其弃恶从善、改过自新,实现刑罚预防犯罪的功能。但是这种弃恶从善、改过自新应当建立在充分服刑改造的基础之上,而不能僭越刑罚本身,否则将会给人本末倒置的感觉。由于减刑、假释制度设计本身的原因使得死缓和无期徒刑实际执行的刑期过短,而在较短的刑

---

① 参见高铭暄、陈璐:《〈中华人民共和国刑法修正案(八)〉解读与思考》,中国人民大学出版社 2011 年版,第 45—53 页。

期内根本无法实现对人身危险性较大的犯罪人的教育改造,反而容易使犯罪人利用制度逃避惩罚,不但难以实现生刑惩罚犯罪的功能,而且背离了刑罚执行制度的设计初衷。对于《刑法修正案(八)》对我国刑罚结构的调整,他认为这是具有开创性的重要一步,未来仍需要循着刑罚结构轻缓化的模式继续完善。①

五、关于量刑的基本理论

(一)量刑的概念和意义

高铭暄教授认为,量刑是人民法院刑事审判工作的重要一环,是运用刑罚武器同犯罪作斗争的一种具体审判活动,它作为实现刑法打击敌人、惩治犯罪、保护人民、服务四化的一种具体审判活动,对于达到刑罚一般预防和特殊预防的目的,都具有重大的意义。他认为只有正确地量刑,才能够准确地打击犯罪,有效地保护人民。也只有正确地量刑,才能起到惩罚和改造犯罪分子,教育广大人民群众的作用。② 对于 20 世纪 80 年代的社会治理状况,高铭暄教授更是结合实践提出了量刑的具体意义,他提出为了维护社会治安,保护人民群众生命财产的安全,巩固和发展安定团结的政治局面,保障社会主义现代化建设的顺利进行,必须严厉打击杀人犯、放火犯等严重刑事犯罪分子。特别是对那些极端凶残、民愤极大的罪犯,必须依法给予最严厉的制裁。③ 这对于当时社会的稳定发挥了重要作用。

(二)量刑的基本原则

在司法实践中,要做到对经济犯罪打击适度,就要很好地掌握罪刑相适应和刑罚个别化的原则。判案时主要看罪行本身的社会危害性程度,同时也要看罪犯本身的一贯表现和犯罪后的态度。也就是说,要将犯罪的社会危害性与罪犯的人身危险性结合起来考虑。因为犯罪是适用刑罚的基础,而犯罪分子是适

---

① 参见高铭暄、陈璐:《〈中华人民共和国刑法修正案(八)〉解读与思考》,中国人民大学出版社 2011 年版,第 45—53 页。

② 参见高铭暄:《刑法总则要义》,天津人民出版社 1986 年版,第 288 页。

③ 参见高铭暄:《刑法问题研究》,法律出版社 1994 年版,第 254 页。

用刑罚的对象,适用刑罚不是单纯搞报复主义,不是把罪犯看成铁板一块,所以不能不把已经犯下的罪行和尚待处理的活生生的罪犯这个人的罪前表现和罪后态度加以结合,做到具体情况具体分析,区别对待,正确量刑。①

量刑的一般原则包括两个:一是量刑必须以犯罪事实为根据的实事求是原则;二是量刑必须以刑法为准绳的法制原则。这两个原则是紧密联系的。犯罪事实包括犯罪的性质、犯罪的情节和犯罪对社会的危害程度等几个方面。这几个方面是相互联系、紧密结合的。所谓犯罪的性质,就是指犯的什么罪,特别是要弄清它具备了刑法分则中哪个罪的犯罪构成要件。弄清犯罪性质,也就是定性准确,对于量刑有着重大的意义。所谓犯罪的情节,就是指表明犯罪的各种具体事实情况。犯罪的性质、情节决定犯罪的社会危害性程度。刑法是定罪量刑的准绳,定罪、量刑都离不开刑法。定罪就是确定某种行为是否具备刑法所规定的犯罪构成的要件。一般来说,量刑是在刑法相应条款所规定的量刑幅度内来选择刑种和刑度。从重、加重、从轻、减轻和免除处罚,这是直接体现量刑宽严的几种不同的处理原则。无论是从重、加重处罚,还是从轻、减轻、免除处罚,都要有一个前提,这就是要有相应的情节。把从重、从轻机械地理解为就是法定刑中线以上、以下,或者理解为几个刑种当中最重、次重和最轻、次轻,都是不妥当的。选定法定刑中的哪一个刑种和刑度,要综合分析,全面考虑,根据整个案情而定。条文这样规定是符合辩证法,有利于司法实际工作的。②

(三) 量刑情节

高铭暄教授指出,刑法中的情节是表明行为和行为人的各种具体情况。任何犯罪案件,都必然会包含许多情节。情节按照不同的标准,可以分为七类:第一,按照情节对定罪和量刑所起的作用,可以分为定罪情节和量刑情节。定罪情节,是指对犯罪的成立、是重罪还是轻罪、此罪还是彼罪起决定作用的情节。因此,定罪情节的一个显著特点,就是它和犯罪构成的要件连在一起,总是散居在各个犯罪构成的要件之中。量刑情节,是指决定犯罪人是否要判处刑罚,以及判处刑罚轻重的情节。但是,定罪情节和量刑情节的划分是相对的,有些情节同时可以是定罪情节和量刑情节,如犯罪预备。第

---

①　参见高铭暄:《在整个改革开放过程中都要打击经济犯罪——学习〈邓小平文选〉的一点体会》,载《求是》1995 年第 11 期。

②　参见高铭暄:《论量刑的一般原则》,载《中国政法大学学报》1983 年第 1 期。

二,按照是否为法律规定,可以分为法定量刑情节和酌定量刑情节。法定量刑情节,是指刑法规定的对定罪和量刑起作用的一些情节。酌定量刑情节,是指在法定情节以外的、由司法人员灵活掌握的、主要影响对犯罪人的量刑,有时候也可能影响定罪的一些情节。第三,根据由刑法何部分规定,可以分为总则性情节和分则性情节。总则性情节的适用范围大些,分则性情节则是关于某一罪的规定。第四,以情节存在于犯罪时间的先后顺序为标准,可以分为罪前情节、罪中情节、罪后情节。一般而言,定罪时主要考虑罪中情节,并且是决定性的作用。而罪前情节和罪后情节主要是对量刑起作用,个别情况下可能对定罪有一定的作用。第五,以情节在决定对犯罪人处罚轻重上所起的作用为标准,可以分为从严处罚的情节和从宽处罚的情节。从严处罚的情节,是指司法人员在适用刑罚时所应当考虑的对犯罪人从重处罚、加重处罚的情节,从重处罚和加重处罚是从严处罚的两种幅度。从宽处罚的情节,是指司法人员在适用刑罚的时候考虑的对犯罪人从轻、减轻或者免除处罚的情节。第六,以情节具有从宽或从严的功能个数为标准,可以分为单功能情节和多功能情节。我国刑法规定的情节,从宽处罚的情节多为多功能情节,而从严处罚的情节大多是单功能情节。第七,根据情节对量刑是否必然产生影响为标准,可以分为"应当"情节和"可以"情节。①

对情节在刑事立法中的体现,高铭暄教授认为情节在刑法中不是集中地列举,而是采取分散性规定。分散性规定的好处是可以根据情节的不同,条文叙述有详有简,比较清楚,比较准确。比如"自首"单独设一节,规定比较细,"累犯"一节用了两个条文,如果集中规定,就不能写得那么详细了。但是,分散性规定也有其缺点。它散见各条,如果对条文不熟,运用起来容易顾此失彼。在一个案件中,可能同时存在几个从严、从宽的情节,情节多了,就不容易掌握。②

为了便于掌握运用,他认为有必要将刑法和有关法律中分散性规定的情节加以排列。①可以加重处罚,直至判处死刑的情节。②应当从重或者加重处罚的情节。③应当从重处罚的情节。④可以从轻处罚的情节。这种仅限于犯罪以后自首的(1979 年《刑法》第 63 条)。⑤可以从轻或者减轻处罚的情节。⑥应当从轻或者减轻处罚的情节。⑦可以从轻、减轻或者免除处罚的

---

①　参见高铭暄:《刑法问题研究》,法律出版社 1994 年版,第 271—279 页。
②　参见高铭暄:《刑法问题研究》,法律出版社 1994 年版,第 271—279 页。

情节。⑧应当从轻、减轻或者免除处罚的情节。⑨可以减轻或者免除处罚的情节。⑩应当减轻或者免除处罚的情节。⑪可以免予刑事处分的情节,包括犯罪情节轻微不需要判处刑罚的。①

高铭暄教授将法律明文规的情节分11类共37种情节,其中总则性的情节21种,分则性的情节16种,称为法定情节。在排列的这些情节中,有的属于"应当",有的属于"可以"。"应当"是硬性规定,人民法院必须这样做。"可以"带有倾向性,但不是硬性规定,要不要这样做,由人民法院根据具体情况选择决定。②

对于加重处罚情节和减轻处罚情节的适用,他认为加重处罚,是指高于法定刑的最高刑判处刑罚,不是指最高刑本身。减轻处罚,是在"法定刑以下"判处刑罚,这里的"法定刑以下"应当是低于法定刑而不包括本刑在内。减轻处罚是低于法定刑的最低刑判处刑罚。至于减轻多少,由人民法院酌情处理。不过也有一定的原则:同一个刑种减轻的,不能减轻到法律对这个刑种所规定的最低限度。比如法定刑是 3 年以上 10 年以下有期徒刑,可以减轻到 2 年、1 年甚至 6 个月,但无论如何不能减到不满 6 个月,那样就不称其为有期徒刑了。减轻能不能减为另外一种更轻的刑种?法律虽没有明确规定,但在某些场合,逻辑上是可以作这种理解的。对于减轻处罚,包括法定减轻和酌定减轻,对于酌定减轻有一个限制,就是必须经人民法院审判委员会讨论决定,而不能由审判员或者合议庭说了算。作这样的限制是必要的,因为这些情节毕竟不是法律规定的。③

在多功能情节中,如何选择从轻、减轻和免除处罚三种功能,高铭暄教授认为,有以下三点值得参考:一是案件本身的情况;二是从宽情节本身的情况,即使杀人未遂这一相同的情节,也要区别对待;三是参照刑法规定的从宽处罚功能的排列顺序。④

---

① 参见高铭暄:《刑法总则要义》,天津人民出版社 1986 年版,第 294—300 页;高铭暄:《论量刑的一般原则》,载《中国政法大学学报》1983 年第 1 期;高铭暄:《刑法问题研究》,法律出版社 1994 年版,第 259—263、280—285 页。

② 参见高铭暄:《刑法问题研究》,法律出版社 1994 年版,第 271—279 页。

③ 参见高铭暄:《刑法总则要义》,天津人民出版社 1986 年版,第 277—285 页;高铭暄:《论量刑的一般原则》,载《中国政法大学学报》1983 年第 1 期;高铭暄:《刑法问题研究》,法律出版社 1994 年版,第 259—263、280—285 页。

④ 参见高铭暄:《论量刑的一般原则》,载《中国政法大学学报》1983 年第 1 期;高铭暄:《刑法问题研究》,法律出版社 1994 年版,第 259—263、280—285 页。

　　从重、从轻的情节竞合的处理,高铭暄教授认为,把从重、从轻机械地理解为就是法定刑中线以上、以下,或者理解为几个刑种当中最重、次重和最轻、次轻,都是不妥当的。我国刑法规定"犯罪分子具有本法规定的从重处罚、从轻处罚情节的,应当在法定刑的限度以内判处刑罚",这里没有说中线以上、以下或者最重、次重、最轻、次轻。条文意思是说,有从重处罚的情节,或者有从轻处罚的情节,是在法定刑的限度以内,比没有这个情节相对要重一些或者相对要轻一些。有这个从重情节与没有这个情节相比,有这个情节要重,有这个从轻情节与没有这个情节相比,有这个情节要轻。但是,究竟是在法定刑中线以上,还是在法定刑中线以下?究竟是选定法定刑中的哪一个刑种和刑度?则要综合分析,全面考虑,根据整个案情而定。条文这样规定是符合辩证法,有利于司法实际工作的。①

　　对于酌定量刑情节的适用,高铭暄教授十分重视对其研究,他认为在理解上应当特别注意以下几个方面:首先,酌定量刑情节应是刑法总则和分则都没有作出明文规定的情节。因此,具体酌定量刑情节的内容,只能由审判人员从实践中进行概括总结。由于其内容不具有法定性,因而,各个具体犯罪,甚至一个罪名的不同法定刑幅度内,酌定量刑情节都可能是不同的。其次,酌定量刑情节是法律没有明文规定的,但这并不等于酌定量刑情节的适用没有法律依据。实际上,我国《刑法》第37条(非刑罚处罚措施)、第52条(罚金数额的裁量)、第61条(量刑的根据)、第63条第2款(酌定减轻处罚)中所称的"犯罪情节轻微""犯罪情节""情节"或"特殊情况",即包括酌定量刑情节或仅指酌定量刑情节。除此之外,我国刑法分则中许多以"情节较轻""情节严重""情节特别严重"或"情节恶劣"等来确定犯罪的法定刑幅度的条款中,所谓"情节"也包括了酌定量刑情节。最后,酌定量刑情节必须能够对犯罪的社会危害性和犯罪人的人身危险性造成影响。因而,仅仅只是外在地影响一般预防需要大小的因素,如民愤、社会形势的好坏、犯罪发案率的高低等,就不能成为酌定量刑情节。②

　　他指出,酌定量刑情节与宽严相济的刑事政策具有天然的密切联系。在刑事司法各项工作中,与犯罪人关系最为直接、人民群众最为关心的,便是量

　　① 参见高铭暄:《刑法总则要义》,天津人民出版社1986年版,第295—297页;高铭暄:《论量刑的一般原则》,载《中国政法大学学报》1983年第1期;高铭暄:《刑法问题研究》,法律出版社1994年版,第259—263、280—285页。

　　② 参见高铭暄:《宽严相济刑事政策与酌定量刑情节的适用》,载《法学杂志》2007年第1期。

刑。因此,宽严相济能否得到实现,量刑是一个至为关键的环节。在量刑中,协调刑罚轻重的,除个罪的法定刑幅度之外,最重要的当然是法定量刑情节。然而,法定量刑情节的根本特征在于,它是法律明确规定的,不允许司法者进行任意取舍的量刑情节,因此,法定量刑情节对刑罚轻重的调节是刚性的、固定的。而与之相对,酌定量刑情节则没有具体规定在刑法中,法官可以依据自由裁量权进行甄别取舍,因此,酌定量刑情节是掌握在法官手中,决定刑罚轻重的一个弹性的、灵活的调节器。不仅如此,与法定量刑情节相比,酌定量刑情节是广泛存在的,几乎所有的刑事案件中,都有酌定量刑情节的存在,因而,酌定量刑情节一旦受到充分重视,必然对宽严相济的刑事政策的实现起到不可小觑的作用。①

　　高铭暄教授认为,在宽严相济的刑事政策指导下,应当进一步重视酌定量刑情节在刑事司法中的地位和作用,当前,特别应当注意做好以下几个方面的工作:其一,重视酌定量刑情节在限制死刑中的作用,他认为,重视酌定量刑情节在死刑案件中的作用,就是司法中限制死刑一条切实可行的道路。高铭暄教授曾经建议由最高人民法院针对常见的死刑罪名中的酌定量刑情节细化,并且通过司法解释的形式规定,某些酌定量刑情节出现后就可以不适用死刑,以此统一死刑适用标准、减少死刑适用比例。今天看来,这种观点是可行的,并且也得到了最高人民法院的重视。在常见的死刑罪名中,例如,故意杀人罪中,如果存在被害人过错、犯罪动机情有可原、犯罪后与被害人家属达成赔偿谅解协议等酌定量刑情节,一般情况下,就可以不适用死刑立即执行。其二,重视酌定量刑情节对法定量刑情节的调节。法定量刑情节是法律明文规定的、必然对量刑结果产生影响的情节,因而,法定量刑情节是明确的、具体的。但是,法定量刑情节的明确、具体,并不等于法定量刑情节完全是绝对的、僵化的。许多法定量刑情节,仍体现了相当大的灵活性,如何适用,仍需要依赖法官的具体判断。如犯罪未遂,刑法规定的是可以从轻或减轻处罚。在这种情况下,究竟是从轻处罚还是减轻处罚,甚至不从宽处罚,就要求司法人员以宽严相济的刑事政策为指导,结合酌定量刑情节进行具体考虑。而他认为,如果在法定量刑情节出现的同时,还存在一些酌定从宽的情节,司法工作者就应当结合酌定量刑情节,尽可能在法定量刑情节允许的范围内从宽处罚。如对于未遂犯,法律规定的是可以从轻或减轻处

---

①　参见高铭暄:《宽严相济刑事政策与酌定量刑情节的适用》,载《法学杂志》2007年第1期。

罚,如果某一犯罪分子实施了盗窃行为,并且盗窃未遂,但是,完全是出于生活所迫而盗窃,犯罪动机不恶劣;或者一贯表现良好,完全是一时贪念使然等,那么,司法者就可以以这些酌定量刑情节为根据,结合法定量刑情节,尽可能对这样的盗窃犯减轻处罚,甚至不捕不诉。其三,重视酌定量刑情节在轻罪案件中的作用。所谓轻罪,根据我国学者的界定,一般是指法定刑为 5 年以下有期徒刑的犯罪。轻罪案件,往往介于可捕可不捕、可诉可不诉、可判可不判之间。高铭暄教授认为,对轻罪案件中的犯罪人,如果一味地逮捕、起诉、判刑,很多情况下,不仅极大地浪费了国家宝贵的刑罚资源,极易在犯罪人身上留下刑罚的烙印,造成犯罪人狱中的交叉感染、出狱后再社会化困难;而且,还可能使犯罪人家属精神上蒙受巨大的阴影,不利于社会主义和谐社会的建设,也有悖于刑法的谦抑性精神。因此,对于轻罪案件,高铭暄教授认为应当尽可能实现非犯罪化、非刑罚化、非监禁化。而在这一过程中,酌定量刑情节可以发挥重要作用。司法者应当以宽严相济的刑事政策为指导,善于发现并充分重视轻罪案件中的酌定量刑情节。一旦存在酌定从宽情节,就尽可能在法定刑限度内判处较轻的刑罚,能判处管制、拘役的,就不要判处有期徒刑;符合缓刑法定条件的,就应当适用缓刑。某些情况下,甚至还可以以《刑法》第 37 条为根据,对于犯罪情节轻微不需要判处刑罚的,免予刑事处罚,根据案件的不同情况,予以训诫或者责令具结悔过、赔礼道歉、赔偿损失,或者由主管部门予以行政处罚或者行政处分。其四,重视酌定量刑情节在未成年人犯罪中的适用。高铭暄教授指出,基于未成年人特殊的生理、心理特征,我国对未成年人犯罪一贯采用"教育为主、惩罚为辅"的刑事政策,在未成年人犯罪的罪与非罪、重罪与轻罪界限不是特别明晰的情况下,以宽严相济的刑事政策为指导,尽可能借助犯罪中具体的酌定量刑情节,实现未成年人犯罪的非犯罪化、非刑罚化、非重刑化。[①]

　　对于酌定量刑情节的法定化,高铭暄教授指出,我国自首制度设置的门槛有些高,不但要求犯罪分子坦白,还要求主动归案。司法实践中,被动抓捕归案的犯罪嫌疑人如实供述自己罪行的行为一直是作为酌定从轻情节在刑罚裁量时发挥作用的,但是由于法无明文规定和操作不当,坦白这一可以酌定从轻的情节常常得不到落实,要么成为侦查人员诱供的工具,要么侦查机关、检察机关和审判机关对待坦白的态度不一致,从而使坦

---

① 参见高铭暄:《宽严相济刑事政策与酌定量刑情节的适用》,载《法学杂志》2007 年第 1 期。

白从宽这一有利于鼓励犯罪人改过自新的制度不能够充分发挥作用。对于立法将其法定化为法定从宽情节,高铭暄教授给予了高度评价,认为这是积极贯彻宽严相济的刑事政策的结果,是量刑制度进一步科学化、规范化的表现,将更有助于充分发挥坦白从宽制度的功效,减少对抗,促进司法公正。① 高铭暄教授对被害人过错情节也予以专门研究,他认为被害人过错指的就是被害人出于主观上的故意或过失,侵犯他人合法利益,诱发他人的犯罪意识、激化犯罪人的犯罪程度的行为。由被害人在刑法中的重要地位及被害人过错在刑罚裁量中的重要影响所决定,应当在立法上将被害人有过错的可以从轻或减轻犯罪人的刑罚这一酌定情节法定化。实际上,这也是当前限制死刑的需要。②

(四)量刑制度规范化

高铭暄教授认为,定罪是否准确固然重要,量刑是否适当也具有同等重要的意义,两者不可偏废。随着民主与法制的发展,司法经验的积累,量刑的精确化问题应该提上议事日程,予以充分重视。2007 年,最高人民法院正式启动量刑规范化改革,无疑印证了高铭暄教授早在 1993 年提出该建议的前瞻性。

量刑制度是刑法明文规定的对犯罪分子是否判处刑罚、判处多重的刑罚及决定刑罚是否立即执行等一系列规范的总称。任何一个国家量刑制度的形成与修改都有其特定的依据,并在量定刑罚的过程中发挥着重要作用。刑法关于量刑原理、原则、方法、制度等问题的科学、合理的规定是实现正确量刑的前提。为了在量刑中切实贯彻罪刑相适应原则以及刑罚个别化原则,充分保证量刑的科学、合理,我国刑法规定了一系列量刑制度,如减轻处罚制度、累犯制度、自首制度、立功制度、数罪并罚制度以及缓刑制度。这一系列量刑制度以犯罪的社会危害性和犯罪人的人身危险性为制定依据,旨在实行区别对待,体现宽严相济的刑事政策的要求,最大限度地实现刑法惩治犯罪、维护社会秩序和保障人权的功能。③

---

①　参见高铭暄、陈璐:《〈中华人民共和国刑法修正案(八)〉解读与思考》,中国人民大学出版社 2011 年版,第 54—62 页。

②　参见高铭暄、张杰:《刑法学视野中被害人问题探讨》,载《中国刑事法杂志》2006 年第 1 期。

③　参见高铭暄:《宽严相济刑事政策与酌定量刑情节的适用》,载《法学杂志》2007 年第 1 期。

高铭暄教授认为,量刑制度的功能主要体现在以下两个方面:第一,规范功能。量刑制度的功能首先体现为规范功能,即量刑制度为法官的刑罚裁量提供明确的规范,以防止法官滥用刑罚裁量权。量刑制度的运用意味着对刑法分则具体罪名法定刑的修正,是从某个量刑幅度精确到具体刑罚的过程,它不是一项机械化的程式过程,在量刑过程中,法官的思维始终处在理性与经验的碰撞与融合中,虽然法律试图尽力为量刑提供一个可靠、稳定、统一的裁定标准,但是具体的案件形态纷繁多样,法律无论如何也无法穷尽一切量刑因素而给法官提供一个一成不变的标准模式,法官在量定刑罚的时候,不可避免地受到其情感、习惯、背景、经历、地位的影响,为了使法官裁量刑罚的权力不致无节制地滥用,就必须有相关的法定刑和量刑制度的规范与限制。第二,区别对待功能。虽然刑法分则对每一种犯罪都规定了具体的法定刑,但是具体案件情形各异,为了实现罪刑均衡,必须根据行为事实、行为性质、情节、行为社会危害性、行为人人身危险性以及刑法对特殊群体的保护等对量刑作出轻重不同的区别对待。分清不同情况区别对待,历来是我国基本刑事政策(先是"惩办与宽大相结合",后是"宽严相济")的精髓。在我国早期的刑法学研究中,曾有人将区别对待看成只是西方资产阶级刑罚个别化原则的体现,认为这是主观主义刑事学派提倡的片面夸大犯罪主体与主观方面的唯心主义理论,在本质上与我国主客观相统一的刑法理论相违背,从而对其持否定态度。但是随着刑法理论研究的纵深发展及现代人权观念的普及,学者们很快发现,虽然区别对待原则是资产阶级刑法学家较早提出来的,但是它并不是资产阶级国家的专有物,不同法律文化、法律制度的国家亦可以批判地借鉴其中的合理因素,促进刑罚的个案公正与社会认同。彼时就有学者指出,刑罚个别化,是资产阶级刑事社会学派提出的刑事政策的基本原则之一,社会主义刑法对此应当采取什么态度,在我国刑法理论中尚未展开充分研究。犯罪应受惩罚,但我们决不采取报复主义政策,惩罚的根本目的和出发点在于预防犯罪,因此对于罪犯不仅要根据其所犯罪行之轻重,考虑对其是否应当判刑或者本应重判或轻判,而且要考虑根据罪犯的个人情况是否需要判刑或者是否需要重判或轻判。这就是说,在坚持罪刑相适应原则的前提下,使刑罚个别化,是达到量刑适当的基本保证。而量刑制度正是实行区别对待、实现司法公正的制度保证。①

① 参见高铭暄:《宽严相济刑事政策与酌定量刑情节的适用》,载《法学杂志》2007年第1期。

对于我国量刑制度设计存在的问题,高铭暄教授认为主要表现在三个方面:第一,量刑制度规范宽泛有余,细致不足;第二,从宽裁量和从严裁量的规定都有待扩展;第三,有期自由刑数罪并罚后实际执行的刑期过短,难以实现与无期徒刑的合理对接。这些不足使得审判实践中量刑制度的功能不能充分发挥,例如减轻处罚的幅度不明确造成量刑的畸轻畸重、缓刑适用条件过于宽泛造成缓刑适用的不统一等。①

六、关于社区矫正

随着行刑社会化的发展,社区矫正在世界各国被普遍采用。对于社区矫正,高铭暄教授的思想主要包括:

(一)社区矫正写入刑法的价值

2011 年,伴随社区矫正写入刑法,高铭暄教授指出其具有五个方面的重要意义:

1. 从刑事立法精神上有力地回应了国际社会行刑社会化的要求

高铭暄教授认为,从刑罚目的上看,社区矫正明确在刑法中加以规定,从立法上明确确立了行刑社会化理念,使得社会化行刑有章可循,有法可依,有利于纠正司法实践中的报应刑主义和重刑主义的思想;从刑事政策来看,社区矫正的立法,也是贯彻落实我国宽严相济的刑事政策的具体体现,充分体现了我国对犯罪分子"教育、感化、挽救"和"惩罚与改造相结合、教育和劳动相结合"的方针和政策;这是积极推进司法体制改革的迫切需要,也是对完善中国特色的刑罚执行制度的有益探索;社区矫正写入刑法顺应了国际社会行刑社会化的潮流。社区矫正此次写入刑法,无疑是我国行刑社会化发展中的一次里程碑式的规定,是对联合国公约的积极回应,表明了我国负责任大国的态度。②

2. 确立了相辅相成的两大矫正体系

在我国刑事立法中明确规定社区矫正,必将促进两大矫正体系的进一步协

---

① 参见高铭暄:《宽严相济刑事政策与酌定量刑情节的适用》,载《法学杂志》2007 年第 1 期。

② 参见高铭暄:《社区矫正写入刑法的重大意义》,载《中国司法》2011 年第 3 期。

作,从而在共同预防犯罪上取得重大效果。关于二者的关系,高铭暄教授认为
有以下两点:第一,社区矫正可以弥补监禁矫正的不足:一是监狱的相对有限与
罪犯的相对无限的矛盾。实施社区矫正,可以依托和借助社区的各种矫正资源
和服务力量,有效应对犯罪,这既是社区矫正与监禁矫正的根本区别,也是社区
矫正较之监禁矫正最大的优势。把罪犯放在社区进行矫正不仅可以减轻监狱
的人力和财力负担,而且可以减少国家对监狱的经济投入,降低监禁行刑的
成本,缓解监禁矫正的压力,使监狱能够集中人力、财力、物力去矫正那些主
观恶性较大、社会危害性较大的罪犯。二是罪犯的监狱化与再社会化的矛
盾。现代犯罪学研究成果表明,犯罪人之所以犯罪是由于其社会化进程未全
面完成,而传统的监禁矫正,将罪犯投入监狱,使其隔离于社会之外,大大削
弱了社会化的基本条件和环境,反而使得罪犯的社会化速度远远滞后于正常
社会成员。而社区矫正正好克服了监禁矫正的这一缺陷,避免监禁矫正可能
带来的以消极服从、自信心与进取心重度丧失为特征的"监狱人格""囚犯人
格"的出现。第二,监禁矫正是社区矫正的后盾和保障。高铭暄教授认为,矫
正是理念,而矫正场所、矫正内容的选择直接体现着刑罚由重到轻的适用序
列,存在着一个矫正方式上逐渐过渡的转移序列。从监禁矫正和社区矫正的
特点来看,监禁矫正是为罪犯关上了社会的大门,而社区矫正是给罪犯打开
了社会的大门。在这一关一开之间,必须考虑到矫正的系统性、延续性和衔
接性,使两大矫正体系之间相衔接,不断裂,通过二者相辅相成共同作用,使
得行刑资源得到合理的配置,刑罚效能得以增强,行刑成本得以降低。①

3. 进一步促进了刑罚配置结构的合理化

社区矫正的引入的确促进了我国刑罚结构的合理化,给我国宽严相济的
刑事政策的发挥提供了更大的空间,将促使非监禁刑罚执行考察落到实
处,真正发挥管制、缓刑、假释的作用,使得宽严相济的刑事政策在非监禁刑
罚执行中切实得到体现。②

4. 督促社区矫正配套立法的尽快出台

高铭暄教授指出,我国在引入社区矫正时并没有草率先予立法,而是采
取"先实践后立法"的方针,根据实践中社区矫正的必要性和可行性来进行
立法。从立法上全面肯定了社区矫正的刑法性质,必将推动社区矫正相关制

---

① 参见高铭暄:《社区矫正写入刑法的重大意义》,载《中国司法》2011 年第 3 期。
② 参见高铭暄:《社区矫正写入刑法的重大意义》,载《中国司法》2011 年第 3 期。

度如具体项目设置及社区矫正队伍建设等的配套立法完善。①

5. 促进了行刑权的统一

社区矫正的引入,迫切需要大量的资源以满足矫正的"技术性"和"专业性"要求,司法行政部门可以为社区矫正的开展提供广阔的平台。高铭暄教授对此也予以赞同。另外,他还指出,对缓刑犯、假释犯而言,社区矫正面临着与监禁矫正连接的问题,两大矫正系统的统一有利于对服刑人员进行不间断的教育改造,能取得较好的矫正效益,体现系统的整体功效。基于此,世界各国行刑权都已逐渐走向统一。当然,司法行政机关在实行社区矫正时,也需要得到公、检、法等机关的配合。②

(二)社区矫正的进一步发展

对于社区矫正的进一步发展,高铭暄教授提出以下四个方面:

1. 适用类型的"有限"延伸

他认为除了明文规定的管制、缓刑和假释,结合刑法和刑事诉讼法的规定,将监外执行人员纳入社区矫正的范围也未尝不可。在对监外执行人员实行社区矫正的过程中,除对他们进行监督之外,也可以根据他们的需要及可能,进行一些社区矫正活动。例如,可以根据监外执行人员的具体情况,进行一些有针对性的教育活动、帮助活动等。③

2. "社区"积极作用的开发

在我国社区矫正的适用中,面临一个难题,即社区矫正的宽阔的适用容量和我国较低的管制、缓刑、假释适用率之间如何协调? 他指出,在我国目前管制、缓刑、假释适用率低的情况下,在考察行为人社会危险性作为适用标准的同时,可以引入社会的"意愿"作为非监禁刑适用准入的一种考量标准,从而发挥社区矫正对管制、缓刑、假释适用的"逆推"作用。④

3. 固定的社区矫正官的设置——从抽象的机构到具体的"人"

为防止社区矫正流于形式,应当将以前抽象的"机构"考察具体到"人"

---

① 参见高铭暄:《社区矫正写入刑法的重大意义》,载《中国司法》2011年第3期。

② 参见高铭暄:《社区矫正写入刑法的重大意义》,载《中国司法》2011年第3期。

③ 参见高铭暄、陈冉:《结合〈刑法修正案(八)〉谈我国社区矫正的本土化发展》,载《中国司法》2011年第5期。

④ 参见高铭暄、陈冉:《结合〈刑法修正案(八)〉谈我国社区矫正的本土化发展》,载《中国司法》2011年第5期。

的考察,借鉴国外的专职缓刑官制度,在我国立法上规定实行专门的监督考察负责人制度。高铭暄教授认为其合理性在于两点:其一,任何制度最终是由人来实行,对于管制、缓刑、假释的考察,所谓的机构考察最终也是由人来完成,明确设立相应的缓刑官或假释官,反而可以促进其有效履行职责,严格对罪犯的考察;其二,根据社区矫正的社会属性,社区矫正需要罪犯与社会的交流,而最基本的交流就是与对其进行监管的"机构"的交流,显然设置具体的"人"更加有利于考察罪犯的积极报告,洞悉罪犯的内在变化,形成"互动"的矫正。①

4. 同中有异的矫正机构的设置

某种刑罚与其执行方法往往有着密不可分的联系,刑罚的严厉性程度往往也在其执行方法上体现出来。缓刑、假释、管制,三者的不同性质决定了在社区矫正具体管理中,矫正项目的设置上应有不同,矫正机构设置也应有所不同。②

七、关于立功

立功是犯罪人犯罪后揭发他人犯罪行为查证属实,或者提供侦破其他案件的重要线索查证属实,以及其他经确认的对国家和社会有利的突出表现的行为。高铭暄教授对立功条件的不同观点进行了专门梳理,指出对立功条件的分析归纳要源于法律的规定,忠于法律的规定;作为一种量刑制度它必然要求具有较强的可操作性,所以对立功成立条件的重构要以便于司法操作为宗旨。据此,他指出,重构后的立功之成立条件应包括前提条件、时间条件、行为条件与有效性条件四个方面。

前提条件是犯罪分子实施了犯罪行为。"犯罪分子"是实体刑法上的概念,在诉讼法意义上,有时可以是罪犯,有时也可以是犯罪嫌疑人与(或)被告人;"实施了犯罪行为"是指实施了刑法分则规定的犯罪行为。如果在实施刑法分则规定的犯罪行为过程中出现了犯罪的预备形态、未遂形态、中止

---

①　参见高铭暄、陈冉:《结合〈刑法修正案(八)〉谈我国社区矫正的本土化发展》,载《中国司法》2011 年第 5 期。

②　参见高铭暄、陈冉:《结合〈刑法修正案(八)〉谈我国社区矫正的本土化发展》,载《中国司法》2011 年第 5 期。

形态,依法需要追究刑事责任的,也视为"实施了犯罪行为"。①

对于时间条件,他认为,立功成立的时间是指立功表现发生的时间,或者是立功行为实施的时间,不是指立功行为被有关机关或部门确认的时间。根据我国刑法的规定,他提出区分量刑情节的立功和减刑情节的立功。量刑情节的立功,从把行为人贴上"犯罪分子"的标签到对之定罪量刑是表现为一个时间段或者说期间的。1997 年修订《刑法》第 68 条第 2 款规定的"犯罪后",是指犯罪成立之后,立功成立的开始时间应是犯罪成立之日,也就是追诉时效中所说的"犯罪之日"。如果是依法应追究刑事责任的预备犯,那么预备犯的成立之日即是犯罪之日。在法定的上诉、抗诉期限届满之前,二审判决、裁定作出之前,死刑复核裁定作出之前,犯罪分子若有立功表现的,都应当认定为量刑情节的立功。②

行为条件是犯罪分子实施了对国家和社会有益的行为。他提出,立功行为包括以下几种:①检举、揭发他人犯罪行为,包括共同犯罪案件中的犯罪分子揭发同案犯共同犯罪以外的其他犯罪。对此存在争议的是对合犯。作为一种必要共同犯罪,对合犯在我国刑法中有的采取共同犯罪的立法形式,如重婚罪,但是多数采取单独犯罪的立法形式,如受贿罪与行贿罪,拐卖妇女儿童罪与收买被拐卖的妇女儿童罪等。对合犯通常作为同案犯合并审理。既然立法上对某些对合犯采取了单独犯的形式,那它就不应是我国刑法上的共同犯罪,所以类似于行贿人检举、揭发受贿人的犯罪行为,只要符合立功的其他条件就应当是立功行为,这样理解,既符合我国刑法关于共同犯罪与单独犯罪的立法规定,也符合打击腐败犯罪的刑事政策要求。②提供侦破其他案件的重要线索。"其他案件"是指不是立功者自己单独实施的及共同实施的犯罪案件。"重要线索"是指立功者提供的能够据以侦破其他案件的相关信息,例如犯罪的时间和地点、犯罪行为、犯罪人、被害人等基本情况。③阻止他人犯罪活动。阻止他人犯罪的行为多种多样,既可以是语言表示,也可以是其他行为;既可以是亲自实施,也可以是借助其他人员或单位实施。④协助司法机关抓捕其他犯罪嫌疑人,包括同案犯。所谓协助是指以实际行动配合司法机关抓捕其他犯罪嫌疑人(包括同案犯)的行为。如诱捕和指认犯罪

---

① 参见高铭暄、彭凤莲:《论立功的成立条件》,载《北京师范大学学报(社会科学版)》2006年第 5 期。

② 参见高铭暄、彭凤莲:《论立功的成立条件》,载《北京师范大学学报(社会科学版)》2006年第 5 期。

嫌疑人、提供犯罪嫌疑人可能藏匿地点或引导侦查人员到犯罪嫌疑人藏匿地点抓捕等。⑤具有其他有利于国家和社会的突出表现的行为。1998年4月17日公布的最高人民法院《关于处理自首和立功具体应用法律若干问题的解释》(以下简称《解释》)的这一规定依然具有概括性,前四种情形都是与他人犯罪或其他犯罪人有关的,总之是与犯罪相关的,那么第五种概括性的规定是否也应该与犯罪相关?高铭暄教授认为不一定要与犯罪相关联。1997年修订的《刑法》第78条第1款在列举"重大立功"作为减刑的适用条件时,该款第(六)项就规定了"对国家和社会有其他重大贡献的";1997年10月29日公布的最高人民法院《关于办理减刑、假释案件具体应用法律若干问题的规定》(以下简称《规定》)第1条在解释立功表现时,在具体列举之后也用了"有其他有利于国家和社会的突出事迹的"表达方式。而1997年修订《刑法》第78条也列举了"有发明创造或者重大技术革新的""在日常生产、生活中舍己救人的""在抗拒自然灾害或者排除重大事故中,有突出表现的"几种情形;在《规定》的具体列举中也有"在生产、科研中进行技术革新,成绩突出的""在抢险救灾或者排除重大事故中表现积极的"情形。高铭暄教授认为,虽然主张要区分量刑制度的立功与减刑制度的立功,但那是从各自不同功能的角度来说的,就立功的实质而言,量刑制度的立功与减刑制度的立功是没有区别的,这从《刑法》第68条、《解释》对量刑制度的立功的规定与《刑法》第78条、《规定》对减刑制度的立功的规定之内容的重合上是可以得到证明的。所以,《解释》中"具有其他有利于国家和社会的突出表现的",可以参照《规定》关于立功表现的解释来理解。①

对于立功的成立条件,他认为,立功制度的立法本意是为了鼓励犯罪行为人实施有利于国家和社会的行为,以减轻自己的罪责,获得司法机关的宽大处理。立功不是犯罪行为人的犯罪情节,与犯罪行为人的主观恶性和悔罪表现关系不大,主要表现为一种客观事实状态,而不是行为人主观方面将功折罪的心理。因此,不必把将功折罪的心理作为立功的主观要件。

有效性是立功是否成立的关键性条件。这里有两个问题需要探讨:一是怎样才叫有效?二是谁有权确认立功是否有效?

首先,有效的理解。一是检举、揭发他人犯罪行为,包括共同犯罪案件中

---

①　参见高铭暄、彭凤莲:《论立功的成立条件》,载《北京师范大学学报(社会科学版)》2006年第5期。

的犯罪分子揭发同案犯共同犯罪以外的其他犯罪，要"经查证属实"。二是提供侦破其他案件的重要线索，要"经查证属实"。《解释》规定的"查证属实"是对《刑法》第68条规定的"得以侦破其他案件"所作的限制解释，查证属实比侦破案件的要求低，不需要以犯罪嫌疑人归案作为必要条件。所以，《解释》的规定比较科学，有利于有立功表现的犯罪分子，而刑法以侦破案件作为立功认定的标准对立功行为人来说过于苛刻，不利于立功的及时认定。因为案件是否能够侦破除提供的线索真实有用之外，很大程度上依赖于侦查机关的工作能力与效率。三是阻止他人犯罪活动，要有效地使犯罪活动停止。如劝说他人停止犯罪活动，但未能使犯罪活动停止的，不能认定为立功。"他人犯罪活动"是否必须经过法院判决并认定为有罪，在实践中有不同的观点。高铭暄教授认为，无论阻止的是犯罪的任何形态，也无论法院是否已经对这一犯罪定罪量刑，只要阻止的是审判组织认可的犯罪活动，均可认定为立功。由于犯罪活动的最终确认需要经历侦查、起诉、审判各个阶段，而对阻止者则需要在法定审限内及时判决。法律并未要求对被阻止者判决之后，才对阻止者的行为是否构成立功作出判断，因此，主张"他人犯罪活动"必须经过法院判决认定为有罪才能对阻止者认定为立功的观点，既不符合立法原意，也不符合实际，因而是不可取的。四是协助司法机关抓捕其他犯罪嫌疑人（包括同案犯），要能捕获该犯罪嫌疑人。协助者只要协助司法机关捉获犯罪嫌疑人，从而查明案情，就是对社会作出了贡献。所以，只要协助司法机关将犯罪嫌疑人抓捕归案，无论该犯罪嫌疑人最后是否被定罪判刑，均不影响对协助者立功行为的认定。五是对"具有其他有利于国家和社会的突出表现的"，尽管《解释》没有规定"经查证属实"的要求，但毫无疑问也是需要经过调查确认的，并不是依据犯罪分子自己所言就能确认。

其次，有权确立的主体。有观点认为，应该以检察院为主，公安机关协助，由审判机关通过程序性审查作最终的确认。理由有三：一是检察机关与侦查机关关系密切，对侦查机关的工作情况也特别了解，同时检察机关根据法律的规定可以提前介入侦查机关的工作。二是检察机关依法会对全案进行审查，对犯罪嫌疑人的立功行为进行全面的审查和分析，以做到最为公正的认定。三是检察机关有对犯罪嫌疑人提起诉讼的职责，在将其起诉到法院时检察机关会根据自己认定被告人有立功情节要求审判机关在判处刑罚时作出从轻或减轻处罚的判决。高铭暄教授认为，检察机关行使的是求刑权，量刑权是由法院行使的，作为量刑情节的立功如果是与他人犯罪有关的,法院不能只是作程序性审查,而应作实质性审查;作为量刑情节的立功如果是与他人犯罪无关的,例如,在有关生产、科研中进行技术革新,成绩突出的,公安机关、检察机关就更无权确认了,此种情形在经过专利局或者其他部门确认后,法院只作程序性审查是可以的。但这一问题尚属立法空白,值得研究。①

重大立功与立功没有本质上的差异,只是程度上的不同,所以重构后的立功成立的四个条件之原理对重大立功同样适用。②

八、关于单位自首

高铭暄教授认为,从理论上讲,刑罚制度都应同等地适用于犯罪的自然人与单位。在刑法对单位与自然人犯罪实行同等处罚的原则下,单位成员应完全等同于自然人犯罪,在刑法对单位成员犯罪实行从轻处罚的原则下,可以基本上将单位犯罪的立法规定视为与之相对应的自然人犯罪的立法规定的特别情形,二者之间存在普通法与特别法之间的竞合关系,优先选择适用特别法,即对于单位成员适用特别法。包括自首在内的有关的刑罚制度完全可以独立地适用于单位成员。而对于单位能否自首,他认为,从单位独立性与单位成员独立性、平等性的角度来看,刑法确有必要肯定单位自首的存在。③

高铭暄教授认为,从立法上讲,既然刑法已经将单位规定为犯罪主体,就表明单位在法律上已经具有犯罪主体所要求的刑事责任能力,能够认识与控制自己的行为与意志,单位能够犯罪,能够从事各种法律行为,当然可以成立自首。而从现实性讲,单位有自己的利益追求,和自然人一样能够趋利避害,作出对自己有利的行为。再者,司法解释也已经明确提到了单位自首问题,最高人民法院、最高人民检察院、海关总署《关于办理走私刑事案件适用法律若干问题的意见》规定:"在办理单位走私犯罪案件中,对单位集体决定

---

① 参见高铭暄、彭凤莲:《论立功的成立条件》,载《北京师范大学学报(社会科学版)》2006年第5期。

② 参见高铭暄、彭凤莲:《论立功的成立条件》,载《北京师范大学学报(社会科学版)》2006年第5期。

③ 参见高铭暄、吕华红:《论单位犯罪的自首》,载《公民与法》2011年第2期。

自首的,或者单位直接负责的主管人员自首的,应当认定单位自首。"司法实践中,亦有司法机关认定单位一般自首的案例存在。①

　　单位不但能成立一般自首,而且还可以成立特别自首。我国目前犯罪单位只能被判处罚金,但是罚金可以分期缴纳,犯罪单位在分期缴纳的过程中,也可以视为正在服刑的罪犯。正在服刑并不限于正在服自由刑,对于法人或者单位,如果仍坚持服自由刑,则是不合适的观点,这里服刑的"刑"对于单位而言,目前情况下只能是罚金。将来犯罪单位的刑罚除罚金以外,还可以设定其他刑罚种类,如禁止一定期限的营业,或者设定一定期限内的社区服务等。对此,应当允许犯罪单位成立特别自首。另外,从公平合理的角度来看,也应当赋予犯罪单位成立特别自首的机会。根据现有刑法的规定,对犯罪单位不能采取刑事强制措施,但对于犯罪单位可以采取其他强制措施,如民事的、行政的强制措施。在立法未作出规定的情况下,这些非刑事强制措施也可以起到准刑事强制措施的作用。如果相关单位在此期间如实交待罪行的,不能排除成立特别自首的可能。高铭暄教授同时指出,单位可以成立自首,但是与单位犯罪一样,单位自首也是要通过一定的自然人的行为才能表现出来。自然人代表单位去投案并如实供述罪行,可以是起源于单位的明确授权,也可以是根据单位的内部规定,还可以是单位的委托。同时,对单位自首的条件从宽掌握,也符合刑法的精神。②

　　高铭暄教授进一步指出,根据不同标准,可以对实施单位自首行为的自然人进行分类:第一,根据实施"自首"的自然人是否受到刑事处罚,单位自首的实施者分为单位成员与非单位成员。一种是单位成员。如果单位成立自首,那么代表单位到有关机关进行投案并如实交待单位犯罪罪行的单位成员也成立自首(当然在其交待单位犯罪行为的同时,也必然会交待自己的犯罪行为,因为单位成员的行为与单位的行为是在同一个机会中实施的,具有密切的联系,在事实上不可能进行区分)。另一种是单位成员以外的其他人,包括单位内未实施犯罪行为的成员及单位外受单位委托向有关机关报告单位犯罪行为的人。此时,因为单位成员没有自动投案的行为,也没有如实交待自己罪行的行为,故单位成员不成立自首,但因为单位具有自动投案的思想,以及委托其他人向有权机关如实供述单位的犯罪行为,单位可以成立

---

① 参见高铭暄、吕华红:《论单位犯罪的自首》,载《公民与法》2011年第2期。
② 参见高铭暄、吕华红:《论单位犯罪的自首》,载《公民与法》2011年第2期。

自首。对于哪些人可以成为单位自首行为的实施者,他认为应从单位责任制出发区别对待:一是如果单位实行的是个人负责制如厂长、经理负责制或行政首长负责制,则自首行为的实施者可以是个人负责制下的个人,如厂长、经理、局长等,也可以是以单位名义自首的单位犯罪中的其他直接责任人员,还可以是个人负责制下的个人委托自首的单位其他成员或非本单位成员的其他人员如法律顾问。既然在自然人自首制度和理论中认可"委托他人代为投案",那么在单位自首制度和理论中,也应认可单位委托非本单位人员代为自首而该人员也就顺理成章地成为单位自首行为的实施者。二是如果单位实行的是集体负责制,那么自首行为的实施者可以是领导集体委派的领导集体成员或非领导集体成员的其他成员,也可以是以单位名义自首的非经领导集体委派的领导集体成员及以单位名义自首的单位犯罪中的其他直接责任人员,还可以是领导集体委托的非本单位人员。第二,根据代表单位实施"自首"的自然人的级别,可以分为单位的高级管理人员与单位的一般工作人员。单位的高级管理人员,在单位中具有较高的职位,具有较大的权限,对单位犯罪行为通常具有较大的责任,通常是单位直接负责的主管人员,这些人自己就可以决定单位是否去自首,因而这些人代表单位自首具有一定的特点,容易将自己的责任推到单位身上,代表单位投案自首的动机有时强有时弱。单位的一般工作人员,在单位中职位较低,责任较小,常常是犯罪行为的直接实施者,代表单位自首通常要有单位的明确授权。第三,根据代表单位自首的自然人的权限来源,可以分为单位内的工作人员与单位外的工作人员。单位内的工作人员代表单位自首通常不需要单位的授权,单位外的工作人员代表单位自首则通常要求有单位明确、正式的授权。①

在此基础上,高铭暄教授还指出,需要说明两个与单位自首成立有关的问题:一是单位成员代表单位自首后又逃跑的如何认定单位的自首。二是新任的单位法定代表人或者主要负责人不认可单位成员代表单位自首的行为如何认定单位的自首。他认为,对于第一个问题,只要单位成员以单位名义自首了,即使该成员为了免受惩罚而逃避裁判,也不影响单位自首的法律效力,因为单位成员代表单位投案自首,交待单位罪行已经是单位自身的自首行为,而该自首行为并不因为单位成员的逃跑而不复存在。对于第二个问题,如果犯罪单位已成立自首,即便后任法人代表人包括法定代表人和主要

---

① 参见高铭暄、吕华红:《论单位犯罪的自首》,载《公民与法》2011 年第 2 期。

负责人不承认其上任之前的本单位已犯下的罪行,也丝毫不影响单位自首的成立,因为正如民法上法人的民事行为的法律效力不因法定代表人的变更而变更一样,犯罪单位的自首事实及其法律效力也不因法定代表人的变更而变更或归于消失。但在单位成员已经不再代表单位的情况下,新的单位成员对于前任单位成员的犯罪行为(同时也是自己单位的犯罪行为)主动告知有关机关,并如实供述犯罪事实的行为,只能认定为单位自首,而不能认定为单位成员的自首。①

九、结　语

从对高铭暄教授刑罚思想的研究,我们可以发现,高铭暄教授在刑罚论部分的研究始终坚持法学知识体系的中国特色,着眼于中国犯罪治理实际需要。除了上文所列举的内容,高铭暄教授关于刑罚论问题的研究还涉及对死刑、短期自由刑、没收财产、禁止令等问题的研究,其中大量立法部分内容在本书其他专题已经有所体现,不再展开。纵观高铭暄教授刑罚思想,秉承轻缓化,善于从中国文化尤其是犯罪治理文化吸取精髓,并将其与当下中国犯罪治理相结合,同时紧随世界刑法发展潮流。比如中国传统法律文化具有鲜明的"慎刑"思想传统,这与高铭暄先生在20世纪就提出的"适度刑法观"和"轻缓刑法观"具有理念的一致性。他提出,刑法对社会经济生活的干预和调整必须适度,包括对犯罪法定刑的设置和对具体犯罪的处刑,必须适度,在刑事立法上,要求以一定时期大多数人的罪刑等价观念为基础;在刑事司法上,要求以一般罪犯对犯罪结果的感受程度为依据,以追求最大限度的积极社会效果为目的;摒弃重刑主义思想,树立轻重兼顾、以轻为主的观念,严格限制、逐步减少死刑的适用,重视死缓制度的作用,减少剥夺自由刑尤其是短期剥夺自由刑的适用,扩大管制的适用范围,提高财产刑、资格刑的地位,打破行刑的封闭状态,实行对罪犯的开放性、社会化教育改造。

---

① 参见高铭暄、吕华红:《论单位犯罪的自首》,载《公民与法》2011年第2期。

专题七

高铭暄教授的死刑制度改革思想研究

目 次

一、前 言

在中华人民共和国成立 70 周年之际荣获"人民教育家"国家荣誉称号的高铭暄教授是当代中国刑法学的主要奠基人和开拓者,其刑法理论著述丰硕,涵盖了当代中国刑法理论体系的方方面面,死刑制度改革是其中一个具有代表性的、相当重要的方面。迄今为止,高铭暄教授发表了十余篇关于死刑专门研究的论文,并在不少综合性著述中涉及死刑问题的研究。高铭暄教授关于死刑制度改革问题的这些著述,对中国死刑制度改革的历史与现实、本土与国际、文化与制度、立法与司法等问题都有精彩论述,产生了广泛的学术影响和法治实践影响。正如国际社会防卫学会于2015 年 4 月 15 日在多哈授予高铭暄教授"切萨雷·贝卡里亚奖"时的颁奖词中所评价的:"高教授的研究领域中有一项是应当予以特别强调的,那就是他在死刑领域的研究。近年来中国限制死刑过程中取得的很大一部分进展,都可以归功于高铭暄教授的学术工作。"认真梳理高铭暄教授的死刑制度改革思想并由此深入思考和获得启发,对于进一步深化与发展中国死刑制度改革的理论和实践,均具有重要意义。

二、死刑制度改革的多维探索:高铭暄教授 死刑制度改革思想要览

关于死刑制度改革,高铭暄教授视野开阔,研究深入,进行了历史与现实、国际与国内、刑事一体化、人道与预防等多维度的研究,对丰富中国死刑制度改革理论、拓展中国死刑制度改革道路、深化中国死刑制度改革成果具有重要作用。

(一)历史眼光:古代与现代死刑制度的演化维度

法律制度的演进不但是一个现实的过程,更是一个历史的过程。中国死刑制度的历史进程对当代中国死刑制度改革具有积极的借鉴价值。高铭暄教授关注历史,并注重从中汲取中国死刑制度改革的养分。这主要体现在:

第一,古代死刑制度之演化:以清朝秋审为例。高铭暄教授研究了我国清朝的秋审制度,认为清朝的秋审制度源自明朝天顺年间的朝审制度,该制度自明朝中叶开始制度化,至清朝达到顶峰,成为清朝死刑案件中最为重要的复核程序。[1] 清朝秋审实行逐级审转复核制,在经历从州县造册审录、督抚司道会勘、定拟具题等地方秋审程序,到刑部秋审处复核会勘、刑部堂议、金水桥西九卿会审会题、皇帝勾决等中央秋审程序的步骤后,被判处斩监候、绞监候的死囚被分为情实、缓决、可矜、留养承嗣四类。高铭暄教授认为,清朝的秋审程序非常繁复,体现了统治者对人命的敬畏与慎重对待。可以说,秋审是清朝重视生命、慎用死刑的一个体现。对于完善中国死刑制度特别是死缓制度具有重要借鉴价值。[2]

第二,现代死刑制度之演进:死刑适用的不断限缩。中国当代死刑制度改革经历了一个不短的过程,期间有各种不同的观点,主张立即废止死刑者有之,主张保留并限制死刑者众多,甚至主张扩大死刑适用者亦有之。高铭

---

[1]　在清朝,秋审和朝审是死刑复核机制的两种主要体现形式。区分两者的标准在于刑事案件的发生地点,朝审仅适用于京畿地区,而秋审的范围更加广泛,其适用于全国除京畿地区以外的其他行政区域。

[2]　参见高若辰、高铭暄:《清代秋审与当代中国死刑复核程序的比较研究》,载《法治研究》2016 年第 4 期。

暄教授系统梳理了中华人民共和国成立后中国死刑制度的发展历程,提出死刑立法改革问题涉及法律、观念、文化等诸多社会因素,错综复杂,这就决定了中国死刑立法改革势必在相当长一段时期内仍会遭遇各种各样的现实困难。① 由于历史和现实的原因,对于最严重的犯罪给予最严厉的社会报复的道义报应观念在中国仍深得人心,故在当前及今后相当长的时期内,中国不可能将全面废除死刑问题提上议事日程。但是,根据党和国家一贯坚持的死刑政策,提出严格限制和减少死刑的主张还是很有必要的,也是可行的。② 他主张对中国刑法中的死刑应该一分为二看待:既要看到它作为刑罚工具的凌厉作用,不能轻言废除;又要看到它的作用是有限的、相对的,设置和适用要慎之又慎,只对极少数罪大恶极、非动用这种极刑不可的才予以动用。③

(二)国际视野:国际公约与外国死刑制度的比较维度

国际化是当代中国刑法改革的重要视角和积极推动力量,也是中国死刑制度改革的重要论据之一。高铭暄教授对死刑制度改革的研究也十分注重国际视野,并对相关问题进行了深入总结和研究。这主要体现在:

第一,外国死刑制度改革之比较:在不断争议中前行。高铭暄教授总结了世界上废除死刑国家的类型,认为可以分为三大类:一是完全废除死刑的国家,即通过宪法宣告废除死刑,或者在其所有刑法规范中均没有规定死刑这一刑种的国家;二是对普通刑事犯罪废除死刑而对叛国罪或军事罪仍保留死刑的国家;三是事实上废除死刑的国家,即这些国家虽然在法律上规定有死刑条款,但是在过去10年甚至更长时间内没有执行过死刑甚至没有判处过死刑。高铭暄教授曾客观地指出,尽管废除死刑的呼声在全世界范围日见高涨,但事实上,死刑作为一种惩罚犯罪的刑罚方法,远未达到可以完全废弃不用的地步。④

不过,自意大利刑法学者贝卡里亚在18世纪中叶首倡废除死刑以来,死刑的存废一直是西方刑法理论中的一个争论不休的课题。早在20世纪80

---

① 参见高铭暄:《新中国死刑立法的变迁与展望》,载《文史参考》2010年第20期。
② 参见高铭暄:《我国的死刑立法及其发展趋势》,载《法学杂志》2004年第1期。
③ 参见高铭暄:《试论我国刑法改革的几个问题》,载《中国法学》1996年第5期。
④ 参见高铭暄等:《国外死刑制度及关于死刑的学术观点综述》,载《法学家》1988年第1期。

年代末期,高铭暄教授就总结了其争议的焦点,认为主要集中在如下八个方面:①死刑是否人道;②个别预防是否需要死刑;③死刑是否有特殊的一般预防效果;④死刑的表征性①是支持死刑还是反对死刑;⑤死刑是否公正;⑥死刑是误判难纠还是慎判难误;⑦死刑是历史前进的动力还是阻力;⑧死刑是否具有经济性。②

同时,高铭暄教授还总结了死刑制度改革的国际新动向,这包括:废除死刑和反废除死刑的斗争日益尖锐;有关限制和废除死刑的国际合作不断得到加强;死刑的判决程序不断趋于严格,执行死刑的方法也不断趋于"干净"和减少痛苦;毒品犯罪正成为适用死刑的主要对象之一;对死刑问题的研究形成了新的特点。③

第二,国际公约死刑之考察:中国的重视与贯彻。当前国际公约关于死刑的规定较多,其中体现和要求较为集中的是联合国《公民权利和政治权利国际公约》,该公约具有普遍的国际影响力。高铭暄教授结合该国际公约,探讨了中国死刑制度改革对该公约应有的重视与贯彻问题。这主要包括:

(1)关于死刑的适用范围。联合国《公民权利和政治权利国际公约》第6条第2款规定,"在未废除死刑的国家,判处死刑只能是作为对最严重的罪行的惩罚"。高铭暄教授建议,随着社会、经济的不断发展,对死刑的适用范围应当尽可能予以缩小,并作出更严格的限制。④

(2)关于死刑的适用对象。联合国《公民权利和政治权利国际公约》对死刑的适用对象作出了具体的限制性规定,在第6条第5款规定:"对十八岁以下的人所犯的罪,不得判处死刑;对孕妇不得执行死刑。"对此,高铭暄教授结合中国相关的两个问题进行了分析:一是如果怀孕的妇女在审前取保候审或者监视居住期间分娩或流产,审判时能否视为怀孕的妇女,不适用死刑?二是被判处死刑缓期两年执行的女犯,发现在考验期间怀孕,是立即减刑还是等两年期满以后减刑? 高铭暄教授认为,为了更好地贯彻刑罚人道主

---

① 即死刑无异于向社会宣布杀人是合法的。

② 参见高铭暄等:《国外死刑制度及关于死刑的学术观点综述》,载《法学家》1988年第1期。

③ 参见高铭暄等:《国外死刑制度及关于死刑的学术观点综述》,载《法学家》1988年第1期。

④ 参见高铭暄、李文峰:《从〈公民权利和政治权利国际公约〉论我国死刑立法的完善》,载高铭暄、赵秉志主编:《21世纪刑法学新问题研讨》,中国人民公安大学出版社2001年版,第311—313页。

义,保护孕妇和胎儿的特殊利益,凡在羁押、取保候审、监视居住以及剥夺自由刑罚执行期间怀孕的妇女,均不得判处死刑和执行死刑;在死刑缓期执行期间一旦被发现是怀孕的妇女,应立即予以改判,将其刑罚改为无期徒刑或者长期徒刑。①

(3)关于死刑犯的赦免权。联合国《公民权利和政治权利国际公约》第6条第4款规定:"任何被判处死刑的人应有权要求赦免或减刑。对一切判处死刑的案件均得给予大赦、特赦或减刑。"高铭暄教授认为,如果我国能赋予被判处死刑的罪犯要求赦免或减刑的权利,那么对于进一步限制死刑的适用无疑将会起到积极有效的作用。②

(三)刑事一体化思维:实体法与程序法的结合维度

死刑制度改革不仅是一个刑法问题,也是一个刑事诉讼法问题。实体法与程序法的一体化,是推进中国死刑制度改革的必要路径。对此,高铭暄教授在注重实体法研究的同时,主张也要注重死刑的程序性改革。这主要体现在:

第一,死刑制度的二审程序改革。公开审判与司法公正,二者之间具有不可分割的内在联系。高铭暄教授认为,二审死刑案件普遍实行公开审判,不仅在实现司法公正、保障公民程序人权上具有重要意义,在限制死刑的适用,彰显对生命权的特别尊重方面也具有不可低估的作用。而开庭审理是公开审判最基本的要求。对死刑二审案件实行所谓的"书面审理"的做法,在一定程度上体现了生命至上与程序公正理念的缺失。③ 正是在高铭暄教授等众多学者的大力倡导下,我国最终实现了死刑案件二审必须开庭审理等公开审判制度。

第二,死刑制度的复核程序改革。我国死刑复核程序还存在不少问题,如死刑复核程序期限缺乏立法规定,死刑执行期限在实践中未得到严格遵守;实行四级两审终审制,死刑复核程序的性质有待商榷,审级不明确;错

---

① 参见高铭暄、李文峰:《从〈公民权利和政治权利国际公约〉论我国死刑立法的完善》,载高铭暄、赵秉志主编:《21世纪刑法学新问题研讨》,中国人民公安大学出版社2001年版,第313—315页。

② 参见高铭暄、李文峰:《从〈公民权利和政治权利国际公约〉论我国死刑立法的完善》,载高铭暄、赵秉志主编:《21世纪刑法学新问题研讨》,中国人民公安大学出版社2001年版,第324—325页。

③ 参见高铭暄、朱本欣:《论二审死刑案件的公开审理》,载《现代法学》2004年第4期。

案责任追究机制尚不成熟、不完善,缺乏明确的立法规定。对此,高铭暄教授建议,在现有基础上,应以立法的形式对死刑执行期限在时间层面作出一定的具有约束性的规定,同时应对死刑交付执行期间遇到国家休息日和法定节假日,执行期限是否顺延,明文作出可操作性强、便于实践遵守的规定;建议在死刑案件的审级设置上,将死刑案件纳入三审终审的范围,以立法形式规定死刑复核程序以明确的独立审级;对于错案纠错、责任追究尤其应当以立法形式出台对应细则并对错案追究中的错案范围、适用主体、时效期限、追责程序、追究方式、责任形式、确认机构等内容作出整体性规定和完善。①

(四)人道情怀:推进中国死刑制度改革的价值维度

在现代法治改革中,改革的价值衡量是改革行动的基础和指引。人道情怀是当前死刑制度改革的重要价值力量。高铭暄教授十分重视从人道角度深化死刑制度改革问题的研究。

第一,中国死刑制度改革人道价值的一般体现。高铭暄教授认为,从长远看,死刑废除的理由在于死刑不符合生命权至上的理念暨人权和人道主义。②《刑法修正案(八)》削减 13 种死刑罪名,具有充分的事实和价值根据,因而备受关注。高铭暄教授认为,在当前背景之下,国家立法机关削减死刑罪名的立法举措意义非凡。该举措表明国家决策机关在死刑问题的认识上向曾有的理性、冷静态度回归,对于推进死刑制度改革有着积极的作用,也是对宽严相济刑事政策的积极贯彻,有助于我国刑事法治的进步,体现出国家对公民生命权利这一基本人权的充分尊重,有利于促进社会治理机制健全和我国社会的文明进步。③

第二,中国死刑制度改革人道价值的重点体现。主要包括两个方面:

(1)特殊群体的死刑限制适用问题。例如,高铭暄教授提出,从我国刑法限制死刑、慎用死刑的原则出发,考虑到限制刑事责任能力的精神病人由于其自身疾病的影响,其辨认或者控制自己行为的能力有所减弱,本着刑罚人道主义的精神,即使其犯了极其严重的罪行,也不宜对其适用死刑。

---

① 参见高若辰、高铭暄:《清代秋审与当代中国死刑复核程序的比较研究》,载《法治研究》2016 年第 4 期。

② 参见高铭暄等:《从此踏上废止死刑的征途——〈刑法修正案(八)草案〉死刑问题三人谈》,载《法学》2010 年第 9 期。

③ 参见高铭暄、黄晓亮:《削减死刑罪名的价值考量》,载《法学杂志》2010 年第 12 期。

对于精神病人,即使其在犯罪和审判的时候是精神正常的人,只要其在判决后患了精神病,甚至在签发死刑执行令后患了精神病,都不能对其执行死刑。①

　　(2)死刑替代措施的选择问题。死刑替代措施是基于限制死刑适用的目的,对于立法上特定性质的犯罪,司法中特殊情况下的罪犯,不适用死刑立即执行,而代之以其他刑罚处罚方法。② 高铭暄教授认为,死刑替代措施是限制死刑中不可或缺并被证明行之有效的方法。从减少实际执行死刑的目的考虑,从完善既有方式、探索新的途径入手,死刑立即执行的替代措施可以包括死刑缓期执行、严格的无期徒刑、附赔偿的长期自由刑三种。当前,有必要在立法上对刑罚体系作进一步调整、修改、完善,以全面体现死刑替代措施;在司法中,要注意发挥死刑替代措施在限制死刑中的作用。③

　　高铭暄教授同时还认为,死刑替代措施应以现行刑罚体系为基础,以废除或限制死刑实际适用为前提进行考察,选择能够直接担当"最严厉"法定刑角色,保持足够的威慑力的刑种。严格说来,死缓不是刑罚种类意义上的死刑替代措施;不得假释的终身监禁不符合"人总是可以改造的"基本理念;无期徒刑是中国刑罚体系中仅次于死刑的刑种,蕴含较强的威慑力,通过适当改良,能够产生足够的类似于死刑的威慑力。高铭暄教授提出,作为替代死刑的方法,设置无期徒刑先予关押期是上乘选择。考察无期徒刑在有期徒刑与死刑中的衔接地位,借鉴国外实际执行无期徒刑的经验,确定10年的先予关押期较为适宜,在这个期限内,罪犯一律不得被减刑或假释,待关押期届满后,再根据罪犯的悔罪、立功情况和人身危险性强弱综合考虑是否给予减刑、假释。④

　　(五)中国式道路:当代中国死刑制度改革的现实维度

　　中国死刑制度改革的现实维度,主要涉及死刑制度改革的总体取向、主要路径、具体措施等方面。对中国死刑制度改革的这些极为重要的现实问

---

①　参见高铭暄、李文峰:《从〈公民权利和政治权利国际公约〉论我国死刑立法的完善》,载高铭暄、赵秉志主编:《21世纪刑法学新问题研讨》,中国人民公安大学出版社2001年版,第315—317页。
②　参见高铭暄:《略论中国刑法中的死刑替代措施》,载《河北法学》2008年第2期。
③　参见高铭暄:《略论中国刑法中的死刑替代措施》,载《河北法学》2008年第2期。
④　参见高铭暄、楼伯坤:《死刑替代位阶上无期徒刑的改良》,载《现代法学》2010年第6期。

题,高铭暄教授都有研究和论述。

1. 死刑制度改革的总体取向

对于死刑制度改革的总体取向,高铭暄教授赞同当代国际著名死刑学者罗杰尔·胡德教授的观点,即认为死刑的废除并不仅仅是一个刑法问题,还涉及政治问题。死刑不应当被视为国家刑事司法政策的武器,但死刑的废除仍需要政治上提供动力,国家应更好地考虑社会现实、各项措施与政策的协调、被害人的真正需要、刑事政策和监狱制度等诸多因素。[①]

在此基础上,高铭暄教授赞成最终从根本上废除死刑,并且主张现阶段积极创造条件,努力追求死刑废除这个目标。当然,高铭暄教授认为,现阶段,死刑制度在我国的存在还有其必要性:一是现实生活中还存在着极其严重的危害国家安全、危害公共安全、侵犯公民人身权利、破坏社会治安秩序的犯罪。死刑制度的存在有利于严厉打击和惩治这些犯罪,从而强有力地对国家和人民的重大利益给予保护。二是死刑制度的存在也有利于我国刑罚目的的实现。对于那些罪行极其严重的各类犯罪分子,只有适用死刑(包括死缓),才可以让其不能或不敢再犯罪,从而达到刑罚特殊预防的目的。同时,死刑制度的存在也使那些试图铤而走险实施严重犯罪的人有所畏惧,有所收敛,不敢以身试法,从而达到刑罚一般预防的目的。三是死刑制度的存在符合我国现阶段的社会价值观念,能够为广大人民群众所支持和接受,具有满足社会大众安全心理需要的功能。可以说,公众的死刑观念和国家对死刑积极作用的确信是死刑制度的两个支撑点。这两个支撑点的存在,决定了当前中国绝对不可能全面废除死刑。而中国的死刑制度将在今后多长时间内逐步废止,取决于上述两个支撑点弱化的程度和弱化的速度。[②]

2. 死刑制度改革的主要路径

高铭暄教授认为,我国死刑立法的进一步改革必须司法先行,立法紧跟,两者互相配合,待司法经验积累成熟,立法一举突破。简言之,在司法上切实贯彻"少杀、慎杀"的死刑政策,统一司法中死刑的适用标准,逐步限制、

---

① 参见〔英〕罗杰尔·胡德:《死刑废止之路新发展的全球考察》,付强校译、高铭暄点评,载《法学杂志》2011年第3期。

② 参见高铭暄等:《从此踏上废止死刑的征途——〈刑法修正案(八)草案〉死刑问题三人谈》,载《法学》2010年第9期。

减少死刑的适用,特别是进一步对那些不触及人类根本伦理、民众报应情感不是很强烈的犯罪,将其死刑搁置;在立法上,积极对死刑替代措施及刑罚体系的重构进行论证,待司法实践成熟,立法改革即为顺理成章之事。①

高铭暄教授进一步提出,死刑立法改革应以废止那些不触及人类根本伦理、民众报应情感不是很强烈的犯罪的死刑为起点,由浅入深、由轻到重地依次展开,而这类犯罪危害性最小的当属非暴力犯罪中的经济犯罪(不包括贪污罪、受贿罪)。对经济犯罪不设置死刑是世界各国的通行做法,对这些犯罪适用死刑无疑是对人性过于苛刻的期待,也意味着对生命价值的贬低。同时,对这些犯罪取消死刑符合我国司法的实际情况,不会引起适用上的强烈反差。由于这些拟废除的死刑罪名都是司法中极少适用死刑的罪名,将这些实际上搁置不用的死刑予以废除,既不会在司法实践中引起明显不适,而且还能清理我国刑法中与司法实践严重脱节的条文,为死刑进一步的立法改革开辟道路。②

3. 死刑制度改革的具体措施

第一,明确死刑适用观念。高铭暄教授提出,死刑制度改革必须明确死刑的两个特性或曰两个观念:一是死刑的不得已性,即适用死刑只能以预防犯罪的必需为前提。对法律规定适用死刑的犯罪行为,如果不以死刑加以惩治,就不足以有效地维护社会秩序,对其适用死刑就具有迫不得已性。相反,如果通过死刑以外的其他刑种,就能够实现刑罚预防犯罪的目的,就说明不具有适用死刑的迫不得已性,因而也就不能适用死刑。所以死刑适用具有"非常性"的特点。③ 二是适用死刑的慎重性。慎重适用死刑是我们党和政府"少杀慎杀"死刑政策的基本要求。慎重适用死刑是宽严相济的刑事政策的内在要求。判处死刑问题上仍然有宽严相济问题。宽严相济的刑事政策强调在适用刑法时必须考虑从宽处罚的可能性,就死刑政策而言,这个刑事政策要求法官在审理刑事案件时对罪行极其严重的犯罪分子必须判处死刑,但如果具有法定的或者酌定的从轻、减轻处罚的情节时,也不能判处死刑立即执行,而应当依法宣告死缓或无期徒刑乃至有期徒刑。可见,宽严相济的刑事政策实际上蕴含慎刑的要求,所以严格适用死刑,慎重适用死刑,是贯

---

① 参见高铭暄:《新中国死刑立法的变迁与展望》,载《文史参考》2010 年第 20 期。
② 参见高铭暄:《新中国死刑立法的变迁与展望》,载《文史参考》2010 年第 20 期。
③ 参见高铭暄等:《从此踏上废止死刑的征途——〈刑法修正案(八)草案〉死刑问题三人谈》,载《法学》2010 年第 9 期。

彻和实行宽严相济的刑事政策的内在要求。①

　　第二,统一死刑适用标准。高铭暄教授提出,死刑适用标准应当统一。对此比较可行而又最有效率的解决方法是:由最高人民法院以司法解释的形式颁布统一的死刑适用规则,同时辅以典型判例加以示范。具体来说,死刑案件大体上可以分为数额犯与非数额犯两类。对于数额犯,高铭暄教授建议,最高人民法院可以对每一种常见的数额犯,都确定一定的数额基点,一旦低于该基点,就绝对不适用死刑;而如果在这一犯罪数额基点之上,则有可能适用死刑,但是否适用死刑,还需要结合案件中的其他具体情节进行考虑。非数额犯的情况比较复杂,最高人民法院可以在对既有死刑判决进行分析、概括的基础上,归纳出某些常见的犯罪情节,明确在具有这些情节时,就不应当判处死刑。这样,就以消极条件的形式,为不适用死刑划定了清晰的界限,防止死刑适用标准不统一而导致量刑畸重判处被告人死刑。最高人民法院同样可以概括出一些常见的能够适用死刑的积极条件,并以司法解释的形式加以公布。②

　　第三,合理采用死刑替代措施。高铭暄教授认为,在无法彻底废除死刑的前提下,依法限制死刑的适用,或者寻找替代死刑的有效刑罚措施,都是对死刑适用及现行法律规定疏漏的一种修正。联合国人权委员会号召仍保留死刑的国家"为了全面废除死刑,建立死刑执行延缓制度"。这一措施可以视为一种由适用死刑向废除死刑的过渡措施,具有很强的可操作性和实践性。③

　　在此基础上,高铭暄教授提出,为了体现国家惩治严重犯罪的力度,满足公众在废除死刑后对严重罪犯重返社会的担忧,重要的是获得公众对废除死刑的支持。刑罚人道化是一个漫长的逐步发展的过程,先逐步废除死刑,继而改革终身监禁刑,从而使刑罚轻缓化。终身监禁可能是最好的死刑替代措施,但这种措施应该是允许假释的终身监禁,当然应设定一个较长的最低服刑期限。④

---

　　① 参见高铭暄等:《从此踏上废止死刑的征途——〈刑法修正案(八)草案〉死刑问题三人谈》,载《法学》2010 年第 9 期。

　　② 参见高铭暄等:《从此踏上废止死刑的征途——〈刑法修正案(八)草案〉死刑问题三人谈》,载《法学》2010 年第 9 期。

　　③ 参见高铭暄等:《从此踏上废止死刑的征途——〈刑法修正案(八)草案〉死刑问题三人谈》,载《法学》2010 年第 9 期。

　　④ 参见高铭暄、王秀梅:《死刑替代利弊分析》,载《江苏行政学院学报》2008 年第 1 期。

第四,改革死缓制度。高铭暄教授认为,新中国死缓制度经历了从政治策略形态向法律制度形态嬗变的进程,先前的死缓政策的政治色彩极其显著,而死缓制度法典化后,限制死刑意义突出。我国现行刑法关于死缓适用的技术规则存在两个基本缺陷:一是死缓的适用对象(罪行极其严重但又不是必须立即执行的犯罪分子)缺乏刚性要求,不太符合罪刑法定原则;二是死缓适用的结果取向配置(有无故意犯罪)缺乏柔性,不完全符合刑法谦抑精神。① 对死缓制度这两方面的立法缺陷应在适当时予以立法完善。②

第五,废止经济犯罪死刑。高铭暄教授认为,对经济犯罪不规定死刑,以及首先废除经济犯罪的死刑,是世界各国立法者的共同选择,这不是偶然的。经济犯罪是"法定犯",是"行政犯",是"禁止恶",更直白地说,经济犯罪是国家"制造"出来的犯罪,国家基于对经济秩序的维护而将某些行为规定为犯罪。对经济领域中的违法行为,应当首先综合运用民事的、行政的法律措施和管制手段,只有其他法律手段无能为力时,才能上升到刑法的地步。即便如此,也不等于必须用死刑来制裁。对经济犯罪,应当将治理的重点放在完善监管制度上,而不能过于依赖刑罚手段,更不能依赖死刑。③

高铭暄教授提出,刑法上对单纯的经济犯罪原则上不应规定死刑,理由是:首先,经济犯罪的成因是多方面的,受到经济、政治、法律等各种因素的影响,靠死刑是无法有效遏制的。其次,单纯的经济犯罪的社会危害性,一般要低于侵犯他人生命权利、国家安全和公共安全的犯罪,对之适用死刑有过重之嫌。此外,由于这些犯罪适用死刑的主要依据是犯罪数额,而死刑的适用无异于贬低人的生命价值,有悖于死刑的刑罚等价观念。再次,从国家和社会的利益考虑,对经济犯罪适用死刑也是极不经济的,因为科处严重经济犯罪分子长期徒刑或无期徒刑,至少可以通过强制罪犯以无偿劳动来尽可能地弥补因其犯罪给国家、社会和人民造成的经济损失;而死刑从肉体上消灭罪犯,事实上同时也剥夺了罪犯以无偿劳动弥补其所造成的经济损失之机会。最后,对于经济犯罪不设置死刑是世界各国的通例。随着改革开放的深

---

① 2015年8月29日通过的《刑法修正案(九)》将《刑法》第50条第1款规定的死缓执行死刑的实质条件"如果故意犯罪,查证属实的……"修改补充为"如果故意犯罪,情节恶劣的……",即增加了"情节恶劣"的要求。

② 参见高铭暄、徐宏:《中国死缓制度的三维考察》,载《政治与法律》2010年第2期。

③ 参见高铭暄等:《从此踏上废止死刑的征途——〈刑法修正案(八)草案〉死刑问题三人谈》,载《法学》2010年第9期。

入,我国刑法必然成为一部开放的刑法,对经济犯罪大力削减死刑,可以使我国刑法更加适应世界性潮流。①

第六,尊重和引导死刑民意。高铭暄教授认为,对民意问题应当分两个角度对待:一是要尊重民意。民意在一定程度上是群众朴素的正义观念和生活常识的体现,有其合理性因素。尊重民意的法律当然更容易赢得公众的尊重,中国是发展中大国,国内情况复杂,国际影响重大,由国情民意和法律传统文化所决定,短期内还不可能全面废除死刑。二是要引导民意。我们尊重民意而不单纯迎合民意,逐步废除死刑,从根本上讲也是符合广大人民群众根本利益的,要限制、限制、再限制,减少、减少、再减少。先从非暴力犯罪、单纯的经济犯罪废除死刑开始,逐步扩大废除死刑的面。高铭暄教授满怀信心地展望,经过若干年乃至数十年的艰苦努力,特别是经过已经签署但有待最高权力机关批准的国际人权公约及未来批准以后的贯彻落实,必将使在中国社会上下层都存在的死刑报应、迷信死刑的观念,逐步得到弱化、扭转。那么,总有一天,死刑废除的喜讯就会降临到我们国人面前。目前这也许还只是幻想式的预言,但我们深信这是合乎规律的。②

三、死刑制度改革的继续推进:高铭暄教授死刑制度改革思想启迪

作为有广泛且重要学术影响和实践影响的刑法学者,高铭暄教授的死刑制度改革思想为中国死刑制度改革提供了重要的路线图,是影响和推动中国当代死刑制度改革不断深入的重要理论力量。高铭暄教授的死刑制度改革思想,带给我们许多启迪。我们认识到,受制于现实多种因素的影响,中国死刑制度改革的道路还很漫长,未来中国死刑制度改革还需要继续进行多维度的探索和拓展,这主要包括以下五个方面:

(一)以刑罚人道主义为指引,不断夯实死刑制度改革的价值基础

功利与人道被认为是死刑制度改革的两大价值基础。其中,功利表现为

---

① 参见高铭暄:《我国的死刑立法及其发展趋势》,载《法学杂志》2004 年第 1 期。

② 参见高铭暄等:《从此踏上废止死刑的征途——〈刑法修正案(八)草案〉死刑问题三人谈》,载《法学》2010 年第 9 期。

死刑的预防功能,即死刑具有积极的预防犯罪功能。但在当前背景下,死刑的预防功能具有较难预测、无法有效评估等特点,特别是现有研究很难证明死刑具有高于无期徒刑的边际效应。与功利相比,人道是死刑制度改革的永恒主题,并将为中国包括死刑在内的刑罚改革,提供充足的动力。

从刑罚人道主义的角度看,中国死刑制度改革需要不断地推进人道化改革,这集中体现在要从对象上扩大不适用死刑的范围。具体包括:①明确对精神障碍人不适用死刑。精神障碍人不同于典型的精神病人,其具有一定的辨认或者控制自己行为的能力,但与正常人相比还是存在一定的差异和可宽宥性,对其不适用死刑是死刑制度改革的刑罚人道性要求。②明确对新生儿母亲不适用死刑。这一群体涉及死刑适用的实际情况较少,但并不排除存在个例,需要在立法和司法上予以明确限制。③扩大老年人不适用死刑的范围。可以考虑在现有立法的基础上,将老年人不适用死刑的范围扩大到所有审判时年满 70 周岁的老年人,即不仅要排除老年人不适用死刑的例外,也要将老年人的年龄下调至审判时年满 70 周岁。① ④明确身体残疾人不适用死刑,包括聋哑人、盲人、肢体残疾的人等。②

(二)以限制死刑的制度文化为导向,不断挖掘死刑制度改革的传统文化力量

中国死刑制度源远流长。在制度文化上,中国历史上有不少限制乃至废止死刑的制度设计。例如,高铭暄教授所研究的清朝秋审制度就是一种限制死刑适用的制度文化。除此之外,中国古代刑法制度上还有其他不少限制乃至废止死刑的制度文化,值得进一步挖掘。

以中国汉代著名的"杀人者死,伤人及盗抵罪"③为例。该约法三章本身是为了反对秦朝的苛法,有限制重刑的倾向。从内容上看,其意思是:杀人者要处以死刑,伤人者和盗窃者要受到与其罪行相应的处罚。换言之,伤人者、盗窃者均不需要判处死刑。虽然这一内容在具体适用中不一定得到严格执

---

① 参见赵秉志:《关于中国现阶段慎用死刑的思考》,载《中国法学》2011 年第 6 期。
② 参见赵秉志、袁彬:《改革开放 40 年中国死刑立法的演进与前瞻》,载《湖南科技大学学报(社会科学版)》2018 年第 5 期。
③ 西汉司马迁《史记·高祖本纪》记载:"汉元年十月,沛公兵遂先诸侯至霸上……召诸县父老豪桀曰:'父老苦秦苛法久矣,诽谤者族,偶语者弃市。吾与诸侯约,先入关者王之,吾当王关中。与父老约,法三章耳:杀人者死,伤人及盗抵罪……'"

行,但反映了中国古代的死刑文化,即基于报应观念的死刑只适用于夺人性命的罪行。但是,反观我国刑法尚存的46种死刑罪名,多种死刑罪名在适用上并不要求夺人性命的条件。例如,我国《刑法》第115条第1款规定:"放火、决水、爆炸以及投放毒害性、放射性、传染病病原体等物质或者以其他危险方法致人重伤、死亡或者使公私财产遭受重大损失的,处十年以上有期徒刑、无期徒刑或者死刑。"按照这一规定,死刑的适用条件是"致人重伤、死亡或者使公私财产遭受重大损失",并不仅限于"致人死亡"的情形。从实际情况看,在致多人重伤或者造成特别重大财产损失的情况下,我国刑法立法允许、司法实务中也很有可能判处死刑。而这与上述我国古代的死刑制度文化相比,明显有所扩张。我国应当积极探索将死刑仅限于致人死亡的立法和司法,力争早日仅在故意杀人罪中配置死刑。

(三) 以国际为视角,不断注入死刑制度改革的外部动力

从国际视野上考察,限制和废止死刑已是当代一种不可逆转的世界潮流。在国际公约上,以联合国《公民权利和政治权利国际公约》为代表,国际社会对限制和废止死刑的做法有着明确要求。

中国死刑制度改革需要从内部探寻改革的动力,同时也可以适当顺应国际潮流,借鉴域外和国际社会的做法。中国死刑制度改革树立国际视野具有积极意义,这包括:①限制死刑适用的罪行,即应考虑以联合国《公民权利和政治权利国际公约》的要求为依据,将适用死刑的犯罪明确限定为"最严重的犯罪"。②限制死刑适用的具体犯罪类型。对于经济犯罪、毒品犯罪等不属于最严重的罪行,不能适用死刑。③赋予死刑犯申请赦免的权利,即按照国际公约的相关要求,允许具备一定条件的死刑犯申请赦免的权利,以进一步限制死刑的适用。④死刑执行数字公开,即从加强监督的角度,逐步公开死刑执行的数字。

(四) 以民意为切入口,不断凝聚死刑制度改革的社会力量

民意是一种重要的社会力量。对于中国死刑制度改革的阻力而言,当前最常提及的便是民众支持死刑的观念。对此,高铭暄教授的主张有二,即一是尊重民意,二是引导民意。这是非常切中要害,也是非常中肯的。

但是,对于民意,我们也要避免大而化之的认识和理解。一方面,民意是一种具体认识,不能做简单抽象的认识。例如,大多数民众支持死刑,不等于

民众支持现有的所有犯罪的死刑,也不等于民众支持任何情形的犯罪的死刑。民众的死刑观念会受到很多因素的影响和制约。以曾经广为关注的吴英集资诈骗案为例,当时民众对浙江法院判处吴英死刑(立即执行)普遍持反对态度,这与民众普遍支持死刑的状况显然不一致。因此,只有深入死刑民意的内部,才能更充分地理解民众的死刑观念。一般而言,民众观念中反映普遍正义诉求的内容对死刑制度改革是有积极参考借鉴作用的。另一方面,民意是一种现实认识,不能等同于未来的认识。人的观念在不同的情形下、不同的时间段内,难免会发生变化。① 例如,近些年经过系列立法和司法改革,中国死刑适用的范围有了大幅度的限制和缩小。从民意的角度看,民众对已有的死刑立法改革和司法改革总体上持肯定、支持的态度。特别是随着经济条件的改善和人权观念的进步,民众对财产犯罪(含经济犯罪)的死刑诉求也悄然发生了明显的改变。对于单纯以财物为目的的犯罪,如以前规定有死刑的盗窃罪、现在仍保留死刑的抢劫罪,只要未造成他人死亡的后果,民众并不会有要求判处被告人死刑的强烈诉求。从推动中国死刑制度改革的角度看,我国要切实推进死刑制度改革,就应当认真分析和研究死刑民意的内涵和趋势,积极而合理地引导死刑民意的理性发展,最大限度地争取民众对死刑制度改革的支持,从而不断凝聚死刑制度改革的社会力量。

(五)以政策为引领,不断推动死刑制度改革

"保留死刑,严格控制和慎重适用死刑"是当前我国的死刑政策。其中,"严格控制和慎重适用死刑"对近年来我国死刑制度改革的推动起到了重要作用。但在实践中,有不少人认为当前我国严格控制和慎重适用死刑的政策空间已经越来越小,死刑的司法控制已做到接近极致。其实,这中间有两个问题对于我国死刑制度改革而言需要引起重视:一是死刑政策的重点何在?在死刑政策表述上,"保留死刑,严格控制和慎重适用死刑"的重点绝不是"保留死刑",而应当是"严格控制和慎重适用死刑"。"保留死刑"是现实的选择,"严格控制和慎重适用死刑"既是现实的需要,也是未来发展进步的需要。当前我国刑法规定了46种死刑罪名,死刑适用的条件还比较宽泛、抽象,限制死刑适用的力度仍然有限。从这个角度看,我国死刑立法和司法都有极大的改革空间。对我国死刑政策的理解,绝不能是:既然"保留死刑"是

---

① 参见袁彬:《死刑民意引导的体系性解释》,载《中国刑事法杂志》2009年第11期。

政策的内涵之一,对于规定了死刑的罪名,只要罪行达到相应程度,就一定要适用死刑。二是死刑政策的发展方向何在? 作为我国现阶段的死刑政策,"保留死刑,严格控制和慎重适用死刑"是现实的选择,不等于未来我国的死刑制度改革政策就不再需要做调整。综合死刑制度的世界发展潮流和我国死刑制度改革的未来需要(包括社会文化发展对死刑观念的影响等),"减少乃至废止死刑"应当成为未来我国死刑政策的重要内容,并成为指导我国死刑制度改革的重要政策力量。① 以死刑政策为引领,我国死刑制度改革需要积极探求政策落实的具体措施。对此,高铭暄教授提出的系列主张也具有重要的参考指引作用。

除此之外,我国死刑制度改革还应当加强刑事实体法与刑事程序法的配合,以一体化的思维,推动我国死刑制度的联动改革②;进一步加强死刑制度的技术改造,包括设置统一的故意杀人罪,将所有故意致人死亡的情形都纳入故意杀人罪的惩治范围,取消其他犯罪中包含故意致人死亡的情形。③

四、结　语

作为当代中国刑法学的主要奠基人、开拓者和著名刑法学家,高铭暄教授对我国死刑制度改革问题的研究和一系列主张,充分展现了其作为当代刑法学大师的人道情怀、历史眼光、国际视野和本土意识。高铭暄教授所提出的系统而丰富的死刑制度改革的思想,通过他长期参与国家立法机关创制和完善刑法的立法工作,通过他引领和参与其所在刑法学术团队晚近20年来聚焦死刑制度改革的学术研究和学术活动,通过他对弟子的学术指导乃至对全国刑法学界的学术影响,对我国死刑制度的法治改革和相关理论研究发挥了积极的促进功效。

---

① 参见赵秉志、袁彬:《我国死刑司法改革的回顾与前瞻》,载《社会科学》2017年第2期。
② 参见赵秉志、袁彬:《中国死刑制度改革的体系化思考——以刑事一体化为视角》,载《江海学刊》2022年第6期。
③ 参见阴建峰:《论故意杀人罪死刑的立法改革》,载《北京师范大学学报(社会科学版)》2011年第1期。

专题八

高铭暄教授的恐怖活动犯罪治理思想考察

目　次

一、前　言

　　随着风险社会的来临,当前社会面临的未知风险不断增加,影响了犯罪态势的变化和刑法立法、司法的发展。以加强刑法积极预防功能为代表的预防刑法观受到了较为广泛的支持,并在刑法立法和司法中得到贯彻。与此密切相关的一类犯罪是恐怖活动犯罪的治理。客观地说,恐怖主义不仅是一个备受关注的社会问题,而且还是一个引起多学科重视的理论问题。例如,立足于犯罪学,学者们进行了有关恐怖主义犯罪原因及对策的研究;立足于国际法学,学者们展开了对国际恐怖主义问题的探讨;立足于政治学,学者们开始了对恐怖主义政治根源的思考;立足于刑法学,学者们注重对恐怖活动犯罪的刑法治理进行研究。作为全程参与新中国刑法立法及新中国刑法学的主要奠基人,高铭暄教授不仅十分关注预防刑法的理论问题,而且对恐怖活动犯罪问题进行了较为深入的理论研究,既展现了其高屋建瓴的宏观视角,也展现了其见微知著的微观把握。高铭暄教授对恐怖活动犯罪问题研究的基本脉络是以理性的预防刑法观为指引,探讨了恐怖活动犯罪的基本理论问题,并以此提出完善我国反恐刑法立法的建言。

二、前提：恐怖组织、恐怖活动犯罪的合理界定

恐怖组织、恐怖活动犯罪是恐怖活动犯罪治理的基本概念，也是恐怖活动犯罪治理的基本前提。合理界定这两个概念是正确把握恐怖活动犯罪治理范围的基础和前提。对此，高铭暄教授专门撰文对恐怖组织、恐怖活动犯罪进行了界定。

（一）恐怖组织

对于恐怖组织，高铭暄教授的研究既是注重界定方法的比较研究，又注重界定标准的实质合理性，但不忽视形式要素。

第一，界定方法的比较研究。对于恐怖组织的界定方法，高铭暄教授采取比较研究的方法，重点总结了域外恐怖组织界定的三种主要方式：一是形式界定，即不具体阐明恐怖组织的界定标准，以是否出现在被禁止、被取缔的名单为标准，在该名单中出现的即为恐怖组织；二是形式与实质相结合的界定，即一方面从实质上确定了鉴别恐怖组织的标准，另一方面又指出在名单中所列明的非法组织亦为恐怖组织；三是实质界定，即对恐怖组织的鉴别标准作了实体性的规定，从恐怖组织的实质特征上界定恐怖组织。[①] 高铭暄教授以横向比较的国际视野对恐怖组织的界定方法进行研究，为科学合理地界定恐怖组织、惩治恐怖活动犯罪奠定了基础。

第二，界定内容的实质研究。客观地看，我国国内关于恐怖组织的界定都是从实质的角度来讨论的。其中，根据主观要素是否必要，有主观要素不要说和主观要素必要说两种界定方法。[②] 主观要素不要说主张在界定中不表述恐怖组织的主观要素；主观要素必要说认为要表述恐怖组织的主观要素，并形成了"实施恐怖犯罪目的说"[③]、"要挟、恐吓社会目的说"[④]、"动机与目的说"[⑤]、

---

　　①　参见高铭暄、王俊平：《恐怖组织界定》，载《国家检察官学院学报》2006 年第 2 期。
　　②　参见高铭暄、王俊平：《恐怖组织界定》，载《国家检察官学院学报》2006 年第 2 期。
　　③　参见赵秉志主编：《刑法新教程》，中国人民大学出版社 2001 年版，第 480 页。
　　④　参见王政勋：《刑法修正论》，陕西人民出版社 2001 年版，第 333 页。
　　⑤　参见赵秉志主编：《惩治恐怖主义犯罪理论与立法》，中国人民公安大学出版社 2005 年版，第 568 页。

"复合目的说"①、"政治目的或其他目的说"②等不同主张。高铭暄教授主张主观要素必要说，认为恐怖组织是 3 人以上以长期实施一种或多种恐怖犯罪活动为目的的犯罪组织。③ 高铭暄教授对恐怖组织进行实质界定时重点考虑了两个基本因素：最低人数和主观要素。一方面，最低人数的要求即成立恐怖组织在规模上的要求，这在一定程度上决定了恐怖组织客观上可能造成的危险；另一方面，主观要素体现了恐怖组织的成立原因，其成员主观之"恶"的统一是共同实施危害行为的前提。因此，高铭暄教授所主张的主观要素必要说具有实质的合理性，能够为恐怖组织的合理界定提供指引。

关于恐怖组织成立的最低人数，域外部分立法明确规定了恐怖组织成立的规模下限，如葡萄牙、奥地利、科索沃等国刑法规定恐怖组织的最低人数为 2 人，尼日利亚规定最低人数为 10 人。高铭暄教授认为，恐怖组织成立的最低人数有必要在定义中明确，因为如果不加以明确，必然会造成理解和把握上的不一致，进而引起司法操作上的不统一。这正如刑法应当对自然人的最低刑事责任年龄作出明确规定一样，对恐怖组织成立之规模下限作出硬性规定，对于规范司法、实现刑法惩治与保障相统一之要求，具有重要的意义。当然，恐怖组织成立之最低规模的具体设定，不仅要考虑一国或地区的刑事政策导向，也要切合该国或地区集团犯罪发生、发展的实际状况，不能作过低的规定（这样会混淆恐怖组织与一般的共同犯罪，从而违背立法从严处置恐怖组织的初衷），也不能作过高的规定（这样会轻纵那些符合犯罪集团其他条件而只有规模条件尚未达到法定要求的犯罪联合体）。具体人数可以采用犯罪集团的标准，即 3 人以上。④

关于恐怖组织的主观要素，高铭暄教授认为，恐怖组织的定义中不宜包含犯罪的动机要素：一方面，犯罪动机是刺激犯罪人实施犯罪行为以达到犯罪目的的内心冲动或者内心起因。⑤ 对于恐怖组织而言，其成员纠合在一起只能是为了实施恐怖犯罪活动，而促使他们纠结在一起实施恐怖犯罪活动的

① 参见王作富主编：《刑法》，中国人民大学出版社 1999 年版，第 264 页。
② 参见王德育：《"恐怖活动组织"概念初探》，载《现代法学》2000 年第 3 期。
③ 参见高铭暄、王俊平：《恐怖组织界定》，载《国家检察官学院学报》2006 年第 2 期。
④ 参见高铭暄、王俊平：《恐怖组织界定》，载《国家检察官学院学报》2006 年第 2 期。
⑤ 参见高铭暄、马克昌主编：《刑法学》（第 2 版），北京大学出版社、高等教育出版社 2005 年版，第 127 页。

动机不可能是划一的。在恐怖组织的定义中科学而又周延地界定犯罪的动机几乎不可能。另一方面,犯罪的动机一般不影响犯罪的性质。恐怖犯罪分子纠合在一起并结成固定的联合体的各自内心起因对于恐怖组织的成立也不会产生影响。况且,相对于犯罪目的而言,犯罪动机在人的心理构造中是更为深层次的东西,所以,把如此深层的心理因素作为恐怖组织成立的主观条件,从发现和认定恐怖组织的角度看也是不够策略的。[①] 同时,高铭暄教授认为,不能把恐怖犯罪的最终目的界定为恐怖组织定义中的一个要素。有些界定在恐怖组织的定义中使用了"要挟、恐吓社会的目的""政治或恐吓、要挟社会的目的"的表述。其实,这混淆了恐怖犯罪的目的与恐怖组织成立和存续的目的。恐怖犯罪的目的是行为人希望通过实施具体的犯罪所最终要达到的恐吓、要挟社会的目的,而恐怖组织成立和存续的目的则在于共同实施恐怖犯罪,这既是恐怖组织成员联系在一起的纽带,也是恐怖组织与其他犯罪集团相区别的标志。在这一目的的统帅下,基于不同犯罪动机和利益诉求的人会求大同存小异,相互支持,协同实施恐怖犯罪。只有共同实施恐怖犯罪这一目的才能凸显这类组织与其他犯罪组织的区别。因此,在对恐怖组织下定义时,只要标明这类组织是为了实施恐怖犯罪即可,没有必要且不宜将恐怖犯罪的最终目的也作为其构成要素。[②] 高铭暄教授认为,在界定恐怖组织的目的时要注意恐怖组织意图实施恐怖犯罪的长期性。恐怖组织绝不是为了实施一次犯罪而成立的,而是为了在相当长的时间里多次实施恐怖犯罪活动。意图长期实施恐怖犯罪并不等于实际上能长期存续下去,但只要某一犯罪联合体是为长期实施一种或者多种恐怖犯罪而成立的,即可认为该联合体是恐怖组织。[③]

第三,证明责任的形式辅助。在认定恐怖组织的证明责任上,高铭暄教授认为,凡是已经由公安部认定为恐怖组织的,法官可以通过降低证明责任的方式对存在于恐怖组织名单这一事实进行形式审查,而对进入司法认定程序的某一组织在尚未被列入官方公布的恐怖组织名单的情况下,司法机关则需要根据法定条件,以证据事实为基础并以诉讼的方式作出司法裁决。这种司法认定和行政认定并存的模式也是各国的通行做法:一方面,通过国家行为的认定过程能使民众了解恐怖组织的实质,对于侦查阶段的国际合作大有

[①] 参见高铭暄、王俊平:《恐怖组织界定》,载《国家检察官学院学报》2006年第2期。
[②] 参见高铭暄、王俊平:《恐怖组织界定》,载《国家检察官学院学报》2006年第2期。
[③] 参见高铭暄、王俊平:《恐怖组织界定》,载《国家检察官学院学报》2006年第2期。

裨益;另一方面,通过司法程序的最终确认,可以使得反恐更加具有规范性、针对性,避免反恐过程中侵犯人权现象的发生。① 高铭暄教授所主张的借用恐怖组织名单区分证明责任高低和证明标准的方法,不仅在诉讼资源的节约上大有裨益,同时也有助于推动国际反恐合作的发展,有助于认定和打击国际恐怖主义犯罪。

可见,高铭暄教授对恐怖组织的界定既注重他国和地区的经验又恪守中国实际,既坚持实质判断标准又考虑形式要素,真正做到了形式与实质、国内与国外的有效融合,值得充分肯定。

(二) 恐怖活动犯罪

"恐怖活动犯罪"是与"恐怖组织"密切相关的概念,同时也是我国刑法条文中的规范概念。我国 1997 年《刑法》首次使用"恐怖活动组织"这一专门概念,2001 年《刑法修正案(三)》引入了"恐怖活动犯罪"和"恐怖活动"概念。高铭暄教授认为,在逻辑关系上,这三个概念中的恐怖活动是上位概念,因为明确了恐怖活动的内容也就明确了恐怖活动犯罪和恐怖活动组织。② 我国《刑法》第 120 条组织、领导、参加恐怖组织罪,第 120 条之一资助恐怖活动罪,第 191 条洗钱罪等,都以恐怖活动或恐怖活动犯罪为基本的构成要素或前提条件之一,因此如果缺乏对恐怖活动犯罪的明确定义,这些罪的罪状就无法得到清晰的说明。在概念界定上,高铭暄教授主张以"恐怖活动犯罪"为中心概念,从恐怖活动犯罪的目的、手段、对象、主体四个构成要素探讨"恐怖活动犯罪"的定义比较恰当,形成了一个内容丰富、结构立体的恐怖活动犯罪概念。

一是在目的上,恐怖活动犯罪必须具有特定的犯罪目的,并且这种犯罪目的应当是一种意识形态方面的政治目的。我国刑法学界对于恐怖活动犯罪是否需要具有特定的目的及目的内容是什么还存在争论。有观点认为,恐怖活动犯罪不需要具有任何目的。③ 但多数观点持相反态度,认为恐怖活动

---

① 参见高铭暄、陈冉:《全球化视野下我国惩治恐怖活动犯罪立法研究》,载《法治研究》2013 年第 6 期。
② 参见高铭暄、张杰:《关于我国刑法中"恐怖活动犯罪"定义的思考》,载《法学杂志》2006 年第 5 期。
③ 参见王秀梅:《论恐怖主义犯罪的惩治及我国立法的发展完善》,载《中国法学》2002 年第 3 期。

犯罪必须基于特定的政治目的①，或者恐怖活动犯罪的目的就是制造社会恐慌②。高铭暄教授认为，恐怖活动犯罪必须具有特定的犯罪目的。犯罪目的有根本目的与直接目的之分。③ 在恐怖活动犯罪中，这种双重目的是完全存在的。行为人意识形态方面的政治目的从心理学上说应当是一种行为动机，它同时能够作为恐怖活动犯罪这一类罪的根本性犯罪目的。而在具体的恐怖活动犯罪行为如放火、爆炸中，行为人又可能针对犯罪对象产生直接的放火、爆炸等犯罪目的。④ 双重目的说能够全面地阐释恐怖活动犯罪成员参与恐怖组织、实施恐怖活动的主观心态全过程，高铭暄教授的这一主张对认定恐怖组织成员进行恐怖活动犯罪的主观方面提供了科学合理的指引。

　　二是在对象上，恐怖活动犯罪的对象一般是不特定的，但也可以是具有政治、宗教等象征意义的特定对象。高铭暄教授认为，行为人的政治目的属于犯罪主观方面的内容，在刑事程序中必须通过客观方面反映出来并进行认定，行为人主观上是否具有意识形态方面的政治性目的必须通过其在犯罪活动中表现出来的一系列客观要素进行认定。立足刑法的角度，将恐怖活动犯罪视为恐怖主义在刑法领域的一种体现，其犯罪对象的特点在于：在一般情况下犯罪对象是不特定的；如果是特定的，这种对象一定具有政治、宗教等象征意义。行为人可能通过侵害不特定的对象来达到制造社会恐慌的效果。因此，恐怖活动犯罪的犯罪对象既可能是不特定的，又可能是特定的且具有某种象征意义。恐怖活动犯罪直接针对的对象与其希望施加影响的对象也可能是分离的。⑤

　　三是在手段上，恐怖活动犯罪必须是采用"足以引起极大的社会恐慌的手段"。有观点认为，恐怖活动犯罪的手段只能是"使用暴力或暴力威胁"⑥，或"使用放火、爆炸、暗杀、绑架等恐怖手段"⑦。高铭暄教授认为，恐怖活动犯罪之所以被称为"恐怖"，从最表层的意义看，就在于这种行为足以

---

　　①　参见童伟华：《论恐怖主义犯罪的界定》，载《甘肃政法学院学报》2002 年第 4 期。

　　②　参见陈忠林：《我国刑法中"恐怖活动犯罪"的认定》，载《现代法学》2002 年第 5 期。

　　③　参见高铭暄主编：《刑法学原理》（第 2 卷），中国人民大学出版社 1993 年版，第 120 页。

　　④　参见高铭暄、张杰：《关于我国刑法中"恐怖活动犯罪"定义的思考》，载《法学杂志》2006 年第 5 期。

　　⑤　参见高铭暄、张杰：《关于我国刑法中"恐怖活动犯罪"定义的思考》，载《法学杂志》2006 年第 5 期。

　　⑥　陈家林：《"恐怖活动组织"界定问题初探》，载《法律科学》1998 年第 2 期。

　　⑦　王立民：《反恐立法述评》，载《犯罪研究》2003 年第 1 期。

引起人们极大的恐慌。而之所以能产生这种社会效果,其客观方面的犯罪手段显然具有非常重大的作用。① 在此基础上,高铭暄教授主张将恐怖活动犯罪的手段界定为"足以引起极大的社会恐慌的手段",并包括三个方面的内容:第一,足以引起极大的社会恐慌意味着这种犯罪手段针对的对象应当是人们的生命、健康、人身安全、巨额公私财产、社会秩序等重大利益;第二,足以引起极大的社会恐慌的犯罪手段波及的范围应当是极为广泛的,如行为人在网络上传播病毒制造恐怖事件的行为可能波及的范围是全球或某些地区所有的计算机用户;第三,在暴力犯罪的情况下,足以引起极大的社会恐慌的犯罪手段常常是极为凶残、泯灭人性的。② 恐怖活动犯罪中"足以引起极大的社会恐慌的手段"的表述具有一定的抽象性,高铭暄教授在行为手段所针对的对象、行为手段所影响的范围、社会一般观念上对行为手段的评价三个维度对这一概念进行了阐释,为法官在具体裁判中提供了思路,也使我们对恐怖活动犯罪的手段有了更加充分和全面的认识。

四是在主体上,个人可以成为恐怖活动犯罪的主体,但国家不能成为恐怖活动犯罪的主体。在恐怖活动犯罪中,个人所具有的某种身份,如是不是民族激进分子、是否属于某些恐怖活动组织的成员等常常可以辅助性地印证行为人主观上是否具有某种意识形态方面的政治目的。但特殊身份并不是个人构成恐怖活动犯罪的必要条件,行为人即使不具有某种特殊身份,也同样可以成立恐怖活动犯罪。实践中,单位的法人代表完全可能出于某种意识形态深层的动机,并同时兼顾为本单位谋取利益的目的,协助恐怖主义分子或直接以单位名义实施某些危害行为。③ 将恐怖活动犯罪的主体限定为个人和单位符合打击恐怖活动犯罪的现实需要,同时,犯罪主体不局限于特定身份的个人是高铭暄教授在犯罪认定上坚持实质判断的体现。

据此,高铭暄教授认为,恐怖活动犯罪是个人或单位基于意识形态方面的政治目的,针对不特定对象或某些具有政治、民族、宗教等象征意义的特定

---

① 参见高铭暄、张杰:《关于我国刑法中"恐怖活动犯罪"定义的思考》,载《法学杂志》2006年第5期。

② 参见高铭暄、张杰:《关于我国刑法中"恐怖活动犯罪"定义的思考》,载《法学杂志》2006年第5期。

③ 参见高铭暄、张杰:《关于我国刑法中"恐怖活动犯罪"定义的思考》,载《法学杂志》2006年第5期。

对象,以足以引起极大的社会恐慌的手段实施的危害行为。①

三、基础:恐怖活动犯罪的现状研究

密切关注恐怖活动犯罪的态势是进行恐怖活动犯罪治理的基础,也是高铭暄教授进行恐怖活动犯罪研究的重要内容。对此,高铭暄教授重点研究了恐怖活动犯罪的一般态势和网络恐怖活动犯罪的特有态势。

(一)恐怖活动犯罪类型

关于恐怖活动犯罪的类型,高铭暄教授主要从刑法治理的角度探讨了恐怖活动犯罪的实然类型和应然类型:

第一,恐怖活动犯罪的实然类型。高铭暄教授认为,在我国刑法中,涉及恐怖活动犯罪的有三处:一是有关特别累犯的规定,即危害国家安全犯罪、恐怖活动犯罪、黑社会性质的组织犯罪的犯罪分子,在刑罚执行完毕或者赦免以后,在任何时候再犯上述任一类罪的,都以累犯论处。二是洗钱罪的上游犯罪规定了恐怖活动犯罪。三是资助恐怖活动罪中,有"实施恐怖活动"的内容。② 但是在反恐法律中,恐怖活动犯罪的概念更为宽泛,包含的犯罪行为类型也更多。按照反恐法律的规定,恐怖活动是以制造社会恐慌、危害公共安全或者胁迫国家机关、国际组织为目的,采取暴力、破坏、恐吓或者其他手段,造成或者意图造成人员伤亡、重大财产损失、公共设施损坏、社会秩序混乱等严重社会危害的行为;煽动、资助或者以其他方式协助实施上述活动的,也属于恐怖活动。反恐法律对恐怖活动的界定对于刑法中认定恐怖活动组织和恐怖活动犯罪虽不能起直接决定作用,但具有重要参考价值。③

第二,恐怖活动犯罪的应然类型。高铭暄教授赞同一些学者的观点,认为从客观上看,恐怖活动通常表现为暗杀、绑架、放火、爆炸等行为,这些行为

---

① 参见高铭暄、张杰:《关于我国刑法中"恐怖活动犯罪"定义的思考》,载《法学杂志》2006年第5期。
② 参见高铭暄、陈冉:《全球化视野下我国惩治恐怖活动犯罪立法研究》,载《法治研究》2013年第6期。
③ 参见高铭暄、陈冉:《全球化视野下我国惩治恐怖活动犯罪立法研究》,载《法治研究》2013年第6期。

在一般意义上都是普通刑事犯罪,但恐怖活动的特殊之处就在于其具有恐吓、要挟社会的目的性,即通过实施暗杀、绑架、爆炸等犯罪行为,制造恐惧和惊慌来影响公众的情绪,对政府形成压力和威慑,以实现其政治或其他社会目的,如获得对某项事实的承认,或对当局作出的决定施加影响等。① 高铭暄教授认为,我国刑法中所认可的恐怖活动犯罪仅限于有"恐怖"色彩的犯罪。虽然国际社会对恐怖活动犯罪列举了大量罪名,如绑架、爆炸等,但是这些罪名一旦与恐怖主义沾染,那么在域外可能将其作为恐怖活动罪处罚,而在我国"组织""领导""参加"行为已经可以将其概括,这种抽象的概括并不会降低对恐怖活动犯罪范畴的认识。根据我国刑法条文的表述特点,宜将恐怖活动犯罪这一类罪的内容限定在具有"恐怖"字眼的罪名,包括三个:《刑法》第 120 条规定的组织、领导、参加恐怖组织罪,第 120 条之一规定的资助恐怖活动罪和第 291 条之一规定的编造、故意传播虚假恐怖信息罪。② 高铭暄教授对传统的恐怖活动犯罪类型从实然和应然两方面把握,反映了其务实严谨的学术态度。

(二) 网络恐怖活动犯罪

网络恐怖活动是以计算机作为攻击目标或使用的工具,这也决定了网络恐怖活动不是一个新的恐怖形式,而仅是一个"新的恐怖战术"。

高铭暄教授对网络恐怖活动犯罪进行了专门研究,认为其行为方式主要包括:第一,以网络作为媒介:传播恐怖活动信息、收集信息、接收获取信息。互联网的知识易得和广泛使用给人类带来了前所未有的便利,但同时也给了恐怖分子可乘之机,网络也就成为恐怖分子收集和获取信息的重要渠道,这在一定程度上降低了恐怖分子的犯罪成本。恐怖分子利用网络来传播恐怖活动信息,这种无形的暴力具有的杀伤力并不亚于暴力形式的恐怖行为。有些行为是暴力恐怖行为的准备、动员和组织,甚至本身(如威胁行为)就是恐怖活动。第二,以网络为袭击目标:网络恐怖袭击。网络恐怖袭击是利用多种计算机、网络技术通过互联网对计算机系统、数据进行破坏性攻击而实施的恐怖袭击,与传统的恐怖袭击相比具有更大的破坏性。第三,以网络为基地:联络招募恐怖成员。恐怖组织以网络为基地主要表现为以网络作为通信

---

① 参见刘凌梅:《国际反恐怖犯罪与我国刑事立法》,载《法学评论》2001 年第 2 期。
② 参见高铭暄、陈冉:《全球化视野下我国惩治恐怖活动犯罪立法研究》,载《法治研究》2013 年第 6 期。

联络的主要方式招募恐怖组织成员。这些招募网站大都包括对恐怖组织历史的介绍说明，这些信息更易诱导青年加入。只要点击事先设定的链接就能跳转到恐怖组织的网站。很多恐怖组织都有自己的网站，它们利用网络在世界各地不断招兵买马，将对象瞄准文化程度低、沉迷于网络的年轻人，再通过一定的"思想引导"使这些年轻主体很快成为恐怖组织的新鲜血液。①

高铭暄教授认为，网络恐怖主义与传统的恐怖袭击相比，地点不特定，通过非直接的行动来造成恐慌，暴力行为也并不是最有效的方式，但却会对人类造成更大的灾难，应当引起高度重视。② 高铭暄教授对网络恐怖主义的重视顺应了我国践行总体国家安全观、不断增强国家网络安全态势的能力这一要求，也体现了其与时俱进的治学态度。

四、应对：恐怖活动犯罪的预防性刑法综合治理

恐怖主义犯罪均为主观目的强烈的故意犯罪，而且一旦实施，危害后果严重，因此在反恐全球化背景下，加强"预防性立法"成为各国和地区共同确立的价值目标。高铭暄教授从两个层次提出了应对恐怖活动犯罪的刑法治理。

（一）目标：预防性综合立法

恐怖活动犯罪立法被认为是预防性刑法立法的典型例证。高铭暄教授认为，预防性立法在犯罪实体领域主要集中在超个人法益或集体法益的犯罪，立法策略主要表现为犯罪化、危险犯配置、早期化介入等方面。③ 高铭暄教授提出要从四个方面加强反恐立法：一是打早打小的防微杜渐，从源头上阻止恐怖主义犯罪的预谋、策划、组织、实施。2000 年的《制止向恐怖主义提供资助的国际公约》强调，各成员方应特别酌情考虑采取管制措施，以预防和制止涉嫌为恐怖主义目的提供的资金的流动，并加强关于这种资金的国际流动的情报交流。这是对恐怖活动犯罪打早打小的国际呼声。二是严密外围打击，重点严厉打击与恐怖活动犯罪相牵连的犯罪行为。其中包括与恐怖活

---

① 参见高铭暄、李梅容：《论网络恐怖主义行为》，载《法学杂志》2015 年第 12 期。
② 参见高铭暄、李梅容：《论网络恐怖主义行为》，载《法学杂志》2015 年第 12 期。
③ 参见高铭暄、孙道萃：《预防性刑法观及其教义学思考》，载《中国法学》2018 年第 1 期。

动犯罪相关的受贿罪,妨害公务罪,窝藏、包庇罪等。三是加强分化瓦解,对恐怖活动犯罪的打击必须体现轻重有别,对于真正的恐怖活动犯罪分子,必须加强打击。四是对恐怖活动的打击必须长期坚持。当前,我国正处于深化改革的关键时期,如果我们不能妥善解决好贫富差距、就业、教育等社会问题,在矛盾过于尖锐的情况下,恐怖活动分子便容易伪装成弱势群体,博取民众的同情甚至支持,导致一种"越反越恐"的恶性局面。因此,对恐怖活动犯罪的打击,必须有鉴别性、针对性,而不能将一切激化了的矛盾都作为恐怖活动予以打击。[①] 高铭暄教授主张在反恐立法存在明显的扩大犯罪化、扩大危险犯和预备犯之范围等预防性特征的当下,并不能对社会矛盾一概而论,而应当区别对待,避免出现"泛恐怖主义"的社会趋势和局面。这体现了高铭暄教授的实质理性刑法观。

(二) 措施:理性的刑法措施

高铭暄教授认为,预防刑法观有其合理性,但也要对其保持必要的警惕。[②] 其中较为重要的一点是要坚持必要的法益保护立场。例如,我国《刑法》第 120 条之一后增设了准备实施恐怖活动罪,将为实施恐怖活动准备的行为、为恐怖活动培训的行为、为实施恐怖活动与境外恐怖主义联系的行为、为实施恐怖活动进行策划或者其他准备的行为都规定为犯罪,实现了刑法对恐怖主义的提前介入。高铭暄教授认为,将"以制作、散发宣扬恐怖主义、极端主义的图书、音频视频资料或者其他物品,或者通过讲授、发布信息等方式宣扬恐怖主义、极端主义的,或者煽动实施恐怖活动的"行为规定为犯罪,严密了刑事法网,加大了对此类犯罪行为的打击力度。但是,刑法扩张的合法性仅限于预备行为对被保护的利益造成危害,或危及他人利益的情况,若行政措施就可以起到保护信息网络安全的效用,如阻断访问或删除攻击性的网站,就不必动用刑法,以避免刑法的过度扩张。[③] 高铭暄教授在肯定有必要将实施恐怖活动预备行为犯罪化的同时主张对预备行为的危险性进行实质判断,对于未达到值得科处刑罚处罚危险的行为以行政处罚予以惩戒,实现在治理恐怖主义方面的行刑衔接治理格局。

---

① 参见高铭暄、陈冉:《全球化视野下我国惩治恐怖活动犯罪立法研究》,载《法治研究》2013 年第 6 期。
② 参见高铭暄、孙道萃:《预防性刑法观及其教义学思考》,载《中国法学》2018 年第 1 期。
③ 参见高铭暄、李梅容:《论网络恐怖主义行为》,载《法学杂志》2015 年第 12 期。

五、结　语

从某种程度上看,对恐怖活动犯罪的态度是检验研究者是否理性科学的试金石。一方面,恐怖活动犯罪严重危害人类社会,是国家社会共同的"敌人",可谓人人喊打。主张严厉甚至无限严厉地惩治恐怖活动犯罪是人类普遍正义情感的体现,也是正常的情绪反应。另一方面,恐怖活动犯罪的发生有其复杂的社会原因,不能完全归结于实施恐怖活动犯罪的行为人。因此,对恐怖活动犯罪的态度是更倾向于反映社会公众的"情绪"还是更倾向于辩证地看待犯罪现象,能反映出研究者的态度是否理性科学。从总体上看,高铭暄教授对恐怖活动犯罪治理的研究较好地坚持了理性科学的立场,对于未来我国恐怖活动犯罪治理的发展,具有积极的借鉴意义。这体现在:

第一,恐怖活动犯罪治理的理性发展。近年来我国面临的恐怖活动犯罪形势有所缓和,但危险仍无时无刻不存在。我国刑法立法对恐怖活动犯罪的整体态度反映出明显的预防倾向。但高铭暄教授基于学者的理性态度,认为对恐怖活动犯罪的治理不能过于情绪化,而有必要恪守刑法的基本理性。其提出的在刑法适用中应审慎考虑行为的法益侵害性就是对恐怖活动犯罪进行刑法扩大治理冲动的克制。这对于我国针对恐怖活动犯罪的刑法适用提出了理性的发展方向:一是客观的犯罪构成要件判断。恐怖活动犯罪与普通刑事犯罪相比,"恐怖"色彩往往是认定的重要方面。但"恐怖"色彩的认定具有明显的主观性,主观目的、行为对象和行为手段等都会影响对"恐怖"色彩的判定,其中"主观目的"又占据着绝对的主导地位。在此基础上,针对恐怖活动犯罪的刑法适用在判断标准上必须恪守罪刑法定原则,采取客观的犯罪构成要件判断方法,围绕我国刑法相关立法进行客观把握,防止恐怖活动犯罪的刑法适用扩大化。二是实质的犯罪危害判断。我国刑法关于恐怖活动犯罪的刑法立法存在着将行为提前的做法(即预备行为实行化),使得犯罪行为的危害性判断被有意无意地忽略。实践中也出现了一些基于玩笑、娱乐等目的传播涉恐图像而被认定为构成恐怖活动犯罪的案件。但对这些行为的危害性判断存在很大疑问,法益所面临的危险极小甚至没有。对这些行为,刑法适用时应当保持克制。

第二,恐怖活动犯罪治理的科学发展。高铭暄教授在恐怖活动犯罪治理上的科学态度主要体现在两个方面:一方面,坚持比较的视野,积极借鉴境外相对成熟的恐怖活动犯罪立法;另一方面,坚持务实的作风,紧密结合我国实践需要探索恐怖活动犯罪的立法和司法。对于我国恐怖活动犯罪的刑法适用而言,如何结合我国实践需要进行合理的刑法适用调整,是检验我国刑法适用科学化的重要方面。特别是对于我国刑法中规定的帮助类、预备类恐怖活动犯罪,应当不断总结实践经验,既要合理把握这些犯罪的入罪门槛(结合我国《刑法》第13条"但书"进行定量限制),也要合理把握行为的边界(合理运用限制和扩大解释调整恐怖活动犯罪的入罪范围)。

专题九

高铭暄教授的破坏市场经济秩序
犯罪治理思想探究

一、前　言

　　破坏社会主义市场经济秩序罪是我国刑法分则规定的一大类犯罪,包含生产、销售伪劣商品罪,走私罪,妨害对公司、企业的管理秩序罪,破坏金融管理秩序罪,金融诈骗罪,危害税收征管罪,侵犯知识产权罪和扰乱市场秩序罪。在我国经济繁荣发展时期,市场经济秩序犯罪的态势也在不断发生变化,对我国刑法立法和司法都提出了很高的要求和挑战。高铭暄教授很早就关注了市场经济秩序犯罪的刑法问题,早在1988年就先后在《政治与法律》《政法论坛》分别发表了《树立社会主义的经济犯罪观》(与王勇合著,载《政治与法律》1988年第3期)、《社会主义商品经济与刑法观念的转变》(与王勇合著,载《政法论坛》1988年第5期),提出要因经济发展变化调整犯罪观和刑法观。之后,高铭暄教授对我国经济犯罪领域出现的新情况、新问题始终保持关注,甚至对当前十分前沿的数字货币犯罪、知识产权犯罪等都保持了很高的研究兴趣和热情,发表了系列论文。从总体上看,高铭暄教授关于破坏市场经济秩序犯罪的研究主要体现在三个方面:一是以民生刑法观为导向对制售伪劣商品犯罪进行了刑法治理研究;二是以金融刑法观为导向对破坏金融管理秩序犯罪、金融诈骗犯罪进行了刑法研究;三是以产品刑法观为导向对知识产权犯罪进行了刑法研究。高铭暄教授的这些研究不仅具有前沿性,而且视野开阔、观点务实,对于推进我国刑法立法和司法的科学发展具有积极借鉴价值。

二、民生刑法:制售伪劣商品犯罪的刑法适用

针对危害民生的制售伪劣商品犯罪,高铭暄教授主要是从保护民生的立场出发探讨制售伪劣商品犯罪的刑法治理适用问题。但在民生刑法的立场上,高铭暄教授的研究无不反映出一种平衡的立场:既要加强对危害民生的制售伪劣商品犯罪的刑法惩治,又要保证刑法适用的审慎与公平。

(一)宏观立场:生产、销售伪劣商品罪的有限扩张

作为类罪,生产、销售伪劣商品罪包含众多具体的制售伪劣商品犯罪。应该说,这些不法分子为牟取暴利,不顾公众生命健康安全,生产、销售伪劣商品,十分可恨。为了惩治此类犯罪,我国刑法进行了多次立法修正并出台了系列司法解释进行了扩张。但高铭暄教授认为,对生产、销售伪劣商品罪的扩张应当有一定的限度,对于司法实践中以"以危险方法危害公共安全罪"惩治生产、销售伪劣商品罪的做法,其持反对态度。① 这集中体现在两个方面:

第一,在法条关系上,高铭暄教授认为,生产、销售伪劣商品罪与以危险方法危害公共安全罪是法条竞合的关系,生产、销售伪劣商品罪是特别法应优先适用。② 理由包括:一是从犯罪客体来说,"以危险方法危害公共安全罪"归属于"危害公共安全罪"一章,其犯罪客体即公共安全。公共安全是"不特定多数人的生命、健康和重大公私财产安全"。当生产、销售伪劣商品的行为关系到不特定多数人的生命、健康和重大财产安全时,自然也就涉及

---

① 参见高铭暄、陈冉:《生产、销售伪劣商品可否构成"以危险方法危害公共安全罪"》,载《法学》2012年第10期。
② 参见高铭暄、陈冉:《生产、销售伪劣商品可否构成"以危险方法危害公共安全罪"》,载《法学》2012年第10期。

"公共安全"问题。因此,在生产、销售商品领域的确存在危害公共安全问题。① 二是从客观方面来看,以"生产、销售有毒、有害食品罪"为例,"掺入"行为与投放危险物质的"投放"行为具有相似性,在客观危害行为上具有交叉的空间;危害后果上,二者都有可能出现致人死亡等危害公共安全的后果;因果关系上,在行为的危险性较为明显,因果关系容易判断的情况下,二者就存在交叉的空间。② 三是从主观方面来说,"以危险方法危害公共安全罪"要求行为人在主观心态上是故意,包括直接故意和间接故意,而"生产、销售伪劣商品罪"一节均为故意犯罪,该故意是针对市场秩序的破坏而言,在"公众生命财产安全"的心态上一般不可能是直接故意,但可能是间接故意。这样二者就存在了交叉的空间。四是在犯罪主体上,"以危险方法危害公共安全罪"为自然犯,犯罪主体为自然人;而"生产、销售伪劣商品罪"为法定犯,犯罪主体不限于自然人,也包括单位,但两罪均非身份犯,因此在主体上存在交叉的空间。因此,两者属于法条竞合的情形。食品安全关系民生,属于公共安全的范畴,生产、销售有毒、有害食品造成重大事故时,自然可以评价为危害公共安全方面的犯罪。但这种行为同时也符合"生产、销售有毒、有害食品罪"的犯罪构成,根据特别法优于普通法,应当定性为"生产、销售有毒、有害食品罪"。同理,当"生产、销售伪劣商品罪"与"以危险方法危害公共安全罪"出现竞合时,应当以"生产、销售伪劣商品罪"定罪。③

第二,在刑法价值上,高铭暄教授认为,生产、销售伪劣商品罪与以危险方法危害公共安全罪不是补充关系,不能将"以危险方法危害公共安全罪"作为"生产、销售伪劣商品罪"的补充来适用。④ 理由包括:

一是两罪立法价值的非补充性。从立法背景上看,"以危险方法危害公共安全罪"着眼的是传统安全的保障,按照最初立法,应将该罪的实行行为表述为除放火、决水、爆炸、投毒以外的其他任何足以造成不特定多数人伤亡或者公私财产重大损失的行为。从传统安全的保护来说,虽然犯罪对象有变

① 参见高铭暄、陈冉:《生产、销售伪劣商品可否构成"以危险方法危害公共安全罪"》,载《法学》2012年第10期。
② 参见高铭暄、陈冉:《生产、销售伪劣商品可否构成"以危险方法危害公共安全罪"》,载《法学》2012年第10期。
③ 参见高铭暄、陈冉:《生产、销售伪劣商品可否构成"以危险方法危害公共安全罪"》,载《法学》2012年第10期。
④ 参见高铭暄、陈冉:《生产、销售伪劣商品可否构成"以危险方法危害公共安全罪"》,载《法学》2012年第10期。

化,犯罪手段可能升级,但立法仍然立足于"具体危险"和"实害"来补充。更为重要的是,从犯罪特点上看,"生产、销售伪劣商品罪"逐步脱离"以危险方法危害公共安全罪"的范畴。生产、销售行为的逐步专业化,使其呈现出越来越多与传统的"以危险方法危害公共安全"行为的不同:对公共安全有害的商品虽然对公众的人身财产构成巨大威胁,但它并不像爆炸、火灾事故那样一目了然,它可能只是给人体或社会有机体以慢性影响,因而要真正确证原因,往往需要经过漫长的岁月。"以危险方法危害公共安全罪"中的"危险方法"需要具有实施完毕或者实施后短时间内能够同时导致不特定多数人重伤、死亡的严重后果的发生,即使有时受害人受到侵害有时间的先后,那也是发生在很短的时间内。生产、销售伪劣商品行为中因果关系越来越难以判断,致使施害者、受害者及第三人对伪劣商品的感受均不直观,相应的,对伪劣商品犯罪的防范意识也就极为淡薄。相对来说,"以危险方法危害公共安全罪"却具有直观的严重危害人身的特性。生产、销售一方行为人往往单方面拥有从该物质的基本构造到生产流通全过程的排他性知识,掌握着证明犯罪的关键证据,这使以国家为代表的控方在承担举证责任方面处于极为不利的地位,而以危险方法危害公共安全罪则不存在这种情况。在生产、销售伪劣商品罪中,社会公众作为消费者,自身往往缺乏预防的可能性,他们的安全感完全建立在生产者、供应者自身的严格注意义务上,因此立法对生产者、供应者课以注意义务,但并不否认生产、销售行为;而以危险方法危害公共安全罪中,行为人大多实施积极的侵害行为,不存在注意义务问题,此类犯罪中实行行为往往是被绝对禁止的危害性行为。①

二是"重罚"意图不能如愿。食品、药品安全事故的发生,问题大都出现在监管层面。高铭暄教授认为,如果忽略该问题而直接跳跃到单纯地对生产者和销售者进行"危害公共安全罪"的追究,那么无疑忽略了行为的本质,忽略了市场和国家监管的双层功效,也有包庇行政过错的嫌疑。虽然与传统安全犯罪一样,"生产、销售伪劣商品罪"中公众的不安是刑法立法的原因,但基于风险社会的需要,刑法处罚却应当有所不同。如果我们仍然采取传统罪名进行规制,如对生产、销售假药行为以"以危险方法危害公共安全罪"定罪,无疑需要行为具备具体危险才能入罪,而根据生产、销售假药罪的规

---

① 参见高铭暄、陈冉:《生产、销售伪劣商品可否构成"以危险方法危害公共安全罪"》,载《法学》2012 年第 10 期。

定,只要行为人实施了生产、销售行为就可入罪,显然"生产、销售伪劣商品罪"的处罚更重。①

可见,高铭暄教授虽然对生产、销售伪劣商品罪的扩大倾向持肯定态度,但反对无限扩张。正如高铭暄教授在药品安全犯罪中指出的,药品犯罪的规制不能过于强调刑法在"安全保障"上的工具价值,刑法固然属于社会性控制手段,但也难以奢望单纯依靠刑法有效消除和预防风险。依据高铭暄教授的观点,从药品犯罪规制的逻辑来说,刑法"提前预防"的介入是为了实现"药品安全",但不能单纯以"风险社会"这一背景扩张刑法对药品犯罪的规制,即刑法的提前介入是预防药品风险发生的必要条件,但并不是充分条件。② 同时,对"生产、销售伪劣商品"这一类罪以"以危险方法危害公共安全罪"论处的实践做法无论是在法条之间的关系还是在其内在价值设置与处罚后果设置上,均难以自洽,属于对伪劣商品处罚的不正当扩张。

(二) 中观视野:危害药品安全犯罪的刑法治理

1. 政策取向:积极预防主义

以风险塑造刑法规范和理论,必然将公共政策带入刑法视野,为回应人民群众对药品安全的新期待和新要求,高铭暄教授提出,在积极主义刑法观指引下,刑事政策有必要逐渐转向对控制犯罪、保障安全、维护秩序的价值追求。刑法应当相对积极主动地介入社会生活,但必须脱离纯粹的事后惩罚犯罪、恢复社会秩序的理论预设;应当根据犯罪的生成机制,借助增设危险犯、配置预防性制裁措施、完善社会性行刑处遇机制、建设刑事合规体系等预防性方法,有针对性地进行事前风险防控,阻断风险转化为危害的流程,积极追求将各类刑事风险消灭在萌芽状态的预防效果,从事后打击犯罪的报应惩治模式向事前管控风险的预防控制模式转型,探索科学、现代的犯罪治理举措。③ 这体现在药品安全犯罪治理上要求"提前预防"。④

---

① 参见高铭暄、陈冉:《生产、销售伪劣商品可否构成"以危险方法危害公共安全罪"》,载《法学》2012年第10期。

② 参见高铭暄、陈冉:《刑事治理现代化背景下危害药品安全犯罪的治理转型》,载《公安学研究》2022年第3期。

③ 参见高铭暄、曹波:《新中国刑事治理能力现代化之路——致敬中华人民共和国七十华诞》,载《法治研究》2019年第6期。

④ 参见高铭暄、陈冉:《刑事治理现代化背景下危害药品安全犯罪的治理转型》,载《公安学研究》2022年第3期。

高铭暄教授提出,药品管理应当以人民健康为中心,坚持风险管理、全程管控、社会共治的原则。① 从药品犯罪治理的现实需要来看,对涉及药品的违法行为进行追责并非刑法所独有的功能,应当重视刑法与行政法、民法在违法相对性基础上的统一性,立足于行为在整体法秩序下的违法状态与行为在特定法域中的法律后果的联系与区别,在“严而不厉”的治理理念指导下,应当肯定民法上的缺陷药品、行政法上不符合强制性药品标准的问题药品,都具有在刑法上予以评价的可能性,但在构成犯罪的具体认定上要坚持以是否存在实质性的对公众健康的安全风险作为标准。②

高铭暄教授提倡“激励型”自治的多元合作配合,认为在涉及公共安全的经济犯罪治理中,刑法正义不仅仅体现在惩罚、威慑、剥夺以及改造犯罪人,还在于对被损害利益的修复。在恢复被犯罪破坏的社会关系和社会秩序过程中,对于药品犯罪来说,我国药品管理采取注册许可制,药品市场参与主体多为企业,由于企业不同于自然人,我们不能期待其通过道义情感自省预防再犯,只能通过现实的补救来预防其再犯,有必要引入“刑事合规”的理念,对企业的行为进行矫正,将规制视角由外而内从司法为主的导向转向“犯罪主体”为主,调动违法者的积极性。通过对企业合规计划的实施,实现刑罚对企业行为的“再改造”以及企业发展的客观需要。③ 高铭暄教授这一主张开辟了企业预防的新路径,在避免最严厉的刑事处罚给企业带来负面影响的同时促使企业自主地预防犯罪,对于受害人的权利保障、药品企业的未来生存和发展来说都是有益的。

2. 价值工具:健康法益

高铭暄教授认为,即便是在风险社会的背景下,对药品犯罪的规制不宜打破传统的以具体内容为基础的“法益”概念。从我国刑法对药品犯罪的规制来看,对于药品犯罪所侵害的法益,一般认为是国家对药品的监督、管理秩序和不特定人的生命健康安全④,其中既包含秩序法益也包含健康

---

① 参见高铭暄、陈冉:《刑事治理现代化背景下危害药品安全犯罪的治理转型》,载《公安学研究》2022 年第 3 期。

② 参见高铭暄、陈冉:《刑事治理现代化背景下危害药品安全犯罪的治理转型》,载《公安学研究》2022 年第 3 期。

③ 参见高铭暄、陈冉:《刑事治理现代化背景下危害药品安全犯罪的治理转型》,载《公安学研究》2022 年第 3 期。

④ 参见张军主编:《刑法[分则]及配套规定新释新解(上)》(第 3 版),人民法院出版社2013 年版,第 261 页。

法益。对于这两者之间的关系,高铭暄教授提出了药品犯罪作为公害犯罪,其规制的核心应当为"健康法益",秩序的保护是为了实现健康法益的保护,其本身不具有纯粹的保护价值,也不能作为独立的保护法益的观点。①

3. 构成要件:危险与罪过的合理判断

关于危险,高铭暄教授主张,对药品犯罪的规制需要从不合理的危险出发,从生产、销售到检验、申报注册等各个环节都必须严格把关,因为各个环节的违法行为都存在着影响药品安全性和有效性的风险,而且大多违法行为如果在前端及时处理,就可以有效预防药品危害事故的发生。② 在"危险"的把控上,高铭暄教授主张基于药品本身的属性不同,"危险"也呈现出不同特点。在进行假药、劣药的危险评价尤其是风险防控时应采取不同的治理路径,应当将假药、劣药的认定标准与药品的概念相结合,而不是机械、孤立地适用《药品管理法》关于假药的规定。例如,"疫苗"犯罪,疫苗是为预防、控制疾病的发生、流行,用于人体免疫接种的预防性生物制品,通常接种疫苗的人群广泛,一旦发生质量问题,后果往往十分严重。由于《药品管理法》中缺乏对疫苗管理特殊性的考虑,在刑事责任的衔接中囿于假药、劣药的定性限制,因此涉及疫苗刑事案件在定性中最为常见的罪名即"非法经营罪",而真正定性为假药、劣药犯罪的十分少见,并未体现"药品犯罪"的特性,使得在对疫苗犯罪的打击上往往难以发挥针对性打击的作用。③

关于主观罪过,在对食品、药品以及环境犯罪等公害犯罪进行归责时,罪责判断中"规范违反"成为核心判断因素,这是因为这类犯罪在"安全"的价值追求背景下,逐步呈现"法定犯"化的趋势。这类犯罪的罪过往往很难以故意或过失的模式进行判断,行为人往往并非能清楚地认识到"因果关系",惩罚被延伸到人们的行为方式,只有安全的行为才会被允许,否则便是刑法禁止的理由,故意或者过失不再成为归责的重点,由此产生了严格责任。高铭暄教授认为,从"法定犯"的角度刻意强调药品管理秩序的保障而忽视

---

① 参见高铭暄、陈冉:《刑事治理现代化背景下危害药品安全犯罪的治理转型》,载《公安学研究》2022年第3期。

② 参见高铭暄、陈冉:《刑事治理现代化背景下危害药品安全犯罪的治理转型》,载《公安学研究》2022年第3期。

③ 参见高铭暄、陈冉:《刑事治理现代化背景下危害药品安全犯罪的治理转型》,载《公安学研究》2022年第3期。

传统罪过判断的认识并不可取。① 药品犯罪正是属于权益保障型的范畴,在刑罚根据上仍然需要考虑传统的"道义违反性",因此,在刑事责任的追究上,仍然需要坚守"罪过判断",只是在罪过判断上可能需要采取对"规范违反"的罪过推定。比如销售假药案件,犯罪嫌疑人往往避重就轻否认明知销售的是假药,实践中一般通过购销渠道缺乏资质来推定其明知。司法解释规定在办理药品犯罪案件中,对主观的认定可以采取推定的方式,并明确列举了五种推定情形:药品价格明显异于市场价格的;向不具有资质的生产者、销售者购买药品,且不能提供合法有效的来历证明的;逃避、抗拒监督检查的;转移、隐匿、销毁涉案药品、进销货记录的;曾因实施危害药品安全违法犯罪行为受过处罚,又实施同类行为的。这些推定手段有效化解了认定主观罪过时犯罪构成的要求与犯罪形态固有的取证障碍之间的矛盾。② 药品犯罪并不是纯粹的"法定犯",考虑到这类犯罪对民众切身利益的损害,高铭暄教授主张对于此类犯罪的刑事责任追究仍然需要坚守"罪过判断"的基本原则,同时这也是认定犯罪主客观相统一的要求。在证明标准上,高铭暄教授提出的以"规范违反"之行为推定主观之罪过,符合药品犯罪查处和认定的现实需要和社会一般观念,是惩治药品犯罪行为的重要依据。

(三) 微观适用:"地沟油"犯罪的刑法规制

当前我国针对食品安全领域的犯罪表现出一种严惩的态势。高铭暄教授提出,这反映在刑法上是刑法介入食品安全领域的时间点提前,法网严密程度增强,法定刑也有所提高。③ 在此基础上,高铭暄教授重点研究了"地沟油"犯罪的刑法治理。

1. 定罪问题:"地沟油"犯罪的罪名适用

"地沟油"犯罪是严重侵害人民群众餐桌安全的危害食品安全犯罪典型代表,对生产、销售"地沟油"的犯罪行为进行惩处的典型罪名是生产、销售有毒、有害食品罪,但也可能涉及其他罪名。高铭暄教授重点阐述了"地沟

---

① 参见高铭暄、陈冉:《刑事治理现代化背景下危害药品安全犯罪的治理转型》,载《公安学研究》2022 年第 3 期。

② 参见高铭暄、陈冉:《刑事治理现代化背景下危害药品安全犯罪的治理转型》,载《公安学研究》2022 年第 3 期。

③ 参见高铭暄、张慧:《"地沟油"犯罪的刑法规制及问题探析》,载《法治研究》2014 年第 2 期。

油"犯罪在生产、销售有毒、有害食品罪上的适用问题。

第一,对制售"地沟油"适用生产、销售有毒、有害食品罪的问题及其解决。高铭暄教授认为,制售"地沟油"的行为表现出多样性的特点,有的是直接收购餐厨废弃油脂,通过过滤、脱色等一系列步骤生产"饲料混合油"假冒食用油销售,有的将从他处购得的"地沟油"与正品食用植物油按一定比例勾兑后销售,如果说将从他处购得的"地沟油"与正品食用植物油按一定比例勾兑后销售的行为可以认定为"在生产、销售的食品中掺入有毒、有害的非食品原料",那么直接收购餐厨废弃油脂,通过过滤、脱色等一系列步骤生产"饲料混合油"假冒食用油销售就不存在"在生产、销售的食品中掺入有毒、有害的非食品原料"的情形。对此情况的处理面临适用上的难题。[1] 同时,生产、销售有毒、有害食品罪中"对人体健康造成严重危害或者有其他严重情节""致人死亡或者有其他特别严重情节"的表述过于概括,这使得在司法实践中容易出现认定难和操作性差的问题;将生产、销售有毒、有害食品罪法定刑中的罚金从倍比罚金修改为无限额罚金,在具体操作上标准缺失,让法官在具体办案中无所适从。[2]

高铭暄教授认为,最高司法机关的司法解释较好地解决了"地沟油"在生产、销售有毒、有害食品罪上的刑法适用问题:一是司法解释将生产、销售有毒、有害食品的行为方式不再仅仅局限于"掺入",对于直接利用有毒、有害的非食品原料生产加工食品的行为,也可以依照生产、销售有毒、有害食品罪予以规制。这就有效地解决了直接收购餐厨废弃油脂,通过过滤、脱色等一系列步骤生产"饲料混合油"假冒食用油销售等类型的"地沟油"犯罪问题。[3] 二是针对生产、销售有毒、有害食品罪中"对人体健康造成严重危害或者有其他严重情节""致人死亡或者有其他特别严重情节"的表述过于概括,使得在司法实践中出现认定难和操作性差的问题,司法解释采用列举的方式,对上述"对人体健康造成严重危害""其他严重情节""致人死亡或者有其他特别严重情节"作逐一说明,明确界定了生产、销售有毒、有害食品罪的

---

① 参见高铭暄、张慧:《"地沟油"犯罪的刑法规制及问题探析》,载《法治研究》2014 年第 2 期。

② 参见高铭暄、张慧:《"地沟油"犯罪的刑法规制及问题探析》,载《法治研究》2014 年第 2 期。

③ 参见高铭暄、张慧:《"地沟油"犯罪的刑法规制及问题探析》,载《法治研究》2014 年第 2 期。

量刑标准。① 三是司法解释规定了罚金刑的下限,即规定危害食品安全犯罪一般应当在生产、销售金额的两倍以上判处罚金,为司法实践中此类犯罪罚金刑的适用提供了基本的尺度。②

第二,对制售"地沟油"犯罪不能适用"以危险方法危害公共安全罪"。高铭暄教授认为,这需要从危险行为的性质和刑事立法价值取向上合理把握:一是危险行为的性质不同。以危险方法危害公共安全罪是在放火罪、决水罪、爆炸罪、投放危险物质罪之后所作的一个补充性的罪名,目的是防止有所遗漏。这里的"危险方法"与放火、决水、爆炸、投放危险物质等行为在性质上存在相似性,都有一定的紧迫性,行为一旦实施完毕,或者在行为实施完毕的短时间内,就可能发生对不特定多数人的侵害,即在以危险方法危害公共安全罪中,危害行为带有侵害的即时性特征。生产、销售有毒、有害食品的行为,由于"有毒、有害食品"本身的"有毒、有害"性质,而且对象是不特定多数的消费者,也可能会诱发对不特定多数人的侵害。但是有毒、有害食品对人体健康的危害是缓慢的,有的需要几个月甚至几年的时间。这种危害的长期性特征,使得行为的危险性一时不易认定,认定刑法中的因果关系也有一定的难度。二是两罪的刑事立法价值取向不同。虽然两者在传统安全保障领域存在交叉,但是两罪的刑事立法价值取向存在本质的区别。以危险方法危害公共安全罪设置在危害公共安全罪专章,是基于对传统安全的考虑,其保护的法益是不特定多数人的生命、人身和财产安全。就危险犯而言,该罪名是典型的具体危险犯,而生产、销售有毒、有害食品罪则是抽象危险犯,且是复杂客体,包括国家对食品安全的管理制度和广大消费者的生命健康权利。刑法设置这一罪名首要的价值取向是实现对社会主义市场经济秩序的维护,是对国家食品安全制度的维护,当然,同时也是对广大消费者生命健康权利的保护。③ 高铭暄教授从行为的性质和刑法立法的价值取向两方面客观地分析了制售"地沟油"犯罪与以危险方法危害公共安全罪的区别,以理性态度对待"地沟油"等危害公众生命健康安全的行为在风险社会

---

① 参见高铭暄、张慧:《"地沟油"犯罪的刑法规制及问题探析》,载《法治研究》2014年第2期。

② 参见高铭暄、张慧:《"地沟油"犯罪的刑法规制及问题探析》,载《法治研究》2014年第2期。

③ 参见裴显鼎、刘为波:《〈关于办理危害食品安全刑事案件适用法律若干问题的解释〉的精神解读》,载《人民法院报》2013年5月15日。

背景下更为可贵。

2. 适用问题："地沟油"的检测与涉药问题

"地沟油"犯罪的治理除了涉及相关刑法罪名的适用，还涉及检测难、假药问题，需要在刑法适用中予以解决。

关于"地沟油"的检测难问题。目前我国还没有一种标准能够对"地沟油"进行有效的检测鉴别，对于无法查明"食用油"是否系利用"地沟油"生产、加工的情形，检测难所导致的定罪难问题仍然存在。由于"地沟油"检测的技术性问题，当前我国"地沟油"检测的机构存在不确定性，相关部门之间互相推卸责任，这也给"地沟油"的治罪增加了困难。高铭暄教授认为，为了解决这一检测难问题，需要加大对检测标准的研究力度，积极探索出一种高效可行的检测方法，并且指定专门的优质检测机构予以检测。鉴于当前检测标准的缺失和检测的高成本性，解决"地沟油"定罪难问题，应该从源头上抓起，坚持"治本"，减少"地沟油"的外流。[①]

关于"地沟油"涉及的假药问题。对于利用"地沟油"生产、销售药品的行为，如果查证属实，就可以认定为刑法上的生产、销售假药罪。对于用"地沟油"制造的药品是不是假药，高铭暄教授认为，虽然《药品管理法》没有直接规定用含有有毒、有害的物质制造的药品是假药，但是根据举轻以明重原则，如果变质的药品是假药，那么用"地沟油"这种有毒、有害物质生产的药品，自然可以认定为假药。2009 年最高人民法院、最高人民检察院《关于办理生产、销售假药、劣药刑事案件具体应用法律若干问题的解释》（已失效）规定，有"依照国家药品标准不应含有有毒有害物质而含有，或者含有的有毒有害物质超过国家药品标准规定的"情形，就可认定为生产、销售假药罪中的"足以严重危害人体健康"，这也反向证明了含有有毒、有害物质的药品是假药。因此，如果明知是"地沟油"而用以生产药品予以销售的，那么就可以构成生产、销售假药罪。[②]

3. 治理问题："地沟油"监管的渎职犯罪

制售"地沟油"环节众多，从最初的掏捞、粗炼，到倒卖，再到深加工、批

---

① 参见高铭暄、张慧：《"地沟油"犯罪的刑法规制及问题探析》，载《法治研究》2014 年第 2 期。

② 参见高铭暄、张慧：《"地沟油"犯罪的刑法规制及问题探析》，载《法治研究》2014 年第 2 期。

发、零售,环环相扣,其违法活动表现出链条长、环节多的特点,而任一环节上出现漏洞,都会导致"地沟油"犯罪的产生。制售"地沟油"的犯罪活动均有着合法的外衣保护,隐蔽性强,难以发觉,给"地沟油"犯罪的查处带来了不少困难。这就对我国食品安全的监管提出了更高层次的要求。高铭暄教授认为,增设食品监管渎职罪对于促进相关部门对食品安全的监管具有十分积极的促进作用:一方面,该罪的设置充分考虑到食品安全监督失职行为所造成社会危害的特殊性(即危害的长期性、潜伏性),弥补了滥用职权、玩忽职守等罪名在规范食品安全监督失职行为方面的不足;另一方面,食品监管渎职罪较普通的滥用职权、玩忽职守罪的渎职犯罪,法定刑配置增高,这加强了对食品安全监管环节的规制力度。① 以监管的方式保障食品安全,设置食品安全领域专门的渎职犯罪,高铭暄教授同样支持加强对食品安全的外部监管,切实保障社会公众的权益更是"民生刑法"的应有之义。

三、金融刑法:危害金融安全犯罪的刑法规制

金融安全是我国社会主义市场经济安全的重要支柱。我国刑法分则在"破坏社会主义市场经济秩序罪"专章用两节规定金融安全问题,分别是第四节"破坏金融管理秩序罪"和第五节"金融诈骗罪"。这反映出我国刑法制定者对金融安全的重视。高铭暄教授紧跟社会发展的潮流,对金融刑法问题十分关注,特别是对数字货币犯罪、证券犯罪等新型金融犯罪等都有着广泛而深入的研究,令人敬佩。

(一)金融工具:数字货币犯罪的刑法适用

货币是主要的金融工具。随着电子支付越来越流行,作为支付媒介的电子货币也日益普及,除了传统上由银行业金融机构自身发行的银行卡类电子货币(包括借记卡、贷记卡、信用卡等),第三方支付平台推出的电子货币(如支付宝、微信钱包、QQ钱包等)乘借电子商务之东风异军突起,尤其是近两年来手机移动终端支付在小额交易领域对现金支付的再一次攻城略地,更是

① 参见高铭暄、张慧:《"地沟油"犯罪的刑法规制及问题探析》,载《法治研究》2014年第2期。

拓展了电子货币的巨大发展空间。围绕数字货币的犯罪也不断增加,高铭暄教授认为,应当将国家的数字货币发行权作为首要的保护法益,这不仅是国家当前捍卫自身货币发行权的迫切需要,还可以帮助打开国家对比特币等数字货币犯罪刑事治理的新思路,即可以直接从数字货币犯罪的角度,从源头上打击由私人发行、交易比特币等数字货币引发的金融乱象。数字货币的发行权专属于国家,如果私人机构,包括单位和个人私自发行其他非法定的数字货币,则将直接侵犯国家的数字货币发行权,构成伪造数字货币罪。①

　　法定货币的数字化不仅将完全改变伪造货币罪的行为方式,还可能直接导致出售、购买、运输假币罪走向没落。因为未来能够伪造数字货币的行为人,必然会利用技术手段在伪造数字货币后选择将伪造的数字货币通过侵入并篡改个人账户的手段直接增发进自己的数字货币钱包,因此行为人使用数字货币钱包里伪造的数字货币进行交易,只存在转账支付一个行为。在数字货币的真伪难以被鉴定的情况下,行为人使用数字货币钱包里伪造的数字货币进行交易的,在司法认定上可能会发生使用假币罪与盗窃罪的混同,即行为人使用伪造的数字货币进行交易显然是将假币置于流通领域,理应符合使用假币罪的构成要件,但由于数字货币的真伪难鉴,导致使用伪造的数字货币的行为并未实质上侵害数字货币的公共信用,而只是侵害了银行的财产权。高铭暄教授认为,货币在本质上就是一种承担特殊职能的商品,以比特币为代表的一般数字货币的法律属性应当具有双重性,即履行了部分货币职能的特殊商品。围绕数字货币的犯罪行为定性,需要考虑数字货币在其中的属性。例如,在以比特币为犯罪对象的盗窃案中,此时的比特币更多的是具有相当价值的物,将比特币定性为商品更为合适;再如,在要求支付比特币的绑架、敲诈勒索案中,比特币就相当于现金赎金,将比特币定性为货币更为合适。这也就要求我们在比特币等数字货币犯罪的刑事治理中,应当注意厘清数字货币在犯罪行为中所侧重扮演的商品角色和货币职能,并根据不同的法律定性来进行定罪量刑。② 基于此,高铭暄教授主张对于比特币属性的认定坚持客观论的判断立场,既不支持完全的"货币论",也不支持完全的"商品论",客观判断的方法论在应对数字货币等新形式金融犯罪中都具有指导意义。

---

　　① 参见高铭暄、王红:《数字货币时代我国货币犯罪的前瞻性刑法思考》,载赵秉志主编:《刑法论丛》(总第58卷),法律出版社2019年版,第261页。

　　② 参见高铭暄、王红:《数字货币时代我国货币犯罪的前瞻性刑法思考》,载赵秉志主编:《刑法论丛》(总第58卷),法律出版社2019年版,第267页。

(二)金融市场:证券犯罪的刑法治理

1. 证券犯罪的刑事政策

刑事政策是刑事立法、司法的指引。当前我国对证券犯罪实行的刑事政策是一种严厉的刑事政策,包括"依法从重从快""严密法网"及"打防结合"三个面向。① 高铭暄教授认为,这三个方面的政策面向对我国证券犯罪的立法和司法提出了不同要求,具体体现在:

首先,"依法从重从快"的关键是处罚从重。这包括:一是明确加大刑事惩戒力度的法律依据。这主要是贯彻实施《刑法修正案(十一)》,以及同步修改有关刑事案件立案追诉标准,完善相关刑事司法解释。二是依法严厉查处大案要案,特别是涉及欺诈发行、虚假陈述、操纵市场、内幕交易、利用未公开信息交易以及编造、传播虚假信息等证券犯罪案件;证券发行人控股股东、实际控制人、董事、监事、高级管理人员等有关责任人证券犯罪案件;中介机构证券犯罪案件;参与、协助财务造假等证券犯罪案件。三是依法严格控制缓刑的适用。证券犯罪是缓刑适用率较高的一类犯罪,要严格控制缓刑的适用。②

其次,"严密法网"的核心是通过扩大犯罪圈以严密证券犯罪刑事法网。这在《刑法修正案(十一)》中主要体现在:一是扩大欺诈发行股票、债券罪的犯罪圈,如扩大适用范围和增加犯罪主体;二是扩大操纵证券、期货市场罪的犯罪圈,如增加行为方式,将"幌骗交易操纵""蛊惑交易操纵""抢帽子交易操纵"直接写入刑法;三是扩大提供虚假证明文件罪与出具证明文件重大失实罪的犯罪圈,如新增承担"保荐、安全评价、环境影响评价、环境监测等职责"的中介组织人员,故意提供虚假证明文件,或者严重不负责任出具假证明,也可构成犯罪。高铭暄教授认为,"依法从重从快"与"严密法网"的作用相辅相成:一方面,"依法从重从快"必须以"严密法网"为前提。因为如果刑事法网有疏漏,就难以确保刑事处罚的确定性,会大大降低特殊预防和一般预防的效果。另一方面,如果不能从重从快,那么再严密的法网也难以产生强大的威慑力。在证券犯罪依旧猖獗的时期,只有坚持"依法从重从快"才

① 参见汪明亮:《证券犯罪刑事政策内涵及其实现路径——基于〈关于依法从严打击证券违法活动的意见〉的分析》,载《犯罪研究》2022 年第 4 期。

② 参见高铭暄、王剑波:《我国证券犯罪立法的本土化与国际化思辨》,载《法学家》2008 年第 1 期。

能收到良好的证券犯罪治理效果。①

最后,"打防结合"强调打击是证券犯罪治理的首要环节,预防是证券犯罪治理的积极措施。这要求加强社会资本建设,如依法合规开展资本市场失信惩戒和守信激励、建立健全信用承诺制度、强化资本市场诚信监管;引入技术治理手段,如建立证券期货市场监测预警体系,做到有效预防等。② 在当前市场主体愈加活跃的情况下,对证券犯罪的规制需要加强处罚力度和打击范围,高铭暄教授的主张有利于保障全面实行股票发行注册制的顺利实施,可以有效地维护资本市场秩序,有力地保护投资者利益。

2. 证券犯罪的立法模式

证券犯罪的立法模式主要有三种,即刑法典规定型(将证券犯罪的罪状及其法定刑在刑法典分则中予以明确规定)、单行刑法规定型(以单独的刑事法律形式集中规定证券犯罪的罪状及其法定刑)和附属刑法规定型(在其他非刑事法律中规定有关证券犯罪的罪状和法定刑,即在其他有关证券的法律诸如证券法、证券交易法等中,附带规定证券犯罪的罪状及其法定刑)。③ 高铭暄教授认为,上述模式之间并不是相互排斥的,一个国家可以根据自己的国情选择最适合于自己的控制证券犯罪需要的模式,也可以几种模式都采用。英美法系国家一般没有成文的刑法典,因此多采用附属刑法与单行刑法相结合的模式。大陆法系国家则多采用附属刑法的模式。④

高铭暄教授梳理了我国证券犯罪的立法模式演进,认为有两个阶段值得重视:一是1997年刑法修订前:附属刑法与单行刑法并行。1979年刑法颁行之时,我国的经济生活正处于高度集中的计划经济体制之下,经济活动的自主性受到了极大的限制,证券市场难以建立,当然也就不可能存在证券犯罪。因此,我国1979年刑法并没有关于现代意义上的证券犯罪的规定。1990年11月上海证券交易所成立,1991年7月深圳证券交易所成立,从此我国的证券市场步入了正轨,在曲折中不断发展完善。在证券市场繁荣的背后,证券

---

① 参见高铭暄、王剑波:《我国证券犯罪立法的本土化与国际化思辨》,载《法学家》2008年第1期。
② 参见高铭暄、王剑波:《我国证券犯罪立法的本土化与国际化思辨》,载《法学家》2008年第1期。
③ 参见祝二军:《证券犯罪的认定与处理》,人民法院出版社2000年版,第165—167页。
④ 参见高铭暄、王剑波:《我国证券犯罪立法的本土化与国际化思辨》,载《法学家》2008年第1期。

欺诈不断、操纵市场行为盛行、内幕交易严重,我国的立法机关审时度势,及时出台了一系列法律法规来规范证券市场,严厉惩治证券违法犯罪活动。《股票发行与交易管理暂行条例》《禁止证券欺诈行为暂行办法》《公司法》对欺诈发行股票、债券罪,擅自发行股票、债券罪等犯罪作出了规定。① 二是1997 年刑法修订后:以刑法典为主、附属刑法为辅。1997 年刑法完成了包括有关证券犯罪规定在内的单行刑法、附属刑法的法典化。1998 年 12 月 29 日通过的《证券法》在"法律责任"一章以非严格意义上的附属刑法规范对证券犯罪作出了规定。②

　　高铭暄教授认为我国现行的以刑法典为主、附属刑法为辅的证券犯罪立法模式既是对我国传统的刑法典立法模式的继承和发展,又满足了我国证券市场稳定发展的实际需要,其存在既是必要的,也是合理的:一是以刑法典为主是对我国刑事立法传统的继承和发展。以刑法典为主的立法模式的确立,并不只是对我国刑事法律传统的简单传承,其在新时期承担着新的历史使命,即保持证券市场的稳定以利于我国市场经济的持续、健康、协调发展。一方面,我国的证券市场需要稳定发展。证券市场的推进步伐必须与我国市场经济的发展相合拍而不能过于激进,"在稳定中求发展"应是我国证券市场发展的长期指导方针。否则,证券市场的动荡必然会对我国市场经济的发展造成不利影响。另一方面,证券犯罪立法模式的选择又会对证券市场的稳定发展起到不可忽视的作用。在我国,刑法是仅次于宪法的"基本法律",它本身的性质要求其具有一定的稳定性。由此,将证券犯罪归入刑法典,事实上向证券从业者、管理者、立法者传递了这样一个讯息,证券市场需要稳定,证券法律规范不能也不会朝令夕改。刑法典的稳定性,契合了新时期我国证券市场稳定发展的需要。二是以附属刑法为辅是对域外先进法律制度的内化和吸收。以附属刑法为辅的立法模式在我国新时期证券犯罪刑事立法中的确立,是由证券犯罪的法定犯性质所决定的。以我国本土刑事立法传统为基石,经过对域外附属刑法规定的内化和吸收,我国新证券法采用了概括性的方式对证券犯罪作出了规定:一方面,有利于犯罪的预防。③ 它使广大证券从业

　　① 参见高铭暄、王剑波:《我国证券犯罪立法的本土化与国际化思辨》,载《法学家》2008 年第 1 期。
　　② 参见高铭暄、王剑波:《我国证券犯罪立法的本土化与国际化思辨》,载《法学家》2008 年第 1 期。
　　③ 参见苏力:《法治及其本土资源》(修订版),中国政法大学出版社 2004 年版,第 6 页。

者、管理者认识到，违反证券法的行为会受到处罚，甚至会受到刑罚的严厉处罚，从消极的一般预防角度而言，这有利于预防证券犯罪。另一方面，有利于刑法与证券法的协调统一。它消除了刑法条文与证券法条文之间互不照应、相互矛盾的状况，转而把证券犯罪的认定任务交给了刑法，实现了现行刑法与证券法之间的协调统一。①

3. 证券犯罪的规制范围

高铭暄教授认为我国证券犯罪的范围应当进一步扩张，这对于保障我国证券市场的稳定发展具有重要作用。理由是：一方面，2001 年加入世界贸易组织之后，我国根据承诺逐步向国外开放了证券市场。外国证券机构的介入，不仅改变了我国证券市场的管理体制和经营理念，使我国证券市场的国际化程度进一步提高，而且使得证券发行、交易过程中的一些违法行为也凸显与国际接轨的趋势，手法更加新颖，危害也更加严重。另一方面，随着 2005 年修订的《证券法》对我国证券犯罪存在范围的收缩，无论是与英美法系国家还是与大陆法系国家和地区相比较，目前我国证券犯罪的存在范围都过于狭窄，这显然不利于对证券违法犯罪行为的预防和惩治，不利于我国证券市场的稳定发展。因此，我国证券犯罪的存在范围应该是扩张而不是收缩。②

在扩张的限度上，高铭暄教授认为，应在维持本国法律理念、法律制度的基础上，按照国际通行规范和原则划定我国证券犯罪的存在范围，以实现与国际的接轨和交流。具体来说，高铭暄教授主张立法机关结合《证券法》的规定，在借鉴城外相关规定的基础上，以刑法修正案的方式一揽子增加下列证券犯罪：一是证券公司承销、代理买卖擅自发行的证券罪（2005 年修订《证券法》第 190 条）；二是短线交易罪（2005 年修订《证券法》第 195 条）；三是证券交易虚假陈述、信息误导罪（2005 年修订《证券法》第 207 条）；四是私下接受客户委托买卖证券罪（2005 年修订《证券法》第 215 条）；五是证券公司违法经营非上市证券罪（2005 年修订《证券法》第 216 条）。③ 高铭暄教授在借鉴国际证券犯罪立法例并结合我国打击证券犯罪的现实需要的基础上，提出

---

① 参见高铭暄、王剑波：《我国证券犯罪立法的本土化与国际化思辨》，载《法学家》2008 年第 1 期。

② 参见高铭暄、王剑波：《我国证券犯罪立法的本土化与国际化思辨》，载《法学家》2008 年第 1 期。

③ 参见高铭暄、王剑波：《我国证券犯罪立法的本土化与国际化思辨》，载《法学家》2008 年第 1 期。

增设上述五种罪名的建议,既严密了刑事法网,也不会造成证券犯罪打击范围的不当扩张。

(三)金融手段:金融诈骗犯罪的刑法适用

1.区分前提:犯罪与金融违法的界限划分

金融诈骗罪的界分有其独特性,但也必须从违法与犯罪区分的基本原理出发。民事违法行为(含金融违法行为)是民事主体违反民事法律规范,损害平等主体之间的财产和人身关系,应当承担民事责任的行为。而犯罪行为则以违反刑事法律规范、严重危害社会、应当承担刑事责任为特征。高铭暄教授认为,诈骗犯罪与民事违法行为的界限,常见的是表现在两类问题上:一类是利用合同进行诈骗犯罪与因违反合同行为引起的经济合同纠纷的界限;另一类是诈骗犯罪与侵权行为的界限。

第一,合理区分诈骗罪和经济合同纠纷。高铭暄教授提出,行为人有无骗取财物的目的,是区分诈骗罪和经济合同纠纷的关键。诈骗是以非法占有为目的,用虚构事实或隐瞒真相的方法,骗取数额较大的公私财物的行为。经济合同纠纷中,行为人有履行或基本履行合同的诚意,只是由于某些原因而未能完全履行合同,但行为人主观上并没有骗取财物的目的。凡是以签订合同为骗局,将对方数额较大的财物转归己有的,就应论之以诈骗罪;反之没有骗取对方财物的目的,即使未完全履行合同,也不能当作犯罪,只能按经济合同纠纷处理。①

认定行为人主观上有无骗取财物的目的,高铭暄教授认为,可从以下几方面考察:一是考察行为人有无欺骗行为。如果查明行为人没有实施任何欺骗行为,即使合同未完全履行,也只能作为经济合同纠纷处理,而不能定诈骗罪。当然,有欺骗行为的成分,也不一定构成诈骗罪。比如夸大履约能力,就含有欺骗成分,但如果行为人为履行合同做了积极的努力,虽未能完全履行合同,也不能以诈骗罪论处。二是考察行为人有无履行合同的实际行动。行为人在签订合同之后用实际行动履行合同,表明行为人有履行合同的诚意,希望通过合同的履行取得经济效益。在这种情况下,即使由于某些原因未能完全履行合同,也只能按经济合同纠纷处理,绝不能当作诈骗罪。三是考察行为人有无履行合同的实际能力和担保。一般来说,行为人根本没有履

---

① 参见高铭暄:《略论犯罪与民事纠纷的界限》,载《法学评论》1992年第1期。

行合同的实际能力和担保而与他人签订合同取得数额较大的财物,说明行为人是有意设骗局诈取财物,应当以诈骗罪论处。当然,有一定履行合同的能力和担保,不一定就不是诈骗。比如,虽有部分履行合同的实际能力和担保,但行为人根本无意履行合同,只是将对方数额较大的财物骗归己有的,仍应以诈骗罪论处。反之,虽仅有部分履行合同的能力和担保,但为履行合同做了积极的努力,客观上仍无法完全履行的,便不能以诈骗罪论处。四是考察行为人违约后的态度。在违约之后,如果行为人表示承担违约责任并积极采取措施补偿对方所受损失的,说明行为人签订合同不是为了骗取他人的财物,应视为经济合同纠纷。行为人也有可能为躲债而逃避,但因其不否认自己的违约责任,仍不能草率地认定为诈骗。有的行为人为推卸责任,百般辩解,不能据此便视为诈骗。只有明知自己不可能履行合同,也根本无履行合同的诚意和实际行动,签订合同取得对方数额较大的财物后逃之夭夭或避而不见、百般耍赖,使对方无法追回自己的损失的,才应当认为不是经济合同纠纷而是诈骗犯罪。① 刑事犯罪和民事合同纠纷的界限应当严格区分,按照高铭暄教授提出的思路,分别对行为的欺骗性程度、行为人的客观履约行为的有无、履约能力的有无这三个方面进行具体判断,进而才能对行为合理定性和处理。

第二,正确区分诈骗与侵权行为。侵权行为即民事上侵害他人合法权益的违法行为,与犯罪行为有相似之处,但又有本质的区别。高铭暄教授认为,在侵权行为的划分中,部分侵权行为始终不可能构成犯罪,例如侵害公民的姓名权、肖像权,饲养的动物造成他人损害等;部分侵权行为存在着转化为犯罪性质的可能,即轻者为侵权,重者为犯罪,例如侵占公私财产行为与盗窃罪、诈骗罪、抢夺罪、贪污罪,损坏公私财产行为与毁坏公私财物罪、破坏集体生产罪等。②

高铭暄教授认为,划分犯罪与侵权行为的界限,应掌握:一是违法性质不同。侵权行为是违反民事法律规范的行为,它总是违背民事义务,侵犯某一特定主体的民事权利;犯罪则是触犯刑事法律规范的行为,它不一定都直接侵犯特定人的特定民事权利。二是行为对社会的危害程度不同。侵权行为的社会危害性程度较低,被害人的合法利益通过民事救济的方式即可恢

---

① 参见高铭暄:《略论犯罪与民事纠纷的界限》,载《法学评论》1992年第1期。
② 参见高铭暄:《略论犯罪与民事纠纷的界限》,载《法学评论》1992年第1期。

复;犯罪则是需要通过国家强制力恢复被危害行为破坏的社会秩序和被害人的合法权益。三是适用责任的原则不同。侵权行为是民事责任的根据,对侵权人适用民事制裁,主要是恢复被侵犯的权利和补偿被害人所受的损失;犯罪行为则是刑事责任的根据,对犯罪人适用刑罚,是为了通过惩罚和教育相结合的作用,达到预防犯罪的目的。① 在对行为性质的评价上,不论行为被认定为犯罪还是被认定为民事侵权,其对被害人的救济效果并不会产生明显的差别,因此不能盲目扩大犯罪圈,把一般的民事纠纷当作犯罪处理反而会导致激化社会矛盾的后果,应当按照高铭暄教授提出的违法性质、社会危害性判断标准,对行为作出正确的评价。

2. 适用关键:诈骗犯罪的主观目的

诈骗犯罪是司法实践中的认定难点之一,主要就在于"非法占有"或"不法占有"主观目的的认定。高铭暄教授主张,非法占有的目的虽然是主观内容,但并不是只有凭借行为人的口供才能认定,需要根据证据即客观事实来认定行为人的非法占有目的,或者可以根据客观事实来推定行为人具有非法占有的目的。② 高铭暄教授对诈骗犯罪的主观目的研究关注了金融诈骗罪的主观目的,但又不仅限于金融诈骗罪,也涉及普通诈骗罪、合同诈骗罪、电信网络诈骗犯罪的主观目的。

第一,普通诈骗罪的主观目的。诈骗罪是一种目的型犯罪,其目的是非法占有他人财物,从司法实践看,其故意及非法占有的主观目的往往表现为:一是行为人在行为时就存在明显的犯罪故意,即一开始就有非法占有他人财物的目的。二是行为人采取欺骗手段取得他人财产的当时,并没有非法占有他人财物的目的,但后来由于情况发生变化,进而产生了非法占有他人财物的目的,这种情形也应认定为具有非法占有的目的。三是行为人在合法占有他人财物时并没有诈骗故意,也没有采取欺骗手段,但后来其主观意志发生了变化,意图非法占有他人财物,并采取了欺骗的手段不归还原来合法占有的财物,这种情形虽有些特殊,但仍应认定为具有非法占有的目的。③

第二,金融诈骗罪的主观目的。我国刑法分则在"金融诈骗罪"专节规

---

① 参见高铭暄:《略论犯罪与民事纠纷的界限》,载《法学评论》1992 年第 1 期。
② 参见高铭暄、孙道萃:《论诈骗犯罪主观目的的认定》,载《法治研究》2012 年第 2 期。
③ 参见高铭暄、孙道萃:《论诈骗犯罪主观目的的认定》,载《法治研究》2012 年第 2 期。

定了 8 个具体罪名。金融凭证诈骗罪由于法条没有明确规定以非法占有为目的，因此理论上对该罪的构成要件是否必须包含非法占有的目的存在争议。对此，高铭暄教授认为，法条之所以作这样的区别，最重要的一个原因是"非法占有目的"在不同的罪名中的证明任务是有所区别的。在集资诈骗罪中，法条明文规定了非法占有的目的，表明这个目的是特别重要的，往往是区分此罪与他罪的分水岭。事实上，是否具有非法占有的目的是区分集资诈骗罪与非法吸收公众存款罪的关键。而对金融凭证诈骗罪，法条没有规定非法占有的目的，表明此罪的成立一般来说是以行为人采取伪造、变造金融凭证这种手段来表明行为人具有非法占有的目的，除非有相反的证据证明行为人没有这种目的。[①]

高铭暄教授认为，对于金融诈骗犯罪的主观目的，应坚持主客观相一致的原则，既不能单纯根据损失结果客观归罪，也不能仅凭被告人自己的供述，而应当根据案件的具体情况具体分析。在处理具体案件的时候，对于有证据证明行为人不具有非法占有目的的，不能单纯以财产不能归还就按金融诈骗犯罪处罚。金融诈骗犯罪与普通诈骗犯罪的主观目的是有所不同的，金融诈骗犯罪的主观目的既可以是实际占有，也可以是获取其他不法经济利益。另外，金融诈骗犯罪客观表现上也有别于普通诈骗罪，主要表现为将资金非法处置和滥用。[②]

第三，合同诈骗罪的主观目的。合同诈骗罪是以非法占有为目的，在签订、履行合同中，采取虚构事实或者隐瞒真相的方法，骗取对方财物，数额较大的行为。合同诈骗罪与一般合同纠纷和民事欺诈行为的界限往往比较模糊，其区别的关键在于是否具有非法占有目的。与合同纠纷相比，两者在签订合同的目的、签订合同时的能力、签订和履行合同中的具体表现、不履行和不完全履行合同的具体原因、纠纷发生后当事人的态度是积极补救还是消极放任上都存在差异。而与民事欺诈行为相比，应综合各种情况进行分析，要看在签订合同时行为人的实际履行能力、在签订合同后和履行前的履行能力情况及准备履行合同的情况、合同履行中实际履行能力和表现及对标的物的处理、发生合同履行纠纷后的未履行事由和补救措施情况、对违约责任的态度等。[③]

---

① 参见高铭暄、孙道萃：《论诈骗犯罪主观目的的认定》，载《法治研究》2012 年第 2 期。
② 参见高铭暄、孙道萃：《论诈骗犯罪主观目的的认定》，载《法治研究》2012 年第 2 期。
③ 参见高铭暄、孙道萃：《论诈骗犯罪主观目的的认定》，载《法治研究》2012 年第 2 期。

第四,电信网络诈骗犯罪的主观目的。电信网络诈骗犯罪的"非法占有目的"需要通过整合诸多客观事实予以确认,必须依据行为人的行为特征、其自身的条件以及其他已存在的客观情况进行综合分析。通过对行为人控制或者准备控制他人财物的行为进行分析,确认行为人具有非法占有目的的可能性。当被确认为已经实施或者准备实施非法控制或支配他人财物行为时,只表明其心理态度符合非法占有目的的前提条件,具有形成非法占有目的的可能性,却并非表明其必然具有非法占有目的,关键还要看其心理上对使财物完全脱离权利人的有效控制是否具有明确的追求,此乃构成非法占有目的的决定性条件。只有行为人已经实施使财物完全脱离权利人有效控制的行为,并因其意志以内的原因已造成权利人对财物失去控制的客观危害结果,才能完全确认非法占有目的之存在。[①] 据此,按照高铭暄教授的主张,对于"非法占有"目的的判断和认定应坚持客观推定的方法,以客观事实为基础,以社会一般观念为标准,推定行为人有无非法占有的犯罪目的。

3. 罪数关系:诈骗犯罪的竞合处理

诈骗犯罪的形式多样,有手段行为、目的行为的区分,也有罪名适用上的普通法条和特殊法条的区分。高铭暄教授认为,诈骗犯罪的竞合需重点处理好以下方面:

第一,贷款诈骗罪与合同诈骗罪的竞合。当行为人以伪造的银行存单作抵押,通过签订借款合同骗取银行贷款,其行为表面上同时触犯了金融凭证诈骗罪、合同诈骗罪、贷款诈骗罪,但采用伪造存单的方法进行诈骗,只能讲其手段行为触犯了伪造金融票证罪,而不能说触犯了金融凭证诈骗罪,因为采用伪造存单作抵押的方法进行贷款诈骗指向的对象是贷款金额,而不是金融凭证上的金额。对于该情形是否同时符合合同诈骗罪与贷款诈骗罪,高铭暄教授认为,该情形同时符合合同诈骗罪与贷款诈骗罪的构成要件。合同诈骗罪与贷款诈骗罪是法条竞合关系,即特别法与一般法的关系,合同诈骗罪触犯的是一般法,贷款诈骗罪触犯的是特别法(贷款合同是一种特别的合同,贷款诈骗罪骗取的是金融机构的钱款;合同诈骗罪中的合同是普通合同,骗取的是一般公众与单位的钱款)。当行为人采用虚假担保的形式,通过签订贷款合同骗取金融机构的钱款时,这种情形完全符合贷款诈骗罪的构成

---

① 参见高铭暄:《论中国大陆(内地)电信网络诈骗的司法应对》,载《警学研究》2019年第2期。

要件,虽然这种情形形式上也符合合同诈骗罪的构成要件,但按照处理一般法与特别法的关系,应以贷款诈骗罪定罪处罚。①

第二,金融凭证诈骗罪与票据诈骗罪的竞合。对于被告人以支付高息为诱饵,代被害人存款并支付高额利息,而后利用从银行购买的空白的资金划转申请表,在空白的资金划转申请表上盖上伪造的被害人的印章,欺骗银行开具汇票,然后被告人在银行开立的汇票上加盖被害人的印章背书转让到自己开立的账户上进行诈骗的,高铭暄教授认为,被告人的行为表面上触犯了金融凭证诈骗罪与票据诈骗罪,毕竟资金划转申请表与汇票背书都是虚假的。被告人在非法占有财物的目的支配之下采用的手段触犯了两个罪名,符合牵连犯的特征,应从一重处罚。但是金融凭证诈骗罪与票据诈骗罪的法定刑没有轻重之分。对此,高铭暄教授认为,行为人采用虚假的资金划转申请表来欺骗银行,让银行开立汇票,申请表是虚假的,而银行汇票是银行真实开立的。虽然汇票上的背书是虚假的,但是被告人伪造资金划转申请表的行为是全案关键,因为申请表使接下来的欺骗行为比较容易实施,故从行为的主次及金融凭证能包容汇票这个角度看,这种行为定金融凭证诈骗罪更为合适。②

第三,金融犯罪与电信网络诈骗犯罪的竞合。电信网络诈骗,并非必然只表现为诈骗行为,还可能包括其他关联行为。围绕电信网络诈骗的罪名适用问题,还涉及诈骗罪与其他相关犯罪的区分适用,如妨害信用卡管理罪、洗钱罪等。关联行为的目的行为往往是诈骗行为,在定罪上符合法定追诉标准的,一般应定为诈骗罪。但在犯罪竞合的情况下,尚需要根据"从一重罪处罚"原则,具体决定应适用的罪名,并体现从严打击的精神。比较特殊的是侵犯公民个人信息实施诈骗的情形,同时构成侵犯公民个人信息罪与诈骗罪的,按照数罪并罚原则处理。之所以在相同的"牵连关系"中,作出区别对待,高铭暄教授认为主要是因为公民个人信息安全在网络时代尤为脆弱,"一旦失守、全城皆输"是其写照。为了能够严厉打击这些关联犯罪,从源头上遏制通过非法获取并通过公民个人信息实施电信网络诈骗,采取数罪并罚原则更符合当前的现实需要。③ 高铭暄教授的这一主张在司法实践中也得

---

① 参见高铭暄、孙道萃:《论诈骗犯罪主观目的的认定》,载《法治研究》2012 年第 2 期。
② 参见高铭暄、孙道萃:《论诈骗犯罪主观目的的认定》,载《法治研究》2012 年第 2 期。
③ 参见高铭暄:《论中国大陆(内地)电信网络诈骗的司法应对》,载《警学研究》2019 年第 2 期。

到了法官的支持,例如社会影响较大的"徐玉玉案",行为人利用公民个人信息实施电信诈骗,法官也对其进行了数罪并罚处理。

4. 适用拓展:诉讼欺诈的刑法适用

诉讼欺诈是行为人以非法占有为目的,在民事诉讼中通过伪造证据或者指使证人作伪证等方式,骗取法院裁判非法占有他人财物或财产性利益的行为。高铭暄教授主张,诉讼欺诈行为与诈骗行为存在本质的差异,不应当将其定性为诈骗罪。[①] 理由包括:一是法院是否被骗值得商榷。法院并不是三角诈骗中的财产处分人,法院作为被骗人,对财物并非直接"占有"。二是将诉讼欺诈行为认定为诈骗,将引申出错误的法律判断或结论,使得司法机关沦为共犯,诉讼欺诈行为实施者对法院实施欺诈造成的危害结果理应承担法律责任。三是将诉讼欺诈认定为诈骗无法充分评价行为的社会危害性,不能充分体现诉讼欺诈行为的危害性及危害程度。四是将诉讼欺诈认定为诈骗容易诱发类推风险。因此,诉讼欺诈行为与诈骗行为存在本质的差异,不应当将其定性为诈骗罪。[②]

高铭暄教授认为,将诉讼欺诈行为简单认定为诈骗罪,完全背离了罪刑法定原则对"规范性法律要素"价值判断的要求。构成诈骗罪,需要"财物交付"行为,但这里的"交付"作为"规范性法律要素",并非简单的直观财物转移行为,结合该法条设立的精神,这里的"交付"是财物处分人陷入错误认识后的一种行为,是一种自愿行为。在三角诈骗中,具有所有权的受害人是不知情的,如果知情就一定会采取措施阻止。而在诉讼欺诈中,受害人却是知情的,是在明知被骗情况下的不得已行为,因此,这种行为不可能成为诈骗罪所要求的"交付"。[③]

高铭暄教授主张在立法上增设"诉讼欺诈罪",同时从刑法谦抑性角度主张将诉讼欺诈行为的入罪标准设定为"情节犯"。原因是既然已经认可了诉讼欺诈的"非法占有"目的,如果再以行为犯论处,似乎有主观归罪的嫌疑,而且诉讼欺诈行为未得逞的,虽然对司法程序造成了破坏,但由于行为人

[①] 　参见高铭暄、陈冉:《论"诉讼欺诈"行为的定性——与"诉讼欺诈"定性诈骗罪论者商榷》,载《法学杂志》2013 年第 4 期。

[②] 　参见高铭暄、陈冉:《论"诉讼欺诈"行为的定性——与"诉讼欺诈"定性诈骗罪论者商榷》,载《法学杂志》2013 年第 4 期。

[③] 　参见高铭暄、陈冉:《论"诉讼欺诈"行为的定性——与"诉讼欺诈"定性诈骗罪论者商榷》,载《法学杂志》2013 年第 4 期。

的犯罪意图已经被发现,被害人也不存在实际的财产损失,社会危害性明显低于犯罪得逞的情况,如提出显然违背起诉条件之诉讼的或提出显然没有事实理由的诉讼的,可由法院驳回起诉或不予受理,因此该罪的设立应当以"情节严重"予以限制。① 按照高铭暄教授的主张,增设诉讼欺诈罪这一主张不仅能够正确评价在民事诉讼中行为人实施欺诈行为非法占有对方物质利益的行为性质,同时,将入罪标准设置为"情节严重",实现了对行为后果在"量"上的把握,不会造成犯罪圈的盲目扩大。

四、产权刑法:知识产权犯罪的刑法治理

知识产权保护是产权保护的重要内容。习近平总书记指出:知识产权保护工作关系国家治理体系和治理能力现代化,只有严格保护知识产权,才能完善现代产权制度、深化要素市场化改革,促进市场在资源配置中起决定性作用、更好发挥政府作用。高铭暄教授对知识产权问题十分关注,对商标犯罪和侵犯著作权犯罪问题进行了专门研究。前者是企业知识产权保护中的常见问题,后者则是个人知识产权保护中的常见问题。

(一)企业知识产权:以商标为核心的知识产权刑法保护

商标权是知识产权的重要组成部分。高铭暄教授对商标权的刑法保护问题研究集中体现在对商标犯罪的比较研究上,包括海峡两岸商标犯罪比较研究和商标犯罪的国际比较研究。

1. 海峡两岸商标犯罪比较研究

对于海峡两岸的商标犯罪立法,高铭暄教授主要比较海峡两岸商标犯罪的立法模式、构成特征和刑事处罚。

第一,海峡两岸商标犯罪的立法模式。关于两岸商标犯罪的立法模式与罪名体系之比较,高铭暄教授认为,大陆对商标犯罪的立法经历了从"法典模式"到"特别刑法模式"再到"法典模式"的发展变化。1979 年刑法仅规定了假冒商标罪。面对日益猖獗的商标犯罪,1993 年 2 月 22 日全国人大常委会

---

① 　参见高铭暄、陈冉:《论"诉讼欺诈"行为的定性——与"诉讼欺诈"定性诈骗罪论者商榷》,载《法学杂志》2013 年第 4 期。

通过了《关于惩治假冒注册商标犯罪的补充规定》，规定了四种商标犯罪（假冒注册商标罪，销售假冒注册商标的商品罪，伪造、擅自制造注册商标标识罪和销售伪造、擅自制造的注册商标标识罪）。1997 年刑法统合了上述规定，形成了假冒注册商标罪、销售假冒注册商标的商品罪和非法制造、销售非法制造的注册商标标识罪三种商标犯罪的罪名体系。① 与大陆不同，台湾地区对商标犯罪的立法规制经历了由法典模式到法典与附属刑法规范相结合模式的变化。长期以来，台湾地区对于商标犯罪都统一适用其"刑法"第 253 条和第 254 条的规定。1972 年"商标法"中规定了侵害他人之商标专用权、恶意使用他人注册商标之名称的行为。2003 年"商标法"的刑事罚则部分与"刑法"第 253 条、第 254 条的规定相互配合，构成了惩治商标犯罪的立法体系。

高铭暄教授认为，法典化的立法模式具有简洁、明了的特征，便于司法适用与人们对该罪罪状的全面了解、认识。而采用刑法典与附属刑法相结合的模式来规制商标犯罪，不仅会造成规范的冲突，不利于司法操作和统一执法，而且在附属刑法中规定商标犯罪，也不利于发挥刑法的一般预防作用，因为附属刑法规范不具有刑法典的形式，其中的刑事责任条款的威慑力容易被社会忽视。因此，从立法模式上看，大陆的立法模式更加合理。②

第二，海峡两岸商标犯罪的构成特征。关于两岸商标犯罪构成特征之比较，可细化为"非法使用他人注册商标犯罪"的构成特征之比较、"商标标识犯罪"的构成特征之比较，以及"商标侵权之商品犯罪"的构成特征之比较。

关于"非法使用他人注册商标犯罪"的构成特征，高铭暄教授认为，对于非法使用他人注册商标的严重危害行为，《刑法》第 213 条规定为假冒注册商标罪，台湾地区"商标法"第 81 条则规定为侵犯他人注册商标专用权罪。其中，根据《刑法》第 213 条的规定，假冒注册商标罪的客观方面表现为未经注册商标所有人许可，在同一种商品、服务上使用与其注册商标相同的商标，情节严重的行为。③ 与大陆刑法的规定不同，台湾地区"商标法"规定的侵犯他

---

① 参见高铭暄、赵秉志、王俊平：《海峡两岸商标犯罪比较研究》，载《湖南大学学报（社会科学版）》2005 年第 6 期。

② 参见高铭暄、赵秉志、王俊平：《海峡两岸商标犯罪比较研究》，载《湖南大学学报（社会科学版）》2005 年第 6 期。

③ 参见高铭暄、赵秉志、王俊平：《海峡两岸商标犯罪比较研究》，载《湖南大学学报（社会科学版）》2005 年第 6 期。

人注册商标专用权罪在客观方面必须具备以下条件：一是未经商标权人或团体商标权人同意而使用注册商标，是构成本罪的前提条件；二是在同一种商品或服务上使用相同之注册商标或团体商标者，或者在类似之商品或服务上使用相同之注册商标或团体商标，有致相关消费者混淆误认之虞者，或者于同一或类似之商品或服务上，使用近似于其注册商标或团体商标之商标，有致相关消费者混淆误认之虞者。可见，在同一商品或服务上使用与他人注册商标相近的商标，或者在类似商品或服务上使用与他人注册商标相同或相近的商标，构成犯罪的关键在于是否有导致相关消费者混淆误认的危险。① 海峡两岸有关立法的不同之处在于：一是按照《刑法》第 213 条的规定，只有行为侵犯他人注册的商品商标时才有可能构成犯罪；而台湾地区"商标法"第 81 条的规定却不限于此，行为人侵犯他人注册的服务商标时，也有可能负担刑事责任。二是在台湾地区"刑法"中，不仅在同一种商品或服务上使用与他人的注册商标相同的商标可以构成犯罪，而且在类似商品或服务上使用与他人注册商标相同或相近的商标、在同一种商品或服务上使用与他人注册商标相近的商标，都可能构成犯罪。而大陆《刑法》规定，行为人的行为只有在符合两个"相同"的条件时，才有可能构成犯罪。这是两岸有关立法的最大不同之处。② 高铭暄教授认为，台湾地区立法规制的范围宽于大陆立法，主要表现为：一是在大陆刑法中，仅仅把擅自在同一种商品、服务上使用与他人的注册商标相同的商标的行为作为犯罪，而台湾地区"刑法"还包括擅自在类似商品或服务上使用与他人注册商标相近的商标，以及擅自在同一种商品或服务上使用与他人注册商标相近的商标标识。高铭暄教授认为，台湾地区"刑法"将这些侵犯他人注册商标专用权的行为作为犯罪处理是必要和有意义的，这些行为也往往会对他人注册商标权的行使造成极大的损害，具有相当严重程度的社会危害性，如果不采用刑罚处罚的方法，难以收到惩治与预防的效果。把这些行为规定为犯罪，也是严密法律规定、防止犯罪分子钻法律空子的需要。这种投机行为不仅侵害了他人注册商标的专用权，损害了消费者的合法权益，而且从长远来看，这种妨害诚实信用的市场规则的行为也极大地影响了市场经济的健康、正常发展。因此，台湾地区"刑法"中的这种

① 参见高铭暄、赵秉志、王俊平：《海峡两岸商标犯罪比较研究》，载《湖南大学学报（社会科学版）》2005 年第 6 期。

② 参见高铭暄、赵秉志、王俊平：《海峡两岸商标犯罪比较研究》，载《湖南大学学报（社会科学版）》2005 年第 6 期。

规定值得大陆研究、借鉴。二是大陆刑法仅将侵犯商品商标专用权的行为规定为犯罪,而台湾地区则不限于此,对于侵害他人注册的服务商标的行为也规定为犯罪。《商标法》(2001 年修正)第 52 条规定的侵犯商标专用权的行为不限于侵犯他人商品商标的专用权,还包括侵犯他人服务商标的专用权。既然侵犯他人商品商标的行为可以犯罪化,就没有理由将服务商标的专用权排除在刑法保护之外。①

关于"商标标识犯罪"的构成特征之比较,大陆刑法规定了非法制造、销售非法制造的注册商标标识罪,即伪造、擅自制造他人注册商标标识或者销售伪造、擅自制造的注册商标标识,情节严重的行为。台湾地区"刑法"第253 条规定了伪造仿造商标商号罪,即意图欺骗他人而伪造或仿造已登记之商标、商号的行为。海峡两岸涉商标标识犯罪的构成特征存在以下差异:一是大陆刑法将销售伪造、擅自制造的注册商标标识情节严重的行为犯罪化;而台湾地区对此未加规定。二是在大陆刑法中,无论是伪造还是擅自制造,都要求行为人制作出来的商标标识与他人的注册商标相同,如果仅仅是相近,则不会构成本罪;而在台湾地区"刑法"中,对于模仿他人的注册商标,并且足以使一般人误以为真的,亦构成犯罪。三是大陆刑法只要求行为人具有伪造、擅自制造或销售的故意即可,至于行为人的主观意图如何,则在所不问;而台湾地区"刑法"除要求行为人必须具有犯罪故意外,还要求行为人具有欺骗他人的主观意图,欠缺这种意图,则不构成本罪。②

关于"商标侵权之商品犯罪"的构成特征之比较,《刑法》第 214 条规定的销售假冒注册商标的商品罪是销售明知是假冒注册商标的商品,销售数额较大的行为。构成本罪必须具备以下条件:一是对象为假冒注册商标的商品。二是行为人实施了销售行为,既包括批发,也包括零售;既包括自销,也包括代销。三是成立本罪要求销售金额较大。在台湾地区法律中,涉商标侵权之商品的犯罪有两种:一是台湾地区"刑法"第 254 条规定的贩卖伪造仿造商标商号货物罪;二是台湾地区"商标法"第 82 条规定的贩卖仿冒商标商品罪。所谓贩卖伪造仿造商标商号货物罪,是指明知为伪造或仿造之商标、商号之货物而贩卖,或意图贩卖而陈列,或输入的行为。所谓贩卖仿冒商标商品罪,是指明知为仿冒

---

① 参见高铭暄、赵秉志、王俊平:《海峡两岸商标犯罪比较研究》,载《湖南大学学报(社会科学版)》2005 年第 6 期。
② 参见高铭暄、赵秉志、王俊平:《海峡两岸商标犯罪比较研究》,载《湖南大学学报(社会科学版)》2005 年第 6 期。

商标商品而贩卖、意图贩卖而陈列、输出或输入的行为。这与大陆刑法的规定,在行为对象、行为方式和入罪门槛上都存在较大的区别。① 高铭暄教授认为,大陆关于涉商标侵权之商品犯罪的规定需要完善其对象规定。《刑法》第214条之罪的犯罪对象是"假冒注册商标的商品",不包括使用与他人注册商标相同的商标的类似商品以及使用与他人注册商标相近的商标的商品,也不包括未经注册商标人同意,更换其注册商标并将该更换商标的商品又投入市场的情况。而按照《商标法》的规定,这些情况都属于侵犯他人注册商标专用权的行为,为了与《商标法》相协调,应该将本罪的对象予以进一步明确,高铭暄教授建议修改为"侵犯注册商标专用权的商品"②。

　　第三,海峡两岸商标犯罪的刑事责任。根据《刑法》的规定,商标犯罪有两个法定刑幅度:一是基本的法定刑,即处3年以下有期徒刑或者拘役,并处或者单处罚金;二是加重的法定刑,即处3年以上10年以下有期徒刑,并处罚金。根据台湾地区"刑法"的规定,对于伪造仿造商标商号罪,处2年以下有期徒刑、拘役或科或并科3000元以下罚金。对于贩卖伪造仿造商标商号之货物的,处2000元以下罚金。根据台湾地区"商标法"的规定,侵犯他人注册商标专用权的,处3年以下有期徒刑、拘役或科或并科新台币20万元以下罚金。贩卖假冒商标之商品的,处1年以下有期徒刑、拘役或科或并科新台币5万元以下罚金。可见,海峡两岸立法对商标犯罪所设定的刑事责任的区别在于:一是从刑罚的轻重上看,大陆刑法对商标犯罪规定的刑事责任重于台湾地区的规定。二是从法定刑幅度上看,大陆刑法对各种商标犯罪均规定了两个轻重不同的法定刑幅度,台湾地区有关法律则对各种商标犯罪只规定了一个法定刑幅度。三是从罚金刑的规定看,大陆刑法对一般情形的商标犯罪规定"并处或者单处罚金",对加重情形的商标犯罪规定"并处罚金"。无论何种规定方式,都没有规定罚金的上下限。而台湾地区有关法律采用限额罚金制,除贩卖伪造仿造商标商号货物罪可以单处2000元以下罚金外,其余三种商标犯罪均是"科或并科"最高额不等的罚金。③

---

　　① 参见高铭暄、赵秉志、王俊平:《海峡两岸商标犯罪比较研究》,载《湖南大学学报(社会科学版)》2005年第6期。

　　② 参见高铭暄、赵秉志、王俊平:《海峡两岸商标犯罪比较研究》,载《湖南大学学报(社会科学版)》2005年第6期。

　　③ 参见高铭暄、赵秉志、王俊平:《海峡两岸商标犯罪比较研究》,载《湖南大学学报(社会科学版)》2005年第6期。

在法定自由刑的规定上,高铭暄教授认为,假冒注册商标罪系假冒商标的单位或个人直接实施,其主观恶性大、犯罪影响范围广,规定较高的刑罚是适当的。而销售假冒注册商标的商品罪的行为人销售的一般并非本单位或个人假冒注册商标的商品,其主观恶性较假冒注册商标罪为轻,犯罪影响范围比假冒注册商标罪要小。因此,对这两种犯罪规定相同的最高刑并不合理。同理,大陆刑法为非法制造、销售非法制造的注册商标标识罪和假冒注册商标罪规定了相同的法定刑也是不妥当的。因为从商标犯罪行为发展的自然过程上看,非法制造、销售非法制造的注册商标标识的行为必然发生在使用假冒商标行为之前,而且如果行为人仅仅伪造、擅自制造他人注册的商标标识而根本不投入使用,很难说这种行为会对他人的商标专用权造成侵害。因此,高铭暄教授认为,假冒他人注册商标行为的社会危害性要远远大于非法制造、销售非法制造他人注册商标标识的危害性,既然如此,对这两种犯罪规定相同的法定刑,就违反了罪刑相适应原则。①

在法定刑的幅度上,大陆刑法中对于商标犯罪的法定刑幅度是以情节严重还是特别严重或销售金额较大还是巨大作为衡量各种商标犯罪的社会危害性大小的尺度,从而分别规定适用轻重不同的两个法定刑幅度,从立法上较好地体现了罪刑相适应、法条明确化的要求。同时,如此规定也为法官根据商标犯罪的各种不同情况,按照罪刑相适应原则的要求,对犯罪人判处轻重适当的刑罚,提供了立法保障。②

在罚金刑的规定上,大陆刑法对商标犯罪仅规定单处或并处罚金,却未明确规定罚金数额的上下限。台湾地区法律则根据各种商标犯罪的社会危害程度的不同,对各种商标犯罪明确规定了罚金的上限。大陆刑法的规定弹性过大,不好执行,法官量刑的随意性很大,难免量刑畸轻畸重。因此,台湾地区"刑法"的规定更具合理性。③

2. 商标犯罪国际比较研究

针对商标犯罪的国际比较研究,高铭暄教授探讨了其中涉及的疑难问

---

① 参见高铭暄、赵秉志、王俊平:《海峡两岸商标犯罪比较研究》,载《湖南大学学报(社会科学版)》2005年第6期。

② 参见高铭暄、赵秉志、王俊平:《海峡两岸商标犯罪比较研究》,载《湖南大学学报(社会科学版)》2005年第6期。

③ 参见高铭暄、赵秉志、王俊平:《海峡两岸商标犯罪比较研究》,载《湖南大学学报(社会科学版)》2005年第6期。

题,并重点对驰名商标、商标反向假冒等问题进行了研究。

第一,驰名商标的刑法保护。在我国商标的刑法保护中,并未凸显驰名商标的特殊性,这显然与国际公约的要求存在差距。高铭暄教授认为,为弥补这一缺憾,司法者在商标犯罪案件中适用刑法时,有必要全面合理地解释刑法,恰当地体现出对驰名商标予以特殊保护的精神。[1] 我国刑法规定的假冒注册商标罪和非法制造、销售非法制造的注册商标标识罪均以"情节严重"作为入罪标准,并以"情节特别严重"作为加重处罚的标准。高铭暄教授认为,在假冒注册商标罪和非法制造、销售非法制造的注册商标标识罪中,行为人所假冒、制造的商标是否为驰名商标,也应当成为认定其行为是否"情节严重"或"情节特别严重"的参考标准之一。某些情况下,虽然违法所得数额或非法经营数额没有达到"情节严重"或"情节特别严重"的标准,但是,如果被侵害的是驰名商标,司法者也可以依据"其他情节严重"或"其他情节特别严重"这一兜底条款,认定其行为属于商标犯罪"情节严重"或"情节特别严重",以此体现出对驰名商标予以特殊保护的精神。[2]

对于驰名商标的"淡化行为",即未经驰名商标权利人许可,在非类似的商品或者服务上使用与驰名商标相同或者近似的标志,尽管消费者能够识别出标记所标识的商品或服务分别来自不同且不相关联的提供者,但该行为可能会消耗驰名商标的独特性,使驰名商标逐渐丧失吸引力,最终给商标权人带来损害。[3] 高铭暄教授认为,此种行为并不能以刑法进行定性与惩处。其原因在于,"淡化行为"并不是在同一种商品上使用与他人注册商标相同的商标的行为,因而不符合刑法对假冒注册商标罪的客观方面所要求的"在同一种商品、服务上使用与其注册商标相同的商标"的行为特征要求,根据罪刑法定原则,不宜将此种行为纳入刑法范畴进行制裁。但是,可以根据《商标法》《反不正当竞争法》等其他法律的规定,予以民事或行政处罚。[4] 在实现对行为有效制裁的多种方式选择中,应当贯彻比例原则,不宜追求一律入罪

① 参见高铭暄、张杰:《国际法视角下商标犯罪刑法适用若干疑难问题探析》,载《政治与法律》2008 年第 7 期。

② 参见高铭暄、张杰:《国际法视角下商标犯罪刑法适用若干疑难问题探析》,载《政治与法律》2008 年第 7 期。

③ 参见吴艳、金晶:《略论商标犯罪刑事立法的若干问题》,载《新乡学院学报(社会科学版)》2009 年第 3 期。

④ 参见高铭暄、张杰:《国际法视角下商标犯罪刑法适用若干疑难问题探析》,载《政治与法律》2008 年第 7 期。

处理,应当选择与行为相适应的处罚措施,以达到预防和惩戒目的。高铭暄教授主张对于驰名商标的"淡化行为"进行出罪处理,用民事或行政处罚的方式惩戒行为,是对刑法谦抑性基本原则和理念的贯彻。

第二,商标反向假冒。商标反向假冒是在他人的商品上擅自使用自己商标的行为,即在未经他人许可的情况下,在自己所有的他人生产的商品上使用自己的商标。对于此类行为如何定性在我国刑法理论界尚有争议,高铭暄教授从国际法的角度进行了实然与应然的分析。在实然规范层面,高铭暄教授认为,对于反向假冒行为,依据现行刑法将其认定为假冒注册商标罪,确实极为牵强,因为根据我国刑法的规定,构成假冒注册商标罪的条件为"未经注册商标所有人许可,在同一种商品、服务上使用与其注册商标相同的商标",在该罪状描述中,明确说明了构成假冒注册商标罪的必要条件是存在与"注册商标相同"的商标,即假冒商标。而在商标反向假冒行为中,侵权人使用的是自己的与被侵权产品原附商标并不相同的真实的商标,因而不符合假冒注册商标罪客观要件中要求的必须存在假冒商标的构成要素,根据罪刑法定的精神,将其认定为假冒注册商标罪确实存在不妥之处。① 从应然的角度来说,商标反向假冒行为,在情节严重的情况下,却又未尝不具有严重的社会危害性,应足以作为犯罪进行处罚。不仅如此,即使从国际法的角度来看,反向假冒行为也是明确为国际法禁止甚至要求予以刑事处罚的。在他人商品上使用自己的商标,虽然商标是真实的,但显然已经使商品生产者利益受到损害。因此,将其作为犯罪进行处罚,完全符合保护商标国际公约的精神。西班牙、加拿大、美国、英国等国家,也都将商标反向假冒行为规定为商标犯罪的表现形式之一,值得我们学习和借鉴。②

(二)个人知识产权:以著作权为核心的知识产权刑法保护

著作权的主体既可以是企业也可以是个人,但个人更为主要和常见。侵犯著作权的犯罪属于知识产权犯罪的一种。当前我国侵犯著作权罪的立法和司法存在一些疑难问题。高铭暄教授重点探讨了侵犯著作权罪的行为类型、主观目的和罪数问题。

① 参见高铭暄、张杰:《国际法视角下商标犯罪刑法适用若干疑难问题探析》,载《政治与法律》2008 年第 7 期。
② 参见高铭暄、张杰:《国际法视角下商标犯罪刑法适用若干疑难问题探析》,载《政治与法律》2008 年第 7 期。

1. 行为类型

侵犯著作权罪在行为类型上主要涉及"未经许可""复制""发行"和"违法所得数额"等要素的认定。

关于"未经许可"，高铭暄教授认为，未经著作权人许可是侵犯著作权罪的前提条件，符合以下情形之一的，即属于"未经许可"：一是行为人在任何时间都没有得到著作权人的许可，这种情形在司法实践中最为常见。二是许可使用合同期限届满的，届满之后的行为属于"未经许可"。三是行为方式和数量等超出授权许可范围的。四是伪造、涂改权利人的授权许可文件。伪造计算机软件授权许可文件或者对真实的授权许可文件进行涂改的事实本身即表明了行为人行为的不法性，将这种情况界定为《刑法》第217条规定的"未经著作权人许可"的情形之一是必要的。①

关于"复制"，高铭暄教授认为，"复制"的方式不限于著作权法明确列举的情形，"临摹"他人享有著作权的作品，在不属于合理使用的范围时，也会损害原作作者的利益。从保护原作作者的合法权益的角度出发，将"临摹"视为"复制"的一种方式是必要的。② 同样，"复制"并不限于同样的载体，将他人享有著作权的图书转换成数字形式的电子图书行为，只要这种转换最终能使原来形式的作品得以再现，就应当认为是"复制"。③

关于"发行"，著作权法规定不仅出售或赠与复制件属于"发行"，而且出售或赠与原件的也属于"发行"。④ 对于未经著作权人许可，实施出租其音乐、电影、计算机软件等行为，高铭暄教授认为，著作权法已经将"出租"从"发行"的定义中抽出，并将其规定为一种独立的权利，因此"出租"不再是"发行"的一种表现形式，按照罪刑法定原则的要求，对于未经权利人许可出租其作品的行为不宜以该罪处理。同时，著作权法将"网络传播权"规定为一种独立的权利，"发行"与"网络传播"是两个互不包容的独立行为，对此高铭暄教授认为，单纯就语词的含义而言，"发行"作品其实也是在传播作品，"发行"可以包容"网络传播"，可以适时推进立法规定的修

①　参见高铭暄、王俊平：《侵犯著作权罪认定若干问题研究》，载《中国刑事法杂志》2007年第3期。
②　参见高铭暄、王俊平：《侵犯著作权罪认定若干问题研究》，载《中国刑事法杂志》2007年第3期。
③　参见高铭暄、王俊平：《侵犯著作权罪认定若干问题研究》，载《中国刑事法杂志》2007年第3期。
④　参见聂洪勇：《知识产权的刑法保护》，中国方正出版社2000年版，第122页。

正。复制、发行包含三种情况：一是复制行为；二是发行行为；三是既复制又发行。只要行为人以营利为目的，实施上述三种行为之一的，就可能构成侵犯著作权罪。①

关于"违法所得数额"，高铭暄教授认为，"违法所得数额"是行为人非法获利的数额，既然是违法所得，当然就是其非法经济活动后的投入与产出之比，行为人实际上获利多少，就是"违法所得数额"。对违法所得数额作如此理解不会在定罪和量刑上产生严重的问题，因为在侵犯著作权犯罪的认定中，并没有把"违法所得数额"作为唯一的标准。即便实践中发生了行为人实施侵犯他人著作权的行为，非法经营数额巨大但没有获利的案件、侵权产品没有销售出去的案件、销售出去后无法计算利润的案件等，依然可以按照非法经营数额来认定本罪，不至于出现无法认定的情况。②

2. 主观目的

侵犯著作权罪的成立要求行为人必须具备"营利的目的"，如果行为人出于教学科研目的而复制他人享有著作权的作品，不构成犯罪，因此，行为人主观上具有营利的目的是谴责并追究其刑事责任的主观根据。"营利"有直接营利和间接营利之分。从实践看，认定行为人是否具有营利目的，比较困难的是发生在信息网络领域的侵犯著作权罪。高铭暄教授认为，对此可以分两种情况来认定：一是设立网站或网页，并收取信息服务费的，可以认定行为人主观上具有营利目的。这类行为往往表现为行为人将他人享有著作权的文字作品、音乐、电影、电视、录像作品、计算机软件及其他作品上传到特定的网站，网络用户只有支付一定的费用才能下载这些文件。由于这种情况下行为人直接从网络用户的下载行为中获取了利益，自然应当认定其实施著作权侵权行为的主观目的在于营利。③ 二是设立网站或个人主页，向网络用户提供免费的下载服务，通过增加访问量来赚取广告费的，亦可认定行为人具有营利目的。从实践中看，这类行为往往表现为行为人将数字形式的侵权复制品上传到特定的网站或个人主页上，供网络用户或会员免费下载，以此来增加网站或网页的访问量，进而获取高额的广告赞助费。对于这种间接获取利

---

①　参见高铭暄、王俊平：《侵犯著作权罪认定若干问题研究》，载《中国刑事法杂志》2007年第3期。

②　参见刘宪权：《侵犯知识产权犯罪数额认定分析》，载《法学》2005年第6期。

③　参见高铭暄、王俊平：《侵犯著作权罪认定若干问题研究》，载《中国刑事法杂志》2007年第3期。

益的情况,高铭暄教授认为也应当认定行为人主观上具有营利的目的。① 高铭暄教授对于行为性质的把握更注重整体的因果关系的判断,不拘泥于行为的直接形式或表象,侧重于以行为链条对行为进行整体的分析,特别是在网络时代背景下,行为因果的传递过程更需要整体把握和判断,实现对行为性质的准确认定。

3. 罪数问题

侵犯著作权的行为有时也会同时触犯其他犯罪,如诈骗罪、假冒注册商标罪或销售侵权复制品罪等,在行为人的行为同时触犯两种以上犯罪的场合,是按一罪处理,还是数罪并罚,就涉及侵犯著作权罪的罪数问题。高铭暄教授认为,对此应重点把握三个方面:

一是侵犯著作权罪与假冒注册商标罪的罪数问题。随着市场主体商标权意识的增强,商品的生产者往往都要对自己的产品进行商标注册,以更为切实地保护自己的合法权益。盗版者实施侵犯著作权行为时,就有可能同时侵犯他人的商标专用权。高铭暄教授认为,行为人实施一个盗版行为,同时触犯了侵犯著作权罪和假冒注册商标罪两个犯罪的情况属于想象竞合犯,对此应择一重处断。鉴于两罪的法定刑相同,且侵犯著作权的行为更直接地反映了行为的社会危害程度,应按侵犯著作权罪定罪处罚。②

二是侵犯著作权罪与诈骗罪的罪数关系。出售假冒他人署名的美术作品并骗取他人大量财物的,高铭暄教授认为,仅仅向购买人出售假冒他人署名的美术作品而没有对其虚构事实或隐瞒真相的,不构成诈骗罪;只有同时对购买人予以欺骗时,才可能构成诈骗罪。在采用虚构事实或隐瞒真相的方法向他人出售假冒署名的美术作品的情况下,行为人事实上实施了两种行为(欺骗和出售假冒署名的美术作品),分别侵犯了两种不同的社会关系,构成侵犯著作权罪和诈骗罪。高铭暄教授认为,对这两个罪不能一概认定为牵连犯,需区分以下两种情况加以认定:其一,行为人主观上没有使"出售"和"骗财"行为相牵连的意思时,不成立牵连犯,对其应当按照侵犯著作权罪和诈骗罪两罪并罚。其二,行为人主观上具有使"出售"和"骗财"行为相牵连的意

---

① 参见高铭暄、王俊平:《侵犯著作权罪认定若干问题研究》,载《中国刑事法杂志》2007年第 3 期。

② 参见高铭暄、王俊平:《侵犯著作权罪认定若干问题研究》,载《中国刑事法杂志》2007年第 3 期。

思时,成立牵连犯,按照"从一重处断"的原则处理。①

三是侵犯著作权罪与销售侵权复制品罪的罪数关系。对于既实施了侵犯著作权的行为,又销售该侵权复制品,违法所得数额巨大的,只定侵犯著作权罪,不实行数罪并罚;既实施了侵犯著作权的行为,又明知是他人的侵权复制品而予以销售,构成犯罪的,应当实行数罪并罚。②

五、结 语

高铭暄教授关于破坏市场经济秩序犯罪的研究呈现出两个鲜明的特点:

一是关切实践。破坏市场经济秩序犯罪的类型很多,特别是随着社会的发展,新型破坏市场经济秩序犯罪层出不穷,给刑法立法和司法带来了极大的困扰。从高铭暄教授研究的内容来看,其关注的都是我国破坏市场经济秩序犯罪中的新型疑难问题,如"地沟油"犯罪、数字货币犯罪、证券犯罪、金融诈骗、商标犯罪、侵犯著作权犯罪等。这充分反映出高铭暄教授敏锐的实践眼光,也说明高铭暄教授的研究注重解决实践问题。实践问题是刑法的生命力源泉,也是高铭暄教授知识创新的重要原因,值得学习借鉴。

二是中国视角。高铭暄教授对实践问题的解决始终站在中国的视角、注重运用中国刑法的基础理论。例如,高铭暄教授对侵犯著作权罪中的"复制""发行""违法所得数额"等概念的理解,完全根据中国的实际进行概念解读,其对生产、销售伪劣商品罪与以危险方法危害公共安全罪关系的理解,也完全是结合中国刑法的立法和基础理论进行的。高铭暄教授研究的思路、方法及其所得出的结论,对于解决我国破坏市场经济秩序犯罪的刑法立法和司法问题,具有积极的参考借鉴作用。

---

① 参见高铭暄、王俊平:《侵犯著作权罪认定若干问题研究》,载《中国刑事法杂志》2007年第3期。

② 参见高铭暄、王俊平:《侵犯著作权罪认定若干问题研究》,载《中国刑事法杂志》2007年第3期。

专题十

高铭暄教授的网络犯罪治理思想考察

一、前　言

网络化、数字化和智能化是计算机互联网发展的三个阶段,互联网的上半场首先解决了"网络化"问题,即计算机与人、计算机与计算机、人与人之间利用互联网技术建立了有效联系。① 现代信息技术更新带动网络发展,网络发展催生网络犯罪的变异与升级,网络犯罪的变异与升级进而导致法律和司法解释相继出台予以规制。② 在这种正向的传导关系中,技术的创新与网络的发展都会对网络犯罪的形态、特点及其对策产生影响,传统犯罪网络化与网络犯罪传统化也更加明显。网络犯罪一直处于发展、变异与升级之中。伴随着网络犯罪的不断涌现,早在 1997 年我国刑法修订之时就已开始关注,至今 20 余年间,法律与司法解释不断推陈出新,法网越织越密。高铭暄教授对于网络犯罪持续关注,他认为网络时代刑法解释面临全新挑战,必须

---

① 参见高铭暄、王红:《互联网+人工智能全新时代的刑事风险与犯罪类型化分析》,载《暨南学报(哲学社会科学版)》2018 年第 9 期。

② 参见于志刚、吴尚聪:《我国网络犯罪发展及其立法、司法、理论应对的历史梳理》,载《政治与法律》2018 年第 1 期。

高度重视并妥善处置三大主要问题:首先,刑法规范供给不足的结构性失衡问题尤为凸显,"入罪"的解释结论成为司法中的"多数";其次,鉴于刑法知识结构的代际落差,对传统、计算机或纯正网络等犯罪构成要件要素的扩张解释成为必然选择,虽然激活了传统规范的网络化适用潜质并扩充了网络刑法规范的司法张力,但与类推解释的纠葛等问题有待澄清与消解;最后,为了便于对新型网络犯罪进行定罪处罚,司法功利主义有所体现。面对网络发展与犯罪智能化、多样化,有必要推进刑法解释体系的规范化构造,并从合法性与正当性方面予以修正和完善。① 在此基础上,高铭暄教授对网络犯罪进行了系列研究,产生了系列成果。其中不少观点对于我国网络犯罪治理的理论和实践都具有重要的指引作用。

二、缘起:网络犯罪的刑事解释对象与倾向

网络时代的传统犯罪异化问题是网络犯罪研究必须正视的问题。当前我国刑法理论上和实践中解决该问题的基本方法是刑法解释。例如,最高人民法院、最高人民检察院通过发布司法解释及指导案例、典型案例,对网络背景下传统犯罪的定罪量刑问题进行了统一和明确。其中一些规定明显不同于传统的做法,体现了知识的创新与再造。高铭暄教授对网络犯罪的解释适用问题进行了专门研究。

(一)网络盗骗犯罪

在传统刑法理论中,盗窃罪与诈骗罪的区分一直是实践中的难题。在网络犯罪时代,该问题仍有所延续。在新型"工具型"犯罪中,利用信息网络实施财产犯罪是常见多发的情形。信息网络技术的"不可视性"以及虚拟性等因素,使利用信息网络实施财产犯罪的"过程"更隐秘或无从察觉,因而更具欺骗性,无形中也加剧了网络盗窃与诈骗之间的区分难度。高铭暄教授认为,最高司法机关明确提炼出一条定罪的基本规则,确立了区分网络盗窃犯罪与网络诈骗犯罪的司法要旨,是以"危害行为类型"为区分的基本立足点。

---

① 参见高铭暄、孙道萃:《网络时代刑法解释的理论置评与体系进阶》,载《法治研究》2021年第1期。

在信息网络环境下,秘密窃取与基于认识错误的自愿处分,分别是网络盗窃与网络诈骗的核心特质,"主要手段和被害人有无处分财物意识"是区分的关键要素。具体而言,同时采取秘密窃取手段与欺骗手段,非法占有财物的,应从采取的主要手段和被害人有无处分财物意识方面予以区分;行为人利用信息网络,使用预设计算机程序并植入的方法,诱骗他人点击虚假链接而实际上通过预先植入的计算机程序窃取他人财物,获取财物时起决定性作用的手段是秘密窃取,诱骗被害人点击虚假链接系实施盗窃的辅助手段,只是为盗窃创造条件或作掩护,被害人没有"自愿"交付巨额财物,获取银行存款实际上是通过隐藏的事先植入的计算机程序来窃取的,应以盗窃罪论处。① 高铭暄教授主张对于网络背景下盗窃和诈骗的区分仍然要以"行为"是秘密窃取还是自愿处分为标准,关键是要区分行为人是利用网络为盗窃行为创造条件,还是利用网络作为自愿处分财物的媒介。这一主张为正确区分网络领域的盗窃和诈骗犯罪提供了参考方法和指导。

(二)平台经济犯罪

随着大数据、区块链、人工智能技术的发展以及智能手机的普及,平台经济逐渐成熟,在互联网经济迅猛发展的背景下,大量网络运营平台相继出现,网络刷单作为基本的网络生产经营方式随之成为常态。平台经济犯罪也随之增加。高铭暄教授认为,平台经济犯罪主要分为两类:一是基于平台的经济犯罪。犯罪人基于平台用户身份,在平台生态系统中实现了信息、资金与物质的流通,犯罪人之间、犯罪人与被害人之间的接触也均依托平台。如伪劣商品犯罪、诈骗犯罪、赌博犯罪、传销犯罪等。二是第三方平台犯罪。"快播案"为此类犯罪的标志性案例,拒不履行信息网络安全管理义务罪、非法利用信息网络罪、帮助信息网络犯罪活动罪对作为第三方平台的网络服务提供者的刑事责任作出了规定。在平台经济视域下,平台一方面作为用户监管、犯罪预防与治理的主体,另一方面自身也游走于犯罪的边缘,平台义务与责任亟须进一步明确。为适应不断演变的经济犯罪类型,提升刑法治理效能,需重塑犯罪治理及刑法解释模式。②

高铭暄教授结合最高人民检察院检例第 38 号案例对司法机关关于平台

---

① 参见高铭暄、孙道萃:《网络时代刑法解释的理论置评与体系进阶》,载《法治研究》2021年第 1 期。

② 参见高铭暄、郭玮:《平台经济犯罪的刑法解释研究》,载《法学杂志》2023 年第 1 期。

经济犯罪的扩大性目的解释进行了归纳:第一,犯罪分子利用网络平台及其运营模式的缺陷,实施侵害网络平台运营秩序及资金安全等的行为,具有"工具型"犯罪和"对象型"犯罪的特征,将其作为"工具型"犯罪更合理,可以更好地解释"套现"是实行行为,而非法获取资金是最终目的,应当按照诈骗罪论处。第二,基于网络约车的运营模式,行为人以非法占有为目的,通过网约车平台与网约车公司进行交流,发出虚构的用车需求,使网约车公司误认为是符合公司补贴规则的订单,并基于错误认识,给予行为人垫付车费及订单补贴的,是新型诈骗行为,符合诈骗罪的本质特征。① 高铭暄教授认为,发生在信息网络空间且客观上实施了刑法上的欺骗行为,尽管目标直接指向的是网络平台运行系统,但仍应当肯定其符合"欺骗行为"的本质属性,从而实现"入罪"的司法需求。②

(三)网络数据犯罪

《刑法修正案(七)》增设了非法获取计算机信息系统数据罪。该罪名在实践中的适用率较高,与传统财产犯罪等的"竞合适用"时常成为实践中的难点问题。高铭暄教授以最高人民检察院检例第 36 号案例为观察样本,提出这类犯罪总体上仍属于"工具型"犯罪,但方法行为仍可以归为"对象型"犯罪。检例第 36 号案例明确了非法获取计算机信息系统数据罪中的"侵入",是指违背被害人意愿、非法进入计算机信息系统的行为,既表现为采用技术手段破坏系统防护进入计算机信息系统,也表现为未取得被害人授权擅自进入计算机信息系统,以及超出被害人授权范围进入计算机信息系统。③

高铭暄教授同时指出,检例第 36 号案例存在的主要问题是对于单纯实施"非法获取数据"的行为,原则上不足以对其入罪。因为非法获取计算机信息系统数据罪不是行为犯或危险犯,而是结果犯或情节犯,需要达到"情节严重"。这不仅在司法解释层面扭曲了"非法获取计算机信息系统数据"作为刑法中实行行为的独立性,客观上也使该行为的危害性依附于"非法处置

---

① 参见高铭暄、孙道萃:《网络时代刑法解释的理论置评与体系进阶》,载《法治研究》2021年第 1 期。

② 参见高铭暄、孙道萃:《网络时代刑法解释的理论置评与体系进阶》,载《法治研究》2021年第 1 期。

③ 参见高铭暄、孙道萃:《网络时代刑法解释的理论置评与体系进阶》,载《法治研究》2021年第 1 期。

数据"这一事后行为,模糊了非法获取与非法处置之间的关系,也导致非法获取计算机信息系统数据罪与盗窃罪等犯罪之间的界限模糊不清。①

(四)网络诽谤犯罪

网络诽谤是以信息网络为工具实施的侵害公民名誉权的诽谤行为。网络诽谤与传统诽谤相比呈现出传播速度快、范围广等特点。刑法现有规定不足以有效规制网络诽谤行为。基于此,有人建议应设立新的罪名。高铭暄教授认为,网络诽谤只是传播工具不同于传统诽谤,单独设罪的根据不足,并且单独设罪容易导致与《刑法》第246条诽谤罪规定的重复交叉。② 高铭暄教授认为,刑法设定诽谤罪的宗旨在于保护公民的名誉权,不应当以诽谤罪为借口实现钳制网络异议言论之目的。"捏造事实诽谤他人"是《刑法》第246条规定的诽谤罪的客观行为方式。从句子逻辑结构来看,"捏造事实"是诽谤罪客观行为的组成部分,没有捏造行为只有散布行为的不构成诽谤罪。只有在散布者和捏造者存在共同犯罪故意,构成共同犯罪的情形下才可能构成诽谤罪。高铭暄教授认为,"捏造"强调的是虚构事实,而"散布"强调的是将虚构的事实予以传播,两者的含义明显不同。相关司法解释中的此种解释已经超出了刑法的原意,且不具有国民可预测性,属于以解释之名行类推之实。③ 高铭暄教授在对解释犯罪构成要件的把握上坚守罪刑法定原则,主张防止将类推解释之实冠以实质解释之名,对于网络诽谤行为的认定要在社会一般观念内进行解释和适用。

三、反思:网络犯罪的刑法解释功能与方向

对网络犯罪的刑事解释名为解释,实则具有规则再造的功能。高铭暄教授认为,对于网络时代的刑法解释功能应当正确看待,并合理把握其方向。

----

① 参见高铭暄、孙道萃:《网络时代刑法解释的理论置评与体系进阶》,载《法治研究》2021年第1期。

② 参见高铭暄、张海梅:《网络诽谤构成诽谤罪之要件——兼评"两高"关于利用信息网络诽谤的解释》,载《国家检察官学院学报》2015年第4期。

③ 参见高铭暄、张海梅:《网络诽谤构成诽谤罪之要件——兼评"两高"关于利用信息网络诽谤的解释》,载《国家检察官学院学报》2015年第4期。

(一)功能反思:合理性有余但合法性不足

针对传统罪名的网络化适用及计算机犯罪的扩张适用,在解释结论上主要表现为"入罪"的扩张倾向。高铭暄教授认为这一做法具有一定的现实合理性:一是刑法保护功能在网络时代的必然延伸。新型网络违法犯罪行为层出不穷,对传统刑法的犯罪客体或法益造成了不同程度的危害。刑法基于保护功能,理应适时介入。二是为"工具型""对象型"犯罪提供了规制基础。当前,网络犯罪基本上可以分为"工具型""对象型""空间型(独立型)"三种形态。其中,"工具型""对象型"网络犯罪是目前主要存在的犯罪形态,与传统犯罪形态相比,存在一定的交叉或重合。在此情况下,尽管部分传统罪名没有直接的"立法原意"作为支撑,但是,"网络化适用"的制度空间与犯罪事实基础仍客观存在。[①]

在网络时代运用"入罪"进行刑法解释,高铭暄教授认为,这有其正当性,有助于解决以下司法难题:一是激活传统罪名的网络化适用潜质。对于传统罪名的"网络化适用潜质",在激活的方式与效果上面临"立法原意"根本不存在的制度性难题。传统犯罪规定在立法之际,根本无法预留"规制"新型网络犯罪的内涵。因此,"激活"传统罪名并因应网络犯罪的规制问题,就必然体现为"入罪"的解释结论。否则,激活传统罪名的网络化适用潜质等同虚设。二是遏制无"法"规制但具有严重社会危害性的新型网络违法犯罪行为。网络犯罪浪潮正在加速到来,并日渐成为主要的犯罪类型。新型网络违法犯罪行为层出不穷,完全依照传统刑法规范体系,显然不足以有效应对。这就制造了"无法可依"的难题,基于此,不得不释放传统罪名的"入罪"张力,从而实现在现阶段有效打击犯罪的迫切任务。当然,"入罪"解释的司法导向,与现代罪刑法定原则之间的紧张关系由此而产生。[②]

针对新型网络犯罪进行"入罪"的解释具有一定的合理性,但也存在一定的司法异化的风险,高铭暄教授认为,这主要体现在合法性层面:一是存在僭越罪刑法定原则的合法性危机。针对网络犯罪的立法明显滞后,导致对过渡期的新型网络犯罪,通过刑法解释的方式激活传统犯罪的部分潜能,以

[①]　参见高铭暄、王红:《互联网+人工智能全新时代的刑事风险与犯罪类型化分析》,载《暨南学报(哲学社会科学版)》2018年第9期。

[②]　参见高铭暄、王红:《互联网+人工智能全新时代的刑事风险与犯罪类型化分析》,载《暨南学报(哲学社会科学版)》2018年第9期。

达到"规制"的效果,而其结论往往表现为"入罪"解释。二是可能会模糊刑法解释与刑法立法之间的功能边界。"入罪"的解释结论之倾向,很可能超出了传统罪名、计算机犯罪罪名的立法原意,特别是传统罪名在立法时预设的规制边界。因此,以传统罪名为基础的网络化"入罪"解释,会模糊合理解释与正当立法之间的功能边界。①

(二)应然方向:刑法解释知识体系创新

立法与解释之间的合法性边界更明确和清晰,在制度层面可以抑制刑法解释活动的不当扩大、违法入罪等异化问题。网络时代刑法解释活动的应然逻辑与制度安排有待重塑。对此,高铭暄教授认为,应当重点把握以下三个方向:

1. 刑法解释的知识进化

传统犯罪与网络犯罪相互分离的态势已现端倪。不同的犯罪形态需要匹配不同的刑法解释知识体系。高铭暄教授认为,可分为两个演变阶段:一是过渡期。在较长时期内,传统现实物理社会与网络空间社会相互交错,传统犯罪与网络犯罪两种不同形态的犯罪相互交织。在混合阶段,刑法解释活动也不可避免地呈现为"杂交"之态,既有传统刑法解释方法论的作用,亦有传统刑法解释方法与新型网络犯罪之间的"互斥"。这是网络时代刑法解释方法论的"混沌期",同时也是"培育期"。二是专属期。当"空间型"犯罪成为主要的犯罪类型,而且在本质上与传统犯罪不断撇清交互关系之际,刑法解释活动被赋予了全新的使命。可以预见的是,传统刑法解释的整个逻辑构造,都将出现不同程度的革新。因此,传统刑法解释的方法论体系面临"淘汰"与"清洗"的问题。在专属期,刑法解释的知识体系也宣告正式形成。②

针对新型网络犯罪的刑法解释,高铭暄教授认为,其主要的变量因素与发展动能在于:一是网络时代的犯罪现象在规范、立法以及价值层面,都发生不同程度的质变。刑法解释的事实对象出现根本性的变化,刑法解释的立场趋向以及应然追求必然出现新的变化。二是网络时代的刑法立法

①　参见高铭暄、王红:《互联网+人工智能全新时代的刑事风险与犯罪类型化分析》,载《暨南学报(哲学社会科学版)》2018年第9期。
②　参见高铭暄、孙道萃:《网络时代刑法解释的理论置评与体系进阶》,载《法治研究》2021年第1期。

日臻完善,规范供给不足的问题逐渐得以缓解,刑法解释的空间逐渐受到挤压,特别是"入罪"解释倾向与扩张解释的重用及异化等问题可能得到较大的扭转或不复存在。三是在网络时代,刑法解释的地位与作用出现新的变化。随着信息网络技术的迅猛发展及其广泛应用,对人类生活的渗透与嵌入日益显著。当前,计算机网络犯罪高发,危害信息安全的事件愈发引起社会的高度关注。面对日趋严峻的计算机网络犯罪形势,刑法解释在尚未出现前瞻性的立法修改之时,以科学的立法解释、司法解释和实践切实维护网络安全。①

2. 刑法解释的合理定位

针对新型网络犯罪的刑法解释,高铭暄教授认为,基本问题主要包括:一是刑法解释的功能定位,主要涉及刑法解释与立法完善、理论学说之间的结构与体系关系。在网络时代,刑法解释的主动性、能动性更为凸显,对立法的倒逼、对理论的反哺效能更为强劲,而不再全面依附于立法、从属于理论。但是,随着立法的活性化及规范供给能力的强化,二者之间保持了动态的博弈状态,刑法解释所负载的"能动性"需求会降低,使立法、司法与理论之间的关系更为理性。② 二是刑法解释的对象演变与规范属性。在网络时代,"对象型""工具型"以及"空间型"犯罪交替演变,最终都归结为纯正的网络犯罪形态。这不仅意味着网络时代的全面到来,也意味着刑法解释的规范对象是纯正网络犯罪,刑法解释的依据是网络时代的刑法规范及其学说体系。在此前提下,网络时代的刑法解释具有该时代鲜明的规范性、合法性特征,由此确保规范运行。③

3. 刑法解释的体系技术

结合网络时代犯罪的基本特征,高铭暄教授认为,刑法解释应明确以下内容:一是解释的基本要素。在网络时代,刑法解释的基本要素,尚需初步考虑解释对象、解释依据、解释主体、解释逻辑等。解释对象是网络技术异化过程中的新型网络犯罪,而不再是传统犯罪形态。在解释依据上,既要依赖传

---

① 参见高铭暄、孙道萃:《97刑法典颁行20年的基本回顾与完善展望》,载《华南师范大学学报(社会科学版)》2018年第1期。

② 参见高铭暄、孙道萃:《网络时代刑法解释的理论置评与体系进阶》,载《法治研究》2021年第1期。

③ 参见高铭暄、孙道萃:《网络时代刑法解释的理论置评与体系进阶》,载《法治研究》2021年第1期。

统刑法规定,但更需要网络犯罪规定,以实现解释对象与解释依据之间"相适应"而非"相互背离"。① 二是解释的基本技术。网络犯罪是典型的"技术型"犯罪,这应当是网络犯罪的最基本特征,决定了网络犯罪的"技术性"罪质。网络时代的刑法解释理念应当一以贯之,围绕技术危险、技术制衡、技术中立等要素进行解释,充分认清网络犯罪的罪质,根据网络案件中最新的行为主体、行为方式、定量因素、定量评价体系等新情况,作出契合网络犯罪特质与规律的解释结论。② 三是解释限度的重塑。在网络时代,解释限度问题面临全新的情况,仍然是焦点所在。对此应动态地看待立法原意,因时代的发展立法原意面临"符合时代需要"的解释需求,因而有必要动态地看待立法原意,既不刻板地作形式的遵从,也不应过度扩大;同时要立足于网络技术的犯罪特征,结合全案情况,具体判断解释限度。对于有着严重的社会危害性,严重威胁网络安全的情况,在充分保障网络安全法益的需求下,可以在立法原意允许的范围内,作出入罪的解释;对于一些新兴情况,且涉及网络技术风险的不可控等问题,在技术中立的评判下,可以不纳入刑法考虑。③ 网络时代的刑法解释具有重要的作用,高铭暄教授主张刑法解释在充分发挥其能动性作用时也要坚守规范性和合法性,以此为指导,尽管越来越多的网络技术中立行为对于网络犯罪的发生起到了一定的帮助作用,但并不能将普通的"帮助行为"解释为"帮助犯"。

四、发展:网络犯罪的刑法解释扩张与限制

网络犯罪"入罪"解释的核心是扩张刑法的犯罪圈。在现代法治国家,这一扩大解释显然不能是没有限制的。高铭暄教授认为,为防止"入罪"解释的司法倾向最终变成极端化,可以从刑法解释的方法论、解释限度的把握等角度予以制衡,其中最核心的涉及立法原意的正当扩张,即把握传统刑

---

① 参见高铭暄、孙道萃:《网络时代刑法解释的理论置评与体系进阶》,载《法治研究》2021年第1期。

② 参见高铭暄、孙道萃:《网络时代刑法解释的理论置评与体系进阶》,载《法治研究》2021年第1期。

③ 参见高铭暄、孙道萃:《网络时代刑法解释的理论置评与体系进阶》,载《法治研究》2021年第1期。

法规定的网络化边界,或者计算机犯罪规定辐射网络犯罪的范围,使罪名适用的解释在合法的预期范围内。① 在此基础上,应当合理确定不同类型的网络犯罪解释限度。

（一）传统财产犯罪网络化：以网络域名为代表

传统财产犯罪网络化的典型代表是非法获取网络财产性利益的新型网络犯罪案件,例如盗窃网络域名的行为。"网络域名"是专属于网络时代的特有产物,一旦肯定其作为刑法中的"财产利益"的基本属性及可以交易的市场属性,就可以对其采取"财产化"保护策略,援引传统财产犯罪规定。高铭暄教授认为,对于网络域名可以财产化保护的理由为:一是网络域名具有专属性和唯一性,网络域名注册人的注册行为具有独占性。二是注册人是通过合法途径获得网络域名,该利益受法律的承认和保护。三是应综合网络域名的购入价、销赃价、域名升值潜力、市场热度等因素,认定"网络域名"的价值,从而解决了这类网络财产的"定量"估值问题。因此,网络域名具备刑法意义上的财产属性,盗窃网络域名可以认定为刑法上的盗窃行为。② 高铭暄教授的这一观点为网络域名的保护提供了合理依据,即可以根据网络域名的财产属性对其进行有效保护。

（二）平台经济犯罪：以正向刷单和人工智能为代表

在网络环境下,经济模式的改变与行为方式的网络异化使类型思维在平台经济犯罪解释中的应用成为必需,应重新定义规范本质与犯罪原型,建立平台环境下规范与事实的新关联。以正向刷单为例,现有司法裁判通常会将刷单炒信行为认定为非法经营罪,这引起不少学者的反对,认为非法经营罪设立的初衷在于禁止未取得特定资格的单位和个人违法从事经营活动,保护通过特定许可管理形成的市场经营秩序。高铭暄教授认为,企图通过狭义法益限缩非法经营罪的适用并不现实,应当适当限制:一是严控"国家规定"范围。"国家规定"应限制在能够体现保护市场交易管理秩序的法律法规,或至少跟市场交易管理秩序相关。二是灵活适用司法解释,对于违背罪责刑相

---

① 参见高铭暄、孙道萃:《网络时代刑法解释的理论置评与体系进阶》,载《法治研究》2021年第1期。

② 参见高铭暄、王红:《互联网+人工智能全新时代的刑事风险与犯罪类型化分析》,载《暨南学报(哲学社会科学版)》2018年第9期。

适应原则的司法解释,应恪守刑法谦抑,避免机械适用。三是全面评价"情节严重",在网络环境下数额标准不足以全面评价"情节严重",应从商品是否流通、对象是否受损、市场失序原因等方面综合考察。如在有偿删帖情形中,对于专门从事非法删帖业务,破坏正常市场竞争秩序且牟利巨大的"网络公关公司",有必要认定为非法经营罪。但对于多数合法设立的公关公司而言,删除来源不明、不属实甚至侵权的帖子是开展品牌维护和危机公关的重要手段,并未扰乱市场秩序,不应当认定为非法经营罪。此外,有必要将经济政策、产业政策、网络技术等规范外因素纳入"情节严重"的评价环节。与之同理,反向刷单行为也符合破坏生产经营罪的行为类型,不可仅将该罪的行为类型限定在"对生产工具的物理性破坏"。①

关于人工智能,目前其技术比较成熟的应用主要集中在语音识别、自然语言理解、图像识别、人脸识别、手写识别、语音和文字的自动转化等方面,由于人的声音、面部特征和文字笔迹均具有极强的身份性和一定的隐私性,因此这些技术一旦被犯罪分子与互联网平台、大数据技术相结合利用,特别容易威胁计算机信息系统的安全,造成公民个人信息的泄露,加剧网络诈骗的严峻态势。② 此时若坚持"结果导向"的解释理论,提前预设好解释结果,并以自我拟定的解释立场指导解释过程,其犯罪预防效能就会被削弱,导致个案解释结论的说服力不足,增加随意解释与暗箱操作的可能性。高铭暄教授不赞同运用"结果导向"的解释理论,他主张坚持"路径导向"的解释理论,衡量规范外因素对解释结论的影响,有条件地将规范外因素纳入解释过程,比如网络技术和刑事政策对入罪的影响。"路径导向"解释理论杜绝了解释者肆意将自己的意志注入解释结果与解释方法的企图,减少了解释者个人倾向或偏见所带来的司法不公,并形成逻辑清晰的解释路径。③ 高铭暄教授反对"结果导向"、注重"路径导向"的思想体现了行为无价值的方法论指导,这一思想在犯罪认定上的贯彻十分重要,以行为为中心判断对法益的损害有助于避免因对其他因素的衡量对入罪与否产生影响。

---

① 参见高铭暄、郭玮:《平台经济犯罪的刑法解释研究》,载《法学杂志》2023 年第 1 期。
② 参见高铭暄、王红:《互联网+人工智能全新时代的刑事风险与犯罪类型化分析》,载《暨南学报(哲学社会科学版)》2018 年第 9 期。
③ 参见高铭暄、王红:《互联网+人工智能全新时代的刑事风险与犯罪类型化分析》,载《暨南学报(哲学社会科学版)》2018 年第 9 期。

(三) 网络数据犯罪:以篡改数据为代表

篡改数据信息的行为常被扩张解释纳入破坏计算机信息系统罪进行规制,"兜底"功能日渐浮现。"篡改网络商业信息(系统数据)"的背景是在网络经济(网购)背景下网络交易评价的"流量"地位攀升,成为重要的网络生产经营的"软实力"要素,但也成为犯罪分子牟取非法利益的对象。高铭暄教授认为,在互联网经济背景下,对侵入评价系统删改购物评价行为的定性,可考虑的路径包括:一是适用非法经营罪,需证明有偿擅自实施篡改经营信息的行为具有"违法性"("违反国家规定")。但这在司法定罪层面不够经济,且"口袋罪"的风险依旧存在。二是适用破坏生产经营罪,需从立法原意出发论证网络生产经营活动亦是被保护对象,也即网络交易评价信息是典型的网络生产经营要素。此举有类推之嫌,但优点是将具有经济价值或财产属性的数据纳入生产经营予以一并保护。三是适用侵犯公民个人信息罪,因为网络交易评价是用户购物后的附属信息,具有高度的人身属性,可以认为是公民个人信息。但舍弃数据的生产经营性这一基本特质,在保护对象上"取轻舍重",是不对称的刑法保护,也无法保护数据内在的经济价值。四是适用破坏计算机信息系统罪。冒用购物网站买家身份进入网站内部评价系统删改购物评价,属于对计算机信息系统内存储数据进行修改操作,应当认定为破坏计算机信息系统行为且情节严重。擅自修改的中差评信息数量与违法所得金额都有据可查,该定罪路径消解了"价值评估"难题,提高了司法适用的便宜性,对于新型网络犯罪按照计算机犯罪或者纯正网络犯罪予以专门化保护更容易使扩张解释在合法性的边界内运行。[①] 篡改网络数据的行为本质是对计算机信息系统的侵入和对其内置程序的破坏,高铭暄教授分析了用传统的破坏生产经营类罪名定性此类行为的缺陷,对比而言,以破坏计算机信息系统罪论处更符合扩张解释合法性的要求。

(四) 网络诽谤犯罪:以单纯散布行为为代表

在网络诽谤的情形下,单独散布虚假事实的行为足以对公民的名誉造成侵害,但高铭暄教授认为,应当将这种行为作为诽谤罪的一种行为方式加以

---

① 参见高铭暄、孙道萃:《网络时代刑法解释的理论置评与体系进阶》,载《法治研究》2021年第1期。

规定。但这种犯罪化应当通过修改刑法的方式，而不是由司法解释来实现。①

诽谤罪属于情节犯，司法解释规定利用信息网络诽谤他人"情节严重"的标准之一是以诽谤信息实际被点击、浏览及转发的次数作为量化标准。高铭暄教授认为，这一标准有主客观依据：客观上行为人把诽谤信息发布到网上是该信息被点击、浏览及转发的前提，不能否定二者的因果关系；主观上行为人对其在信息网络平台上发布的诽谤信息可能被点击、浏览及转发，从而给被害人的名誉造成损害是有认识能力及认识义务的。因此不存在"由他人的行为决定行为人的行为是否构成诽谤罪"的担忧。②

对于网络诽谤的主观罪过是否包括间接故意，一般认为，大多数情况下诽谤信息的传播者并不确知自己传播的是他人捏造的诽谤信息，对给他人造成的名誉损害也未必都希望其发生，很可能是一种放任的态度。高铭暄教授认为，如果将诽谤罪的故意一概只限于直接故意，不符合网络环境下诽谤信息传播者的实际心理特征，从而会导致将上述情形排除在外，无法实现对网络诽谤行为的有效规制以保护公民的名誉权之立法目的。③

对于网络诽谤应否增加"意图散布于众"的主观要件，高铭暄教授认为，刑法是否作主观上"散布于众"的要求，体现了设置诽谤罪之价值取向——刑法只规范公共领域之言论还是同时规范私人领域之言论。信息网络平台有"公开"与"私密"之分。在"公开分享"诽谤信息的情况下，属公共领域之言论，表明行为人有将诽谤信息散布于众之意图；而在向有亲密关系的特定人发私信或采取加密或其他措施限制阅读权限的情况下，不能认为行为人有散布于众之意图，这种情况应属于私人言论的范围。高铭暄教授认为刑法应增加"意图散布于众"的主观要件，以保护私人领域的言论自由；但同时考虑到诽谤罪名誉侵害的具体特点，应当将"意图散布于众"之要件扩展至特定多数人的情形。④ 从高铭暄教授的观点来看，以刑法保护的目的来解

① 参见高铭暄、张海梅：《网络诽谤构成诽谤罪之要件——兼评"两高"关于利用信息网络诽谤的解释》，载《国家检察官学院学报》2015 年第 4 期。

② 参见高铭暄、张海梅：《网络诽谤构成诽谤罪之要件——兼评"两高"关于利用信息网络诽谤的解释》，载《国家检察官学院学报》2015 年第 4 期。

③ 参见高铭暄、张海梅：《网络诽谤构成诽谤罪之要件——兼评"两高"关于利用信息网络诽谤的解释》，载《国家检察官学院学报》2015 年第 4 期。

④ 参见高铭暄、张海梅：《网络诽谤构成诽谤罪之要件——兼评"两高"关于利用信息网络诽谤的解释》，载《国家检察官学院学报》2015 年第 4 期。

释犯罪构成要件,对特定情况下行为的危害性作实质判断,这对于网络诽谤犯罪的处理尤为重要。

五、结　语

网络环境下传统犯罪的异化是网络犯罪治理最常遇到的问题。这要求刑法进行知识创新,既要创造性地进行刑法立法,也要创造性地进行刑法解释。高铭暄教授关于网络犯罪的研究,为网络时代刑法解释的发展和网络犯罪治理的更新,提供了重要方向和指引。其启迪主要包括两个方面:

第一,网络时代刑法解释的语境创新。传统犯罪的设立是来自传统社会语境。虽然社会不断变迁,但对于绝大多数自然犯而言,其所处的核心语境并没有发生变化。以故意杀人为例,故意剥夺他人生命的行为构成故意杀人罪的基本社会环境自古至今都没有发生根本的改变,这使得故意杀人罪的基本设定不用改变。当然,这也不是说故意杀人罪的适用自古至今就没有任何变化,对于尊严死等一些故意杀人犯罪认定当中的细小问题,还是有发展、有变化的。不过,网络时代对犯罪的改变是巨大的,并集中表现为犯罪自身的创新,工具型网络犯罪、对象型网络犯罪和空间型网络犯罪在创新程度上存在差别,这给刑法适用带来的影响和冲击也是不同的,特别是在一些关键用语、关键语境上,网络带来的影响也有很大的不同。这些变化和特点对网络时代的刑法解释提出了新的要求。高铭暄教授对网络犯罪的研究在整体上较好地把握了网络时代刑法解释的弹性。例如,在对象型网络犯罪中,高铭暄教授重点运用刑法解释的原理,侧重解释刑法上的"财物"问题,为网络盗骗犯罪的刑法适用提供了合理的路径。在工具型网络犯罪中,高铭暄教授则重点解释网络手段异化与相关犯罪构成要件之间的联系,如单纯散布虚假信息是否符合诽谤罪的"捏造"要求,并提出了合理的见解。这些都充分反映出高铭暄教授对网络语境的合理把握。

第二,网络时代刑法解释的方法创新。刑法解释的方法很多,常用的是针对刑法用语进行的限制解释和扩大解释。对网络犯罪的刑法解释主要是要合理运用刑法的限制解释和扩大解释,并且重点体现在要用好刑法的扩大解释,既要发挥好刑法规制网络犯罪的机能,又不能超出社会公众对刑法治理网络犯罪的合理预期。高铭暄教授在网络犯罪治理研究中较好地平衡了刑法扩大解释的限度,例如,高铭暄教授对于网络时代的"违反国家规定"总体上进行的是严格解释,认为"国家规定"应限定为能够体现保护市场交易管理秩序的法律法规,或至少跟市场交易管理秩序相关,不主张过度扩张"国家规定"的范围。这些都给我们正确运用刑法解释解决包括网络犯罪在内的犯罪的刑法适用,提供了很好的方向。

专题十一

高铭暄教授的环境犯罪综合治理思想探究

目 次

一、前 言

　　环境犯罪是对社会影响最深远、最危险和最复杂的犯罪,其不仅影响当代人的健康,而且有可能会对后代造成影响。在环境犯罪治理过程中,曾经出现了人类中心主义与生态中心主义之争。人类中心主义认为,人类之外的其他事物只是人类赖以生存的工具,因而在维护人类存在的层面上才有意义。刑法保护生态环境的目的是保障人类自身的根本利益,因此,造成人类财产损失或人身伤亡等严重后果是运用刑法手段惩治污染、破坏生态环境行为的前提条件,这种理念否定了自然环境的独立价值,是造成过去、现在与未来环境危机的思想根源。生态中心主义认为,水、土壤、动植物等生态环境要素是人类赖以生存的自然基础,与人类的生命安全和物质资料紧密相关,人类利益依存于生态利益,整体生态系统若在运转过程中遭受严重的环境污染和生态破坏,以致生态系统受损且超出自身修复能力的界限,那么建立在生态利益之上的人类利益也将毁于一旦,即这一理念强调应将生态保护放在首要位置,否认了客观的人类发展

需要。① 目前,人们对环境的认知经历了从"征服"到"保护"的转变,实现了
人类中心主义与生态中心主义之争的平衡,着力实现人与自然和谐发展,兼
顾社会发展与环境保护。以此为指导,在惩治环境犯罪时要争取避免犯罪圈
不当扩大或缩小,避免刑罚不当扩张或限缩。在风险社会中,个人利益与社
会利益如此对立,使得社会整体的安全处于极端不确定状态,公众的不安全
感与日俱增。在群体性安全事件频发的今天,刑事立法如何作为才能既不辜
负人们对其所怀有的权利保障的期望,又能充分发挥后盾法的功能为人们赢
回社会安全的信心,这是立法获得正当性必须处理好的核心问题。② 高铭暄
教授始终关注我国环境犯罪刑事立法的发展和演变,先后发表了近十篇涉及
环境犯罪的论文,对环境犯罪治理相关的诸多问题进行了研究,其关于环境
犯罪治理的学术思想值得借鉴。

二、"并行"政策:我国环境犯罪治理的政策倡导

环境政策是一个国家为了保护生态,防治环境污染,立足于当时的发
展阶段和实际情况出台的计划、方案和各种对策的总称。科学的环境政策
对于环境犯罪惩治意义重大。高铭暄教授认为,我国的环境政策经历了
一个从适应社会主义计划经济走向适应社会主义市场经济,从人治走向法
治,从以污染防治为主走向防治污染和生态保护相结合的发展历程。特别
是自改革开放以来,我国环境政策不断发展,开始强调人文关怀的回归,环
保理念日益深入人心。③ 以实现人类价值与生态价值的统一、人类经济社会
活动与生态环境保护的兼顾为目标,以实现经济生态化和生态经济化、融合
社会经济发展与生态环境保护为导向,是我国治理环境犯罪刑事政策的制定
依据。④

---

① 参见高铭暄、郭玮:《论环境犯罪附加刑的目的、价值与完善》,载《甘肃社会科学》2021
年第 1 期。
② 参见高铭暄:《风险社会中刑事立法正当性理论研究》,载《法学论坛》2011 年第 4 期。
③ 参见高铭暄、郭玮:《论我国环境犯罪刑事政策》,载《中国地质大学学报(社会科学版)》
2019 年第 5 期。
④ 参见黄承梁:《习近平新时代生态文明建设思想的核心价值》,载《行政管理改革》2018
年第 2 期。

(一)环境犯罪刑事政策的应然表达

我国治理环境犯罪的刑事政策是以宽严相济的刑事政策及我国当前的环境政策为基础形成和发展的。在当前生态文明观的影响下,对生态环境的保护实质上意味着社会经济的长远发展,高铭暄教授认为,我国应确立环境犯罪的"并行"刑事政策,即社会经济发展与生态环境保护要并行不悖,互相促进,和谐发展。①

相比以往的环境犯罪刑事政策,高铭暄教授认为,"并行"刑事政策的优越性主要体现在两个方面:一是恪守宽严相济刑事政策且体现其核心内涵,即宽严协调与区别对待。宽严相济刑事政策体现了对自由与秩序价值的兼顾,自由与秩序是当前社会公共政策的目标,也是刑法的功能所在。"并行"刑事政策的初衷也在于对自由与秩序价值的维护,力图实现经济发展与环境保护的良性循环而不偏于某一方。二是"并行"刑事政策纠正了以往环境保护的极端态度。如人类中心主义不承认自然环境所具有的内在价值,认为自然环境只应满足于人类需求,这种理念过于夸大人类的主体地位,不能正确看待人类与自然环境的关系,进而导致逐步升级的生态危机。②

高铭暄教授认为,治理环境犯罪坚持"并行"刑事政策是符合我国国情的必然选择。我国目前仍处于社会主义初级阶段,虽然取得了举世瞩目的发展成就,但贫富差距较大,发展生产力仍是当前第一要务,环境问题的解决不能以牺牲生产力的发展为代价,只能在生产力的发展过程中解决。为了发展生产力,我们要鼓励工业发展;为了保护环境,我们也要将工业发展限制在适度的范围内,使环境承载能力与工业发展相符,避免重走西方国家"先污染,后治理"的老路,兼顾经济发展与环境保护。③ 高铭暄教授提出的这一理念是我国环境治理和经济发展问题的经验总结,为我国环境犯罪立法确立了正确的理念和方向。

---

① 参见高铭暄、郭玮:《论我国环境犯罪刑事政策》,载《中国地质大学学报(社会科学版)》2019年第5期。

② 参见高铭暄、郭玮:《论我国环境犯罪刑事政策》,载《中国地质大学学报(社会科学版)》2019年第5期。

③ 参见高铭暄、郭玮:《论我国环境犯罪刑事政策》,载《中国地质大学学报(社会科学版)》2019年第5期。

(二)环境犯罪刑事政策的国际借鉴

高铭暄教授注重对外国先进犯罪治理经验的吸收学习,并重点研究了德国环境犯罪的刑事政策。德国的积极刑法观和实质法治影响着其环境犯罪刑事政策的制定和发展,其刑事政策具有三个值得借鉴的特点:一是行政从属性。通过行政刑法保护环境是德国环境犯罪刑事政策的传统。二是保护双重法益。尽管《德国刑法典》将环境犯罪作为单独的一章予以规定,体现了环境法益的独立性,但也认识到"环境法益不可能作为一个完全独立的法益在司法实践中得到切实保护,强调生态学的法益只有在与人类中心的法益相关联或不相抵触的限度内,才能成为环境刑法的保护法益"[1]。三是积极预防导向。受积极预防理念影响,预防性的环境政策也逐渐成形。具体体现在德国刑法充分运用预防政策惩治环境犯罪。《德国刑法典》第 324 条至第 330 条所规定的 9 个环境罪名均包含了危险犯。这些条款通过拟制抽象的危险使刑法提前介入,将任何可能造成灾难性后果的环境犯罪抑制在萌芽阶段。[2]

高铭暄教授认为环境法益具有相对独立的价值,应将环境本身视为目的而非满足人类欲求的工具。在宽严相济刑事政策的指导下,环境犯罪的刑事政策也应体现辩证精神与区别对待思想,兼顾环境保护与社会经济发展的"并行"刑事政策值得提倡。因此,在环境犯罪法益的保护上,也应兼顾人类法益与环境法益两方面,促进人与自然和谐相处,并以此指导我国环境犯罪的刑事立法。[3] 以高铭暄教授提出的环境法益之独立价值为导向,在立法上则表现为对环境犯罪的预防性立法、从严立法的趋势,这也是符合当前我国国情和社会发展问题的现状的必然选择。

三、预防性立法:我国环境犯罪治理的立法选择

改革开放以来我国环境刑事立法的指导理念立足于以科学发展观为指

---

[1]　胡雁云:《环境犯罪及其刑事政策研究》,法律出版社 2018 年版,第 121—122 页。

[2]　参见高铭暄、郭玮:《德国环境犯罪刑事政策的考察与启示》,载《国外社会科学》2020 年第 1 期。

[3]　参见高铭暄、郭玮:《德国环境犯罪刑事政策的考察与启示》,载《国外社会科学》2020 年第 1 期。

引和以服务生态文明建设为旨归,认知的转变带来了环境犯罪惩罚范围的改变,以历史的眼光对环境犯罪进行梳理和审视,有助于完善我国对环境犯罪的规制。① 在刑法立法方面,高铭暄教授重点探讨了环境犯罪的立法发展、立法体例和制裁模式。

(一) 环境犯罪的立法发展

我国环境刑事立法进程中两大具有里程碑意义的事件分别是 1979 年刑法的制定和 1997 年刑法的修订。高铭暄教授认为,以 1997 年刑法修订为分水岭可将我国环境刑事立法发展史界分为起步发展和成熟完善两大阶段:第一,起步发展阶段:1979 年刑法制定后至 1997 年刑法修订前。1979 年刑法是新中国环境刑事立法的原点,或者说是新中国最初的环境刑事立法成果。作为最初的草创性成果,1979 年刑法关于环境犯罪立法的最大特点是未作专门化规定,而是将直接或间接涉及环境犯罪的有关条款散落分布在诸多章节之中。② 高铭暄教授认为,从今天来看,1979 年刑法关于环境犯罪的立法成果无疑在内容上是缺乏宽广度的,在技术上是缺乏体系性的。但是,在当时这一立法成果无疑还是值得高度赞许的,因为它较为全面地体现了在可持续发展理念孕育之前的朴素的环保意识的要求。在1979 年刑法制定之后至 1997 年刑法修订之前的近 20 年间,国家立法机关为适应环境犯罪治理的需要,采取了以单行刑法与附属刑法交相援手的方式不断编织扩张环境刑事立法网络,以弥补刑法的滞后性与局限性。第二,成熟完善阶段:1997 年刑法修订以来。1997 年刑法标志着我国环境刑事立法步入成熟期。1997 年刑法关于环境犯罪的立法成果主要为两大亮点:一是环境犯罪的专门化立法模式,即在刑法分则第六章妨害社会管理秩序罪下专节设立破坏环境资源保护罪;二是单位环境犯罪主体的确认,即第一次在刑法中专条明示单位作为环境犯罪主体,并将双罚制作为其处罚原则。在 1997 年刑法之后,国家立法机关又相继以修正案或者立法解释的形式对环境犯罪进行了补充性、调整性立法或者对个别用语进行了界定,从而丰富了中国特

① 参见高铭暄、徐宏:《改革开放以来我国环境刑事立法的回顾与前瞻》,载《法学杂志》2009 年第 8 期。
② 参见高铭暄、徐宏:《环境犯罪应当走上刑法"前台"——我国环境刑事立法体例之思考》,载《中国检察官》2010 年第 3 期。

色的环境刑事立法保护体系。①

(二)环境犯罪的立法体例

高铭暄教授认为现行我国环境刑事立法体例应当坚持"大局维持,局部调整"的思路,即不赞成特别立法,但倾向于专章设置。因为我国目前并不具有制定单行环境刑事法律的可行性,如果允许环境刑法游离于刑法典之外独立行走,那么更具必要性的军事刑法、经济刑法必然也会乘势登场,最终难免会形成刑法典被肢解的格局。② 因此,高铭暄教授主张将环境犯罪从妨害社会管理秩序罪中剥离出来独立成章,认为这具有可行性和必要性:第一,符合我国环境刑事政策的新要求。高铭暄教授认为,当前我国环境犯罪大有愈演愈烈之势,但因为环境犯罪作为行政犯罪,伦理色彩不强,难以激发公愤,同时又是公害犯罪,受害者虽众,但于个体而言却缺乏直接被剥夺感,往往为社会公众所隐忍,同时环境犯罪往往被视为拉动经济高速增长所需偿付的必要成本和合理牺牲,官方和民间的环保意识特别是刑法环保意识微而又微。环境犯罪的专章设置无疑会使环境犯罪这种社会危害性不容小觑但是社会关注度却不容乐观的公害犯罪走上刑法的"前台",使之更为醒目地走进司法机关和社会公众的视野,环境刑事立法的威慑和打击职能才能更为有效有力地得以发挥和展现。③ 第二,符合刑事立法科学化的需要。环境犯罪的客体与其说是国家的环境管理秩序,不如说是环境生态利益,将环境犯罪寄于妨害社会管理秩序罪篱下显然会造成对环境犯罪作纯粹的技术化的低层级理解。④

(三)环境犯罪的制裁模式

关于环境犯罪的制裁模式,高铭暄教授认为,应当以自由刑为龙头,以财

---

① 参见高铭暄、徐宏:《环境犯罪应当走上刑法"前台"——我国环境刑事立法体例之思考》,载《中国检察官》2010 年第 3 期。

② 参见高铭暄、徐宏:《环境犯罪应当走上刑法"前台"——我国环境刑事立法体例之思考》,载《中国检察官》2010 年第 3 期。

③ 参见高铭暄、徐宏:《环境犯罪应当走上刑法"前台"——我国环境刑事立法体例之思考》,载《中国检察官》2010 年第 3 期。

④ 参见高铭暄、徐宏:《环境犯罪应当走上刑法"前台"——我国环境刑事立法体例之思考》,载《中国检察官》2010 年第 3 期。

产刑为主体,以资格刑为辅助,以非刑罚处罚方法为延伸。①

环境犯罪的刑罚体系应当以自由刑为龙头。高铭暄教授认为,自由刑所特有的犯罪标签和"烙印"心理效应,使之具有特殊的呼吁功能,即能够最深刻地构建和强化公众的环境犯罪耻辱感,最广泛地培育和激励全社会的环境保护意识,这是其他刑种所不具备的社会观念塑造机制。在我国当前环保意识不彰的形势下,这种机制尤显必要。我国刑法关于环境犯罪的自由刑设置,有期自由刑刑期上限多数在 10 年以下,自由刑配置一般失之偏轻,不能满足一般预防和个别预防的需要,且亦不符合罪刑比例均衡原则。高铭暄教授认为,应当适度加大自由刑制裁力度,一是对个别犯罪增设无期徒刑的刑种配置;二是提高有期徒刑的刑期上限。②

环境犯罪的刑罚体系应当以财产刑为主体。高铭暄教授认为,环境犯罪大多发生于经济科技活动领域,主体多为经济活动主体,目的多为节减成本投入或者谋取超额利润。对环境犯罪适用财产刑不仅可以剥夺环境犯罪收益,而且可以提高环境犯罪成本,更可以满足环境犯罪的后续治理需求。③ 我国刑法关于环境犯罪的财产刑配置存在刑种单一、操作无序化的缺陷,应当增设没收刑,特别要针对贪利型环境犯罪积极增设没收财产刑,要让那些企图依靠破坏环境牟取暴利的人丧失摇身再犯能力,同时优化罚金刑,在罚金刑适用模式上根据不同环境犯罪的特点兼采不定罚金制、限额罚金制和比例罚金制,向司法机关提供多种选择,并考虑借鉴适用外国环境刑法中的计日罚金制,以提高环境犯罪人犯罪后的补救积极性。④

资格刑应当作为环境犯罪刑罚体系的必要补充。高铭暄教授认为,我国现行刑法的资格刑仅有剥夺政治权利单一刑种,剥夺政治权利对于环境犯罪而言显然不具有适配性。未来立法可以考虑对特定专业或者行业领域的环境犯罪,针对性地设置一些取缔或者收回许可权证、设立定期或者永久性行业限制或者禁入等资格刑。如对破坏性采矿罪和滥伐林木罪,即可考虑适用

---

① 参见高铭暄、徐宏:《改革开放以来我国环境刑事立法的回顾与前瞻》,载《法学杂志》2009 年第 8 期。

② 参见高铭暄、徐宏:《改革开放以来我国环境刑事立法的回顾与前瞻》,载《法学杂志》2009 年第 8 期。

③ 参见高铭暄、徐宏:《改革开放以来我国环境刑事立法的回顾与前瞻》,载《法学杂志》2009 年第 8 期。

④ 参见高铭暄、徐宏:《改革开放以来我国环境刑事立法的回顾与前瞻》,载《法学杂志》2009 年第 8 期。

取消采矿或者林木采伐许可证资格。①

　　非刑罚处罚方法应当作为环境犯罪处遇体系的延伸。高铭暄教授认为,非刑罚处罚方法既有利于节减国家诉讼成本,符合经济性司法的要求,又有利于环境犯罪的后续治理,亦符合恢复性司法的旨趣,且又有助于克服刑罚处罚的标签效应,更符合人性化司法的口味。未来环境犯罪的非刑罚处罚方法应当以生态恢复性、补偿性为其价值诉求,在这个基本点上寻求处遇手段的灵活性和务实性。②

　　高铭暄教授关于加强环境犯罪预防性立法的建议十分中肯。他在立法体例上主张专章设置环境犯罪,体现了对环境法益的重视;在刑罚设置上的自由刑方面,主张加大有期徒刑的力度,同时增设无期徒刑,惩戒的严厉性决定了一般预防的效果;在资格刑方面,主张设立行业性职业禁止及以生态恢复性、补偿性为目标的非刑罚处罚方法,加强了特殊预防,也能够最大限度地实现保护生态环境的目的。

四、多元性司法:我国环境犯罪治理的司法探索

　　"并行"的刑事政策为环境犯罪司法树立了标杆,要求在环境犯罪司法层面兼顾社会经济发展与生态环境保护,实现"宽"与"严"的有机结合。高铭暄教授认为,当前我国需要着力解决的问题,一方面应当通过探索环境刑事公益诉讼机制,严密环境犯罪的刑事法网,另一方面应当杜绝严格责任的适用,坚持主客观相统一的犯罪构成理论。③

(一)探索环境刑事公益诉讼机制

　　大部分环境犯罪案件最初是环境违法案件,只有具备重大社会危害性的环境违法案件才会被环保等部门移送司法机关,但事实上环保部门向司法机

---

① 参见高铭暄、徐宏:《改革开放以来我国环境刑事立法的回顾与前瞻》,载《法学杂志》2009 年第 8 期。

② 参见高铭暄、徐宏:《改革开放以来我国环境刑事立法的回顾与前瞻》,载《法学杂志》2009 年第 8 期。

③ 参见高铭暄、郭玮:《论我国环境犯罪刑事政策》,载《中国地质大学学报(社会科学版)》2019 年第 5 期。

关移送的刑事案件较少。高铭暄教授认为,其主要原因是地方保护主义,即造成污染的企业多为地方纳税大户,是地方财政、税收的主要来源,故而受到当地政府的庇护。环境公益的法律保障面临障碍,亟待探索环境刑事公益诉讼机制,使公民可以自主地、积极地参与到国家管理事务中,维护自身及公众的利益。①

横向对比国外关于环境刑事公益诉讼的规定,高铭暄教授认为,可以借鉴国外的有益经验。例如,美国的《清洁空气法》首创"公民诉讼条款",允许任何公民提起空气污染的诉讼;英国的《污染控制法》也出现了"对于公害,任何人均可起诉"的规定;法国则允许环保团体提起环境刑事公益诉讼。我国环境刑事公益诉讼第一案——江阴港集装箱有限公司环境污染侵权案,在社会上产生了巨大影响,也让我们看到在环境刑事公益诉讼中,环保部门和检察机关可以联手作为环境刑事公益诉讼的原告,环保部门技术性强、经验丰富,较为了解环境犯罪案件情况,检察机关则在法律适用方面优势巨大。环保部门调查取证后,可以由检察机关对案件进行定性分析,若涉嫌环境犯罪,则行使公诉职能出庭支持。② 高铭暄教授站在国际视野对环境刑事公益诉讼进行了有益探索,是对诉讼方式和司法程序的创新。

(二) 杜绝严格责任的适用

严格责任犯罪源自英美国家,指某些对于特定行为的一个或多个行动要件不要求故意、轻率,甚至疏忽的犯罪,或者被称为"绝对禁止之罪"。高铭暄教授认为,严格责任不可贸然引入我国环境犯罪认定中,司法实践中不能忽视对行为人主观罪过的查证。③ 理由包括:一是英美严格责任多针对轻罪。英美国家犯罪只有定性因素,行为只要违法,无论程度如何均可能构成犯罪,刑法涵盖面较广。美国《模范刑法典》虽然规定了严格责任,但将严格责任犯罪限于处罚金刑的犯罪,从实质上讲,适用严格责任的犯罪只是一种违法行为,这也是英美国家民众能够接受无过错严格责任的原因之一。在我

---

① 参见高铭暄、郭玮:《论我国环境犯罪刑事政策》,载《中国地质大学学报(社会科学版)》2019 年第 5 期。

② 参见高铭暄、郭玮:《论我国环境犯罪刑事政策》,载《中国地质大学学报(社会科学版)》2019 年第 5 期。

③ 参见高铭暄、郭玮:《论我国环境犯罪刑事政策》,载《中国地质大学学报(社会科学版)》2019 年第 5 期。

国,犯罪是严重危害社会的行为,民众对犯罪人的谴责力度很大,大部分环境违法行为由相关环保部门处理,并没有进入刑事程序。① 二是适用严格责任会严重限制公民自由,阻碍社会进步,危害社会稳定。严格责任赋予行为人较高的注意义务,但在犯罪认定时却不考虑行为人的主观罪过,或者使行为人承担苛刻的证明义务,行为人即使事先按照相关规定对污染物作了处理,但只要出现了危害结果,仍要承担刑事责任。这导致人们根本无法预测自己的行为后果,不能正常安排自己的生产活动,进而变得畏首畏尾。而工业驱动的经济社会发展不可阻挡,若采用严格责任,将影响广大企业法人的生产积极性,有碍经济社会正常发展。同时,这种以牺牲经济社会发展为代价的环保方式也明显违背了环境犯罪的"并行"刑事政策。所以,在环境犯罪的司法实务中,为了有效贯彻"并行"刑事政策,必须杜绝严格责任的适用。② 三是严格责任违反主客观相统一的刑事归责原则。我国刑法理论坚持主客观相统一的刑事归责原则,既反对主观归罪,也反对客观归罪,"无犯意即无犯人"的责任主义原则作为反对客观归罪的利器,也被我国刑法理论所承认。根据责任主义原则,将缺乏犯意的行为认定为犯罪的目的实际上是将人作为手段,防止此类犯罪再度发生,缺乏犯意的行为并非行为人主观意志的体现,这事实上否定了人的自由意志,也起不到刑法应有的威慑作用。③ 即便根据社会现实的需要,对环境犯罪应进行从严惩处,但高铭暄教授仍然强调在环境犯罪的司法认定上必须坚持主客观相一致的犯罪认定原则,杜绝严格责任的适用,体现了"以人为本"的司法理念。

五、整体从严:我国环境犯罪治理的发展走向

我国环境犯罪的治理总体上相对宽松,没有很好地贯彻宽严相济刑事政策。在立法方面,"严"主要体现在认清当前环境刑法缺失与介入滞后的现

---

① 参见高铭暄、郭玮:《论我国环境犯罪刑事政策》,载《中国地质大学学报(社会科学版)》2019年第5期。

② 参见高铭暄、郭玮:《论我国环境犯罪刑事政策》,载《中国地质大学学报(社会科学版)》2019年第5期。

③ 参见高铭暄、郭玮:《论我国环境犯罪刑事政策》,载《中国地质大学学报(社会科学版)》2019年第5期。

状,扩大环境犯罪圈,实现刑法提前介入,及时消除危险因素。"宽"主要体现在减轻对刑罚的依赖与自由刑负担,采取多元化的处罚方式,着重弥补对大自然造成的损害。高铭暄教授认为,未来环境刑法规制范围的走向,可以从两个方面考虑:

(一)环境治理视角的环境犯罪规制走向

包括两个方面:

一是我国环境犯罪圈仍较窄,对于一些亟待保护的自然资源缺乏有力保护。高铭暄教授认为,当前我国环境刑事立法保护体系虽然已初具规模,但是尚存许多盲点。一方面,诸多自然环境要素如草原、植被、海洋等自然空间的保护没有在现行刑法中获得关照;另一方面,许多环境侵害行为如核磁辐射、噪声污染、水土流失、土地沙化、地面沉降、境外危险物种引入的防控等在现行刑法中尚付阙如,只对破坏水产资源、野生动植物资源、农地资源、矿产资源、森林资源的行为进行规制,尚没有做到对环境犯罪种类的全方位覆盖。犯罪化仍将是未来我国环境刑事立法的主题思路。

二是环境犯罪的法定刑较轻,无法有效实现对犯罪人的惩治。当前我国刑法对环境犯罪所规定的自由刑期限较短,附加刑的功能也没有得到充分发挥。高铭暄教授提出了将刑罚辅助措施运用到环境犯罪的治理,即审判机关根据案件的不同情况,对于犯罪分子直接适用或建议有关主管部门适用刑罚以外的其他处理方法。其中,刑罚辅助措施包括责令恢复原状、限期治理等处理方法。同时,我国针对环境犯罪的罚金刑数额没有固定标准,且普遍偏低,缺乏威慑力,企业往往会为了谋取更大的经济利益而付出较小的罚金代价,致使罚金刑在环境犯罪治理方面的作用相当有限。与罚金刑相比,资格刑的运用如限制生产经营活动、限期整治、吊销营业执照、责令关停、解散法人组织等,使犯罪人暂时或永久性地失去实施犯罪的能力,有利于从根本上惩治和预防环境犯罪。高铭暄教授认为,在我国现阶段有必要充分运用职业禁止手段,禁止企业或个人从事特定职业,以达到威慑和惩治再犯的目的。因此,从长远来看,更多种类资格刑的创制是根本途径。[①] 高铭暄教授关于资格刑的主张不仅能够起到良好的特殊预防之功效,而且有助于环境犯罪刑

---

① 参见高铭暄、郭玮:《论环境犯罪附加刑的目的、价值与完善》,载《甘肃社会科学》2021年第1期。

罚体系的完善,实现环境犯罪刑罚体系的多样化选择,更好地保护法益。

(二)犯罪形态视角的环境犯罪规制走向

包括两个方面:

一是注重对已然损害的惩治,忽略对未然风险的预防。我国环境刑事立法侧重于"结果无价值"的立场,以财产、人身损害作为环境犯罪构成的必备要件,仅以打击实害犯为已足,显然束缚了环境犯罪惩治的手脚。高铭暄教授认为,未来环境刑事立法应适当转向"行为无价值"的立场,从构建生态伦理和保障生态文明的角度,在环境刑事立法中设置危险犯构成,将累积性、连续性环境破坏行为纳入刑法视野。[①]

《刑法修正案(八)》将《刑法》第 338 条所规定的重大环境污染事故罪修改为污染环境罪。这看似转变成危险犯,但高铭暄教授认为,这仍然是结果犯的处罚模式:该罪仍是过失犯罪,过失犯罪只有在造成一定危害后果时才能成立,过失危险犯理论在我国尚未有立法先例。[②]"严重污染环境"的表述与之前的"致使公私财产遭受重大损失或者人身伤亡的严重后果"无本质区别,只是表述方式不同。高铭暄教授认为,若仅仅因为必要性而将过失危险犯盲目引入,则破坏了完整自洽的刑法理论体系,我们完全可以通过完善立法的方式解决问题。[③]

二是改变结果犯的规制模式,以危险犯实现有效治理。基于环境犯罪的严峻形势,有必要将环境领域的刑法介入提前,高铭暄教授认为,具体危险犯或许是一种兼顾刑法明确性与惩罚性的良好选择:环境犯罪的潜伏性与累积性特点表明,只有设置危险犯才能实现有效治理。相对于其他类型犯罪,环境犯罪的因果关系较为模糊,其原因主要在于危害后果的潜伏性与累积性,导致危害行为与危害后果之间无法建立清晰的关联,且证明难度极高。[④] 环境犯罪危害后果的严重性表明,将环境犯罪的基本形态停留在实害

---

① 参见高铭暄、徐宏:《改革开放以来我国环境刑事立法的回顾与前瞻》,载《法学杂志》2009 年第 8 期。

② 参见高铭暄、徐宏:《改革开放以来我国环境刑事立法的回顾与前瞻》,载《法学杂志》2009 年第 8 期。

③ 参见高铭暄、徐宏:《改革开放以来我国环境刑事立法的回顾与前瞻》,载《法学杂志》2009 年第 8 期。

④ 参见高铭暄、徐宏:《改革开放以来我国环境刑事立法的回顾与前瞻》,载《法学杂志》2009 年第 8 期。

犯的程度,对该类犯罪的预防通常于事无补。从某种意义上讲,采用结果犯的环境刑法与环境保护的初衷背道而驰,尽管通过事后刑罚予以惩治,也能取得一定的威慑效果,但环境损害业已造成,这并非环境刑法的立法初衷。因此,与其在损害发生后进行修复或赔偿,不如事前更加积极地采取预防措施,设置环境犯罪的危险犯。① 针对环境犯罪设置危险犯有助于提升人们的规范意识。随着现代生态伦理观念的形成,应适时引入危险犯,增进民众对刑法规范的信赖与认同,以及意识深处对环境保护的认可与支持。将污染环境罪转变为具体危险犯,刑法立法可规定:只要违反国家相关规定,向土地、大气、水体排放、倾倒或者处置有放射性的废物、含传染病病原体的废物、有毒物质或者其他有害物质,对生态环境形成具体的危险时,即构成犯罪,若实际造成了危害后果,则加重处罚。对于如何认定"具体的危险",可由最高司法机关通过司法解释的形式予以明确,避免刑法处罚范围的过度扩张。②

　　总的来看,高铭暄教授就环境犯罪规制的主张是基于现实需要的理性从严,高铭暄教授主张对环境犯罪的治理由"结果无价值"转为"行为无价值",注重行为的危险性本身,将行为可能造成的具体危险作为认定环境犯罪的依据,从而实现对环境犯罪行为的提前规制,避免严重损害后果的发生;同时,对行为人主观方面则要求故意,因为我国并不存在过失的危险犯这种立法例,主观为故意也更能体现行为人的人身危险性和应受刑罚处罚性。

六、结　语

　　环境犯罪治理是一个系统工程,是一个关系到子孙万代的系统工程。特别是近些年来我国一些地方环境问题突出,严重危害了当地人民的身心健康和社会和谐发展。但环境治理千头万绪,且容易对地方经济的短期发展产生影响,面临的困境较多、较大。高铭暄教授关于环境犯罪治理的研究为我国环境犯罪治理和环境犯罪研究指明了两个基本方向:一是环境犯罪的综合治理方向。环境治理与地方经济发展有着千丝万缕的联系,两者不能完全割裂

---

① 参见高铭暄、徐宏:《改革开放以来我国环境刑事立法的回顾与前瞻》,载《法学杂志》2009年第8期。
② 参见高铭暄、徐宏:《改革开放以来我国环境刑事立法的回顾与前瞻》,载《法学杂志》2009年第8期。

开来。正是充分认识到这一点，高铭暄教授提出了环境犯罪治理的"并行"政策，要求环境犯罪治理与社会经济发展相并行、两者兼顾。这是一种务实的主张，既看到环境犯罪背后有地方社会经济发展的原因，又看到环境犯罪的治理离不开地方社会经济的支持。在此基础上，高铭暄教授进一步提出，环境犯罪治理要综合运用立法和司法、刑事法律与非刑事法律、惩治与预防等不同方面、不同层次的措施。相信这对我国加强环境犯罪治理会起到重要的指引作用。二是环境犯罪的重点治理方向。综合治理要综合运用多种因素，但不是各种因素齐头并进，而是要有重点。在这个过程中，高铭暄教授明确提出要看到刑法在其中的有限作用，但同时也要发挥刑法在其中的强有力作用。为此，高铭暄教授提出刑法对环境犯罪的治理整体上要从严，而且"严"的重点是严密法网。在这里，高铭暄教授将严密环境犯罪治理的刑事法网作为环境犯罪治理的重中之重。同时，高铭暄教授提出对环境犯罪的治理要重视财产刑和资格刑的作用。这些都为我国环境犯罪的治理指明了重点和方向。

专题十二

高铭暄教授的职务犯罪治理思想考察

一、前 言

职务犯罪是一个类罪概念,其主体通常是国家工作人员或单位,主观上必须基于故意或者过失,客观上必须是国家工作人员利用职责所赋予的权力实施的贪赃枉法、徇私舞弊,且行为必须亵渎了国家公权力的清正廉明或者损害了国家机关的正常管理秩序。高铭暄教授认为,职务犯罪是国家工作人员利用职务之便贪污公共财物、收受贿赂或者滥用职权、玩忽职守、徇私舞弊,破坏国家工作人员职务行为廉洁性或者国家机关正常管理活动的行为。① 该类犯罪通常具有隐蔽性、连续性、传染性的特征,其行为往往披着"合法的外衣",一些新形式的权权交易、权钱交易、权色交易、行政权力寻租、干部选拔中的不正之风等权力异化腐败现象必然会乘虚而入,且行为人

---

① 参见高铭暄、陈璐:《当代我国职务犯罪的惩治与预防》,载《法学杂志》2011 年第 2 期。

不会留下任何痕迹①,因此该类犯罪的查处难度较大,持续时间较长,极具腐蚀性与诱惑性的利益输送导致该类犯罪行为的危害性不可小觑。

自党的十八大以来,我国反腐败斗争取得了极大胜利并得到了巩固,但形势的严峻性和复杂性仍不容低估,腐败存量仍未清底,腐败增量仍在发生,还存在政治问题和经济问题交织、传统腐败和新型腐败交织、境内腐败和境外腐败交织等新特点、新动向。高压反腐的态势目前仍在延续并将继续保持。面对腐败后果的严重性、腐败成因的多样性、腐败问题的顽固性,职务犯罪的惩治必须坚持一体推进不敢腐、不能腐、不想腐的反腐败方针,坚持惩治与预防相辅相成、相互配合。高铭暄教授一直十分重视职务犯罪的研究。迄今为止,高铭暄教授发表了十余篇关于职务犯罪的学术论文,对中国职务犯罪罪刑规定的历史与发展、本国治理与国际治理、立法与司法等问题都进行了研究,产生了广泛的学术影响和法治实践影响。其中关于职务犯罪规定的对比论述十分详尽,对深入研究职务犯罪的惩治与预防来说影响重大。认真梳理高铭暄教授有关职务犯罪的学术思想,对于继续推进职务犯罪惩治的中国经验走向世界、对于增强中国法学和中国法治的国际影响力具有十分重要的作用。

二、历史眼光:我国职务犯罪立法的纵向审视

我国刑法上的职务犯罪包括公职人员(即国家工作人员)实施的职务犯罪和非公职人员(即非国家工作人员)实施的职务犯罪。高铭暄教授对我国职务犯罪立法发展的研究也是分国家工作人员的职务犯罪和非国家工作人员的职务犯罪进行展开。

(一)国家工作人员职务犯罪的立法演进

中华人民共和国成立以后,关于职务犯罪的刑事立法主要体现为对贪污、贿赂行为的惩治。1949 年 9 月 29 日中国人民政治协商会议第一届全体会议通过的《中国人民政治协商会议共同纲领》第 18 条明文规定要严惩贪污行为。以此为依据,1952 年 4 月 18 日中央人民政府委员会第十四次

---

① 参见高铭暄、姜伟:《职务犯罪的刑法对策》,载《中国人民大学学报》1991 年第 5 期。

会议批准的《惩治贪污条例》设置了贪污罪,明确了贪污罪的概念、入罪数额以及法定刑,并将受贿行为作为贪污罪的一种行为方式加以规定,所以当时并不存在独立的受贿罪罪名。① 在那个特定的历史时期,由于贪污贿赂犯罪被视为旧社会遗留下的"三害""五毒",贪污犯往往被认为是"盗窃国家和人民财富的罪犯"②,因此最初的刑事立法将贪污贿赂犯罪与财产犯罪相混淆。高铭暄教授认为,1979 年刑法将贿赂犯罪与渎职犯罪共同规定在渎职罪一章,而将贪污犯罪规定在侵犯财产罪一章,这样的罪名设置混淆了犯罪行为的性质与侵犯的客体,造成刑法典体系与实务操作的混乱。1988年 12 月 21 日第六届全国人大常委会第二十四次会议通过《关于惩治贪污罪贿赂罪的补充规定》,设置了贪污罪、挪用公款罪、受贿罪、巨额财产来源不明罪等职务犯罪罪名,并规定了入罪的具体数额与法定刑,从这个单行刑法开始,贪污罪从财产犯罪中脱离出来,与受贿罪合并在一起,从而共同具有了职务犯罪的特性。③

　　高铭暄教授指出,1997 年刑法颁布,职务犯罪罪名体例设置得到了进一步规范,主要表现在以下三个方面:首先,将贪污犯罪从财产犯罪中脱离出来,将贿赂犯罪从渎职犯罪中脱离出来,并将贪污罪与贿赂罪合并成为独立的一章,作为分则第八章,与第九章渎职罪相并列,体现了刑法分则按照犯罪同类客体的不同进行分类设置的宗旨。其次,将虐待被监管人罪和私自开拆、隐匿、毁弃邮件、电报罪从渎职罪中脱离出来,纳入侵犯公民人身权利、民主权利罪一章,从而将渎职罪的犯罪主体限定为国家机关工作人员,将犯罪客体限定为国家机关的正常管理活动。④ 最后,扩充了渎职罪的罪名种类,在 1979 年刑法 9 种罪名的基础上扩至 36 种罪名。至此,我国刑法关于

---

　　① 参见高铭暄、陈璐:《当代我国职务犯罪的惩治与预防》,载《法学杂志》2011 年第 2 期。

　　② 彭真:《关于中华人民共和国惩治贪污条例草案的说明》,载《人民日报》1952 年 4 月 22 日。

　　③ 参见高铭暄、赵秉志编:《中国刑法立法文献资料精选》,法律出版社 2007 年版,第 384—387 页。

　　④ 国有公司、企业、事业单位工作人员的渎职性犯罪以及国家机关工作人员滥用职权实施的侵害其他客体的犯罪则被归入其他类里中。例如在破坏社会主义市场经济秩序罪一章的妨害对公司、企业的管理秩序罪一节,规定了非法经营同类营业罪,为亲友非法牟利罪,签订、履行合同失职被骗罪,国有公司、企业、事业单位人员失职罪,国有公司、企业、事业单位人员滥用职权罪,徇私舞弊低价折股、出售公司、企业资产罪等罪名。在侵犯公民人身权利、民主权利罪中规定了刑讯逼供罪、暴力取证罪、虐待被监管人罪、非法剥夺公民宗教信仰自由罪、侵犯少数民族风俗习惯罪、报复陷害罪等罪名。

职务犯罪的罪名设置就包括贪污贿赂罪中的 8 种罪名和渎职罪中的 36 种罪名,这些罪名设置共同构成了我国惩治职务犯罪的刑事法律基础与依据。之后,我国多个刑法修正案进一步完善了职务犯罪的刑法立法。

(二)非国家工作人员职务犯罪的立法演进

长期以来人们都将惩治职务犯罪的目光集中在国家机关和国有公司、企业、事业单位中的国家工作人员身上,而在实践中,非国家工作人员的职务犯罪已经呈现出高发态势,严重危害着我国社会主义市场经济秩序的良性运行与健康发展,其惩治和预防同样迫在眉睫。高铭暄教授认为,公司、企业人员受贿罪和对公司、企业人员行贿罪这两个罪名是从传统的受贿罪、行贿罪中分离出来的[1],我国刑事法律关于非国家工作人员职务犯罪的立法过程经历了三个阶段。

第一,起步阶段(1949 年中华人民共和国成立至 1993 年公司法颁布)。高铭暄教授认为,中华人民共和国成立之初,曾经开展过"三反""五反"运动,从这个运动揭示出来的关于资本家向国家工作人员行贿的现象,用今天的眼光看就是商业贿赂。[2] 1979 年我国第一部刑法规定了国家工作人员的受贿罪、行贿罪和介绍贿赂罪,由于当时国有企业人员也被认为是国家干部,有关犯罪也可以适用贿赂罪,所以没有规定非国家工作人员的职务犯罪。[3] 随着市场经济体制的确立,经济主体呈现出多元化形态,因此发生在商业经济领域的受贿等职务犯罪迅速出现,其刑事惩治已迫在眉睫。[4] 1993 年颁布的《反不正当竞争法》首次将经济领域的商业贿赂行为予以刑事否定评价。随着市场经济的深入发展,如何规范新型经济主体的行为成了当时的立法急需。1993 年 12 月 29 日第八届全国人大常委会第五次会议通过了《公司法》,将非公有制经济组织的经济行为纳入法制化轨道,《公司法》第十章用 23 个条文对违反公司法行为的刑事法律责任作了规定,为完善非国家工作人员职务犯罪的刑事立法提供了前提。[5]

---

① 参见高铭暄:《中国反商业贿赂的历史进程》,载《人民检察》2006 年第 13 期。

② 参见高铭暄、陈璐:《当代我国职务犯罪的惩治与预防》,载《法学杂志》2011 年第 2 期。

③ 参见高铭暄:《高铭暄自选集》,中国人民大学出版社 2007 年版,第 589 页。

④ 参见高铭暄、陈璐:《论非国家工作人员职务犯罪的惩治与预防》,载《法治研究》2011 年第 8 期。

⑤ 参见高铭暄、陈璐:《论非国家工作人员职务犯罪的惩治与预防》,载《法治研究》2011 年第 8 期。

第二,急速发展与整合阶段(1993年公司法颁布至1997年刑法颁布)。高铭暄教授认为,这一时期由于市场经济的迅猛发展,社会生产的规模不断扩大,各式各样的经济主体犹如雨后春笋般产生,在公司、企业的设立、经营、管理、清算活动中职务犯罪现象也越来越多,极大妨碍了社会主义市场经济的健康发展,于是规制该类犯罪的法律也处于急速发展中。1995年2月28日第八届全国人大常委会第十二次会议通过《关于惩治违反公司法的犯罪的决定》,在公司法的基础上明确规定了非国家工作人员职务犯罪的罪状与法定刑,体现了惩治非国家工作人员职务犯罪的旨趣。1996年11月15日国家工商行政管理局发布《关于禁止商业贿赂行为的暂行规定》,第一次明确规定了商业贿赂的概念,并规定了经营者收受贿赂的刑事责任。1997年刑法开始施行,形成了概念明确、罪刑比较协调的非国家工作人员职务犯罪罪名体系,即公司、企业人员受贿罪(第163条)、职务侵占罪(第271条第1款)和挪用资金罪(第272条第1款)。①

第三,进一步完善阶段(1997年刑法颁布至今)。随着我国市场经济的深入发展,一些新形式的经济组织大量涌现,如个人独资公司、合伙企业等,这些经济组织中的工作人员利用职务之便实施的收受贿赂行为无法得到有效规制,至《刑法修正案(六)》出台,把公司、企业人员受贿罪的主体扩大到公司、企业或者其他单位的工作人员,将一切非国家工作人员的受贿犯罪都涵盖进该罪。高铭暄教授认为,这对于司法机关全面依法打击非国家工作人员的受贿犯罪起到了积极作用。②

三、国际视野:国际公约与外国职务犯罪比较研究

腐败犯罪作为当今国际社会的公害,它不仅使发展中国家社会进步举步维艰,而且也对发达国家的经济制度、法律体系构成潜在的威胁。③ 基于

---

① 参见高铭暄、陈璐:《论非国家工作人员职务犯罪的惩治与预防》,载《法治研究》2011年第8期。
② 参见高铭暄、陈璐:《论非国家工作人员职务犯罪的惩治与预防》,载《法治研究》2011年第8期。
③ 参见高铭暄、张杰:《论国际反腐败犯罪的趋势及中国的回应——以〈联合国反腐败公约〉为参照》,载《政治与法律》2007年第5期。

此,有必要对中外职务犯罪惩治与预防进行横向与纵向的对比研究,立足于本国的文化与制度,进一步完善我国职务犯罪治理模式。高铭暄教授对职务犯罪惩治和预防的研究也十分注重国际视野,并对相关问题进行了深入总结。主要体现在两个方面:

(一)对标《联合国反腐败公约》,顺应国际反腐败犯罪的发展趋势

高铭暄教授认为,腐败犯罪具有流通性和蔓延性,单纯在一个主权国家内进行反腐败斗争,往往捉襟见肘,并不能取得最佳效果,而在国际反腐败合作中,联合国一直扮演着重要而特殊的角色。以《联合国反腐败公约》(以下简称《公约》)为参照,重视建立健全的腐败犯罪预防监督机制,既是国际社会反腐败以往成功经验的总结,又是近年来反映在国际立法中的一个普遍性趋势。[①]高铭暄教授主张参照《公约》建立严密腐败犯罪的刑事法网。这包括:一是完善贿赂的范围、方式等规定。就贿赂的范围,《公约》规定的是"不正当好处",不仅包括财物、财产性利益,还包括性、特权、优惠、便利等一切物质与非物质、财产与非财产性利益;对于贿赂的行为方式,根据《公约》第15条的规定,既包括直接给予与索取、收受,又包括间接的给予与索取、收受,既包括实际给予,又包括许诺给予、提议给予,可谓涵盖了一切行为方式。二是完善与腐败有关的附随性犯罪规定。《公约》不仅规定了贿赂、贪污、挪用或者以其他类似方式侵犯财产,影响力交易,滥用职权,资产非法增加等各类犯罪,对与腐败有关的其他附随性犯罪,例如洗钱行为、干扰执行公务、妨害司法行为、窝赃行为作出了规定。同时,《公约》不仅就腐败犯罪规定了自然人责任,还规定了法人责任。这些都可以作为我国刑法完善腐败犯罪的借鉴。[②] 高铭暄教授主张借鉴《公约》的规定严密腐败犯罪的法网,在犯罪行为方式和犯罪主体上都进一步扩张,有助于实现对腐败犯罪的全面打击。

---

① 参见苏彩霞:《〈联合国反腐败公约〉与国际刑法的新发展——兼论〈公约〉对我国刑事法的影响》,载《法学评论》2006年第1期。

② 参见高铭暄、张杰:《论国际反腐败犯罪的趋势及中国的回应——以〈联合国反腐败公约〉为参照》,载《政治与法律》2007年第5期。

　　(二) 对比英国 2010 年《反贿赂法》,借鉴国外职务犯罪治理的有益经验

　　英国 2010 年《反贿赂法》被公认是"迄今为止最严厉的反贿赂法律之一",以受贿罪的认定为例,不论行为人客观上是直接还是通过第三人索取、同意收受或者接受特定好处,也不论该好处最终归属行为人本人还是他人,均不影响受贿罪的成立;行为人主观上是否明知或者相信对某一职责的履行或者行为的实施是不正当的,也不影响构成犯罪。此外,只要有证据证明受贿罪的实施得到法人或者合伙企业的高管或者意图行使权力的人员的同意或者纵容的,应以受贿罪追究该法人或者合伙企业的刑事责任。高铭暄教授认为,这些都可以作为完善我国受贿犯罪的立法借鉴。①

　　英国与我国规定的受贿犯罪构成存在较大的差异②:第一,关于犯罪客体,英国 2010 年《反贿赂法》用"不当行为模式",即以违反职责性为基础,认为受贿罪的本质在于收受他人好处(不论正当与否),作为回报,行为人实施了违背其职责的行为,其评价侧重于行为人实施职务行为必须是不正当的。我国受贿犯罪是在区分公私领域的基础上规定数个分处刑法分则不同章节的关联罪名,因此对受贿犯罪侵犯法益的认定并不统一。发生在私营部门的非国家工作人员受贿罪主要侵犯了我国公平竞争的市场经济秩序③;公共部门的受贿犯罪的保护法益通常认为是国家工作人员职务行为的廉洁性或者国家工作人员职务的不可收买性。第二,关于犯罪客观方面,两国认定受贿行为的侧重点也有别。英国 2010 年《反贿赂法》第 2 条将受贿犯罪中的"贿赂"规定为"金钱或其他好处";而我国刑法所确定的贿赂范围却相对狭窄,仅限于"财物",但目前我国刑法理论主流观点将"财物"仅解释为有形的财产和部分财产性利益,不包括纯粹的财产性利益及能满足人的其他需要的非财产性利益,如提供晋升、就业、升学机会及提供性服务等。④ 第三,关于犯罪主观方面,我国刑法所规定的四个受贿犯罪均属于故意犯罪,行为人构成受贿犯罪需要明知其利用职务上的便利索取或者非法收受他人财物、为他

---

　　① 参见高铭暄、张杰:《论国际反腐败犯罪的趋势及中国的回应——以〈联合国反腐败公约〉为参照》,载《政治与法律》2007 年第 5 期。

　　② 参见高铭暄、曹波:《中英受贿犯罪立法比较研究》,载《法学杂志》2016 年第 8 期。

　　③ 参见赵秉志:《论商业贿赂的认定及处理》,载《国家检察官学院学报》2006 年第 3 期。

　　④ 参见高铭暄:《刑法专论》(第 2 版),高等教育出版社 2006 年版,第 780 页。

人谋取(不正当)利益的行为会损害相关法益,仍然决意为之。英国 2010 年《反贿赂法》在受贿罪主观过错的规定上却持明显不同的态度,除收取贿赂并意图不正当履行职责类型的职务犯罪外,在其余的受贿犯罪中奉行严格责任,不要求证明其存在不当履行职责的意图。可见,英国 2010 年《反贿赂法》采取了较国际公约确立的推定规则更为严格的原则,运用推定规则仍要求齐备主观罪过要素,只是将证明责任转移给被告人,由被告人证明其不存在主观过错。高铭暄教授认为,这些犯罪构成上的不同可以为我国刑法立法借鉴。[①]

四、综合治理:职务犯罪的惩治与预防相结合

尽管严惩贪污行为在中华人民共和国成立之时已经成为共识,但治理职务犯罪仅依靠单一部门法根本无法达到有效遏制的目的。高铭暄教授认为,我国治理职务犯罪的实践按照惩治与预防并重的方针,已经形成了具有中国特色的治理体制与工作格局,在预防工作方面基本建立了遏制职务犯罪多层次、全方位的预防机制,具体包括党纪检查、行政监察、公民检举投诉、社会公众舆论监督等方面。[②] 多年来,我国职务犯罪的惩治与预防工作无论在机构专业化、法治化,还是在预防手段的多样化上都取得了一定进展,基本形成了具有中国特色的职务犯罪惩治与预防体系,但是在看到成绩的同时也应当认识到,我国的反职务犯罪斗争在犯罪预防方面还存在不可忽视的困境与不足,需要重点加强以下三个方面[③]:

(一) 加强职务犯罪的社会预防

职务犯罪的原因除公务员自身的主观恶性外,还有政治、经济、文化等各方面的社会复杂因素。因此要消除职务犯罪,除刑法的惩治以外,还需要社会的综合控制与预防。有学者将思想、政治、经济、文化等方面的预防和对策统称为社会控制或社会预防,认为所谓社会控制指的是从社会角度依据职务犯罪产生的社会原因对职务犯罪产生的政治条件、经济条件和文化条件进行

---

① 参见高铭暄、曹波:《中英受贿犯罪立法比较研究》,载《法学杂志》2016 年第 8 期。
② 参见高铭暄、陈璐:《当代我国职务犯罪的惩治与预防》,载《法学杂志》2011 年第 2 期。
③ 参见高铭暄、陈璐:《当代我国职务犯罪的惩治与预防》,载《法学杂志》2011 年第 2 期。

控制,加快铲除职务犯罪产生的土壤从而达到良好的社会控制效果。① 高铭暄教授认为,党和国家十分重视通过加强社会主义思想政治教育、政治体制改革、制度建设等社会综合手段来预防职务犯罪,也就是在观念上树立权为民所用、情为民所系、利为民所图、全心全意为人民服务的理念,在外部制度上规范政府行为、促进政府职能转变,以实现内外兼治、双管齐下的效果。② 职务犯罪的社会预防和社会控制是一项复杂的系统性工程,只有多措并举推进职务犯罪社会预防和社会控制工作,才能严厉打击职务犯罪,为有效惩治腐败提供新路径。

(二)补充职务犯罪的配套法律

尽管目前我国有些地方出台了一些有关预防职务犯罪的单行立法,但是大多仅限于"条例""工作意见""决议"等形式,并没有一部全国性的专门法律,这一直是阻碍有效开展预防职务犯罪工作的重大问题之一。同时,我国目前也缺乏规范公务员公务行为的立法。高铭暄教授认为,只有将公务员的道德标准、行为准则、考核奖惩、财产管理等制度以法律的形式予以确认,才能使公职人员的公务行为有法可依、违法必惩。而就我国目前的情况看,尽管《公务员法》规定了公务员的权利和义务以及相关的任免、奖惩条件,但是并没有具体涉及如何规范公务行为。一个亟待解决的突出问题是我国至今尚未建立统一的国家工作人员财产申报制度,仅停留在政策或法规层面的中纪委、中组部《关于省部级现职领导干部报告家庭财产的规定(试行)》,在实践中的执行情况也不理想。立法缺失与滞后的直接后果就是国家公务人员的贪腐、渎职行为只有发展到了犯罪的严重程度时才被揭发出来,而这个时候其犯罪行为往往无可挽救,已经给国家、人民造成了不可弥补的损失。③ 因此,高铭暄教授主张的出台专门的预防职务犯罪法、规定国家工作人员财产申报制度是符合现实需要的。

(三)完善职务犯罪的刑事立法

高铭暄教授认为,我国专门针对职务犯罪的预防性立法还处于空白状

---

① 参见周振想主编:《公务犯罪研究综述》,法律出版社 2005 年版,第 70 页。
② 参见高铭暄、陈璐:《当代我国职务犯罪的惩治与预防》,载《法学杂志》2011 年第 2 期。
③ 参见高铭暄、陈璐:《当代我国职务犯罪的惩治与预防》,载《法学杂志》2011 年第 2 期。

态,目前急需立法机关制定一部专门的"预防职务犯罪法",以法律的形式明确规定预防职务犯罪的指导思想、工作原则、工作机制和具体措施,进一步确认和调整预防工作中形成的各种法律关系。我国现有的《行政许可法》《行政处罚法》《政府采购法》《行政复议法》《公务员法》等法律法规已经体现了规范政府及其工作人员行政行为、防止权力滥用的立法意图,但是还存在一些立法空白。①

高铭暄教授认为,刑法以外的预防手段大都比较温和,只能预防部分激情犯罪或偶发犯罪,对职务犯罪效果不佳。教育、感化对于预防犯罪也起到一定的作用,但不能取代刑法的功能。因此,刑法对于职务犯罪的处罚具有三个功能:一是规范行为的功能,使公务人员明辨是非,不以身试法;二是打击犯罪的功能,使犯罪的人受到追究;三是安定社会的功能,使广大群众对党和政府充满信心,保证廉洁,稳定社会秩序。因此,正视刑法惩治职务犯罪的基本原则,有助于完善刑事立法,强化刑事司法,理顺刑法与其他预防职务犯罪的措施的关系。②

五、程序保障:职务犯罪治理的程序配合

高铭暄教授认为,对职务犯罪的治理要程序法与实体法并重。这需要从两个方面加强职务犯罪治理的程序作用:

(一)完善证人出庭作证

基于腐败犯罪隐蔽性高的特点,在诉讼程序中完善证人制度、证据制度,对于职务腐败犯罪的惩治十分重要。当前我国刑事诉讼法对证人出庭作证方式、证人出庭作证的保护等一系列问题的规定都非常笼统,使证人出庭指证犯罪顾虑重重。因此,有必要借鉴国外经验,并参照《公约》的规定,完善证人出庭作证方面的保护措施。例如,对于腐败犯罪中愿意与警方合作、主动充当污点证人的犯罪人,国际社会一般都规定了酌定不起诉制度。我国刑法中虽然存在立功制度及行贿罪、介绍贿赂罪中主动交待行贿、介绍贿赂

---

① 参见高铭暄、陈璐:《当代我国职务犯罪的惩治与预防》,载《法学杂志》2011年第2期。

② 参见高铭暄、陈璐:《当代我国职务犯罪的惩治与预防》,载《法学杂志》2011年第2期。

行为的,可以减轻处罚或者免除处罚的规定,但该规定的落实在刑事诉讼法中并无具体体现。①

(二)加强境外资产追回

腐败犯罪境外资产追回面临最为棘手的问题,表现为:犯罪人已潜逃国外,如何在其未被最终定罪的情况下,尽快地追回腐败资金,以尽可能减少损失?根据我国现行刑事诉讼法的规定,在犯罪人在逃或失踪的情况下,不能对其进行起诉,即使已经起诉、开庭审理的,也只能中止审理,而不能进行缺席审判,更不能作出有罪判决。② 但是,要实现腐败资金的返还,则必须存在请求缔约国的生效判决。这就使我们在追回涉外腐败犯罪资金过程中面临这样的难题:在犯罪人外逃的情况下,即使法院发出了没收令并被他国执行,也因缺乏生效判决而不能实现腐败资金的回收。为走出这一困境,一些学者提出了建立刑事缺席审判制度的建议。③ 高铭暄教授认为,在犯罪人不到庭的情况下,径直对其作出有罪判决,不仅会使其诉讼中重要的辩护权无法实现,而且还会导致许多重要的案件事实无法查清。因此,建立刑事缺席审判制度并不是解决问题的最佳途径。高铭暄教授认为,将被告人的定罪问题暂时搁置,但是对涉案资金根据相对分离的程序,在不定罪的情况下,作出没收的生效判决,以促进腐败资金的迅速回收;一旦被告人到庭,即可开启刑事定罪程序,如果最终判决印证没收判决无误,则自然可将腐败资金收归国库;即使最终判决证明没收判决存在失误,也可对没收判决进行撤销改判,对被告人作出返还财产、赔偿损失的处理。④

高铭暄教授主张通过完善证人制度,加强对证人的保护,实现对腐败犯罪的查处;在腐败犯罪的赃款追回上适用相对独立的程序,这两方面共同构成完善职务犯罪惩处的程序保障机制。

---

① 参见高铭暄、陈璐:《当代我国职务犯罪的惩治与预防》,载《法学杂志》2011 年第 2 期。
② 参见最高人民检察院《人民检察院刑事诉讼规则》(1999 年修正)第 246 条第 3 款;最高人民法院《关于执行〈中华人民共和国刑事诉讼法〉若干问题的解释》(1998 年 9 月 2 日发布)第 181 条。
③ 参见杨宇冠、吴小军:《〈联合国反腐败公约〉资产追回机制与我国刑事诉讼法的完善》,载《当代法学》2005 年第 1 期。
④ 参见高铭暄、陈璐:《当代我国职务犯罪的惩治与预防》,载《法学杂志》2011 年第 2 期。

六、实体法治:职务犯罪治理的刑法立法完善

职务犯罪的发生原因复杂,对职务犯罪的治理应当兼顾刑事法律与非刑事法律。在刑法方面,高铭暄教授从完善职务犯罪立法的角度,分别研究了国家工作人员和非国家工作人员职务犯罪的刑法立法完善问题。

(一)国家工作人员职务犯罪的刑法立法完善

针对国家工作人员职务犯罪,高铭暄教授重点研究了受贿罪和利用影响力受贿罪的刑法立法完善。

1. 受贿罪的刑法立法完善

高铭暄教授立足我国实际并采用比较研究的方法,对比研究了《联合国反腐败公约》和英国 2010 年《反贿赂法》,提出了三个方面的受贿罪完善措施:

首先,扩充贿赂范围,严密惩治受贿行为的法网。近年来国家工作人员以近亲属的名义投资企业、以获得兼职报酬的名义收受钱财已经成为新的职务犯罪模式,贿赂的范围宜限定为"财物和财产性利益"成为理论界和实务界的共识。有观点认为非财产性利益不宜纳入贿赂范围,原因是贿赂的范围决定着贿赂犯罪的犯罪圈大小,出于刑法谦抑性原则和基于刑法的保障法、后盾法的地位考虑,刑法规制的范围不宜过宽。[①] 对此,高铭暄教授认为应当加以区分,提出现阶段"性贿赂"不宜纳入贿赂犯罪的贿赂范围。因为承认"性贿赂"侵犯了女性的尊严,且性贿赂的隐蔽性特质使得其在司法认定、取证上存在极大困难,该类犯罪往往涉及个人隐私,根据我国《刑事诉讼法》的规定,此类案件不公开审理,极有可能造成司法腐败。[②]

其次,受贿罪中的虚假承诺行为应定诈骗罪。受贿罪中的虚假承诺是国家工作人员具有为他人谋取利益的职权或职务条件,在他人有求于自己的职务行为时,并不打算为他人谋取利益,却又承诺为他人谋取利益。这种情况

[①] 参见田燕:《对贿赂犯罪中财物的扩大解释——以刑法教义学为视角》,载《嘉兴学院学报》2019 年第 2 期。

[②] 参见高铭暄、张慧:《论受贿犯罪的几个问题》,载《法学论坛》2015 年第 1 期。

下仍然给国民以职务行为可以收买的印象,导致国民丧失了对职务行为不可收买性的信赖。① 有学者认为对这类行为仍然应当按照受贿罪处罚,这在外国刑法中也有相似的处理,如在《日本刑法典》中这类行为是作为诈骗罪和受贿罪从一重处罚。高铭暄教授认为,由于我国刑法在受贿罪的犯罪构成中设置了"为他人谋取利益"的条件,所以通说认为在虚假承诺情形下,行为人并无为他人谋取利益的意图,其答应为他人谋取利益只是谎言,属于诈骗。因为受贿罪的本质在于"权钱交易",所以行为人的虚假承诺实质上不具备出卖权力的可能,"权钱交易"不成立,自然不成立受贿罪。在受贿犯罪主观罪过的认定上,可以积极引入国际公约规定的主观要素推定规则,实行举证责任倒置,增强司法机关打击受贿犯罪的能力。②

最后,确立过错推定规则。关于受贿犯罪规定最为严密的英国 2010 年《反贿赂法》,目的是尽可能提高打击受贿行为的效率,确立严格责任,取消某些特定类型受贿犯罪成立所需的主观过错要素;而我国刑法贯彻责任主义,目的是尽可能提高打击受贿行为的效率,只有具备相应的犯罪故意或者过失才能追究刑事责任,不存在确立严格责任的余地。③ 高铭暄教授在认定犯罪的问题上始终主张主客观相统一原则,英国的严格责任并不适合我国认定犯罪的模式,高铭暄教授提出的"过错推定"的主观认定方法更适应我国打击受贿犯罪的现实需要。

2. 利用影响力受贿罪的刑法立法完善

利用影响力受贿罪的犯罪主体为"国家工作人员的近亲属或者其他与该国家工作人员关系密切的人""离职的国家工作人员或者其近亲属以及其他与其关系密切的人"。④ 高铭暄教授主要针对利用影响力受贿罪的刑法适用提出了完善建言。

首先,契合影响力合理判断"关系密切的人"。高铭暄教授认为,"密切关系"是一种社会关系,其并不存在合法与非法的区分。对"关系密切的人"的把握,应该根据具体情况予以实质的分析:一是要根据当事人的身份进行判断。当事人是否具有某种身份,可以作为考证是否具有密切关系的推定或

---

① 参见高铭暄、张慧:《论受贿犯罪的几个问题》,载《法学论坛》2015 年第 1 期。

② 参见高铭暄、张慧:《论受贿犯罪的几个问题》,载《法学论坛》2015 年第 1 期。

③ 参见高铭暄、曹波:《中英受贿犯罪立法比较研究》,载《法学杂志》2016 年第 18 期。

④ 参见张剑、宋杨:《斡旋受贿与利用影响力受贿之行为辨析》,载《中国检察官》2019 年第 8 期。

者证据线索。要对身份关系进行分类认定,如具有共同经济利益的关系,通常可以推定为具有密切关系。而其他的身份关系,如同学关系、地缘关系等,则只能作为一个证据线索,而不能直接推定。① 二是要综合考虑相互交往关系的具体情况、信任程度以及利益方面的关联等,予以评判和把握。② 三是要从行为反推,即从是否为请托人谋取不正当利益加以判断,如果国家工作人员事实上实施了为请托人谋取不正当利益的行为,则不论结果如何,可以判定关系密切。③

其次,坚持"影响力"的客观判断。"影响力"是一种客观的事前存在,其判断仍需要一定判断主体的存在,即以社会上一般人的立场进行事前判断。也就是说,行为人的影响力是客观存在的,并且处于一种待启动的状态,行为人在被认定为"关系密切的人"之时,事实上已经作出了肯定影响力存在的判断。利用影响力的情况可以具体分为三类,即国家工作人员的近亲属的影响力、其他关系密切的人的影响力,以及离职的国家工作人员的影响力。这三类人员影响力的认定标准和程度有所差异。一般来说,基于亲情、血缘关系的国家工作人员近亲属可以说具备"当然"的影响力;其他关系密切的人的影响力,要求具有特定的身份和特定的关系;离职的国家工作人员的影响力,要求其在任时的职务或职位等给其离职后提供了一定的便利条件,且具有"足够"的特征。④

最后,合理区分利用影响力受贿罪与行贿罪、受贿罪的共犯。影响力交易"中间人"的行为没有介入行贿、受贿以及为行贿人谋取利益的具体行为,其只起牵线搭桥的作用,因此区别于行贿罪、受贿罪的共犯;对于介绍贿赂人"劫贿"行为的定性,学界分歧比较大,高铭暄教授认为,从法益保护的稳定性上来看,"赃物"的原所有权即便不值得法律保护,但是"赃物"作为物同样有所有权,其所有权肯定不能归于"侵占"人,所以从这个角度来说,"劫贿"者并不具有所有权,其占有为非法占有,应当构成侵占罪。如果中间人故意抬高贿赂

① 参见高铭暄、陈冉:《论利用影响力受贿罪司法认定中的几个问题》,载《法学杂志》2012年第3期。
② 参见高铭暄、陈冉:《论利用影响力受贿罪司法认定中的几个问题》,载《法学杂志》2012年第3期。
③ 参见高铭暄、陈冉:《论利用影响力受贿罪司法认定中的几个问题》,载《法学杂志》2012年第3期。
④ 参见高铭暄、陈冉:《论利用影响力受贿罪司法认定中的几个问题》,载《法学杂志》2012年第3期。

数额,自己从中获取差额的,应当构成诈骗罪。① 总之,高铭暄教授主张在利用影响力受贿罪的认定上坚持"客观判断"的原则,对关系密切的人、影响力、行为性质这三个客观因素进行分析,进而正确认定是否构成犯罪、构成何种犯罪。

(二) 非国家工作人员职务犯罪的刑法立法完善

健全惩治和防范非国家工作人员职务犯罪的非刑事法律是职务犯罪治理体系完善的重要内容。高铭暄教授提出要建立健全规范公司、企业工作人员职务行为的法律制度,作为惩治职务犯罪刑事立法的前置性法律;同时考虑以部门法的形式规定不同行业工作人员的职业行规,例如规定该职业的法定地位、法定职权、法定职责、具体工作方法、程序以及失职的法律后果等,才能使预防职务犯罪的工作逐步纳入法制化轨道,充分发挥法制规范对市场经济运行的保障作用。② 对此,高铭暄教授提出从以下两个方面完善惩治非国家工作人员职务犯罪的刑法立法和司法:

一是增设非国家工作人员职务犯罪的资格刑。我国刑法规定的资格刑只有剥夺政治权利一种,且在刑罚结构中仅仅处于附加刑的地位,这样的规定已经不能满足惩治该类犯罪的实际需要。高铭暄教授认为,资格刑对于惩治与预防非国家工作人员职务犯罪具有不可替代的作用,因为一旦犯罪主体被剥夺资格,就是被暂时或者永久地剥夺职位,丧失了利用职务便利从事损害公司、企业利益的机会,因此应当增设禁止从事特定职业的资格刑。这一方面可以防止其利用这种资格再次犯罪,达到特殊预防的目的;另一方面还可以对其他从事特定职业的人员起到一定的警戒作用,达到一般预防的目的。③

二是加大财产刑的适用力度。高铭暄教授认为,职务犯罪具有一定的贪利特性,加大财产刑的适用力度有利于对职务犯罪进行惩治与预防。不过,对于非国家工作人员职务犯罪科以刑事处罚是治理此类犯罪的最后一道

---

① 参见高铭暄、陈冉:《论利用影响力受贿罪司法认定中的几个问题》,载《法学杂志》2012年第 3 期。

② 参见高铭暄、陈璐:《论非国家工作人员职务犯罪的惩治与预防》,载《法治研究》2011 年第 8 期。

③ 参见高铭暄、陈璐:《论非国家工作人员职务犯罪的惩治与预防》,载《法治研究》2011 年第 8 期。

防线,从刑法谦抑性的角度出发,在可以通过经济、行政、民事等法律规范予以防治和处理的时候,是不宜动用刑罚的。①

　　高铭暄教授在非国家工作人员职务犯罪的治理上提出了增设资格刑和加大适用财产刑力度的主张,这些刑事处罚措施不仅仅具有严厉的惩罚性,更体现了针对职务犯罪本身的预防性。高铭暄教授同时也强调了利用经济、行政、民事等法律对非国家工作人员职务犯罪进行综合治理,以实现最佳的社会效果。

七、结　语

　　职务犯罪包括国家工作人员职务犯罪和非国家工作人员职务犯罪。长期以来,我国更加注重对国家工作人员职务犯罪的惩治。近年来,随着民营经济刑法保护的不断加强,非国家工作人员职务犯罪的惩治力度不断加强。其中,在刑法立法上,我国通过调整职务侵占罪、挪用资金罪的法定刑,着力加强了打击非国家工作人员职务犯罪的力度,并通过扩张非国家工作人员渎职犯罪的类型和范围,将非国家工作人员职务犯罪的范围进一步扩大;在刑法适用上,我国最高司法机关调整了职务侵占罪、挪用资金罪、非国家工作人员受贿罪等非国家工作人员职务犯罪的入罪门槛,使其与国家工作人员职务犯罪的入罪门槛更加均衡协调,同时在司法政策和力度上加大了对非国家工作人员职务犯罪的惩治。从这个角度看,高铭暄教授既注重国家工作人员职务犯罪治理问题的研究,又专门从宏观上对非国家工作人员职务犯罪的治理问题进行研究,特别是其对非国家工作人员职务犯罪治理问题的研究要明显早于我国加强民营企业产权保护、惩治非国家工作人员职务犯罪的政策和司法措施提出之时,反映出高铭暄教授敏锐的学术触角和眼光。

　　更为重要的是,高铭暄教授对职务犯罪问题的研究是多维展开的,既有历史的纵向对比又有国内外的横向对比,既有刑事实体法的深入研究又有刑事程序法的合理兼顾,既有职务犯罪治理的现实考虑又有职务犯罪治

---

　　①　参见高铭暄、陈璐:《论非国家工作人员职务犯罪的惩治与预防》,载《法治研究》2011年第8期。

理的政策、价值考量,既有刑事法之内的深入雕琢又有刑事法之外的审视。这种多维、立体的研究视角表明高铭暄教授对职务犯罪治理的深入而全面的思考,并通过这种抽丝剥茧的研究,为我国职务犯罪的综合治理(包括治理重点的刑法治理)和理论研究,提供了有益的借鉴和深刻的启迪。

专题十三

高铭暄教授的外向型刑法思想考察

一、前　言

　　高铭暄教授作为我国国际刑法学科的创立者、国际刑法研究的拓荒者,始终强调中国法学的国际性建设,认为"在经济和法律全球化的今天,作为一个刑法学者,必须具有国际眼光、开放的思想和胸襟"。在 20 世纪改革开放带动的经济、文化对外交流刚刚萌动之时,高铭暄教授率先带领中国刑法学者走向国际,开启了中国刑法学界与外国刑法学界以及国际刑法学界联系和对话的大门。进入 21 世纪,随着经济全球化日益加深、国际交往日益便利,高铭暄教授耄耋之年仍积极推动中国学者与域外学者的交流,力求全面、准确了解域外法学界的研究动向,深入把握国际社会关于犯罪治理的特点,推动了中国刑法学界在国际刑法、比较刑法、区际刑法研究上的繁荣。在 2015 年荣获国际社会防卫学会授予的"切萨雷·贝卡里亚奖"的颁奖仪式上,国际刑法学协会主席约翰·梵瓦勒高度评价道:高铭暄教授对中国刑法吸收国际条约产生了重大影响。

二、关于国际刑法基本理论

高铭暄教授作为中国学者在国际刑法学协会先后担任副主席、名誉副主席,推动创建了国际刑法学协会中国分会。在 20 世纪 80 年代初,他便富有远见地指出,经济全球化将产生犯罪的全球化,国际犯罪的惩治与防范、国际范围内的刑事司法协助、国际刑法的中国化以及中国刑法的国际化等问题,必将成为我国刑法学研究亟待加强的领域。高铭暄教授除对国际刑法的发展历程、国际刑事司法的演进、国际犯罪的界定、国际刑法的基本原则等基础性问题作过深入研究之外,还特别针对中国刑法与国际刑法规范的协调和衔接问题展开探讨。

(一)国际刑法的发展历程

高铭暄教授认为,国际刑法的发展历程实际上是国际刑事实体法和国际刑事程序法的演进史,或者是国际刑事法典编纂和国际刑事审判发展的演进史,两者的发展又非同步进行。在经历了两次世界大战后,国际社会惩罚国际犯罪的意愿推动了国际刑法的繁荣,大致可以分为四个发展阶段:

1. 国际刑法的诞生

高铭暄教授认为,从实体考察来看,国际社会对国家犯罪的认识肇始于 16 世纪习惯国际法对惩治海盗罪达成的共识,并成为国际社会其后界定国际犯罪种类的蓝本;而从程序上考察,可以追溯到 15 世纪,国际社会对违反"上帝和人道法"行为的审判揭开了国际刑事审判的序幕。这一时期,无论是实体意义还是规范意义的国际刑法都没有进入规范化的进程,缺乏对国际罪行实体法的编纂,也没有正规的国际性刑事审判,但这一时期国际刑法的雏形已经显现。[①]

2. 国际刑法发展的第一次高峰(1919—1955 年)

第二次世界大战的爆发推动国际刑法的发展达到第一个巅峰,同时也为国际刑法的进一步发展奠定了基石。这一时期,实体法上除强调战争罪、危

---

① 参见高铭暄、王秀梅:《当代国际刑法的新发展》,载《法律科学》2006 年第 2 期。

害人类罪等严重国际犯罪以外,还肯定了灭绝种族罪等其他国际犯罪。从国际审判实践的角度分析,纽伦堡审判和东京审判满足了民众对和平与惩治战犯的渴望。《纽伦堡法庭宪章》及其审判活动,以革新的方法创制了解决武装冲突的国际法规则,创设了新的国际法原则——纽伦堡原则(其中包括著名的个人责任原则)。高铭暄教授认为,这一时期,纽伦堡审判和东京审判不仅把国际刑法的发展推向高峰,还有两个方面的重大意义:一是促使联合国将注意力转移到建立一个常设国际刑事法院问题上;二是促进了有关国际罪行法典的编纂工作。国际社会由第一次世界大战后对国际刑事审判的期冀,进入第二次世界大战后国际刑事审判实际操作,进而转向呼吁常设国际刑事法院的建立,这表明了国际刑法在程序和实体上的进步与需求。[1]

3. 国际刑法发展的相对平稳期(1955—1992 年)

在此期间,有关国际犯罪种类的界定发生了重大变化。高铭暄教授认为,国际社会关注的逐渐从战争罪、危害人类罪等极其严重的国际犯罪转向一些新型的犯罪。1990 年,国际社会已经着手处理出现的两类新型的国际犯罪,即环境犯罪及盗窃核武器和核材料罪。这一时期,联合国仍在认真努力编纂国际罪行法典,并积极筹划国际刑事法院建立进程,尽管"冷战"阻碍了这一进程的推行,但自 1990 年以来国际刑法的发展已逐渐走出低谷。[2]

4. 国际刑法发展的里程碑(1992 年至今)

1991 年以来发生了严重违反国际人道法的国际性武装冲突、灭绝种族等严重违反国际人道法行为的事件,高铭暄教授认为,这些事件的发生再次推动了国际刑法的新发展。首先,前南斯拉夫国际刑事法庭和卢旺达国际刑事法庭的建立,明确了对严重违反国际人道法负有责任之人予以起诉的审判机制。其次,罪行法典草案的编纂与草案的通过。《危害人类和平及安全治罪法草案》的起草摆脱了原有国际公约不含刑罚特征的弊端,吸收了现代国际公约及国际刑法发展中逐步形成的有关刑罚适用的规定和特点,充分展示了国际犯罪行为的固有特征。最后,国际刑事法院规约的诞生。国际刑事法院规约的诞生是国际刑法发展的里程碑,不仅为国际刑事法院的有效运行提供了极大便利,而且是国际法在实体和程序上有效结合的典范。[3]

---

[1]　参见高铭暄、王秀梅:《当代国际刑法的新发展》,载《法律科学》2006 年第 2 期。

[2]　参见高铭暄、王秀梅:《当代国际刑法的新发展》,载《法律科学》2006 年第 2 期。

[3]　参见高铭暄、王秀梅:《当代国际刑法的新发展》,载《法律科学》2006 年第 2 期。

(二)国际刑事司法实践的发展与完善

国际刑事司法实践的体现之一即为国际刑事法庭的创设,20世纪90年代初,联合国安理会通过决议建立了前南斯拉夫和卢旺达国际刑事法庭。高铭暄教授认为,国际刑事法庭的创设突破了旧有国际刑事审判管辖范围的僵化模式,为国际刑法的发展作出了较大的贡献。这体现在以下三个方面:一是法律渊源上的进展。二是拓展了国际法原则。将只由冲突的某一方承担刑事责任的理论发展为刑事责任的承担不受冲突某一方的限制,只要行为人实施了违反国际人道法行为之一的行为,无论其为冲突哪一方均应承担刑事责任。三是进一步糅合了国际法和刑法的基本理论。但是,国际刑事法庭的创设在某种程度上带有地域或事件的局限性,不具有普遍的国际性特征,在诉讼程序上也存在难以解决的问题。他认为,国家法院行使国际刑法管辖权起诉和审判国际犯罪在一定程度上削弱了国际刑法的价值。同时,国际犯罪行为人并不经常被引渡到请求国,也淡化了国际刑法的功能。因而,惩治震撼人类良知的犯罪行为的历史使命最终应当落到国际刑事法院的肩上。[1]

国际刑事法院的建立推动了国际刑法的重要发展。对2002年7月1日《国际刑事法院罗马规约》(以下简称《罗马规约》)的生效,高铭暄教授予以高度评价。他认为,《罗马规约》的通过及国际刑事法院的建立与《联合国宪章》正义、和平的基本精神一脉相承,通过惩治严重国际犯罪突出强调了人类社会的整体利益。在国际社会经济一体化的发展趋势下,《罗马规约》作为创立国际刑事法院依据的主要法律文件,也是法治原则的国际性延展,为国际刑事法院确立了严格的行政机制和诉讼机制,其细微之处几乎囊括了国际刑事法院的各个环节,并且为国际刑事法院的有效运行提供了极大的便利条件,可以说,《罗马规约》为国际化法治进程提供了发展契机。在惩治已然犯罪的实然性、威慑未然犯罪的应然性方面,新诞生的国际刑事法院作为对国际特设刑事法庭缺失的弥补,会成为国际社会惩治严重国际犯罪的最佳法律武器。《罗马规约》的通过不仅是国际法发展的里程碑和国际关系发展中至关重要的转折点,也极大地推动了国际刑法理论与实践的研究进程。对于法

---

[1]　参见高铭暄、王秀梅:《论建立国际刑事法院的法律意义》,载《吉林大学社会科学学报》2004年第3期。

律渊源的进展、拓展国际法原则以及进一步糅合国际法和刑法的基本理论方面发挥着积极的作用。①

(三) 国际刑法的概念和渊源

高铭暄教授认为,国际刑法是国际法律制度与国家法律制度相融合的产物,同时又是国际法、区域法、刑法和刑事诉讼法等部分法学的集合体,是国际公法的第二大分支,而且已经成为所有公法中令人瞩目和最具多元性的颇有发展前途的新兴学科。国际刑法从内容上是指规范国际犯罪、加强国际刑事司法协助与合作的国际公约、条约等国际性法律文件的总称。该定义中的"国际性"体现为实体上国内法律的国际化,国际法的刑法化以及国际性法律规范对国际犯罪的调整;而该定义中的"程序性"(即国际刑事司法协助与合作等内容)则表现为国际与国内之间、各国之间的司法协助与合作。因此,国际刑法的概念是两个双重性的交织,即国际法的刑法化和国家刑法的国际化的有机融合,以及实体法和程序法的交叉互动。②

高铭暄教授认为,国际刑法的渊源包括直接渊源和间接渊源。对于直接渊源,他认为,从国际刑法的纵向发展分析,国际刑法渊源的顺序应是先有习惯,后有公约和法的一般原则,但从国际组织与国家、国家与国家之间横向协调的需要上分析,为合理协调国际刑法的适用,国际刑法的渊源应以公约为首要渊源,习惯和一般法律原则作为国际刑法直接渊源的组成部分更为合理。对于附加的间接渊源,他认为包括国际和区域人权法、世界大多数法律制度公认的刑法的一般原则以及国际犯罪学和刑罚学方面的法律规范,并具体归纳为以下三种:第一,国际和区际人权法。基于国际和区际人权法获得大多数国家的支持和认可,内容上既包括程序意义上的人权法的准则,主要包括公正和迅速审判的权利及上诉权利,以及免受双重审判的权利等;也包括实体意义上的人权法的准则,主要包括生存自由和人身安全的权利、法律面前受到公认及平等保护的权利、罪刑法定和无罪推定的权利等,因此,涉及人权方面的国际或区际公约的适用及其法律效力在一定程度上起到国际刑法所具有的约束力作用。第二,国家间刑事合作的标准。高铭暄教授认

---

① 　参见高铭暄、王秀梅:《论建立国际刑事法院的法律意义》,载《吉林大学社会科学学报》2004 年第 3 期。

② 　参见高铭暄、王秀梅:《国际刑法渊源合法性论要》,载《吉林大学社会科学学报》2002 年第 5 期。

为,在惩治严重国际犯罪的法律适用中,国家间的合作蕴含在国际公约、国际法律性文件和区际公约的规定中,国家间刑事合作的标准是国际刑法间接执行的法律依据之一,是国际刑法直接执行模式的基础。国际刑法直接执行制度的最理想模式不仅应包括审判组织,还应包括所有要件完整的综合性国际刑事审判制度。国际刑事法院是这种制度的完美体现。国际刑法的间接执行制度依赖于国家刑事审判制度,有效地调查、逮捕、起诉和审判其管辖范围内的被指控人以及处罚认定有罪之人的能力,依赖于国家自愿引渡并在案件调查或者逮捕被指控人或者犯有国际犯罪之人时,诚信、有效和公正地向其他国家提供法律协助。第三,国际犯罪学和刑罚学中涉及的内容。古典刑法学派立足道义责任理论,认为国际刑法确立刑事责任承担的主体只能是自然人。国际刑法中的刑罚是不确定的,不过在其发展过程中仍形成了适用的指导原则和程序保障,如禁止适用死刑、酷刑已经发展为国际刑法渊源遵循的准则。①

(四) 国际刑法基本原则

高铭暄教授认为,国际刑法的基本原则是在实践发展中逐渐形成的,渊源于国际刑法自身的教育、威慑、惩治、预防、起诉、改造和惩罚的政策。它包含四项原则:其一,合法性原则,即要求法律规范界定一个清晰和明确的禁止性行为,以防止可能出现的司法权滥用。他提出,虽然国际刑法管辖对象是个人的严重国际犯罪行为,但却涉及国际法庭与国家法庭及若干国家间法庭的关系,因而对合法性的要求更高。国际刑法的合法性原则包括:法无明文规定不为罪,法无明文规定不处罚;法律适用不溯及既往;一罪不二审原则;无罪推定原则;等等。这些原则共同构建了国际刑事司法的基本准则。其二,补充性管辖原则。国际刑法的管辖权与国家的管辖权的内容非常近似,但国际刑法的管辖权更加突出国家批准国际公约这个前提,即在属地管辖权和属人管辖权行使的基础上更加突出普遍管辖权。他认为这一原则既可以达到有效惩治国际犯罪的目的,又不易造成国家主权与国际刑事管辖权之间的冲突,在尊重国家主权的基础上更容易获得国家对国际刑事管辖权的支持,在国际刑事管辖权史上无疑是个巨大的进步。其三,个人刑事责任原

①　参见高铭暄、王秀梅:《国际刑法渊源合法性论要》,载《吉林大学社会科学学报》2002年第5期。

则。个人刑事责任原则更加突出法律面前人人平等的国际刑事司法法治原则。其四,国际合作与司法协助原则。国际刑法的适用中无论是直接执行还是间接执行均离不开国家的合作与司法协助。

国际刑法的适用通常通过两种方式:一是直接适用,即国际刑法可以直接通过国际社会建立刑事司法机构得以贯彻执行;二是间接适用,即国际刑法通过国家刑法立法化的方式,在国家刑事司法体系中得以贯彻实施。但是,无论是直接执行还是间接执行均离不开国家的合作与司法协助,特别是国际刑事法院的补充性管辖权更加突出了国家在国际刑事司法中的合作与协助义务。《罗马规约》也详尽地规定了国家司法机关的合作与协助义务。这进一步说明国际刑事法院是努力追求国际合作与司法协助的机构,而不是作为现行国内和国际机构的替代者。国际刑事法院作为法律实施的援助者,是适用于解决国家之间有关国际刑法领域问题的另一个选择的工具。①

(五)国际犯罪的概念与危害人类罪

高铭暄教授认为,国际犯罪是国际公约所规定的,严重威胁世界和平与安全、震撼国际社会良知,应受刑事处罚的行为。这种行为被界定为国际犯罪,除明显具备国际性因素以外,还部分地包含跨国性因素和国际必要性因素。对于国际犯罪中存有跨国性因素,或者依照国际必要性将某些行为界定为国际犯罪时,国际社会制定的惩治危害人类和平与安全犯罪的"政策"应是不容忽略的内容。相对于依据准则界定的国际犯罪而言,目前被界定为国际犯罪的更多是根据政策的行为。这些行为的犯罪结果影响了不止一个国家或其公民的利益,而且犯罪的方法和手段超越了国家边界。②

高铭暄教授还专门对危害人类罪进行了研究,提出危害人类罪的成立需要先决性条件,即"广泛或有系统地对平民人口实施攻击"。该条件具有法定性,具体理解上,"广泛"应从攻击行为的规模和受害人的数量两个方面来界定;"有系统"是指只要揭示出其组织性的特征即可,不能包含政策的要素;"对平民人口实施攻击"在理解上应注意攻击与政策的关联性和攻击的持续性。在确定受害者是否为平民时,必须考虑犯罪实行时其所处的特定境

---

① 参见高铭暄、王秀梅:《当代国际刑法的新发展》,载《法律科学》2006年第2期;高铭暄、王秀梅:《当代国际刑法的发展与基本原则》,载《人民检察》2005年第19期。
② 参见高铭暄、王秀梅:《国际刑法的历史发展与基本问题研究》,载《中国刑事法杂志》2001年第1期。

遇,而不仅仅是其身份。对于《罗马规约》删去了危害人类罪定义中的"武装冲突"要件,高铭暄教授认为删除这一重要标准,同时又列举了许多人权法的内容,这与国际社会建立国际刑事法院以惩治最严重的国际犯罪的宗旨是相违背的,为粗暴地干涉一国主权留下了隐患。①

三、关于国际刑法的管辖

(一)普遍管辖权的本土化

高铭暄教授认为,普遍管辖权具有如下特性:

首先,原理上的独特性。普遍管辖的独特性主要体现为适用上的"国际普遍性"或称为"广泛性",这种广泛性表现为管辖权行使的广泛性及针对国际犯罪适用管辖的广泛性。根据普遍管辖的理论,世界各国均有权追诉那些危害人类共同利益的国际犯罪,不再考虑犯罪地、犯罪人及受害人等具体的管辖因素,每个国家都可以对国际犯罪实行管辖。普遍管辖权的应用具有一种强烈的国际性,它不仅突破了传统地域、国籍、利益管辖适用上的限制,而且在某种程度上拓展了刑事管辖权的施展空间,为有效制裁国际犯罪提供了理论上的依据。普遍管辖的适用不仅是对罪犯逮捕国和罪犯所在地国优先适用刑事管辖权的一种理论确认,还表现为适用对象的广泛性。在国际范围内,适用普遍管辖的国际罪行呈扩大之势。国际社会的普遍管辖适用已经从海盗罪和战争罪扩展到国际公约明确禁止的犯罪,这种适用范围还将随着国际公约的制定而不断发展。普遍管辖原理上的独特性是国际刑法基本原则的具体体现。普遍管辖权是世界各国同国际犯罪作斗争的基本权利,是国际刑法基本理论的展现。普遍管辖权的广泛应用则是国际刑法价值的一种具体表现形式。②

其次,适用上的局限性。在当前的国际形势下,普遍管辖权的适用只是一个辅助性的刑事管辖原则,即对国内地域管辖、国籍管辖和保护管辖补充

---

① 参见高铭暄、王俊平:《论〈罗马规约〉规定的危害人类罪的前提要件》,载《南开学报(哲学社会科学版)》2007年第1期。

② 参见高铭暄、王秀梅:《普遍管辖权的特征及本土化思考》,载《法制与社会发展》2001年第6期。

适用的原则。在一般情况下,普遍管辖的适用应避让其他管辖的优先地位,尽可能地避免与其他管辖原则的适用产生冲突,从而实现国际社会设立普遍管辖的宗旨。普遍管辖在实际运用上具有一定的局限性。这种局限性主要来自三个方面:第一,管辖罪行的限制。国际学界对于"国际犯罪"的界定缺乏统一的标准,使得国际罪行的确认成为普遍管辖适用的限制因素之一。目前,适用普遍管辖的罪行应属于一种严格意义上的国际犯罪,不能任意扩大国际犯罪的范围。高铭暄教授认为,凡属于国际公约中规定的、广为国际社会认可的、应予以普遍管辖的罪行,不论是"跨国性的国际犯罪"还是"纯粹的国际犯罪",任何国家均可行使普遍管辖权。第二,国家主权观念的限制。鉴于普遍管辖权与国家主权和利益的紧张关系以及世界文化的差异和法制模式的不同,在世界范围内完全确立普遍管辖原则,不仅在法律上存有实际的困难,而且在政治上同样存在着一定的阻力。第三,权利与义务对等性的限制。实际上普遍管辖在扩大一国管辖权适用范围的同时,也增加了国家在控制和惩处国际性犯罪方面的义务。为了避免和减轻这些义务,有些国家往往不愿行使普遍管辖权,即使有些国家在特殊的场合有兴趣对某些案件行使普遍管辖权,也是基于政治需要。①

实践证明,当今社会普遍管辖权本土化的必要性与惩治国际犯罪的实际需求密切相关,无论是成文法国家还是判例法国家大都希望通过刑事法律规定主张其普遍管辖权。普遍管辖权本土化的直观效果就是扩大国家对国际犯罪的管辖范围,进而增强国家之间惩治国际犯罪的相互协作,履行国际义务。本土化的普遍管辖权不仅是有效执行国际刑法的客观保障,是处罚严重国际犯罪维护国际社会秩序的主要手段,同时也是国际刑事审判最为有效的辅助手段。高铭暄教授认为,普遍管辖权在我国的本土化经历了一个理论与实践的认识论证过程。曾在一定的历史条件下,我国对普遍管辖问题长期持否定的态度,1979 年颁行的第一部刑法典就没有涉及普遍管辖的内容。随着国际形势的发展,在刑事管辖方面进行国际合作的重要性日益突出,为了国际社会的和平与安全以及全人类的利益,任何国家都应对惩治国际犯罪发挥积极的作用。况且,普遍管辖权的适用是对人类社会的一种贡献,是国家应尽的一种国际义务。这种国际普遍管辖的观念开始为我国政府、刑法学界

---

① 参见高铭暄、王秀梅:《普遍管辖权的特征及本土化思考》,载《法制与社会发展》2001 年第 6 期。

所接受和采纳,并付诸司法实践。事实上,在我国刑法修订以前,普遍管辖权的本土化过程在我国已经开始。后来,随着国际犯罪种类的增加,我国适用普遍管辖的范围也相应加以调整。然而,作为成文法国家在刑法典中缺乏普遍管辖权的规定仍然是一种缺憾,为了使国内刑事立法与履行国际义务和行使国家主权的需要相协调,1997年《刑法》于第9条增补了普遍管辖权的内容,结束了普遍管辖适用无明确刑事立法依据的局面,从而使普遍管辖的本土化进程基本趋于完善。[①]

(二) 普遍管辖权发展的评价——普林斯顿普遍管辖原则

普林斯顿普遍管辖原则是国际法普遍管辖权领域的一个进步标志,其主要内容包括:①普遍管辖权的基础;②国际法规定的严重犯罪;③国家立法缺失时依据普遍管辖权;④承担义务的责任;⑤豁免;⑥时效;⑦特赦;⑧国家管辖权冲突的解决;⑨一事不再理或者双重处罚;⑩拒绝引渡的理由;⑪国家立法的采用;⑫未来条约中包含的普遍管辖权;⑬加强义务与普遍管辖权;⑭争议的解决。[②]

高铭暄教授认为,这些原则既包含法律的实然要件,也包含法律的应然要件,但不应将这些要件理解为限制普遍管辖权未来发展的要件。这些原则的目的有利于指导国家立法机构制定能够适用的立法;要求法官在适用国家法或者制作引渡决定时解释普遍管辖权;政府应决定承担起诉还是引渡,或者通过其他方法协助推动国际刑事责任的义务;实现所有公民社会关注的将严重国际犯罪行为人提交审判的目的。这些原则应有利于明确行使普遍管辖权的责任和充分的法律根据,在行使普遍管辖权的方式理由充分、合法和有序及明确适用范围的情况下,普遍管辖权才会得到广泛的接受。这些原则涵盖的一些规定,阐释了法律制度和具体程序应符合的标准,以便有责任、合法地行使普遍管辖权。当然,有效的法律程序需要不同政府机构间的积极合作,包括法院和检察院。国际合作网络的建立对于普遍管辖权的有效发展也尤为重要。行使普遍管辖权的国家法院在对国际犯罪行为人进行审判过程中扮演着非常重要的角色:国家是共同构成国际社会法网的一部分,这种法

---

① 参见高铭暄、王秀梅:《普遍管辖权的特征及本土化思考》,载《法制与社会发展》2001年第6期。

② 参见高铭暄、王秀梅:《普林斯顿普遍管辖原则及其评论》,载《中国刑事法杂志》2002年第3期。

网能够并应有效地用于抵制刑事责任的豁免。普林斯顿原则并不希望确定恰当行使普遍管辖权的任何决定性方法，致力于为普遍管辖权的行使带来高度明确性和规则性，并因此鼓励国家合理并负有责任地行使普遍管辖权。①

四、关于国际刑事法院

（一）国际刑事法院的性质

在国际刑事法院的设立过程中，中国积极参与了设立国际刑事法院筹备委员会、罗马大会及其后的国际刑事法院预备委员会的各项工作，为国际刑事法院的最终设立作出了积极而重要的贡献，获得了国际社会的广泛认同。但由于中国关注的《罗马规约》的部分原则性问题未能妥善解决，最终选择不加入国际刑事法院。对此，高铭暄教授认为，中国作为和平崛起的大国，对于国际刑事法院管辖权应当有所研究和考虑，他指出，国际刑事法院的管辖权必然涉及一个国家的刑事管辖权，归根到底与国家的主权问题密切相关，应具有如下性质：第一，补充性。根据《罗马规约》的相关规定，国际刑事法院管辖权对国内刑事管辖权起补充作用，其管辖权的补充性主要体现为国内刑事管辖权"不愿意"或"不能"行使的两种情形。只有在这两种情形下，国际刑事法院才能积极行使管辖权。国际刑事法院管辖权与国内刑事管辖权之间的关系，应是主权国家的刑事管辖权优先于国际刑事法院管辖权，国际刑事法院管辖权是对国内刑事管辖权的补充。就此而言，《罗马规约》强调国际刑事法院管辖权的补充性是科学合理的。同时他也注意到，《罗马规约》关于补充性原则的规定也有不尽合理之处。例如，根据《罗马规约》第 17 条第 2 款的规定，似乎赋予国际刑事法院具有评判国内法院的司法活动和判决结果的权力。如果国际刑事法院的这一权力运用不当，就很有可能损害其补充性原则，必然影响其与国内法院的合作。第二，强制性。国际刑事法院的管辖权在某种程度上说是相互矛盾的，在强调补充性的同时，又渗透着强制性的内容。从解决管辖权冲突的角度出发，国际刑事法院管辖权

① 参见高铭暄、王秀梅：《普林斯顿普遍管辖原则及其评论》，载《中国刑事法杂志》2002 年第 3 期。

的强制适用可以最大限度地避免几个国家法院之间,或者国内法院与国际刑事法院之间的管辖权冲突,从而可避免外交上的紧张局势及可能引发的暴力行为。但国际刑事法院管辖权的强制性实际上与国家主权原则有抵触之处。管辖权的强制性不仅严重侵犯国家主权,而且也影响国家根据普遍管辖原则履行国际条约的义务,有悖于国际社会建立国际刑事法院的初衷。第三,普遍性。尽管《罗马规约》的序言和有关条款强调了国际刑事法院管辖权的补充性质,但从其内容上看,则更多地体现了普遍性的管辖权。《罗马规约》原则上要求非缔约方继续在各自管辖范围内履行惩治严重国际犯罪的责任,这似乎在形式上并没有对非缔约方施加任何义务。但事实上是要求其被动接受国际刑事法院的管辖,甚至要求非缔约方履行《罗马规约》赋予缔约方相同的义务。这实际上打破了"条约相对效力"这一被国际社会普遍认可和遵循的规则,违背了国家主权原则,也不符合《维也纳条约法公约》的规定。①

(二)检察官的地位问题

高铭暄教授认为,根据《罗马规约》的规定,关于国际刑事法院检察官的地位与权力,大多使用了委婉的措辞,规定检察官的某项权力系"可以"行使而非"必须"行使,从而体现出其权力含蓄的一面。但从具体内容上分析并非如此:①检察官可以自行根据有关国际刑事法院管辖权内的犯罪的资料开始调查;②检察官依据其后发现的新事实或证据就已经被预审分庭拒绝授权调查的情势,可再次提出授权调查的请求;③检察官在等候有关国家自行调查时,可以要求有关国家定期向检察官通报其调查的进展和其后的任何起诉,缔约方应无不当拖延地对这方面的要求作出答复。可见,检察官的权力似乎显得过大,这对于本应不承担《罗马规约》义务却因检察官的指控而被动接受管辖的非缔约方而言尤为明显。当然,为避免检察官权力过大而影响一国的司法主权,《罗马规约》及《程序与证据规则》对检察官的权力也作了一定的限制。尽管如此,在缺乏相应的部门和规定对检察官司职的独立性和公正性进行有效的监督和制约的情况下,实际上仍难以防止国际刑事法院检察官权力的异化。②

---

① 参见高铭暄、王俊平:《中国关注的国际刑事法院问题》,载《人民检察》2007 年第 7 期。

② 参见高铭暄、王俊平:《中国关注的国际刑事法院问题》,载《人民检察》2007 年第 7 期。

(三)国际刑事法院管辖的某些犯罪问题

在《罗马规约》谈判过程中,危害人类罪是否要与武装冲突相关联,是一个争议激烈且引起广泛关注的问题。最终,《罗马规约》没有把"武装冲突"规定为危害人类罪的要件。高铭暄教授认为,就法理而言,在战时,对平民发动广泛或有系统的攻击行为,与非战时相比,前者的社会危害程度要远远大于后者,而且前者对国际社会心理的影响也是后者所不可比拟的。故取消危害人类罪成立所要求的"武装冲突"要件,实际上是降低了归属于国际刑事法院管辖的核心犯罪的入罪门槛,这显然违背了国际刑事法院成立的宗旨,进而为粗暴地干涉一国主权留下隐患。[①]

在《罗马规约》谈判过程中,战争罪应被列为国际刑事法院管辖范围内的核心罪行,对此各国的立场是一致的。存在争议的问题是,国内武装冲突应否规定为战争罪的构成要素？这一问题事关国家的主权,故引起广泛关注。《罗马规约》的规定最终坚持了肯定的立场。高铭暄教授认为,在习惯国际法上,战争罪只能适用于战争或国际性武装冲突的场合。尽管国际特设法庭在审理个别案件时作了一定的突破,将战争罪适用于国内武装冲突,但这并不具有可以突破习惯国际法的普遍意义。况且法制健全的国家完全有能力惩处国内武装冲突中的战争罪行,对这类犯罪进行惩治,国内法院显然比国际刑事法院具有更为明显的优势。因此,对战争罪应维持习惯国际法的理解,对于日内瓦四公约共同第 3 条和《第二附加议定书》所规定的行为,仍应由国内法院管辖。[②]

在国际刑事法院整个筹备阶段和外交大会期间,侵略罪应否列为国际刑事法院管辖的核心罪行,争议非常大,其焦点在于能否建构一个普遍能够接受的侵略罪的定义。高铭暄教授认为,对侵略罪的界定,似应注意以下问题:首先,可否考虑突破在国际刑事司法中仅追究个人刑事责任的规定。从实践分析,侵略行为绝非个人所能实施的,通常具有国家或团体的背景。当安理会判定一国或一个团体实施了侵略行为,国际刑事法院根据《罗马规约》的规定只调查个人实施侵略罪的证据,并对该人行使管辖权,而不追究团体的刑事责任,似乎逻辑上存在矛盾。其次,应该充分重视安理会对侵略行为的

---

① 参见高铭暄、王俊平:《中国关注的国际刑事法院问题》,载《人民检察》2007 年第 7 期。

② 参见高铭暄、王俊平:《中国关注的国际刑事法院问题》,载《人民检察》2007 年第 7 期。

预断权。根据《联合国宪章》的有关规定,对国家侵略行为的判定权在于安理会,因此,在安理会未就侵略情势作出判定的情况下,国际刑事法院就缺乏启动管辖权的依据。最后,要妥善处理安理会的职责与国际刑事法院的独立性之间的关系。安理会有权决定是否发生侵略行为,并将该情势提交国际刑事法院检察官,如果国际刑事法院受理该案,但审判的结果与安理会的预断不同,则有可能影响安理会的威信或国际刑事法院的威严。因此,必须处理好二者之间的关系。① 2017 年侵略罪正式写入《罗马规约》,但高铭暄教授的见解仍具有现实启发意义。

五、关于中国刑法与国际公约的协调与衔接

高铭暄教授对中国刑法与国际公约的对接型研究既有犯罪论、刑罚论部分的研究,也有具体罪名的衔接性研究,具体如下:

(一)《罗马规约》与中国刑法中犯罪故意的契合

高铭暄教授认为,《罗马规约》与中国刑法在犯罪故意的种类、犯罪故意的认识因素和意志因素等许多方面存在相同之处。但在确定故意的标准、价值判断的要素以及心理要件概念的适用方面也存在明显的区别。

1.《罗马规约》与中国刑法相关立法的相同点

《罗马规约》与中国刑法相关立法在以下方面存在相同之处:第一,从犯罪故意的种类来看,无论《罗马规约》还是中国刑法,都将犯罪故意分解为犯罪的直接故意和间接故意。第二,从犯罪故意的内部构造来看,在认识因素方面,均以对构成犯罪客观要件的事实的认识作为犯罪故意的必要要件,如果对作为犯罪成立客观方面要件的事实产生错误认识,则阻却犯罪故意的成立;都认为违法性的认识一般不是犯罪故意的必要要件,因此在法律认识错误的场合,一般不阻却犯罪故意的成立。在犯罪故意的意志因素方面,都认为决意实施某种行为或者决意造成某种结果的,成立犯罪故意;明知事态的一般发展会产生某种结果而有意不理会的,成立犯罪的故意。②

---

① 参见高铭暄、王俊平:《中国关注的国际刑事法院问题》,载《人民检察》2007 年第 7 期。
② 参见高铭暄、王俊平:《〈罗马规约〉与中国刑法犯罪故意之比较》,载《法学家》2005 年第 4 期。

2.《罗马规约》与中国刑法相关立法的区别

《罗马规约》和中国刑法的有关规定也存在着一些区别,主要表现在:第一,关于确定故意的标准。《罗马规约》采用了多元的标准来认定故意,即以行为人对事态、行为或者结果的认识和意志为标准来确定是否构成犯罪的故意;而中国刑法则主要以行为人对危害社会的结果的认识和意志为标准来确定是否构成故意。第二,关于认识错误。《罗马规约》对认识错误的分类及处理原则作出规定;而对事实和法律的认识错误如何处理,在中国是由刑法理论加以探讨的。第三,在《罗马规约》对蓄意和明知所下的定义中,故意的成立只要求行为人对特定的事态、特定的行为或其产生的结果有认识即可,而不要求对行为或结果的危害社会的属性进行评价;在中国刑法中,从字面上看,要求行为人对自己行为所产生的结果的危害社会的属性进行评价。第四,对犯罪故意概念的适用要求不同。《罗马规约》第30条只有在没有其他特别规定的情况下才适用;而中国刑法中的犯罪故意的概念没有任何例外地适用于刑法分则的所有故意犯罪。①

(二)《公民权利和政治权利国际公约》与我国死刑制度的完善

我国已于1998年10月5日签署了《公民权利和政治权利国际公约》,高铭暄教授认为,我国的"不废除死刑,坚持少杀,防止错杀,严禁滥杀"的死刑政策与《公民权利和政治权利国际公约》精神一致。在《刑法修正案(八)》对死刑罪名废除之前,高铭暄教授多次呼吁我国刑法典中配置死刑的罪名还是偏多,建议随着社会、经济的不断发展,对死刑的适用范围尽可能予以缩小,并作出更严格的限制。他提出,在死刑适用对象上,除了从立法上与《公民权利和政治权利国际公约》做到相互衔接,司法上也要保持一致,凡在羁押、取保候审、监视居住以及剥夺自由刑罚执行期间怀孕的妇女,均不得判处死刑和执行死刑。在死刑缓期执行期间一旦被发现是怀孕的妇女,应立即予以改判,将其刑罚改为无期徒刑或者长期徒刑。考虑到限制刑事责任能力的精神病人毕竟由于其自身疾病的影响,导致其辨认或者控制自己行为的能力有所减弱,本着人道主义的精神,即使其犯了极其严重的罪行,似也不宜对之适用死刑。我国也应对精神病人不适用死刑,至少对不能被执行死刑作出明

---

① 参见高铭暄、王俊平:《〈罗马规约〉与中国刑法犯罪故意之比较》,载《法学家》2005年第4期。

确规定。应以《公民权利和政治权利国际公约》和我国刑法限制死刑、慎用死刑的原则为基点,理性而慎重地解决死刑缓期执行过程中的问题。关于死刑的执行方法,高铭暄教授主张采用注射的死刑执行方法,赋予被判处死刑的罪犯要求赦免或减刑权,这对于进一步限制死刑的适用无疑将会起到积极有效的作用。①

(三) 国际人权法与中国刑法中未成年人刑罚措施的完善

中国是《世界人权宣言》的缔约方之一,并且已批准和签署了其他一系列国际人权公约。高铭暄教授选取未成年人犯罪处罚措施这一具体问题,以国际人权法为参照,切实地研究中国人权立法与国际人权公约的接轨、完善相关问题。高铭暄教授认为,《公民权利和政治权利国际公约》等一系列国际人权法针对未成年人犯罪处罚措施作出了特殊规定。中国有必要以这些规定为参照,完善刑法中未成年人犯罪的处罚措施。中国刑法对未成年人犯罪判处死刑的绝对禁止,是符合国际人权法的要求的,但没有对未成年人适用无期徒刑作出特别规定。他提出,对未成年人犯罪,一般情况下,不应当适用无期徒刑,立法有必要对此作出明确的宣示,进一步清楚地体现出对未成年人犯罪适用无期徒刑的限制性规定。此外,对未成年人要慎重适用监禁刑。在未成年人犯罪情节较为严重,必须适用徒刑时,国际人权公约考虑到监禁刑可能对未成年人心灵造成更大的伤害,明确要求对未成年人犯罪要尽可能少地实施封闭性的关押。国际人权公约的规定体现出立法上慎重、司法上慎用的精神。中国历来对未成年人犯罪注重贯彻"教育为主、惩罚为辅"的刑事政策,立法和司法机关在将未成年人的违法行为纳入刑法进行处理时都是十分慎重的;即使必须作为犯罪处理,也一直强调对未成年人从宽处罚。对未成年人的行为必须作为犯罪进行处理时,应尽可能慎重地适用监禁刑,在当前中国立法中却体现得并不明显。因而,对未成年人犯罪适用监禁刑,不可不慎,在中国刑法立法中,对此应有明确的体现,将来修订刑法时,可进一步考虑加以补充规定。②

对非刑罚处罚措施,高铭暄教授提出中国刑法中未成年人犯罪非刑罚处

---

　　① 参见高铭暄、李文峰:《从〈公民权利和政治权利国际公约〉论我国死刑立法的完善》,载张艾清、李理主编:《贵州法学论坛(首届文集)》,贵州人民出版社 2000 年版,第 1—16 页。

　　② 参见高铭暄、张杰:《中国刑法中未成年人犯罪处罚措施的完善——基于国际人权法视角的考察》,载《法学论坛》2008 年第 1 期。

罚方法存在以下两个方面的不足:首先,非刑罚处罚方法缺乏系统、专门的规定;其次,非刑罚处罚方法种类偏少、体系性不强。针对上述情形,高铭暄教授认为,目前虽不需要制定专门的未成年人犯罪单行刑法,但是,出于将未成年人犯罪中非刑罚处罚方法加以系统化整理的考虑,有必要在刑法中设立专条、专节的形式,改造现有方法,增设新的种类,建立形式多样、轻重有序、逐级递进的非刑罚处罚方法体系,强化非刑罚处罚方法在未成年人犯罪中的适用。①

(四)国际反腐败犯罪的趋势与中国刑事法规制

通过对国际反腐败犯罪的历程回顾,以《联合国反腐败公约》为参照,并结合一些先进国家的法律规定及实践经验,借鉴其他相关国际公约的内容,高铭暄教授指出了国际反腐败犯罪所具有的发展趋势,他主张建立健全腐败犯罪预防机制;设立严密的腐败犯罪刑事法网;针对腐败犯罪的特点设置特殊的诉讼规则和处罚措施;强调打击腐败犯罪的国际合作;注重腐败犯罪中的资金追回等六个方面。中国应当顺应国际反腐败犯罪趋势,参照《联合国反腐败公约》,从立法与司法两个方面完善反腐败犯罪的刑事法治。在刑事立法方面,首先要加强预防性立法,建立公务员财产申报制度;其次是修改腐败犯罪的构成要件,严密刑事法网;最后是改进死刑立法,促进腐败犯罪中的引渡合作。而在刑事司法方面,他提出,一要建设专职的反腐败犯罪机构;二要完善反腐败刑事司法中的证人制度;三要健全涉外资产追回机制。②

2013—2014年,高铭暄教授提出了关于加大防逃追逃追赃力度,加强反腐败国际合作工作的若干建议:一是建议进一步加强中央纪委在领导、组织确定我国反腐败基本政策、制订反腐败总体规划,协调重大反腐败国际合作案件办理,督促司法机关依据我国法律、我国缔结的国际条约或公约在开展国际执法合作等方面发挥作用,在全国上下形成纪检监察机关配合与支持司法机关开展境外追逃追赃的工作氛围。二是建议进一步发挥检察机关在反腐败国际合作、职务犯罪境外追逃追赃工作中的主要职能作用和主渠道作用。三是建议进一步加强外交、公安、司法行政和审判机关在职务犯罪境外

---

① 参见高铭暄、张杰:《中国刑法中未成年人犯罪处罚措施的完善——基于国际人权法视角的考察》,载《法学论坛》2008年第1期。

② 参见高铭暄、张杰:《论国际反腐败犯罪的趋势及中国的回应——以〈联合国反腐败公约〉为参照》,载《政治与法律》2007年第5期。

追逃追赃工作中的重要作用。四是建议加强境外追赃机制性建设,建议参照美国的做法,组建一支由检察、纪检监察、审计、公安、外交、财政、国有资产管理等部门组成的跨部门的、主要针对我国公职人员在境外拥有违法所得进行调查的特别侦查队伍。① 同时,高铭暄教授认为,要加强反腐败国际合作实务理论问题研究,进一步发挥专家学者在推动反腐败国际合作立法、司法,以及机制性、制度性建设等方面的重要作用:一是建立反腐败暨国际合作工作专家论证与咨询制度。二是组织力量加强反腐败暨国际合作实务问题的理论研究,结合我国最新修正的刑法、已生效实施的刑事诉讼法、正在起草的刑事司法协助法和各项反腐败政策法律,通过课题研究、研讨会和国际刑法学年会等方式,推动相关政策、立法和司法工作顺利开展。三是通过举办培训班、授予专业学位等方式,培养一批反腐败暨国际合作方面的实务工作人才和理论研究人才。②

(五)国际人权公约与中国刑事诉讼法的修改与完善

国际人权公约主要是由联合国制定和认可的有关人权的国际标准及实施机制的国际法规则总和。目前中国已加入 20 多个国际人权公约。加入国际人权公约,对中国现行法制尤其是刑事诉讼体制及其运作机制产生了重要影响。通过将国际人权公约与 1997 年施行的刑事诉讼法相比照,高铭暄教授在 21 世纪初对中国刑事诉讼法今后的修改与完善提出了简明精要而较为妥当的建议,这些建议也为刑事诉讼法在 2012 年、2018 年的修正提供了参考。③

高铭暄教授将国际人权公约与 1997 年施行的刑事诉讼法中涉及人权保障的内容加以比照,指出自改革开放以来,中国政府对公民权利保障问题日益重视,在制定和修订法律时,增加了很多维护人权的内容,这在 1979 年制定、1996 年修正的刑事诉讼法中表现得尤为明显,涉及人权保障的主要内容

---

① 参见高铭暄等:《关于加大防逃追逃追赃力度加强反腐败国际合作工作的若干建议》,载赵秉志主编:《刑事法治发展研究报告(2013—2014 年卷)》,法律出版社 2016 年版,第 319 页。

② 参见高铭暄等:《关于加大防逃追逃追赃力度加强反腐败国际合作工作的若干建议》,载赵秉志主编:《刑事法治发展研究报告(2013—2014 年卷)》,法律出版社 2016 年版,第 320—321 页。

③ 参见高铭暄、孟军:《国际人权公约与中国刑事诉讼法的修改与完善》,载赵秉志主编:《刑事法治发展研究报告(2005—2006 年卷)》,中国人民公安大学出版社 2006 年版,第 677—687 页。

有：①不受任意逮捕或拘禁的权利；②独立、公开审判原则；③未经人民法院依法判决不得定罪；④辩护权和法律援助权；⑤适用本民族语言文字进行诉讼的权利；⑥非法证据排除；⑦复审制度；⑧获得赔偿的权利。① 对刑事诉讼法修改面临的与国际人权公约规定的冲突与平衡问题，他提出有些权利虽为刑事诉讼法所规定，但与国际人权公约规定的内容有一定的差距，如无罪推定的权利、辩护权利和非法证据排除的权利等。以无罪推定权利为例，《公民权利和政治权利国际公约》第 14 条第 2 款规定，凡受刑事控告者，在未依法证实有罪之前，应有权被视为无罪。而刑事诉讼法规定了"未经人民法院依法判决，对任何人都不得确定有罪"。可以看出，尽管刑事诉讼法吸收了无罪推定的基本精神，但二者的表述是有差别的。"应有权被视为无罪"与"对任何人都不得确定有罪"不能画等号。"应有权被视为无罪"意味着受刑事指控人在法律上是无罪的人，对他就不能当作罪犯来对待；"不得确定有罪"意味着受刑事指控人是否有罪处于不确定状态，事实上他可能有罪，也可能无罪，只是法律上不能认定。对其如何处理，似乎留了个尾巴。②

　　对于如何贯彻公约，从中国现实情况出发，他认为主要面临以下几个方面的障碍：一是人权观念。中国法律传统注重国家整体利益，忽视对个人利益的保护。这种"重国家、轻公民"的国家本位的价值理念反映在刑事诉讼领域，就是现行法律对公民权利列举不完整，而对公民权利，特别是受刑事指控人权利的限制则是充分的。刑事法律呈现出强烈的工具主义色彩。传统的法律思想依然在社会中有着根深蒂固的影响，一些否定人的平等、尊严和权利的制度、规则和习俗依然盛行。这与国际人权公约全面倡导的尊重人的价值和尊严、保护人权的理念格格不入，也是刑事诉讼法修改贯彻和落实国际人权公约遇到的相当大的障碍。二是现实国情。中国是一个人口众多的发展中国家，受自然、历史、经济等多方面的制约，各地发展水平很不平衡。这在客观上会制约中国履行国际人权公约所确定的人权保障义务的能力。在将国际人权公约所确定的内容转化为国内立法时，必须考虑中国的发展水

---

　　① 参见高铭暄、孟军：《国际人权公约与中国刑事诉讼法的修改与完善》，载赵秉志主编：《刑事法治发展研究报告》（2005—2006 年卷），中国人民公安大学出版社 2006 年版，第 677—687 页。
　　② 参见高铭暄、孟军：《国际人权公约与中国刑事诉讼法的修改与完善》，载赵秉志主编：《刑事法治发展研究报告》（2005—2006 年卷），中国人民公安大学出版社 2006 年版，第 677—687 页。

平。另外,中国的司法体制也与许多国家不同,国际人权公约的内容是根据多数国家共同性的基础制定的。修改法律容易,变动一国的司法体制则不是容易的事情。如何根据中国现实国情,贯彻落实国际人权公约的规定,是修改刑事诉讼法时必须解决的一个难题。三是配套机制。刑事诉讼法修改的核心是司法机关处理刑事案件的制度和过程。在整个刑事诉讼过程中都要贯彻国际人权公约的内容。但刑事诉讼制度中的任何一项内容都无法独立发挥作用,必须有相应的配套措施作为实施的保障。从总体情况看,包括刑事诉讼领域在内,中国仍然相对缺乏对可能侵犯人权的国家行为提供有效救济的机关和程序,特别是司法机关和程序。可见,单纯对刑事诉讼法加以修改、调整,还不能很好地实现和完成司法改革的目的。只有把与刑事诉讼制度相关的体制的改革和调整放在中国整个司法改革的视野中去统筹安排、协调进行,才能更好地推进刑事诉讼制度改革,国际人权公约的内容才能真正得到落实。如何在刑事诉讼制度取得局部突破的同时兼顾整个司法改革的系统性,是刑事诉讼法修改遇到的又一个挑战。[①]

　　国际人权公约是世界各国在人权保护领域共同追求的理想价值和通力协作的丰硕成果,也是衡量各国法律文明、民主、进步与否的国际标准。信守国际公约,将国际公约的内容转化为国内法,是中国进一步深化司法改革,加强对公民权利的保障,发展现代司法制度的必然要求,也是中国刑事诉讼制度改革追求的目标。高铭暄教授认为,基于中国法律传统的差异、刑事诉讼价值的不同倾向及其他支撑现代法治的某些条件的不成熟,中国宜在较长时期内,通过持续不断地进行局部的刑事诉讼制度变革,循序渐进地接近国际人权公约的要求。这是一种既符合法制规律又符合中国国情的理性选择。当然,国际人权公约确定的许多规则是人权保护的最低标准,对这样的内容,要求成员方法律必须予以体现。同时,贯彻国际人权公约的内容,修改刑事诉讼法,必须处理好改革的现实条件与理想目标的关系问题。[②]

---

　　① 参见高铭暄、孟军:《国际人权公约与中国刑事诉讼法的修改与完善》,载赵秉志主编:《刑事法治发展研究报告》(2005—2006 年卷),中国人民公安大学出版社 2006 年版,第 677—687 页。

　　② 参见高铭暄、孟军:《国际人权公约与中国刑事诉讼法的修改与完善》,载赵秉志主编:《刑事法治发展研究报告》(2005—2006 年卷),中国人民公安大学出版社 2006 年版,第 677—687 页。

六、关于欧共体刑法运行机制

　　高铭暄教授对刑法国际化的关注始终围绕着国际社会的发展局势,在针对欧共体金融利益的欺诈日趋严重的背景下,他对此问题也进行了专门的研究。高铭暄教授认为,由于国别法律制度与法律传统的差异,成员方在对欧共体金融利益的保护上有不同的模式。欧共体的机构是否根据欧共体的有关条约而被赋予刑法创制权能,这是一个富有争议性的问题,而且由于欧洲宪法的接连受挫,使得这一问题变得更为复杂。他认为,虽然存在着超国家刑法规范的实际需要与现行欧盟制度之间的固有矛盾,但在泛欧洲层面,以超国家刑法规制手段来实现对欧共体财政金融领域的充分保护,是一个可以预见的必然性趋势。基于对主权的不可转让性、欧盟存在着结构性的民主赤字以及欧共体不存在刑法权限等因素的考虑,对于欧共体金融利益的保护,在欧共体层面所能做的只是对各成员方刑法的协调与促进各国司法机构的合作,而不能制定一个泛欧洲的、适用于特定领域的刑事法律规范。[1]

　　高铭暄教授指出,欧共体享有特定领域的刑罚权能是必需的和应然的,理由是:①通过控制犯罪原因预防性的或行政法上的措施,不能达到如同刑法规范一样的有效且等价值的保护效果;②从法律的角度来看,刑法一直以来都处于国家主权强制力的中心地位,成员方对于丧失刑法权力的这种担心是多余的;③考虑到刑法的特性,从"法无明文规定不为罪"的刑法基本原则中推导不出对欧共体刑法权限的严格解释;④欧洲联盟条约第三个支柱(即司法与民政事务政策)中的"刑事方面的警察和司法合作"的存在,表明并不反对欧共体机构就设置特定领域的刑法而享有部分的权能;⑤虽然至今还没有欧共体刑事法院和属于欧共体自身的刑罚执行机构,但是欧洲整体化刑事法庭的不存在并非就此决定了欧共体刑法制定权的缺乏;⑥通过协调成员方法律以及促进成员方之间的合作,并不能充分保障共同体的金融利益,这是主张采取超国家刑法规制手段的一个重要理由;⑦不可否认的是,为保护欧共体金融利益而在欧洲层面规定特有的刑事犯罪构成,唯一存在的障碍就是存在议会保留这个一般性的法律原则。但是,欧洲层面的民主赤字正

---

　　[1]　参见高铭暄、吴玉梅:《欧共体金融利益的刑法保护》,载《中国法学》2006年第2期。

逐步减少,这显示出欧共体缺乏刑法性权能的情况必定不会持久。①

七、关于中国区际刑法

基于我国历史和现实原因所形成的"一个国家、两种制度、三个法系和四个法域"的现状,针对内地与港澳台地区刑事法制所存在的诸多问题,20世纪 90 年代,高铭暄教授进行了大量开创性的研究,主要涉及内地与港澳台地区间的刑事管辖权的合理划分、刑事司法协助等问题,为我国区际刑事立法、司法与执法等实践活动提供了重要的理论支持。

(一)内地与港澳特区间区际刑事法律冲突解决原则的实际运用

高铭暄教授认为,区域刑事管辖冲突,应指某区域内,国家间(并不一定包括该区域内的所有国家)在刑事法律适用上的冲突或抵触。这种冲突既包括区域内各国之间的冲突,也包括各国国内法与区域法的冲突。他指出,我国的区际刑事法律冲突是由多种原因造成的:一方面,由于历史原因,《中英联合声明》和《中葡联合声明》中均明确确认回归后的香港特区和澳门特区是中国领土,中华人民共和国对其行使主权,但两个地区的社会制度和基本法律不变(除与该地区基本法相抵触的法律需要进行修订外)。这样便从客观上形成了在统一主权之下,两种社会制度并存,多法系平等刑事法律冲突的现象。另一方面,在内地刑法与特别行政区刑事法律的并行适用中,双方刑事法律空间效力适用范围存在地域限制性,这也是区际刑事管辖冲突产生的原因之一。在内地刑法的效力不及于特别行政区,而出现跨越内地和特别行政区的犯罪时,便会导致刑事管辖权发生冲突。高铭暄教授以内地与香港特区区际刑事管辖冲突问题为研究标的,提出了我国解决区际刑事管辖冲突所应遵循的基本原则:一是国家主权原则;二是各法系平等原则;三是互惠原则;四是参照国际条约或国际惯例原则;五是坚持维护人权、有效惩治犯罪、便利诉讼(包括诉讼移转)以及对彼此判决效力的承认与执行原则。②

---

① 参见高铭暄、吴玉梅:《欧共体金融利益的刑法保护》,载《中国法学》2006 年第 2 期。
② 参见高铭暄、王秀梅:《我国区际刑事管辖冲突的内涵及解决原则》,载《法律科学》1999 年第 6 期。

　　高铭暄教授提出将属地原则与属人原则的原理加以演化,并将推演的结论作为解决我国区际刑事法律冲突的手段和确认刑事管辖权的准则,即属人原则——居所地身份原则;属地原则——犯罪地原则。具体来说,在解决我国区际刑事法律冲突时,可以以犯罪地原则为主,只要行为或结果在一地内的,该地法院即具有管辖权;辅以居所地身份原则,即当犯罪地原则于适用中出现障碍时,可以考虑适用行为人居所地的身份来确认刑事管辖权的行使。对以犯罪地确定刑事管辖权时,只要行为或结果有一项发生在内地或者香港特区、澳门特区内的,犯罪行为实施地或结果发生地的司法机关都有刑事管辖权。此外,对于得到国际社会广泛认可的永久居所地或主要营业地管辖原则,高铭暄教授认为,可以参照永久居所地和主要营业地原则拟定我国区际刑事法律冲突中的居所地身份原则。①

　　针对实践中容易导致刑事管辖权冲突的现象,高铭暄教授进行了细致的总结,并提供了具体的解决方案,他总结了易于导致刑事管辖权冲突的现象主要有以下几种:①犯罪行为分别在两地或三地,而结果却在其中一地发生的;②数罪中,有的犯罪行为与结果完全在一地发生,有的犯罪行为与结果分别在两地、三地,或者有的犯罪行为跨越两地、三地的;③犯罪行为与结果均发生在一地,而行为人居所地身份与犯罪地不一致的(如本地居民异地犯罪后逃回本地);④在共同犯罪案件中,犯罪主体分别为两地或三地居民,犯罪行为与结果或为一地,或分别为两地、三地的。②

　　他提出,上述第①、②种情形主要是由于犯罪地的跨越导致管辖权的冲突。此时无论是一种行为还是数种行为,无论行为发生在一地,或是两地、三地,只要犯罪构成要素之一与其中一地有关联,该地司法机关就有管辖权,至于两地或三地均具有刑事管辖权,这种管辖权应由谁来具体操作,可以通过双方或三方协商,从便利诉讼和最佳审理效果出发,决定管辖权行使的主体。③

---

　　① 参见高铭暄、王秀梅:《我国区际刑事管辖冲突的内涵及解决原则》,载《法律科学》1999年第6期;高铭暄、王秀梅:《略论两地刑事管辖冲突解决原则的适用》,载《法制日报》2004年4月5日。

　　② 参见高铭暄、王秀梅:《我国区际刑事管辖冲突的内涵及解决原则》,载《法律科学》1999年第6期;高铭暄、王秀梅:《略论两地刑事管辖冲突解决原则的适用》,载《法制日报》2004年4月5日。

　　③ 参见高铭暄、王秀梅:《我国区际刑事管辖冲突的内涵及解决原则》,载《法律科学》1999年第6期;高铭暄、王秀梅:《略论两地刑事管辖冲突解决原则的适用》,载《法制日报》2004年4月5日。

上述第③种情形存在两种可能:一是行为人的居所地身份不制约刑事管辖权的行使时,行为人居所地身份可以予以忽视,而主要应考察行为人的行为实施地与结果发生地,作为选择管辖权和适用法律的依据,此时行为人的居所地身份不能制约刑事管辖权的行使。二是行为人的居所地身份影响刑事管辖权的行使时,可依据居所地身份原则行使刑事管辖权。①

在上述第④种情形中,共同犯罪行为人的犯罪行为分别在两地、三地或与结果地不一致的,或者犯罪行为的预备行为地与实行行为地分别在两地的情形下,在实践中并无明确的界定标准,只要两地或三地之中任何一地先行抓获了共同犯罪人之一,无论是主犯还是从犯、无论其居所地是否一致,先行抓获地的司法机关可以行使管辖权,而另一方应将其抓获的其他共同犯罪嫌疑人移交先行抓获方,以便合并审理这一共同犯罪案件;相反,如后抓获共同犯罪嫌疑人之一的一方认为审理此案更有利于诉讼和打击跨地区犯罪的,经过协商先行抓获方亦可将其已经取得的案件相关材料移交给对方。如果共同犯罪的行为地与结果地一致,只是共同犯罪人分别为两地的情形,原则上由犯罪行为地和结果地的司法机关管辖,而不根据共同犯罪人主犯居所地身份或从犯居所地身份的归属来决定管辖权。②

高铭暄教授提出的这一方案既关注到了与国际刑法管辖理念的一致,也对我国区际法律实践的现实问题予以了考虑,秉承了其以国家需要为基础,坚持理论与实践相结合的学术研究立场。

(二)大陆与台湾地区互涉刑事法律问题

1. 两岸互涉刑事法律问题的基本原则

20世纪90年代初,高铭暄教授就开始关注海峡两岸的互涉法律问题,对两岸互涉刑事法律问题的原则、互涉犯罪刑事管辖权的归属等问题展开研究,提出了极具理论价值与实践意义的见解,对促进和强化两岸刑事司法合作提供了可资借鉴的理论。

---

① 参见高铭暄、王秀梅:《我国区际刑事管辖冲突的内涵及解决原则》,载《法律科学》1999年第6期;高铭暄、王秀梅:《略论两地刑事管辖冲突解决原则的适用》,载《法制日报》2004年4月5日。

② 参见高铭暄、王秀梅:《我国区际刑事管辖冲突的内涵及解决原则》,载《法律科学》1999年第6期;高铭暄、王秀梅:《略论两地刑事管辖冲突解决原则的适用》,载《法制日报》2004年4月5日。

就处理海峡两岸互涉刑事法律问题而言,高铭暄教授曾经提出了三条标准可以遵循:一是必须符合中华民族的根本利益;二是应当满足两岸同胞的共同愿望;三是需要根据两岸的同见同识。以这三条标准来衡量,坚决维护祖国统一的原则、平等保护同胞利益的原则、相互尊重历史和现实的原则,可以作为处理两岸互涉刑事法律问题的基本原则。[①]

鉴于海峡两岸乃是"尚未统一"的关系,而港澳特区与内地则是"已然回归"的关系,他指出这一区别决定了两者刑事管辖冲突的性质与协调原则具有重大区别,无法一体率袭,而应个别阐述。[②]

高铭暄教授认为,协调海峡两岸互涉犯罪管辖权冲突问题应当坚持如下价值原则:①"一个中国"原则,绝对不可将两岸互涉犯罪问题国际化。②"两个法域"原则。海峡两岸的治权都未能现实及于对方管辖范围,在协调互涉犯罪刑事管辖问题时必须本着尊重历史和现实的务实态度。③构建合力原则。共同打击犯罪,维护两岸社会稳定与和谐,保障两岸人民的合法权益,应当是超越意识形态的两岸人民的共同福祉。在解决两岸刑事管辖权冲突问题上,必须要着眼于这一共同福祉,尽可能地化解歧见,增进共识,消除障碍,努力构建两岸共同打击犯罪维护秩序的合力。④便利诉讼、保障人权原则。在协调两岸互涉犯罪管辖权冲突问题上,既要充分考虑尽可能地节减司法成本,节约司法资源,提高司法效率,提升司法效益,也要保障两岸人民在刑事诉讼中的基本人权,特别是国际条约所赋予并且为两岸相关规定所确认的基本人权。[③]

2. 海峡两岸互涉犯罪管辖协调的技术规则

关于区际刑法管辖协调的技术规则,高铭暄教授认为,可以依托一定的位阶性,即以犯罪行为地管辖为原则,以最初受理和优先控制管辖为补充,辅之以协商管辖的机动,具有鲜明的操作性,避免了烦琐和杂乱。具体而言,应当遵循以下秩序:

(1)行为地优先规则。在下述两种情形下,应适用犯罪行为地法,由犯

---

① 参见高铭暄、赵秉志:《海峡两岸互涉刑事法律问题的宏观探讨》,载《法学家》1992年第1期。

② 参见高铭暄、徐宏:《海峡两岸互涉犯罪管辖协调问题探讨》,载《中国刑事法杂志》2010年第1期。

③ 参见高铭暄、徐宏:《海峡两岸互涉犯罪管辖协调问题探讨》,载《中国刑事法杂志》2010年第1期。

罪行为地法院管辖:①行为人在对岸实施犯罪;②犯罪行为地与犯罪结果地分属海峡两岸。

(2)实行行为地优先规则。实行行为地优先规则相应地包括两类情形:①如果犯罪预备行为地与实行行为地分属海峡两岸,则应适用犯罪实行行为地法,由犯罪实行行为地法院管辖;②如果共同犯罪的实行行为地和教唆行为地、帮助行为地分属海峡两岸,则应适用犯罪实行行为地法,由犯罪实行行为地法院管辖。

(3)主要实行行为地优先规则。如果犯罪实行行为跨越海峡两岸分别实施、接续实施、连续实施、持续实施或者共同实行行为人在海峡两岸分别各自实施犯罪实行行为,则应适用主要实行行为地法,由主要实行行为地法院管辖。

(4)最初受理或者实际控制优先规则。该规则适用下述三种情况:其一,犯罪行为地与犯罪结果地、犯罪预备行为地与犯罪实行行为地、犯罪教唆(或帮助)行为地与犯罪实行行为地、主要实行行为地与次要实行行为地难以区分或者甄别;其二,无法根据上述规则进行明确的管辖归属;其三,根据上述规则作出的管辖归属显然违背前述的价值原则,则应当由最初对案件进行立案侦办或者已经对涉案人员进行实际控制的所在地法院行使刑事管辖权。

(5)协商管辖规则。对于个别在海峡两岸具有重大影响力或者敏感性的互涉刑事案件,可以考虑由两岸司法机关本着善意和诚意协商解决管辖问题。协商管辖不受上述规则的限制,可以考虑选择犯罪行为地、犯罪结果地、犯罪人居所地或者最初受理、实际控制地法院管辖。[1]

(三)中国区际刑事司法协助机制和模式的构建

高铭暄教授在区际刑事司法的研究上,十分关注刑事司法协助的制度化和法律化,早在十几年前,高铭暄教授就前瞻性地提出了刑事司法协助的建立机制和模式。在高铭暄教授看来,中国区际刑事司法协助机制和模式的构建目标有三点:①直接目标:建立顺畅高效的区际刑事司法协助机制和模式。如果区际刑事司法协助的机制不畅,模式不佳,区际刑事司法便难以开展,或

---

① 参见高铭暄、徐宏:《海峡两岸互涉犯罪管辖协调问题探讨》,载《中国刑事法杂志》2010年第1期。

者难以高效地开展,势必影响刑事司法的严肃性、公正性。②间接目标:促进中国各法域的刑事司法工作。区际刑事司法协助工作,不仅有利于请求协助方,同时也有利于提供协助方,因而最终有利于开展刑事司法协助的各方。③最终目标:促进中国整体的刑事法治建设。如果中国各法域刑事司法协助工作不能顺利开展,不仅直接影响到各法域的刑事司法工作,而且最终影响到中国整体的刑事法治的统一协调。[①]

高铭暄教授认为,中国区际刑事司法协助机制和模式构建的原则是在建构区际刑事司法协助机制和模式时必须遵守的基本准则,其主要内容如下:

第一,"一国两制"原则。我国的区际刑事司法协助是在"一国两制"的情况下产生的,"一国两制"是我国区际刑事司法协助的前提和基础,这是绝对不能动摇或有丝毫怀疑的。坚持"一国两制"原则,还要求我们承认两种不同的社会制度在各自法域的合法存在,按照和平共处的精神开展社会制度根本不同的法域间的刑事司法协助。

第二,平等协商、相互尊重原则。香港特区和澳门特区基本法都对港澳特区与全国其他地区通过协商进行司法协助作了规定,是内地与港澳特区区际刑事司法协助中确立平等协商原则的法律依据。这一规定包含了两层含义:一是与内地法域开展区际刑事司法协助,是特别行政区自治范围内的事务;二是内地与特别行政区作为两个独立的法域,在开展刑事司法协助时其地位是完全平等的,要本着宽容的态度,实事求是地尊重他法域的法律制度,在平等协商的基础上积极进行刑事司法协助。这也为大陆与台湾地区间区际刑事司法协助提供了可以借鉴的标本。

第三,现实性和可操作性原则。中国区际刑事司法协助机制和模式实际上就是区际刑事司法协助活动的操作规程,如果该种机制和模式不具有现实性和可操作性,也只是一个好看不好用的花瓶,难以在现实中发挥实效。

第四,有效地惩治犯罪的原则。中国区际刑事司法协助关系的建立,应当以有利于共同惩治与防范各区域尤其是互涉的犯罪活动,有效维护社会治安为基本出发点,防止因区际刑事管辖权冲突的发生,而使犯罪分子有机可乘。同时,贯彻有效惩治犯罪的原则还应注意简便性和及时性。[②]

---

① 参见高铭暄、孙晓:《论中国区际刑事司法协助的机制与模式的构建》,载赵秉志主编:《中国区际刑事司法协助新探》,中国人民公安大学出版社2010年版,第1—2页。

② 参见高铭暄、孙晓:《论中国区际刑事司法协助的机制与模式的构建》,载赵秉志主编:《中国区际刑事司法协助新探》,中国人民公安大学出版社2010年版,第2—4页。

关于中国区际刑事司法协助的具体机制和模式,高铭暄教授认为,中国区际刑事司法协助应采用的机制和模式是统分结合模式。所谓"统",即有一个统一的机构负责指导、协调区际刑事司法协助事宜,制定和签署区际刑事司法协助协定等。所谓"分",即要分步骤、分阶段、分部门、分类别制定相关区际刑事司法协助协议,进行相关的刑事司法协助事宜。在统分模式中,不同法域各自成立区际司法协助委员会,由各委员会之间开展整体的司法协助活动的协调、指导工作,在条件成熟时制定、签署区际刑事司法协助协定。同时,各有关刑事司法机构开展与其职能相关的区际刑事司法协助工作,制定与其职能相关的刑事司法协助协议。①

关于区际刑事司法协助机制和模式构建的途径,高铭暄教授认为应从以下方面入手:

第一,确立中国区际刑事管辖冲突解决的规则。确立中国区际刑事管辖冲突解决的规则是区际刑事司法协助的前提。对于涉及国防、外交犯罪案件,一般案件可以由特别行政区法域管辖,特殊案件必须由内地法域管辖。对于背叛祖国、分裂国家等危害国家安全犯罪案件,应该按照犯罪地法域管辖原则办理,若为特别行政区不能行使管辖权的特殊案件,由内地法域管辖。对于中国居民涉外犯罪案件,即中国内部不同法域的居民在中国领域之外实施犯罪的情况,应该由各个法域根据中央人民政府的授权以中国某法域的名义办理管辖的相关手续,如果特别行政区不能行使管辖权的,则由内地最高司法机关以中华人民共和国的名义,根据属人原则或者保护原则主张管辖权。对于不同法域居民在中国领域之外实施国际犯罪后逃回中国的,如果是内地居民,可以按照属人原则直接进行管辖;如果是特别行政区居民(香港或澳门居民),则由该特别行政区司法机关根据中央人民政府的授权进行管辖,如果特别行政区不便管辖或者内地管辖更为合适的,则由内地法院进行管辖。

第二,分阶段、有步骤地构建中国区际刑事司法协助机制和模式。构建中国区际刑事司法协助机制和模式,必须有步骤,分阶段地进行。有学者作了具体设计:第一步,内地与港澳台地区应本着务实的精神,积极推进建立区际刑事司法协助机制的协商活动,按照先易后难、逐个解决的原则分别签订

———————————

① 参见高铭暄、孙晓:《论中国区际刑事司法协助的机制与模式的构建》,载赵秉志主编:《中国区际刑事司法协助新探》,中国人民公安大学出版社 2010 年版,第 6 页。

有关的协议,成熟一个制定一个。属于普遍适用的,可以由内地各执法机关共同组成一个官方的"区际司法协助委员会",代表内地法域与港澳台地区的代表机关协商签订;属于个别适用的,分别由对口部门协商签订;至于个别比较敏感而又急需开展协助的事项,可以先达成某种口头默契。第二步,经过一定时间的实践和完善,由内地与港澳台地区派出的代表机构形成四方协商机制,在达成一致的前提下分别签署单项合作协议,也可以签署普遍适用的中国区际刑事司法协助协定。第三步,由全国人民代表大会在条件具备时统一制定《中华人民共和国区际司法协助法》,列入特别行政区基本法附件三之中,正式公布后在全国范围内实施,全面实现中国区际司法协助的法制化。① 高铭暄教授认为,上述设计的前两个步骤合理可行,只是第三步带有中央统一立法模式的痕迹,可以将第三步修正为由相关区际刑事司法协助机构,即各法域的最高一级司法机关所设立的区际刑事司法协助委员会作为协商会议的各方,共同制定《中华人民共和国区际刑事司法协助协定》。中国区际刑事司法协助机制和模式的建构是一项艰巨复杂的系统工程,涉及协商签约的主体、协商的程序、有关法律冲突的解决、司法协助机制的框架形式等方方面面的问题,需要逐个加以科学合理地解决。②

(四)内地与香港特区移交逃犯的先例模式构建

内地与香港特区间移交逃犯问题是两地区际刑事司法协助的重要内容,直接关系到对跨境犯罪的打击效果。随着两地经贸往来的日益频繁,联系日趋紧密,该问题的解决对维护两地的社会秩序、营造良好的投资环境具有更为重要的意义。目前两地之间没有移交逃犯的固定模式和做法,尽管已经就移交逃犯问题进行协商,但一直未取得实质性突破。两地相关部门频繁接触,就内地与香港特区间移交逃犯问题达成原则性共识,使该问题再次引起人们的关注。根据两地移交逃犯的现状,高铭暄教授提出了先例模式的构想,即利用现有法律,引入遵循先例原则,以个案协商为基础,并赋予协商结果以先例效力,实现"事实移交"。将此作为一个过渡的模式,为两地最终签订双边协议创造条件。③

---

① 参见马进保:《中国区际刑事司法协助论纲》,载《甘肃政法学院学报》2003年第3期。

② 参见高铭暄、孙晓:《论中国区际刑事司法协助的机制与模式的构建》,载赵秉志主编:《中国区际刑事司法协助新探》,中国人民公安大学出版社2010年版,第7页。

③ 参见高铭暄、马正楠:《论香港与内地移交逃犯的先例模式》,载《法学家》2011年第1期。

对于内地与香港特区间移交逃犯的障碍,他认为主要来自两个方面:一是双方法律界(尤其是司法机构)缺少充分的互信。互信是协商谈判的基础和前提,是谈判双方达成共识的必要条件。由于两地实行不同的社会制度,有着不同的历史经历,双方在政治制度及司法制度方面缺乏充分的了解和必要的信任。二是在重大法律问题上存在争议。香港特区方面重在强调"两制"的差异性,认为国际刑事司法协助原则具有普适性;内地方面重在突出"一国"的主权性,主张区际刑事司法协助具有特殊性。这一分歧短期内难以消除,已成为阻碍两地间移交逃犯的深层次原因。高铭暄教授认为,以刑事司法协助依据为标准,可将现有的区际司法协助模式大体分为两类:立法模式和协议模式。立法模式主张通过中央统一立法或单方面立法的方式解决移交逃犯问题。这种简单化处理问题的方式忽视了"两制"的差异性,违反了香港基本法所确立的协商原则和法域平等原则,而且立法模式成本较高、周期较长,存在较高的政治风险,在当前不具有可行性。协议模式由于现状使然,目前很难有所推进。如果采用这一模式,很有可能导致在香港特区旷日持久的司法程序,从而降低司法协助的效率。而且,由于香港特区实行不同于内地的证据规则,内地的移交请求能否在香港特区法院获得通过仍存在较大的风险。①

关于先例模式的构建,基于对现实情况的判断,高铭暄教授认为,当前条件下构建逃犯移交模式应当遵循以下五项原则:一是协商原则,即移交模式应为双方提供一个协商、谈判的平台,且具有一套动态、开放的机制保障双方的协商能够持续进行;二是有法可依,即两地移交逃犯必须有相关的规范性文件作为法律依据,但该规范性文件的形式可以灵活确定;三是求同存异,即移交模式应当最大限度地凝聚共识,优先处理不涉及具有法律争议性的移交案件;四是法域平等,即在协商谈判过程中,双方作为"一国"之下的两个不同法域,具有平等的谈判主体地位;五是切实可行,即移交模式应以现有的立法、实践条件为基础,能够打破僵局,为双方所接受,切实解决两地移交逃犯问题。高铭暄教授主张,构建中国区际刑事司法协助模式必须分阶段、有步骤地进行。以此五项原则为指导,构建先例模式,可以作为由个案模式到协议模式的过渡,为内地和香港特区最终签订移交逃犯协议准备资料,积累经验,发挥承上启下的作用。具体而言,先例模式以个案协商为基础,并赋予协

---

① 参见高铭暄、马正楠:《论香港与内地移交逃犯的先例模式》,载《法学家》2011年第1期。

商结果先例效力,即通过双方协商确立起来的先例,对今后类似情况的处理具有约束力,可直接予以适用。当无先例可循时,双方就新出现的问题再行协商,以此确立新的先例。久而久之,两地在移交逃犯的司法实践中遇到的问题将以个案协商的方式被逐个解决,其解决方案通过先例的形式予以确定化,并逐渐实现制度化。先例模式以一种迂回的策略解决两地间的逃犯移交问题,即利用现有法律,实现"事实移交"。[①]

关于先例的确立。高铭暄教授认为,为使双方能够最大限度地达成共识,推动谈判顺利进行,双方在谈判中应坚持以下三条原则:第一,严格限定谈判内容。谈判内容仅限于本案范围,对本案未涉及的内容暂不讨论,以避免不必要的争议,也有利于及时解决现有问题。第二,互相尊重刑事管辖权。移交逃犯的目的是确保请求方刑事管辖权的行使,但不能因此而侵犯被请求方的刑事管辖权。第三,使用恰当的表述。准确的用语可以巧妙地避开争议焦点,使条文表述既不违反基本原则,又在双方可以接受的范围之内。确立先例的核心在于将个案中的具体事实区分为必要事实和非必要事实。其中,必要事实是适用先例的前提和条件,对以后类似案件的处理具有约束力,同时也界定了移交案件的类别。其他对适用先例无决定性影响的事实为非必要事实。双方在选取必要事实的过程中,会面临一对矛盾的诉求:其一,避免因必要事实的限制而对己方今后移交要求造成障碍;其二,避免因必要事实的缺失而使己方丧失管辖权,司法利益受损。这对矛盾的诉求和先例的约束力共同作用,使谈判结果趋向双方利益平衡,实现公平正义。谈判双方对个案中选取的必要事实需要进行抽象化、固定化,阐述事实的实质内涵,才能保证先例的适用效果。必要事实的抽象化程度决定了确立的先例的适用范围和对等程度。谈判结果可以通过相关部门内部工作指引的形式予以固化,赋予其法律效力,从而约束谈判双方。若某个案具备了该先例中所有的必要事实,则相关机关不得批准给予该犯罪嫌疑人本地居留权,从而实现事实上的移交。[②]

关于先例的适用,高铭暄教授认为遵循先例机制是先例模式得以运行的关键。它要求两地在处理与先例必要事实相同或类似的案件时,自觉接受先例约束,对逃犯予以移交。先例对以后案件的影响力具体体现在两个方面:

---

① 参见高铭暄、马正楠:《论香港与内地移交逃犯的先例模式》,载《法学家》2011 年第 1 期。
② 参见高铭暄、马正楠:《论香港与内地移交逃犯的先例模式》,载《法学家》2011 年第 1 期。

其一,先例的约束力。这是指先例具有必须遵照执行的内在强制力,其主要体现在先例的结论上,即对逃犯实行移交。其二,先例的说服力。这是指先例的某些内容虽然不具有约束力,但可为双方在执行先例结论的过程中提供参考。①

关于谈判主体的构建,高铭暄教授认为,构建主体需要考虑两个方面的根据:第一,法律根据。根据《香港特别行政区基本法》第95条的规定,香港特别行政区可与全国其他地区的司法机关通过协商依法进行司法方面的联系和相互提供协助。对该条中"司法机关"的范围宜结合各地刑事司法实际作广义理解。根据内地刑事诉讼法的规定,内地可以进行刑事司法协助的机关为公安机关、国家安全机关、检察机关、法院和司法行政机关;对香港特区的谈判主体可以广义地理解为"相关职能部门",可能涉及警务处、廉政公署、海关、律政司、法院等职能部门。第二,事实根据。谈判主体既要具备权威的代表性又要具备广泛的包容性,谈判主体的构建还必须符合现实需要,才能使先例模式在实践中具有现实性和可操作性。关于主体的组织形式,高铭暄教授认为,为使谈判主体既符合法律规定又适应现实需要,可以在两地最高一级司法机关设立个案协助委员会。具体而言,内地的个案协助委员会可以由公安部、国家安全部、最高人民检察院、最高人民法院和司法部的相关人员构成;香港特区的个案协助委员会可以由保安局、廉政公署、律政司和终审法院的相关人员构成。请求方提出移交申请时,先在其内部逐案报批,再由该司法机关在个案协助委员会中的代表以个案协助委员会的名义向被请求方提出移交申请。同时,在个案谈判中还可引入首席代表制,即由与该案具有最密切利益联系的部门人员担任此轮谈判的首席代表,代表己方表达利益诉求或作出妥协。个案协助委员会最好为常设机构,专门负责处理逃犯移交问题,为今后各法域设立统一的区际刑事司法协助委员会做准备。②

从高铭暄教授对区际刑法问题的研究,我们可以看到,高铭暄教授对内地与港澳台地区刑事司法问题给予了高度关注,立足于国家法治建设的难点和重点问题进行拓荒性学术研究,为我国区际刑法的发展作出了重要贡献。

---

① 参见高铭暄、马正楠:《论香港与内地移交逃犯的先例模式》,载《法学家》2011年第1期。
② 参见高铭暄、马正楠:《论香港与内地移交逃犯的先例模式》,载《法学家》2011年第1期。

八、结　语

　　高铭暄教授对国际刑法、区际刑法以及比较刑法问题的研究,不仅彰显了他豁达开阔的学术胸襟和高瞻远瞩的学术视野,更是他自身在学术上"为国家哪何曾半日闲空"严格要求的全景写照。此处选择的七个问题仅为高铭暄教授在国际刑法学术研究中具有代表性的研究成果,为其带领中国刑法学走向国际刑法舞台、内地与港澳台地区刑事司法合作、犯罪全球化的刑法应对等不同时期开拓性的重要研究成果。